나를 바꾸는 마지막 용기

나를 바꾸는
마지막 용기

← 앉아서 후회만 하는 내 인생 구하기의 기술 →

로스 엘런혼 지음 · 유지연 옮김

비즈니스북스

옮긴이 | **유지연**

연세대학교 경제학과를 졸업하고 국내 대기업 인사팀과 글로벌 컨설팅 회사에서 인사/조직 및 경영혁신과 관련된 업무를 두루 경험했다. 글밥아카데미를 수료한 뒤 바른번역에서 활동하고 있으며, 옮긴 책으로는 《돈, 착하게 벌 수는 없는가》, 《하워드의 선물》 등이 있다.

나를 바꾸는 마지막 용기

1판 1쇄 발행 2022년 2월 22일
1판 2쇄 발행 2022년 2월 24일

지은이 | 로스 엘런혼
옮긴이 | 유지연
발행인 | 홍영태
편집인 | 김미란
발행처 | (주)비즈니스북스
등 록 | 제2000-000225호(2000년 2월 28일)
주 소 | 03991 서울시 마포구 월드컵북로6길 3 이노베이스빌딩 7층
전 화 | (02)338-9449
팩 스 | (02)338-6543
대표메일 | bb@businessbooks.co.kr
홈페이지 | http://www.businessbooks.co.kr
블로그 | http://blog.naver.com/biz_books
페이스북 | thebizbooks
ISBN 979-11-6254-266-8 03190

* 잘못된 책은 구입하신 서점에서 바꾸어 드립니다.
* 책값은 뒤표지에 있습니다.
* 비즈니스북스에 대한 더 많은 정보가 필요하신 분은 홈페이지를 방문해 주시기 바랍니다.

비즈니스북스는 독자 여러분의 소중한 아이디어와 원고 투고를 기다리고 있습니다.
원고가 있으신 분은 ms1@businessbooks.co.kr로 간단한 개요와 취지, 연락처 등을 보내 주세요.

두려움은 희망 없이 있을 수 없고
희망은 두려움 없이 있을 수 없다.

_ 스피노자

우리는 왜
어제와 똑같은 오늘을 사는가

서점에서 직원에게 물었다.
"자기계발 코너는 어느 쪽인가요?"
직원은 그걸 알려주면 취지에 어긋난다고 답했다.

_조지 칼린George Carlin

지금 당신은 변화를 원하고 있다. 변화하기만 하면 모든 것이 잘되리라 믿기 때문이다. 아마 지금보다는 훨씬 잘나가고 행복하고 성공한 삶을 살 것이다. 어려운 요가 자세를 완벽히 해내고, 불룩한 뱃살을 없애고, 시간을 아주 효율적으로 관리할 것이다. 그리고 지긋지긋한 방구석을 벗어나 꿈에 그리던 인연을 만나고 새로운 커리어를 향해 한 걸음을 내디딜 것이다. 이로써 당신은 자존감을 높이고 당신에게 걸맞은 인생을 이끌어 성취감을 맛볼 것이다.

그래서 당신은 계획을 세운다. 일과를 계획하고 믿을 만한 지인에게 도움을 요청한다. 휴대전화에 알림을 설정하고 매일의 성과를 기록할 일기장을 사들인다. 이번에야말로 기필코 해낼 것이다. 하지만 시간이 좀 지나고 돌아보면 달라진 건 아무것도 없다. 계획을 꾸준히 실천하지도 못했고 상황을 반전시킬 만한 획기적인 돌파구도 없다. 당신은 변화를 간절히 바라지만 그것으로 끝이다.

이 이야기가 남의 일 같지 않은가? 그렇다면 주변 사람들이 당신에게 조언이라며 해주는 말들을 듣고 있을 때 어떤 기분이 드는지도 잘 알 것이다. "술을 줄여보는 건 어때?" "먹는 걸 줄여봐." "운동을 더 하는 건 어때?" "미팅 사이트에 가입해볼래?" 이런 조언들은 "대체 뭐가 문제야? 왜 못 해?"라는 말과 아주 비슷하게 들린다.

약간의 지식이나 기술만으로도 쉽게 변화할 수 있다고 조언하는 사람들은 보통 좋은 취지에서 말한 것이다. 하지만 이들은 매우 중요한 사실을 놓치고 있다. 안타깝게도 많은 전문가 역시 그렇다.

우리는 좋은 취지로 설계된 다양한 자기계발 프로그램들을 접하곤 한다. 그런 프로그램들은 정해진 방법대로만 하면 누구에게나 효과가 있는 것처럼 말한다. 하지만 변화는 설명서를 보며 따라 할 수 있는 것이 아니다. 변화, 그중에서도 개인적인 변화는 생각처럼 간단하지 않기 때문이다. 100년 이상의 역사를 이어온 심리치료 연구에서도 볼 수 있듯이, 변화는 전문가가 하라는 대로 하거나 새로운 기술을 배우는 것처럼 쉽게 이뤄낼 수 있는 일이 아니다.

진정한 자기계발은 온전히 자신의 몫이다. 스스로 리더십을 발휘해 방향을 세우고 나아가야 한다. 물론 조언을 구하고 다른 사람의 의견도 고려해야 한다. 하지만 마치 마법에라도 걸린 것처럼 유행하는 비법들을 따르며 생각 없는 양이 되는 것은 자기계발이라고 할 수 없다. 정말로 자기계발을 하고자 한다면 스스로 목동이 되어 용감하게 지팡이를 짚고 나아가야 한다. 사실 우리의 기나긴 삶에서 변화는 인생을 의미 있게 만들어갈 책임이 오롯이 우리 자신에게 있음을 알게 해준다.

그렇기에 변화는 쉽지도, 간단하지도 않다. 자신의 길을 걸어가며 변화를 시도하는 것은 매우 힘겨울 뿐 아니라 스스로 움츠러들 수도 있다. 단지 변화를 시도하는 것만으로 우리는 변화의 성패가 그 누구도 아닌 자신에게 달려 있다는 불편한 사실을 거듭 깨닫게 된다.

오래된 농담 중에 이런 말이 있다. 전구 하나를 갈아끼우려면 치료사 몇 명이 필요할까? 한 명이다. 하지만 그 전구가 바뀌기를 원해야 한다. 아무리 많은 전문가의 말을 따르고, 아무리 많은 치료사나 상담사를 만나고, 아무리 많은 친구와 친척이 돕는다고 해도 당신은 혼자이며 변화는 오롯이 당신의 책임이라는 뜻이다.

혼자. 책임. 이는 우리가 즐겁게 받아들일 수만은 없는 단어들이다. 이런 단어들은 더 날씬해지는 방법, 더 행복해지는 방법, 더 강해지는 방법들을 제시하는 토크쇼 인터뷰나 책들과도 어울리지 않는다. 실은 당신도 그런 단언이 헛된 약속임을 알고 있다. 개인적 변화의 가장 큰 핵심은 바로 자신에 대한 책임이다. 그래서 변화는 어렵다. 변화는 결코 '쉽지' 않다.

변화를 향해 걸어가다 보면 대부분 사람이 피하고 싶어 하는 감정과 경험을 만나게 된다. 내 운명의 주인이 나라는 사실을 깨달음으로써 느끼게 되는 불안 등 심오한 어른의 문제를 맞닥뜨리는 것이다. 더불어 안락함, 확실성, 책임 회피, 남의 탓, 무감각한 일상의 안온함 등 우리가 쉽게 마음을 빼앗기는 감정과 경험에서 멀어진다.

주변 사람들의 친절하지만 잘못된 조언과 전문가들이 제시하는 간단한 단계별 접근법은 당장 변화하기 어렵게 만드는, 매우 실질적이고 강력한 힘이 존재한다는 사실을 간과한다. 그 힘은 당신 안의 나약함이나 게으름이 아니라 우리 모두가 항상 겪는 주요한 어려움이다.

결론적으로, 이 현재 상태를 유지하려는 우리 안의 힘이 변화하려는 의지를 누르고 싸움에서 이길 때가 더 많다. 따라서 우리는 간절한 바람과 반드시 변해야 할 수많은 이유에도 불구하고 대부분 변화를 이뤄내지 못한다.

약물과 알코올 남용을 생각해보자. 오늘날 미국의 중독치료 산업은 그 규모가 350억 달러에 이르며[1] '익명의 알코올중독자들' Alcoholics Anonymous (알코올중독자들의 치유와 자립을 지원하는 모임-옮긴이)에서 활동하는 회원은 100만 명이 넘는다.[2] 하지만 중독에 빠진 사람들의 3분의 1만이 중독에서 벗어나는 데 성공한다.[3]

운동을 살펴보자. 우리는 멋진 몸매를 가꾸기 위해 매년 300억 달러 이상을 지출한다.[4] 하지만 그중 73퍼센트는 '몸짱'이 되는 목표를 달성하지 못한다.[5] 다이어트 산업은 1년에 660억 달러를 쓸어 모으지만[6] 69퍼센트는 중간에 그만두고 만다.[7] 케일과 퀴노아를 먹으며 다이어트 프로그램을 충실히 이행하는 멋진 다이어터들은 어떤가? 열 명 중 여덟 명은 결국 뺀 만큼 다시 살이 찐다.[8]

새해 목표는 어떨까? 조사에 따르면 새해 목표를 세운 사람들의 93퍼센트는 그 계획을 지키지 못한다.[9]

현재 상태를 유지하려는 힘은 운동이나 다이어트, 위험한 습관 끊기 같은 목표를 달성하지 못하게 가로막는다. 게다가 일과 사랑에서 더 큰 성취를 이루거나 삶에서 더 큰 의미와 목적을 추구하는 등 한 인간으로서의 성장과 관련된 개인적 목표 또한 가로막는다. 또한 그 힘은 당신의 삶을 매우 세세하게 보여주기도 한다.

당장 훌루Hulu(디즈니의 자회사로 영화, 드라마 등의 콘텐츠를 제공하는 OTT 서비스 업체-옮긴이)를 끄고 책을 더 많이 읽어야 한다고, 아이에게 관심을 더 가져야 한다고, 배달 음식을 줄여야 한다고, 식사 후 바로 설거지를 해야 한다고 얼마나 수없이 되뇌었는가? 그리고 1~2주 정도 새로운 습관을 실천하다 결국 원점으로 돌아간 적이 얼마나 많았는가? 아마 당신은 자주 그랬을 것이다. 현재 상태를 유지하는 것은 예외적인 현상이 아니다. 목표의 크기나 진지함과는 관계없이 일반적으로 나타나는 모습이다.

이렇게 변화를 위한 싸움 대부분은 현상 유지가 승리하지만 그 결과는 변화의 결과보다 더 위험하다. 사람들은 온갖 이유로 심장마비에 걸려 죽지만 크로넛cronut(크루아상과 도넛을 합친 달콤한 디저트-옮긴이)을 끊어서 쓰러진 사람은 아무도 없다.

지금 상태를 유지한 결과는 개인에게만 국한되지 않는다. 해수면 상승을 통해서도 볼 수 있듯이 이는 전 세계적으로 위기를 초래할 수 있다. 우리는 기후변화의 마지막 경고를 받았고 전문가들은 기후변화를 극복하기 위한 현실적인 전략들을 제시하고 있다.[10] 하지만 우리는 여전히 과거의 파괴적인 습관들을 이어간다.

현상 유지가 불러올 위험에도 불구하고, 변화를 통해 얻을 수 있는 수

많은 보상에도 불구하고, 우리는 행동을 잘 바꾸지 않는다. 이는 노력이 부족해서가 아니다. 사실 우리는 변화하기 위해 수많은 노력을 기울인다. 그러면서 충분히 노력하지 않는다는 죄책감을 느끼고 또다시 열심히 계획을 세운다. 그런데 어째서 그 모든 노력이 성공보다 실패로 끝나는 걸까?

답은 바로 현상 유지에 내재된 논리에 있다. 변화할 이유가 매우 타당하긴 하지만 현재 상태를 유지할 이유 역시 변화할 이유만큼 충분하고 합리적인 경우가 많은 것이다. 예를 들면 예측 가능한 기존 방식에서 안정감을 느끼고 싶은 바람, 실패자로 보이고 싶지 않은 마음, 변화하지 못했을 때 친구와 가족을 실망시킬지 모른다는 우려 등이다. 또 미처 깨닫지 못한 훨씬 더 강력하고 깊은 이유들도 있다.

전문가들의 조언과 설명은 이런 점을 전혀 언급하지 않는다. 그래서 우리는 우리 자신이 정말 변화를 원하는지 냉정한 시각으로 충분히 고민하지 않는다. 그저 조언을 따라 변화하는 것만을 합리적인 선택으로 여기고 현상 유지를 비합리적인 대안으로 받아들인다. 성공을 한 가지 의미로만 정의하는 것처럼 변화를 정해진 결론으로 여기는 시각은 효과적이지 않다.

연구에 따르면 근본적이고 지속적인 변화는 상황의 장단점을 냉정히 판단하고 심사숙고했을 때 나타난다.[11, 12, 13] 이는 조언이 전혀 쓸모없다는 이야기가 아니다. 지금까지 우리의 일상에서 현상 유지가 승리할 수 있었던 원인과 앞으로 변화해야 하는 이유 모두를 고려해야 실제 도움이 되는 방식으로 조언을 받아들이고 적용할 수 있다는 의미다.

어떤 것이든 다이어트 방법을 하나 골라보자. 그대로 따라 하면 살이 빠질 것이다. 운동 프로그램을 하나 선택해보자. 그대로 운동하면 건강해질 것이다. 습관 버리기에 대한 조언을 따라 해보자. 그대로 하면 습관이 사라질 것이다. 이처럼 방법만 보면 변화는 하나, 둘, 셋을 세는 것만큼이나 쉽다. 하지만 그 방법을 따르는 것은 쉽지 않다. 개인적 변화는 오직 '내면에서부터' 일어나기 때문이다.

자신의 삶에 변화를 만드는 것은 결정을 내리고 그 결정을 실행하는 일이다. 변화로 이어질 결정을 내리려면 먼저 자신이 처한 상황의 장단점을 충분히 고려해야 한다. 이는 어렵고도 인간적인 작업이다. 행동에 앞서 곰곰이 생각하고 따져볼 것이냐, 일단 조언에 따를 것이냐는 닭이 먼저냐 달걀이 먼저냐의 문제가 아니다. 원하는 변화를 이루려면 깊이 생각하는 과정이 반드시 선행되어야 한다.

혼자 생각하는 시간의 힘

흔히 가장 바꾸기 어렵다고 생각하는 중독에 대한 통계를 살펴보자.[14] 미국의 조사 결과에 따르면 습관적 음주를 그만둔 사람들 대부분이 치료를 받지 않고 술을 끊은 것으로 나타났다. 즉 대부분 사람이 혼자서 중독성 강한 습관을 버린 것이다. 심지어 혼자 술을 끊은 사람들은 치료를 받은 사람들보다 더 오래 금주를 했다. 그들은 진지하고 날카롭게 자신을 돌아보고 술을 마시지 않는 것이 술을 마시는 것보다 자신에게 더 이롭다고 판단했다.

이런 금주는 치료를 통해 술을 끊은 경우보다 오래 지속될 가능성이 크다. 자발적으로 술을 끊었기 때문에 회복 과정에서 타인의 조언보다는 자기 내면의 나침반을 믿고 따라가기 때문이다. 이는 자신을 책임지려는 마음이다.

우리는 상담실의 전구와 같다. 변화하기 위해서는 우리부터 변화를 원해야 한다. 그리고 스스로 변화에 저항하는 이유를 깊이 생각해야만 변화를 원하게 된다. 이 책은 그 과정을 도와줄 것이다.

이 책에서 제시하는 '변화하지 않는 열 가지 이유'는 당신이 어떤 변화를 원하든 먼저 현재 처한 상황을 심사숙고하도록 도와줄 것이다. 왜 변화에 저항하는지 자세히 살펴보고 어떤 상황에서 현상 유지를 선택하게 되는지 알면 더 이상 저항이 통제할 수 없는 강력한 힘으로 느껴지지 않을 것이다. 열 가지로 분류된 각 유형을 자세히 살펴보면서 자신의 경험과 일치하는 특성을 찾아보자. 변화를 위해 애쓰고 있음에도 이뤄지지 않는 이유를 이 열 가지 유형에서 찾을 수 있다면 앞으로는 훨씬 효과적으로 행동할 수 있을 것이다.

현상 유지를 알면 얻게 되는 네 가지 이점

손무는 《손자병법》에서 "나를 알고 적을 모르면 한 번 이기고 한 번 진다."라고 말했다.[15] 이 격언은 변화를 위한 노력에도 적용된다. 내가 원하는 것(더 건강한 생활, 더 행복한 관계, 더 몰입할 수 있는 일)을 아는 건 싸움의 절반에 불과하다. 더 중요한 나머지 절반은 이런 변화를 좌절시키고 옴짝달싹 못 하게 만드는, 내가 세운 장애물을 아는 것이다.

매일 똑같이 앉아서 지내는 생활 방식, 의미 없이 똑같기만 한 사회적 관계, 만족스럽지 않은 똑같은 업무. 더는 이런 상태를 유지하고 싶지 않다고 우리는 말한다. 하지만 실제로는 현재 상황에서 벗어나지 못하는 다소 불명확한 이유들이 존재한다. 변화를 원한다면 이런 이유들을 탐색해 현상 유지의 달콤한 유혹을 확인하고 이해하고 심지어 받아들이는 것이 매우 도움이 된다. 사실 현상 유지의 이유와 내용을 살펴보면 다음 네 가지 측면에서 원하는 변화에 더 다가갈 수 있는 방법이 보이기 시작한다.

• **수치심에서 벗어날 수 있다**

이 책에서 제시하는 열 가지 유형 중 해당하는 유형이 있다면 적어도 당신과 내가 공유하는 지점이 있다는 뜻이다. 우리에게 그런 공통점이 있다면 이 책은 당신이 변화에 실패하는 것을 덜 수치스러워하도록 도울 수 있다.

나쁜 짓을 저지르거나 비도덕적인 행동을 했을 때 느끼는 죄책감과 달리 수치심은 인간으로서 뭔가가 망가지거나 더럽혀지는 느낌이다. 그렇기에 정말로 변화하고 싶다면 수치심을 없애야 한다. 수치심은 당신의 내면을 은밀하게 파고드는 위험한 감정이다. 마치 다른 늑대의 탈을 쓴 늑대처럼 우리를 위협해 앞으로 나아가게 하는 듯하지만 실제로는 동기를 꺾어버린다. "넌 망가졌어. 그러니 포기해."라고 말이다.

수치심은 더럽혀진 느낌을 비밀로 감춘 채 고립이라는 축축한 어둠 속에 숨어 자란다. 그리고 현실과 공유 의식의 영향을 받지 않고 어둠 속에서 점점 더 커진다. 따라서 밖으로 드러내 사람들과 함께 살펴볼 때 이것이 삶에 미치는 영향력은 더욱 줄어든다.

예를 들어 금연을 원하는 사람들의 모임에 참여한다고 하자. 상담사는 당신과 다른 참가자들에게 심상치료를 하도록 안내한다. 당신은 눈을 감고 금연에 성공한 모습을 상상한다. 성공한 날에 정신적, 육체적으로 어떤 느낌일지 그려본다. 눈을 떠 다른 참가자들을 둘러본다. 그들에게서 친밀감, 즉 함께 비슷한 여정을 걸어가고 있다는 느낌이 드는가? 아마 약간 들 것이다. 이 연습을 하면서 금연에 대한 동기와 의지가 생기는가? 아마 조금 생길 것이다.

상담사가 참가자들에게 금연하지 못하는 이유를 말해보라고 한다. 그러자 한 참가자가 기분 좋은 첫 모금 때문이라고 말한다. 다른 참가자는 담배가 마음을 진정시킨다고 답한다. 담배를 꺼내 불을 붙이는 절차를 의식이라고 이야기하는 사람도 있다. 당신은 담배가 일에 집중하는 데 도움이 된다고 말한다. 참가자들은 다른 이들의 말에 고개를 끄덕이거나 미소를 짓는다.

이때 어떤 기분이 들까? 아마 자신을 포함해 그곳에 모인 사람들이 연결되어 있다는 느낌을 받을 것이다. 그리고 수치심을 덜 느낄 것이다. 이렇게 수치스러운 행동을 드러내 공유하면 수치심이 줄어든다. 수치심에 대한 부담이 줄어들면서 자신의 좋지 않은 면이라고 생각했던 내용을 기꺼이 이야기한다.

수치심이 줄어들고 연대감이 생기면 '할 수 있다'는 의욕이 솟는다. 그리고 개인적인 문제라고 생각했던 것이 다른 사람들도 경험하는 문제임을 알게 되면 더욱 의욕이 샘솟는다. 그래서 익명의 알코올중독자 모임 등에서 사람들이 "저는 알코올중독자입니다."라고 자신을 소개하는 것이다. 같은 문제를 가진 사람들 속에서 수치심을 일으키는 요인을 인정하는 것은 변화라는 목표까지 함께 가며 서로를 지원하는 동료 의식을 불어넣는다.

이 책은 변화와 현상 유지 사이에서 싸우는 다양한 사람들의 사례를 소개한다. 이를 보면 당신도 혼자가 아님을 인식하고 수치심이 사라지며 변화를 향해 나아가고자 하는 의욕이 생길 것이다.

• '성공-실패'를 양립 관계로 이해하게 된다

곰곰이 생각해보자. 당신은 변화하기 위해 행동을 바꾸려고 했지만 곧바로 저항에 부딪혔다. 그리고 저항을 이겨내지 못했다. 여기서 한 가지 중요한 통찰이 있다. 변화에 저항이 필연적으로 따른다면 저항, 즉 현상을 유지하려는 경향을 변화의 일부로 볼 수 있다. 따라서 변화와 현상 유지는 이분법적 관계가 아니라 양립 관계다. 전체를 구성하는 일부인 것이다.

이 두 가지 상반된 힘은 사실 서구 세계에서는 받아들이기 어려운 개념이다. 서구인은 흔히 '깨끗한-더러운', '성공-실패', '아름다운-못생긴' 등 이분법적으로 생각하는 경향이 있다. 그리고 이런 경향은 우리를 둘러싼 광고들 때문에 더욱 강화된다. 대부분의 광고는 물건을 팔기 위해 건강하고 성공한 사람들을 등장시켜 이상적인 모습을 보여준다(자기계발서도 대부분 이런 식이다).

동서양을 구분하는 데 많은 시간을 쏟고 싶지는 않지만 흑백논리를 반박하고 변화에 대한 새로운 시각을 제시한 중국 철학의 음양 개념에 대해 잠시 살펴보자. 음양 기호를 보면 어둠은 빛 안에, 빛은 어둠 안에 존재하며 둘이 한데 어우러져 전체를 이룬다. 상반돼 보이는 두 힘이 서로 조화를 이뤄 발전하는 것이다.

이 음양 개념은 화가의 그림에서도 나타난다. 화가는 그림자 없이 빛을 표현할 수 없고 빛 없이 그림자를 나타낼 수 없다. 이를 키아로스쿠로 chiaroscuro(명암의 대비를 이용해 입체감을 나타내는 회화 기법–옮긴이)라고 하는데 이탈리아어로 '명암'을 뜻한다. 예술은 언제나 두 가지가 공존하는 프로세스다.

변화의 기술도 이와 다르지 않다. 현상 유지를 이해하지 못하면 변화를 이해할 수 없고, 변화를 알지 못하면 현상 유지가 뜻하는 바를 제대로 파악할 수 없다. 변화와 현상 유지를 전체 과정의 일부로 보지 않으면 어느 것도 깊이 이해할 수 없다. 변화와 현상 유지의 이런 관계를 이해하기 위해 노력할 때 변화는 더 쉽게 이뤄지고 더 오래 지속된다. 이 책에서는 이런 이원성에 대한 인식이 우리가 앞으로 나아가는 데 어떤 도움을 주는지 살펴볼 것이다.

• 더 넓은 시각으로 변화를 바라볼 수 있다

현상 유지라는 병 안에는 인간성에 대한 중요한 메시지가 들어 있다. 음양의 관점에서 그 메시지를 이해한다면 아마도 당신이 바꾸고 싶은 가장 사소한 행동들을 전보다 쉽게 다룰 수 있을 것이다.

소설가 낸시 헤일Nancy Hale은 "더 구체적일수록 더 보편적이다."라고 말했다.[16] 이는 모든 예술 분야에 해당한다. 더불어 치료사들에게도 마찬가지로 적용된다(위대한 인본주의자이자 심리학자 칼 로저스Carl Rogers는 "가장 개인적인 것이 가장 보편적이다."라고 말했다[17]). 이 책은 변화에 저항하는 이유를 매우 구체적으로 파고들도록 당신을 안내할 것이다.

앞으로 살펴볼 열 가지 이유는 모두 같은 철학적 관점에 바탕을 두고 있다. 열 가지 이유 각각은 인간이 된다는 것이 무엇인지 다룬다. 삶에 대한 책임, 혼자라는 고통, 수치심을 느끼는 경향, 취약함에 맞설 용기, 희망과 신념을 위한 싸움 등 의식 있는 인간으로서 우리가 고심하는 주제들을 중요하게 살펴본다. 따라서 각각의 통합적인 이해는 매우 인간적이고 지극히 실존적인 문제들 그리고 이 문제들이 삶에서 어떻게 작용하는지 살펴보는 출발점이 된다. 이런 문제들을 이해함으로써 왜 변화에 그토록 저항해왔는지 파악하길 바란다. 그것이 번번이 실패하는 벽장 정리가 됐든, 정치운동에 뛰어들어 더 나은 세상을 만들겠다는 지키지 못한 맹세가 됐든 말이다.

나는 변화하지 않는 열 가지 이유가 극사실주의의 거장 척 클로스Chuck Close의 그림들과 비슷하다고 생각한다. 그의 후기 초상화는 작은 격자들로 이뤄져 있다. 그의 그림을 가까이서 보면(클로스라는 이름부터가 말장난 같기도 하다) 작은 격자들이 각각 가치 있는 일임을 알 수 있다. 그리고 한 걸음 물러나 여러 개의 격자들을 함께 보면 각각의 의미가 더 분명해지고 더 큰 가치가 있음을 알게 된다. 마치 바자회에 내놓은 목걸이처럼 작은 요소들이 풍부하게 모여 비교와 대조를 이룬다. 조금 더 뒤에서 보면 격자들은 다소 추상적이면서 묘하게 정밀한 아름다운 초상화의 일부가 된다. 더 멀리 물러나 벽에 걸린 작품 전체를 보면 사진과 거의 구분되지 않는다.

변화도 마찬가지다. 아무리 사소한 시도라도 더 크고 깊은 문제들과 밀접하게 연결되어 있기 때문에 만만치 않다.

작은 요소들이 모여 전체를 이룬다는 개념은 16세기 랍비 심카 부님 본하르트Simcha Bunim Bonhart의 가르침을 상기시킨다.[18] 그는 양쪽 주머니에 종이 한 장씩을 가지고 다녀야 한다고 했다. 한 장에는 '나는 흙과 먼지에 불과하다'라고 적혀 있고 다른 한 장에는 '세상은 나를 위해 창조되었다'라고 적혀 있다. 인생의 비결은 두 종이에 적힌 문구가 모두 사실임을 아는 데 있다. 그리고 양쪽 주머니에 두 장을 다 갖고 다니며 각 종이를 읽어야 할 때가 언제인지 알아야 한다.

우리는 우주의 먼지로 이루어진 존재다. 우리 각자가 우주 먼지라는 작은 존재인 동시에 우주를 담고 있는 큰 존재라는 의미다. 우리가 처해 있는 특별한 상황들은 우주적 차원의 문제인 양에 속해 있는 음이다. 개인적 변화에 대해서는 개별 행동이라는 먼지에만 집중해 변화를 시도하는 것이 좋을 때도 있다. 하지만 당신을 위해 창조된 세계와 연결해서 당신의 행동을 바라보는 것이 더 좋을 때가 많다.

스마트폰 중독이나 정리 정돈, 다이어트를 인생의 가장 깊은 문제들과 연관 짓는 것은 변화를 너무 심각하게 받아들이는 것처럼 보일지 모른다. 하지만 인생은 심각하기 마련이며 우리는 사소해 보이는 문제들에 다소 심각하게 접근할 때가 많다. 그런 문제들이 늘 마음속에 자리하고 있기 때문이다. 우리가 인간으로서 경험하는 멋지고도 복잡한 세상을 더욱 북돋우려면 이 사소한 문제들을 존중해야 한다.

변화하고자 하는 구체적인 내용을 보편적인 문제로 보라고 한다면 목표에서 눈을 돌리라는 뜻으로 생각할지도 모른다. 이런 제안은 무모하게 느껴질 수 있다. 나도 항상 느끼기 때문이다. 뭔가를 바꾸고 싶어 하는 그 순간은 마치 다트 게임을 하는 것과 비슷하다. 일단 눈을 가늘게 뜨고 과녁에 집중해야 한다. 오로지 한가운데만을 겨냥하며 집중을 방해하는 요소들을 차단해야 한다. 그런데 알고 있는가? 이런 접근은 금요일 밤의 바에서는 먹힐지 몰라도 개인적 변화에서는 전혀 효과가 없다.

장담컨대 개인적 변화를 시도하면서 보편적인 문제들을 고려한다면 이제 더 뚱뚱해지지도, 더 못생겨지지도, 더 외로워지지도, 더 무력해지지도 않을 것이다. 인간이 된다는 것의 의미를 조금이라도 이해하고 자신의 인간성과 변화에 저항하는 이유를 연관 지어 생각한다면 앞으로 나아가는 데 도움이 될 것이다. 더불어 어떤 변화가 필요한지에 대한 생각도 바뀔지 모른다.

더 넓은 시각으로 인간에 대한 문제를 생각하고 이를 당신의 변화 능력과 연결 짓는다면 중요한 건 몸무게나 외모, 실패가 아니라 당신의 몸을 사랑하는 더 좋은 방법을 찾는 것임을, 겉으로 보이는 이미지에 연연하지 않는 것임을, 고독 속에서 휴식할 줄 아는 것임을, 현재에 안주하는 자신의 모습을 사랑하는 것임을 알게 된다. 물론 동시에 살을 좀 빼고 싶을 수도 있다. 어느 쪽이든 더 큰 문제의 일부로 변화를 바라볼 때 그 변화를 향해 더 자유롭게 나아갈 수 있다.

유명 방송인으로 활동하는 한 자기계발 전문가는 최근에 젊음을 되찾기 위한 '노력'의 일환으로 성형수술을 했다. 수술 후 그는 확실히 어려 보이긴 하지만 그의 얼굴은 사람이 아닌 것처럼 보인다. 영원히 변하지 않는 일그러진 가면 같기도 하고, 과거의 모습을 그린 만화 같기도 하다. 이는 깊이가 없는 변화, 즉 그의 인간성에 대한 더 큰 문제와 연결되지 않은 비뚤어진 변화와 훼손이다. 이렇게 세월의 흔적을 메스로 지운 결과물이 우리에게 던지는 교훈은 매우 분명하다. 세상에 쉽게 변화를 이뤄낼 수 있는 특별한 묘책이나 약은 없다는 것이다.

이 책에서는 어떤 비책도 제시하지 않는다. 대신에 다른 변화, 더 완만하고 발전적이며 덜 폭력적이고 덜 강압적인, 하지만 더 깊이 있고 만족스러운 변화를 이루도록 도울 것이다. 그런 변화는 온몸으로 변화를 갈망하면서도 현재 상태에 머무르는 경험을 비롯한 여러 경험 속에서 일어난다.

• 현상 유지의 매듭을 풀 수 있다

현상 유지가 인간적인 특성의 일부임을 이해한다면 더는 변화에 대한 저항을 비정상으로 여기지 않을 것이다. 변화를 일으키는 사색의 공간에 들어가고 싶다면 변화가 반드시, 그것도 지금 일어나야 한다는 맹목적인 믿음을 버려야 한다. 변화하지 못하면 뭔가 잘못되었다는 생각에서 벗어나는 게 중요하다. 변화를 심사숙고하는 건 현상 유지를 포함해 모든 대안을 고려하는 것이다.

변화만이 옳은 결론이고 현상 유지는 막다른 길에 불과하다는 생각으로 치우치면 변화에 대해 숙고하는 중요한 작업을 하지 않을 것이다. 깊이 생각하는 사람들의 좌우명인 '한편으로, 다른 한편으로'를 따르려면 현상 유지 역시 중요하고 진지하게 여겨야 한다. 그렇지 않으면 심사숙고할 것이 전혀 없다.

긍정적으로 보이는 변화를 중단시키고 좌절감을 느끼게 만드는 힘, 즉 현상 유지는 사실 당신의 적이 아니다. 현재 상태에 머무를 수밖에 없는 이유를 항상 찾아내는 자신의 한 측면을 받아들이는 것이야말로 진정 자신을 아는 것이다. 이런 부분을 이해할수록 손무의 말대로 '패배를 겪는' 일이 적어진다.[19]

변화하지 않는 열 가지 이유는 여러모로 당신에게 도움이 되겠지만 그중에서도 가장 도움이 되는 점은 현상 유지를 합당한 것으로 여기고 이를 통해 더 나은 변화의 기회를 가질 수 있다는 것이다. 열 가지 이유를 이해하면 변화만을 타당한 대안으로 여기는 자기충족적 매듭에서 풀려날 수 있다. 사실 현상 유지는 우리의 인생에서 영원히 함께하며 거기에는 그럴 만한 이유가 있다. 뒤에서 살펴보겠지만 현상 유지는 자기애에서 비롯된다. 너무나 불쾌한 기분으로부터 자신을 보호하려는 심리에서 나타나는 반응이다.

그러나 중요한 변화가 중단되거나 성장의 기회가 사라지는 등 자기애의 표현이 안 좋은 결과로 이어지는 경우가 종종 있다. 그렇지만 현상 유지는 당신과 별개가 아닌 당신의 일부다. 당신에게 심각한 타격을 입히는 경우가 많기는 하지만 해만 끼치는 건 아니다. 이 현상 유지를 결함으로 여기지 않길 바란다. 이것은 당신의 다정한 일면에서 비롯되기 때문에 애정을 갖고 바라봐야 한다. 현상 유지에 관심을 기울이지 않고 의식을 두지 않으면 변화를 숙고할 수 없다. 그리고 앞서 언급했듯이 변화를 숙고할 수 없다면 변화할 수도 없다.

인간은 기계가 아니다(적어도 아직은 그렇다). 한 장의 설명서로 망가진 부분을 모두 고칠 수 있는 단순한 기계가 아니다. 인간은 인간적인 방식으로 대하고 개입해야 효과가 있다. 이제까지 방법이 효과가 없었다면 그 이유는 로봇의 움직임처럼 기계적으로 '행동하는 부분'이 아니라 인간으로 '존재하는 부분', 즉 당신 주변의 세상을 경험하고 해석하는 방식의 변화가 필요했기 때문이다.

이 책은 생각하고 느끼고 자율성을 지닌 인간에게서 변화를 만들어내는, 복잡하고 고통스러운 작업을 제시한다. 이는 절대 쉽지 않은 일이다.

게다가 사람이 점점 더 사물로 여겨지는 요즘에는 더욱 어렵다.

사람은 고쳐 쓰는 기계가 아니다

약 40년 전 위대한 정신분석학자이자 사회심리학자였던 에리히 프롬은 '존재'보다 '소유'를 선호하는 사회에서 점차 커지는 위협에 대해 경고했다.[20] 소유 중심의 세상에서 사람들은 더 많이 가지려는 경향을 보인다. 그리고 '행동'은 목표를 달성할 수 있는 '도구'로서 인간의 유용성을 나타낸다. 실제 프롬은 1950~1970년대의 대중적인 사상가들과 더불어 오늘날에는 별스럽게 보일 수도 있는 위협인 '동조'에 대해 우려했다. 이들은 모든 사람이 서로 비슷하게 행동하고 따라 하려는 세상이 오는 것을 두려워했다.

또한 이들은 사회가 바라는 이상적인 모습에 맞추기 위해 사람들이 자신의 고유한 인간성을 소홀히 여기고 타인의 인간성을 무시하거나 간과하게 될까 봐 걱정했다. 우리가 자기 자신이나 타인과 단절되는 현상을 '소외'라고 한다. 프롬은 '인간이 자신을 이방인으로 느끼는 경험의 한 형태'로 소외를 정의했다.[21]

동조와 소외에 대한 우려는 비트 세대Beat generation(1950년대 미국의 경제적 풍요 속에서 개인이 거대한 사회의 부속품으로 획일화되는 것에 저항하며 산업화 이전의 전원생활, 인간 정신에 대한 신뢰를 중시한 이들을 가리킨다.-옮긴이)의 활동부터 여성운동, 반전운동, 흑인인권운동 그리고 〈로저스 아저씨의 이웃〉Mister Rogers' Neighborhood(미취학 아동을 대상의 30분짜리 교육 프로그램으로 30년 넘게 방영되며 많은 사랑을 받았다.-옮긴이)과 마틴 루터 킹의 중요한 철학적 기초에 이르기까지 널리 반영되며 시대정신으로서 30년을 풍미했다. 더불어 〈12명의 성난 사람들〉, 〈졸업〉, 〈뻐꾸기 둥지 위로 날아간 새〉 등 고독하고 저항하는 인물들을 다룬 영화에서도 표현되었다.

하지만 시대가 변하고 있다. 모퉁이마다 하나씩 보이는 바나나 리퍼블릭 매장, 화면만 틀면 나오는 카다시안 가족, 웨딩드레스를 고르는 리얼리티 TV 쇼, 지방흡입술, 쿨스컬프팅 CoolSculpting(비수술 지방 감소 시술), 보톡스 등을 이제는 샴푸처럼 너무나 쉽게 접할 수 있다. 사람들에게 받아들여지고 나아가 인기 많은 상품으로 자신을 브랜드화해야 한다는 압력, 자신을 이상적인 모습으로 만드는 법을 알려주는 수많은 책, 영상들, 유튜브 채널들, 뻔뻔스럽게 타인의 인간성을 파괴하면서 승리를 거머쥐는 대통령 선거운동이 지금 우리의 현실이다. 그 시절 인본주의자들의 우려가 옳았음을 실감하는 때다.

'소유'의 세상은 문화 전쟁에서 '존재'의 세상을 누르고 승리했다. 그 결과 우리는 물건을 사고파는 것이나 물건처럼 우리 자신을 사고파는 것보다 더 인간적이고 연계적인 대안이 있다는 사실을 깨닫지 못한 채 일종의 집단적 기억상실 속에서 살게 되었다. 이제 우리는 포장에 집착하고 내용물을 소홀히 여기며 산다.

대체 이런 이야기가 개인적 변화와 어떤 관련이 있을까? 소유의 세상에서 우리는 획일성과 유용성으로 자신을 평가하며 마치 홈디포 매장에 진열된 물품처럼 개인적 변화에 접근한다. 당신은 멋지고 잘 돌아가는 잔디 깎는 기계인가? 아니면 안팎으로 낡고 녹슬었는가? 소비자가 중심이 되는 세상에서 개인적 변화는 당신이 가진 것을 새롭게 고쳐 거래하는 것을 의미한다. 새로운 몸, 새로운 기술, 새로운 태도, 새로운 당신으로 말이다!

이 책은 프롬의 저서 같은 책들이 널리 읽혔던 지난 시대에 귀를 기울인다. 프롬과 더불어 롤로 메이Rollo May,[22] 마르틴 부버Martin Buber,[23] 파울 틸리히Paul Tillich,[24] 이반 일리치Ivan Illich[25] 같은 사상가들이 단계별 설명을 따라 하는 것이 아닌 용기 있는 행동을 통해 잠재력을 발휘하는 것에 대해 일반 독자들을 대상으로 책을 썼던 시대다. 또한 불안을 (요즘처럼 약한 알로 즉시 치료하는 질병이 아니라) 인간의 경험에서 중요한 부분으로 설명한 메이의 책《불안의 의미》The Meaning of Anxiety[26]가 전 세계적으로 읽혔던 시대다.

이들은 인간이 된다는 것에 담긴 존재의 의미를 찬양했으며 인간을 고쳐야 할 대상으로 바라보는 관점에 반대했다. 인간성을 이야기했던 이들의 목표는 독자들이 자신의 상황을 깊이 생각하도록 돕는 것이었다. 사람들이 각자의 삶에 깊이와 의미를 더할 수 있는 결정을 내리길 바랐다. 이는 더 효과적으로 기능하고 적응하기 위해 취해야 할 조치들을 이야기하는 것과는 완전히 다르다.

아마도 당신은 삶에 어떤 변화를 만들고 싶어서 이 책을 펼쳤을 것이다. 그 어떤 변화는 건강한 식습관이나 꾸준한 명상같이 습관에 대한 일일 수 있다. 새로운 기술을 배우거나 기량을 높이는 일일 수도 있으며, 이전과 다른 경력을 시작하고 낭만적인 반려자를 찾는 등 인생을 성장시키는 일일 수도 있다. 어쩌면 의미와 목적이 있는 인생을 만드는 것처럼 훨씬 더 높고 깊은 목표를 추구하는 일일지도 모른다.

어떤 경우든 당신은 제2차 세계대전 이후 사회참여 지식인들이 내놓은 철학에는 흥미가 없을 것이다. 그러나 이는 전혀 문제가 되지 않는다. 장담컨대 당신은 제대로 찾아왔다. 이 책은 당신이 그런 변화를 이루도록 도울 것이다. 하지만 당신이 바꾸고 싶은 것을 당신의 인간성과 분리된 별개의 대상으로 여긴다면 변화는 일어나지 않는다는 사실을 기억해야 한다.

인간성이라는 깊은 해구에 뛰어들지 않았다면 이 책을 쓰기가 훨씬 더 수월했을 것이다. 한 인간으로서 당신에게 초점을 두지 않았다면, 사색이라는 인간적 행위를 하도록 당신을 도우려 애쓰지 않았다면 이 책은 멋지고 간결한 조언들로 가득한 두툼한 책으로 끝나고 말았을 것이다. 때로는 '어떻게'를 나열하며 표면적인 방법론에 머무르고 싶기도 했다. 그렇게 하면 금방 낙원에 이르렀을지 모른다. 내가 당신을 위해 변화라는 포도의 껍질을 벗겨줄 수 있는 세상 말이다. 하지만 인생은 낙원이 아니다. 인생은 아름답고 장엄하고 심오하다. 하지만 추하고 허무하며 피상성과의 투쟁이기도 하다. 인생은 두 가지가 공존하는 양립적 명제다. 변화도 마찬가지다.

이 책은 두 부분으로 나뉜다. 제1부에서는 변화를 방해하는 요인과 변화를 향해 나아가게 해주는 요인이 무엇인지 전반적으로 살펴본다. 여기서는 외로움 및 책임의 경험과 그것이 불안에 미치는 영향과 관련해 중요한 실존주의 개념을 배울 것이다. 또 내가 럿거스대학교 연구팀과 함께 개발한, 변화의 핵심인 '희망의 두려움'fear of hope에 대해서도 살펴본다.

제2부에서는 변화하지 않는 열 가지 이유를 상세히 다룬다. 우리가 때

때로 현상 유지에 머무르는 이유가 무엇인지 각기 다른 사례를 통해 밝힐 것이다. 이는 변화와 관련된 특정 상황을 숙고하는 데 도움이 되는 이 책의 핵심이다. 그리고 마지막 장에서는 일반적으로 변화에 필요한 사회적 자원의 중요성을 살펴본다.

차례

제2부
어떻게 나를 바꿀 것인가
: 바뀌지 않는 열 가지 이유와 이를 뛰어넘는 용기

제1부

나는 왜 바뀌지 못하는가

: 현재에 안주하려는 우리의 본능에 대하여

CHANGE

제1장

당신이
'작심삼일' 하는 이유

**믿음이 아닌 사색의 운명을 타고났다고 느끼는 사람이 보기엔
믿는 사람들이 너무 시끄럽고 주제넘어 보인다.
그래서 믿는 사람들을 경계한다.**
_프리드리히 니체

30여 년의 임상 경험을 통해 나는 현상 유지의 놀라운 힘을 이해하게 되었다. 처음에는 사회복지사로 활동하며 매우 오랜 기간 치료받은 사람들을 도왔고, 이후 그들을 대상으로 한 프로그램을 만들어 CEO로 일했다. 개인 심리치료도 소규모로 운영했는데 일주일에 한 번 상담을 받고 충분히 자신의 문제를 해결할 수 있는 사람들을 대상으로 치료 프로그램을 진행했다. 그리고 이 프로그램을 통해 만난, 심각한 심리 상태에 놓여 있던 이들을 통해 나는 현상 유지의 숨은 매력과 그럴듯한 합리성에 대해 정확히 배울 수 있었다.

정신과 환자로 살아가는 건 쉽지 않은 일이다. 우리 사회는 정신질환

을 개인의 문제로 치부하고 힘겨운 정신질환을 겪는 이들을 사회 일원으로 받아들이려 하지 않는다. 이들은 매일 마주하는 삶의 터전인 학교나 직장, 동네에서 배척당한다. 그리고 규범에 맞지 않는 행동과 감정에 대해 지나치게 치료적으로 접근하는 사람들의 간섭까지도 견뎌야 한다.

내 상담 고객들 역시 세상으로부터 소외되고 기회를 박탈당하고 전문가들에게 '망가진' 사람이라는 무언의 메시지를 받았고 개인적 실망과 사회적 배제의 경험에서 인간이 견딜 수 있는 마지막 한계점에 와 있었다. 그들은 이런 한계에 내몰리면서 중요한 교훈을 얻었다. 우리 대부분은 이런 교훈을 뼈저리게 배우지 않아도 될 만큼 운이 좋았지만 그들은 온갖 보편적인 지혜를 잔뜩 얻게 되었다.

많은 내담자가 무참히 사기를 겪는 개인적 경험에도 불구하고 인생에서 앞으로 나아가는 기적 같은 방법들을 찾아낸다. 그들은 학교와 일터로 돌아가고 운동을 다시 시작하며, 친구를 사귀고 낭만적인 관계를 맺는다. 하지만 곧 대부분이 변화에서 멀어지고 '현상 유지'로 돌아간다. 그들에겐 현상 유지가 가장 믿을 수 있는 안식처 혹은 둥지다. 변화를 향해 나아가든, 현재 상태에 머무르든 그들은 모두 개인적 변화의 복잡하고 역설적인 역학 관계에 대해 뭔가를 알고 있었다.

바뀌지 못하는 이유를 알아야 바뀐다

젊었을 때 나는 매사추세츠주 월섬에서 사회복지사로 일했다. 오랜 기간 정신과 치료를 받아온 사람들을 대상으로 하는 주간 치료 프로그램의 치료 집단을 지원하면서 변화의 역학 관계에 관한 생각을 구체적으로 해보게 되었다. 당시 치료 집단은 누구에게나 열려 있었기 때문에 언제나 새로 들어오는 참여자들과 그만두는 참여자들이 있었다. 시간이 지나면서 나는 한 가지 의문이 들었다. 어째서 참여자들은 너무나 긍정적으로 보이는 변화에 한결같이 저항했을까?

나는 수년간 참여자들에게 거듭 이 질문을 던졌고 남녀노소를 불문하고 그들의 대답은 매우 비슷했다. 어느 날 밤, 나는 책상에 앉아 답변 내용을 분류했다. 목록을 보니 변화에 저항하는 각각의 이유에는 저마다의 내적 논리와 타당성이 있었다. 그리고 현재 상태에 머무르는 것이 일종의 행동 방침, 즉 변화를 통해서는 얻을 수 없는 특정 경험을 위한 해결책이라는 걸 알게 되었다. 이는 변화가 매우 명백한 선택으로 보였던 상황에서도 똑같이 적용되었다. 나는 그 결과물을 '변화하지 않는 열 가지 이유'로 명명하고 치료 집단과 공유했다.

1. 혼자라는 위험과 책임을 피할 수 있다.
2. '다음에 할 일'을 생각하지 않아도 된다.
3. 미지의 세계를 마주하지 않아도 된다.
4. 스스로 기대할 위험에서 벗어난다.
5. 타인의 기대라는 부담에서 벗어난다.
6. 지금의 현실을 자각하지 않아도 된다.
7. 걸음마 단계를 지나지 않아도 된다.
8. 고통스러운 기억을 애써 잊지 않아도 된다.
9. 타인과의 관계가 유지된다.
10. 나 자신과의 관계가 유지된다.

이 열 가지 이유는 참여자들이 갇혀 있다고 느꼈던 지점에 대해 깊이 생각하는 데 아주 큰 도움을 주었다. 우리는 변화는 좋은 것이고 유지는 나쁜 것이라는 이분법에서 벗어나 현상 유지를 호기심을 갖고 바라보며 자연스럽게 받아들이려고 했다. 그러자 놀라운 일이 일어났다. 현상 유지가 합리적인 행동 방침이 될 수 있다고 생각하자 참여자들은 더 쉽게 변화를 이뤄냈다. 변화하지 않는 것에 대해, 현재 상태에 머무르고 싶어 하는 이유에 대해 생각함으로써 동기를 억누르는 힘이 느슨해졌던 것이다. 이는 변화를 위한 수많은 조언과 설명보다 효과적이었다.

탈출 마술의 대가였던 해리 후디니Harry Houdini는 허리띠, 쇠사슬, 캔버스 천으로 몸을 꽁꽁 묶고서 탈출하기 위해 힘을 쓰는 게 아니라 힘을 뺐다. 그처럼 가고자 하는 길과 반대 방향으로 움직이는 것이 오히려 더 자유롭게 그곳으로 데려다줄 때가 많다.

나는 이런 역설 속에서 우리를 기다리고 있는 변화의 열쇠를 이해하기 시작했다. 이후 나는 개인적으로 운영하는 심리치료에서 일주일에 한 번씩 만나는 고객들에게 열 가지 이유를 알려주었다. 그 결과 앞선 집단과 마찬가지로 사람들은 현상 유지의 매력적인 타당성과 변화에 대한 저항을 이해하게 되었다. 그리고 나 역시 오랫동안 바랐지만 이루지 못했던 변화를 시작하려면 열 가지 이유가 중요한 역할을 한다는 것을 이해하고 내 삶에 이를 받아들였다.

변화의 역설에 대한 이 깨달음은 새로운 것이 아니다. 사실 여기에는 사회복지 업무의 핵심 가치가 반영되어 있다. '고객이 있는 곳에서 시작하라'는 격언은 심리치료 분야의 근본 개념으로, 변화를 강요하기보다는 개인적 판단을 배제한 채 고객의 경험을 이해하고 마주해야 한다는 의미를 담고 있다.

열 가지 이유는 다른 치료 분야의 가치들도 반영한다. 예를 들어 가족 치료에서 사용하는 역설적 개입paradoxical intervention(반심리학reverse psychol-ogy을 뜻하는 근사한 용어)[1]에서는 상담사가 고객에게 해결하고 싶은 행동을 계속하라고 이야기한다. 이를 통해 고객은 자신의 파괴적인 행동에 담긴 논리를 이해하게 된다. 또 중독 분야에서 사용되는 동기 강화 상담 motivational interviewing[2]에서는 중독으로 이성적 판단이 마비된 뇌를 치료하기 위해 강력한 대립적 접근법을 사용하기보다는 개인적 판단을 배제한 대화를 통해 약물 사용의 장단점을 검토한다. 그 밖에도 무조건적인 긍정적 존중unconditional positive regard[3]을 중시하는 인본주의 심리학, 저항과 함께 가기going with the resistance[4] 같은 불교적 접근법 등이 있다.

'지금 있는 곳'에서 그 사람에게 접근하는 것, 어째서 현재 상태에 머무르고자 하는지 탐구하는 것, 현상 유지를 합리적인 행동 방침의 하나로 생각하는 것, 이런 아이디어는 내가 발명한 게 아니다. 하지만 변화에 대한 저항을 열 가지 작은 단위로 나눔으로써 기존의 대략적인 접근을 구체화하고자 했다. 그 결과 변화와 현상 유지는 마음속에 기억하고 관리하고 형상화할 수 있는 대상이 되었다.

때론 포기가 합리적인 선택이다

20여 년 동안 나는 이 열 가지 이유를 앞주머니에 넣고 다니며 몇 번이고 꺼내 들었다. 이것이야말로 나와 내 고객이 현재 상태에 갇힌 것을 이해할 수 있게 해주는 효과적인 도구였다. 그리고 이 도구는 멜빌 듀이

Melvil Dewey의 십진분류법(듀이가 고안한 도서 분류 체계-옮긴이)처럼 열 가지로 정리되어 이해하기 쉽고 확신을 줄 수 있었다. 하지만 시간이 지나면서 나는 그 이유들이 변화를 뒷받침하는 깊고 복잡한 프로세스를 담아내기에 다소 현실적이지 않다고 느꼈다. 당시 열 가지 이유는 거대한 실망, 형체 없는 괴로움이 가져온 행동의 결과를 구체화하기 위한 시도였다.

하지만 열 가지 이유가 이론적 진공상태에 있었던 것은 아니다. 나는 열 가지 이유가 희망을 품는 능력과 관련된 중요한 경험들과 연관되어 있을 뿐만 아니라 희망을 두려워하게 만들어 우리에게 상처를 주는 '실망'이라는 힘과도 연관되어 있다는 것을 알고 있었다. 사실 희망을 두려워할 수도 있으며 이런 두려움이 현재 상태에 머무르게 한다는 생각은 내가 사람들과 열 가지 이유에 대해 논의하며 자유롭게 이야기했던 주제였다. 하지만 어디까지나 이론적이고 흥미로운 아이디어로 남아 있었다.

그리고 얼마 전 그 모든 것이 바뀌었다.

• 변화의 가장 큰 적, 희망

2018년 가을, 나는 뉴어크에 있는 럿거스대학교에서 정서심리학을 가르치는 켄트 하버Kent Harber 교수의 초청으로 변화하지 않는 열 가지 이유에 대해 강의했다. 심리적 자원에 관해 연구하는 하버 교수는 내가 희망의 두려움을 이야기하자 얼굴이 환해지면서 내가 제시한 그 밖의 이론적 개념을 과학적으로 측정하고 연구하자고 제안했다. 그렇게 공동연구가 시작되었다. 이로써 희망과 관련된 문제에 대해 고객들로부터 얻은 교훈들을 확인할 수 있었다.[5]

우리는 사람들이 희망을 어느 정도로 두려워하는지 측정할 수 있음을 입증했다. 이는 희망의 두려움과 여러 감정 및 사고방식의 관계에 대해 새로운 통찰을 제공했다. 결과적으로 어째서 현상 유지가 합리적인 선택으로 보일 수 있는지(심지어 합리적인 선택이 될 수 있는지)에 대해 매우 명확한 답이 도출되었다.

이후 연구는 변화하지 않는 열 가지 이유로 윤곽을 그린 공간에 색을 입히기 시작했고 열 가지 이유 이면의 근본적인 이유들을 밝혀냈다. 어째서 우리는 더 나아질 게 분명한 변화에 저항하는가? 우리 삶의 뭔가가 희망을 두려워하게 만들었기 때문이다. 그 '뭔가'는 엄청난 실망이 아니어도 된다(어쩌면 우리가 알아차릴 수조차 없는 무엇일 수도 있다). 그것은 바로 희망을 좇아 행동으로 옮기는 것이 위험하다고 우리에게 속삭이는 경험이다.

이 내용은 뒤에서 더 자세히 다루겠지만 여기서 간단히 언급하면, 희망을 품을 때 우리는 삶에 결여되었다고 생각하는 뭔가를 '기대'한다. 따라서 희망은 언제나 약간의 긴장에 둘러싸여 있다. 동경과 갈망의 어머니인 희망은 우리에게 부족한 뭔가를 원하는 마음이다. 그래서 희망은 종종 위험하다. 희망에 따라 행동하고 도전하는 건 자신에게 없다고 생각하는 뭔가를 얻지 못할 가능성을 높이기 때문이다. 지금 있는 자리(삶에서 부족하다고 느끼는 뭔가가 없는 상태)와 앞으로 도달하고 싶은 자리(삶에서 부족하다고 느끼는 뭔가가 있는 상태) 사이에서 희망이 만들어낸 긴장은 우리가 개인적인 변화를 원하고 추구할 때 가장 위험하다.

지금까지 열 가지 이유에 대한 아이디어가 어떻게 구체화되고 사람들이 변화를 숙고하도록 돕는 도구가 되었는지 간단히 살펴봤다. 물론 이 이야기에는 당신이 아직 모르는, 앞으로 배울 많은 것이 생략되었다. 우선 지금은 한 사람이 어떻게 자신의 환경 속에서 설명되지 않은 뭔가를 인지하고, 그것이 가리키는 바를 파악하여 설명하고자 시도하고, 아이디어를 구체화하고, 그것을 활용하고, 의미 있고 이해하기 쉬운 형태로 만들어냈는지에 대한 매우 전형적인 이야기라고 해두자. 오래되고 변하는 것 없이 안정적인 영역에서 새로운 정보가 나타나면 우리는 모두 그런 식으로 접근한다. 그 정보를 알맞게 처리하고 이해할 수 있는 전체 안에 담고자 집요하게 시도하는 것이다.

다음 장에서 볼 수 있듯이 우리는 모두 온전함을 향한 욕구가 바탕에 깔려 있다. 그 욕구를 이해해야만 개인적 변화도 이해할 수 있다.

CHANGE

제2장

더 나아가지 못하게
가로막는 힘

**우리는 우리가 살아 있음을 알려주는
기대라는 달콤한 고통이 필요하다.**
_알베르 카뮈

1930년대 초 베를린대학교의 심리학 교수 쿠르트 레빈Kurt Lewin은 학생들과 카페에 앉아 있었다.[1] 그들은 웨이터에게 음료를 주문했고 웨이터는 주의 깊게 듣기만 할 뿐 아무것도 적지 않았다. 15분 뒤, 쟁반을 들고 돌아온 웨이터는 각자 주문한 음식을 그 사람 앞에 정확히 놓았다.

얼마 후 테이블이 정리되고 음식값을 계산하기 전, 레빈은 웨이터에게 일행이 각각 어떤 음식을 주문했는지 물었고 웨이터는 주문 내역을 완벽하게 말했다. 그러자 레빈은 옆 테이블의 단체 손님은 무엇을 주문했는지 물었다.

"선생님, 왜 그러십니까? 그건 모르겠습니다."

웨이터가 의아해하며 답했다.

"저분들은 이미 계산하셨습니다!"

레빈은 평범한 일상에서 심오한 뭔가를 발견하는 데 뛰어난 재능이 있었다. 이 순간에도 그는 아주 중요한 사실을 깨달았다. 그는 궁금했다. 웨이터는 왜 계산 전에만 모든 주문 내역을 상세히 기억하는 걸까? 그는 주문을 받고 계산을 하기까지 웨이터에게 기억을 촉진하는 긴장이 형성된다고 가정했다. 하지만 과업이 종료되면(계산을 마치면) 긴장이 사라지고 기억도 곧바로 사라진다.

주문을 기억하는 평범한 과업에 대한 레빈의 이 사색은 사람들이 일반적으로 어떻게 목표를 추구하는지에 대한 여러 이론으로 이어졌다. 레빈은 현대 사회심리학의 아버지이며 조직심리학 분야의 핵심 인물이다. 그는 영향력 있는 여러 연구를 통해 특정 목표와의 관계에서 우리의 위치에 따른 긴장과 이런 긴장의 강도가 목표에 도달하려는 동기에 미치는 영향을 중점적으로 다루었다.[2]

레빈은 게슈탈트 심리학gestalt psychology[3]의 영향을 받았다. 게슈탈트 심리학은 인간의 시각, 학습, 문제해결에 대해 급진적 접근을 취하는 심리학 사조로 동기에 대한 레빈의 아이디어를 제대로 파악하는 데 중요한 개념이다. 이와 더불어 긴장, 목표, 동기의 작동 방식에 대한 레빈의 설명을 이해하면 앞서 언급한 변화에 대한 나의 통찰을 이해할 수 있을 것이다.

게슈탈트는 '형태'를 뜻하는 독일어로 완전하고 인식 가능하며 이해할 수 있는 대상을 나타낸다. 게슈탈트 이론가들은 인간의 마음이 여러 개별 요소들을 보고 이를 통해 전체를 구성하도록 만들어졌다고 생각한다. 예를 들어 방 안에 네 개의 나무 기둥이 서 있고 그 위에 나무판자가 올려져 있다고 하자. 나무판자 한쪽에 작은 나무 기둥이 튀어나와 있고 기둥의 위쪽에 작은 나무판자가 덧대어져 있다. 당신은 이것을 보고 '연결된 나무 조각들'이라고 하지 않는다. 이것은 '의자'이며 당신도 의자라고 생각한다. 이것이 게슈탈트, 즉 부분으로 이뤄진 전체다.

방에 들어갔을 때 우리는 벽과 천장, 바닥을 인식하고 자신이 '방'에 있다고 이해한다. '석벽, 소켓, 창틀, 경첩' 안에 있다고 생각하지 않는 것이다. 이것이 게슈탈트다. 또한 방에 들어갔을 때 어떤 경험을 했는가? 그 역시 게슈탈트다.

마음은 언제나 이런 식으로 전체를 형성하려 하기 때문에 우리의 삶에 불일치(우리가 맞춰야 한다고 생각하는 여러 대상 사이의 불균형)가 생기는 것을 좋아하지 않는다. 실제로 일부 심리학자들은 기대와 실제 사이의 불일치에 맞닥뜨릴 때 모든 감정이 일어나며 그런 감정들은 불일치가 해소되어야 사라진다고 한다.[4] 불일치를 마주하면 마음은 이를 해결하고 통합해서 그로 인한 긴장을 줄이고 싶어 한다. 서로 어긋나는 것들을 의미 있게 만드는 것, 이는 우리에게 매우 중요하다. 그렇지 않으면 세상은 뿔뿔이 흩어져 구분되지 않는 혼돈과 먼지로 보일 것이다. 여기에는 의자도, 방도, 당신도 없다.

인간성에 대한 기분 좋은 역설이 하나 있다. 바로 우리의 마음이 불일치를 매우 싫어하며 이를 바로잡으려고 한다는 것이다. 대개 우리는 조용히 안주하며 살아가지 않고 목표를 세우고 변화를 열망한다. 목표 수립은 근본적으로 우리가 지금 있는 곳과 앞으로 도달하고 싶은 곳 사이의 불일치를 내포한다. 이런 불일치에서 비롯된 긴장과 그 긴장을 없애려는 욕구는 종종 좋은 결과로 이어진다. 목표를 달성하려는 동기가 생기는 것이다.

목표에 도달할 수 있다면 긴장은 해소된다. 웨이터가 자신의 과업을 수행하는 동안 주문 내역을 기억할 수 있는 것은 바로 이 때문이다. 그는 주문을 받고 계산을 하기까지의 불일치를 없애려는 동기가 있고 기억은 이를 달성하는 수단이다. 계산이 끝난 후 주문 내용을 잊어버리는 것도 마찬가지다. 과업을 완료하고 나면 더는 불일치가 없기 때문에 긴장도 사라지는 것이다.

따라서 성공적으로 목표를 달성하는 것은 목표와의 관계에서 자신의 현재 위치와 목표 사이의 긴장을 해소할 수 있는 매우 중요한 방법이다. 물론 긴장을 없애는 다른 쉬운 방법도 있다. 바로 포기하는 것이다. 목표가 없으면 불일치도 없으며 긴장도 생기지 않는다. 포기와 단념은 이 책의 중요한 요소들로 뒤에서 다시 다룰 것이다. 지금은 우리의 현재 상태와 앞으로 달성하고 싶은 상태 사이의 긴장이라는 동기 요소를 계속해서 살펴보자.

우리에게 동기를 부여해주는 것

지금 있는 곳과 목표 사이의 긴장이 동기를 좌우하며 목표를 달성하고 나면 동기가 사라진다는 것은 너무나 명백한 사실이다. 예를 들어 저녁 메뉴로 가장 좋아하는 베이컨버거를 몹시 먹고 싶다고 하자. 이는 베이컨버거를 만드는 동기를 부여하고 현재의 배고픔과 만족스러운 베이컨버거 한 입 사이에 긴장을 형성한다. 하지만 베이컨버거를 다 먹고 나면 요리할 동기가 사라진다. 먹고 싶은 욕구와 충족 사이에 불일치가 존재하지 않기 때문이다. 당신은 배가 고팠고 베이컨버거를 먹었으며 이제 베이컨버거는 마음속에 남아 있지 않다.

정리해보자. 우리가 뭔가를 원하면 그것을 원하는 상태와 그것을 얻은 상태 사이에 긴장이 생겨 행동하려는 동기가 발생한다. 그리고 그것을 얻고 나면 목표를 달성하려는 동기를 느끼지 않는다. 너무나 간단하다. 하지만 실제로는 그렇지 않다. 아무것도 하지 않는 것에서 뭔가를 하는 것으로 또는 부정적인 행동에서 긍정적인 행동으로 향하는 과정에는 작용과 반작용의 복잡한 힘들이 얽혀 있다. 레빈은 밀고 당기는 이런 힘을 '벡터'vector라고 불렀다.[5] 수학과 물리학의 용어를 인간의 행동에 적용한 것이다.

벡터는 힘의 강도('크기'라고 부른다)와 방향을 가진 물리량을 말한다.[6] 기차 한 대가 클리블랜드에서 시속 70킬로미터로 출발하고 다른 한 대는 위치토폴스에서 시속 100킬로미터로 출발할 때 두 기차는 언제 만날까? SAT 시험의 전형적인 이 수학 문제는 벡터를 묻고 있다.

다른 예로, 당신이 차를 타고 우리 집으로 오고 있는데 내가 전화해서 언제쯤 도착할지 묻는다고 해보자. 당신이 "벤투라 고속도로 남쪽이에요."라고 답한다면 답을 절반만 준 것이다. 얼마나 빠르게 가고 있는지 말하지 않았기 때문이다. 마찬가지로 "시속 70킬로미터로 가고 있어요."라고 했지만 현재 위치를 말하지 않는다면 역시 반쪽짜리 답이다. 반면 "벤투라 고속도로 남쪽에 들어섰어요. 시속 100킬로미터로 가고 있어요."라고 답한다면 당신은 벡터를 설명한 것이고 나는 언제쯤 마티니를 준비해야 할지 알 수 있다.

개인적 목표에 대해 생각할 때 벡터는 매우 유용하다. 그 사람이 어디로 가고 싶어 하는지, 그곳에 가려는 에너지 혹은 힘의 세기는 얼마인지 모두 알려주기 때문이다. 하지만 인간의 노력은 수학 문제처럼 단순하지 않다. 동기의 강도와 가려는 방향, 이 모두가 너무나 복잡해서 완벽하게 측정할 수 없다. 벤투라 고속도로를 시속 100킬로미터로 달리는 자동차는 벡터로 쉽게 표현된다. 그러나 그 자동차를 운전하는, 복잡하고 의미를 형성하는 존재인 인간은 계속 나아가도록 밀어붙이는 힘이나 그런 힘의 변화와 같이 경로에 영향을 미치는 수많은 요인에 둘러싸여 있다.

어떤 운전자는 고객을 만나려 질주하고, 어떤 운전자는 불행한 결혼에서 벗어나려 질주한다. 두 가지 동기 모두 벡터지만 속도와 방향의 대수학으로 쉽게 전환되지 않는다. 마르셀 프루스트, 윌리엄 포크너, 필립 로스 같은 소설가들은 인간을 특정 행동으로 몰아넣거나 밀어내는 다양하고 복합적인 힘을 수 페이지에 걸쳐 묘사했다.

우리에게 목표 달성은 클리블랜드와 위치토폴스 사이의 노선처럼 단순한 문제가 아니다. 음성인식 서비스 시리Siri가 길 안내는 할 수 있지만 왜 일찍 일어나야 하는지 답할 수 없는 것은 바로 이 때문이다. 변화의 길에서 내적 욕구와 모호한 방향으로 표시된 벡터는 '1만 보를 걸어라', '다진 쇠고기 10온스를 계량하라' 같은 설명보다 훨씬 복잡하다.

목표를 달성하는 힘은 어디에서 오는가

1930년대 베를린의 카페로 돌아가보자. 웨이터를 둘러싼 보이지 않는 거품을 인지한 레빈은 깨달음의 순간을 경험했다. 그는 이후 그 거품을 '생활공간'life space 또는 '장'field이라고 불렀다.[7] 이 장은 웨이터의 심리적 강점과 약점, 그를 둘러싼 환경에서 일어나는 일들, 그가 환경에 반응하고 환경이 그에게 반응하는 방식으로 이뤄진다. 레빈은 이 반응 방식을 B = f(P, E)라는 공식으로 제시했다. 행동Behavior을 사람Person과 환경Environment의 함수function로 본 것이다. 이는 당시 지배적이었던 자극-반응 모델을 부인한 급진적인 공식이었다.

레빈이 생각하기에 인간은 외적 보상과 처벌에 의해서만 재빠르게 행동하는 단순한 유기체가 아니었다. 환경에 따라 행동할 수 있으나 환경에만 좌우되지 않는 내면의 삶, 생각, 희망, 두려움을 지닌 것이 인간이었다. 그래서 그는 주변 환경과의 상호작용에 따라 바뀌는 역동적인 생각, 힘, 감정에 따라 목표를 향한 움직임이 결정된다고 여겼다.

이 또한 기존의 심리 분석을 완전히 벗어난 접근이었다.[8] 인간의 심리에 대한 주류 접근법은 신경증적 불안과 억압된 충동으로 형성된 성격이 인간의 행동에 반영된다고 봤으며, 사람들이 매일 겪는 실질적인 도전들에 어떻게 대처하는지에는 별로 관심을 두지 않았다. 그러나 레빈은 목표를 향한 움직임이 전적으로 심리적 특성에 기반을 두는 것이 아니라 부분적으로 개인의 현재 상태를 반영한다고 주장했다. 현재 상황이 중요하다고 강조했던 레빈의 말은 현대 사회심리학을 형성한 격언이다. 전구 하나를 갈아끼우는 데 사회심리학자 몇 명이 필요할까? 그것은 상황에 따라 다르다.

레빈은 주문 내용에 대한 웨이터의 기억이 심리적 장psychological field에 좌우된다고 가정했다. 이 장은 일을 잘하려는 웨이터의 욕구, 그의 직업에 필요한 일반적인 요건, 그가 맡은 구체적인 과업(예를 들면 시끌벅적한

심리학자들의 테이블에 음식과 술을 가져다주는 것)으로 구성된다. 그가 머무르는 장의 측면에서 생각하면, 즉 그가 어떤 사람인지(웨이터), 그가 대처하는 상황은 무엇인지(서빙) 생각하면 그의 행동과 놀라운 기억과 이후의 망각이 모두 합리적으로 설명된다. 이것은 웨이터의 게슈탈트이며 주문과 계산 사이에 기억력을 강화하는 긴장을 형성한다. 다시 말해 웨이터가 자신의 책임을 수행하지 않는다면 주문을 받는 것과 기억하는 것 사이의 긴장도 없다.

하지만 장이 바뀌면 어떻게 될까? 웨이터(예를 들어 그의 이름이 '프리츠'라고 하자)가 다른 역할을 맡게 되고 그 역할이 가장 중요해지면 어떻게 될까? 프리츠가 레빈의 학생으로 카페에 들어갔다고 가정하자. 그는 이제 바쁜 웨이터가 아니라 들뜬 학생이다. 일행과 자리에 앉아 있는 그에겐 다른 웨이터가 받은 음식 주문이 전혀 인식되지 않는다. 그의 생각은 주문받은 맥주가 아니라 벡터와 장에 대한 이론에 가 있다. 그는 누구의 주문도 기억하지 못할 것이다. 말 그대로 '그 공간에 있지 않기' 때문이다. 그저 앞치마를 벗고 동료 학생들과 앉아 있음으로써 프리츠의 심리 상태는 바뀌었고 이제 그는 다른 목표에 관여한다.

하지만 프리츠가 앞치마를 다시 입었을 때 모든 주문을 기억할지는 아직 장담할 수 없다. 그의 장에는 목표를 향해 미는 힘뿐만 아니라 목표에 도달하지 못하도록 저항하는 힘 또한 존재하기 때문이다.

프리츠에게 기억을 돕는 전진 벡터는 돈을 벌 수 있는 일자리의 필요성, 고객을 만족시키려는 내재적 욕구, 복잡하고 다양한 대상을 기억하는 능력에 대한 자부심, 그의 관심을 집중시키는 진한 커피, 많은 팁을 받고 싶은 욕구 등이다. 이런 전진 벡터들이 합쳐져 손님의 주문을 기억하고 계산을 하기까지 긴장을 일으킨다. 이렇게 목표에 대해 계속해서 집중하는 긍정적인 벡터의 합을 레빈은 '추진력'이라고 불렀다.

이런 추진력과 더불어 프리츠를 방해하는 힘도 존재한다. 그중 대부분은 프리츠가 좋은 학생이 되는 것도 방해할 것이다. 방금 집에서 끔찍한 소식을 들은 것, 전날 밤 머리를 세게 맞은 것, 최근 상사에게 나쁜 평가를 받은 것, 정치 뉴스에 정신이 팔려 있는 것, 선천적으로 기억력이 나쁜 것 등이 여기에 해당된다. 이런 의무와 부정적인 영향력을 레빈은 '억제력'이라고 불렀다.

목표 달성을 가로막는 요소들의 강도를 측정할 때는 이런 힘들을 살펴본다. 억제력은 우리가 손가락 하나 까딱하는 것으로 목표를 달성할 수 없는 이유를 말해준다. 우리를 방해하는 힘이 없다면 긴장도 없을 것이며 우리는 노력하지 않아도 원하는 바를 얻을 것이다.

어떻게 목표를 달성하는지 이해하기 위해 레빈은 역장force field을 다음과 같이 분석했다(그림 1 참고). 인간의 행동은 목표를 향한 추진력과 목표로 가는 길을 방해하는 억제력 사이의 역학(가변적인 상태) 안에 존재한다. 레빈이 제시한 그림은 담뱃대를 불어 공을 띄우는 장난감 같은 모양이다. 담뱃대에 바람을 불어넣으면 공이 떠오른다. 숨을 일정하게 유지하면 담뱃대 위에 뜬 공은 숨의 추진력과 중력의 억제력 사이에서 한 곳에 머무른다. 레빈은 억제력이 약해지거나 추진력이 강해질 때만 인간이 목표를 달성할 수 있다고 생각했다.

역장에 대한 이런 생각은 레빈이 처음 떠올린 것이 아니다. "외부에서 힘이 작용하지 않는 한 정지해 있는 물체는 계속해서 정지해 있을 것이고 운동하는 물체는 계속해서 운동할 것이다."라고 뉴턴[9]은 가정했다.

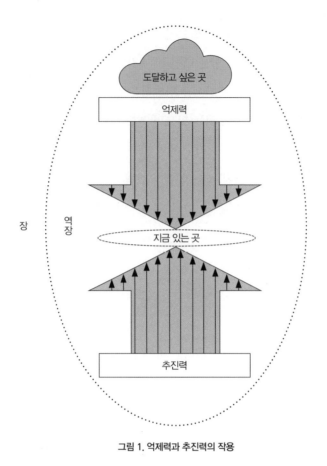

그림 1. 억제력과 추진력의 작용

레빈은 이런 기본 법칙이 떨어지는 사과뿐만 아니라 노력하는 인간에게
도 영향을 미친다고 생각했다.

지금 나는 의자에 앉아 키보드를 두드리고 있다. 내가 땅속으로 가라
앉지도, 우주로 떠오르지도 않는 이유는 질량과 중력 사이의 긴장 때문
이다. 말하자면 나는 담뱃대 위의 공인 셈이다. 자연에서든, 인간의 정신
이라는 복잡한 공간에서든 관성은 역학이다. 추진과 억제라는 서로 대
립하는 힘의 상대적 세기가 변해야만 정지 상태에서 벗어날 수 있다.

때로는 추진력이 너무나 강해서 빠르게 목표에 도달하지만 때로는 억제력이 강하게 작용해 목표에 아예 도달하지 못하기도 한다. 혹은 한쪽 힘이 매우 약해서 이를 무너뜨리거나 밀고 나아가기가 그리 힘들지 않을 때도 있다. 어떤 경우든 목표와의 관계에서 당신의 상태는 두 힘이 만나는 바로 그 지점이다.

LA에서 고속도로를 이용해본 적이 있는가? 여기는 밤낮없이 교통체증이 심하다. 그래서 어느 날 당신이 나를 만나 한잔하고 싶다고 해도 우리 집에 쉽게 도착할 수 없다. 하지만 도움이 될 만한 요소들이 몇 가지 있다. 예를 들면 뛰어난 운전 실력, 밝고 긍정적인 태도, 교통정보를 반영한 길 안내 서비스 등이다. 반면에 당신의 방문을 방해하는 요소들도 있는데, 그 힘은 당신이 가고자 하는 방향과 반대로 작용한다. 추월 차선을 가로막는 느림보 운전자, GPS를 무시하다가 진입로를 놓치는 당신의 운전 습관, 시속 100킬로미터로 원활히 달리던 도로를 시속 20킬로미터로 엉금엉금 기어가게 만드는 러시아워 등이다. 이것이 추진력과 억제력의 충돌로 결정된 바로 지금 당신의 상태다.

하지만 목표를 둘러싼 문제는 그렇게 간단하지 않다. 당신도 알다시피 목표의 의미는 장에 중대한 영향을 미친다.

베이컨버거를 다시 생각해보자. 당신은 데이트 상대를 위해 완벽한 요리를 하려고 한다. 그 사람을 정말 좋아하고 평생을 함께하고 싶다. 하지만 상대방은 망설이고 있으며 당신은 그 사람과의 관계에 자신이 없다. 그래서 당신이 하는 모든 행동이 상대의 인정을 얻기 위한 오디션처럼 느껴지기 시작한다. 당신이 좋아하는 베이컨버거를 만드는 것도 마찬가지다.

어쨌든 당신은 정성껏 음식을 만들었고 상대와 함께 먹는다. 하지만 상대는 베이컨버거에 감동한 것 같지 않다. 사실 상대방은 이런 표현에 다소 질렸으며 끊임없이 마음을 얻으려는 당신의 노력이 부담스럽다. 결국 상대방에게 좋은 배우자임을 증명하고자 했던 당신의 목표는 달성되지 않는다.

이렇듯 잘못된 전략을 세우면 목표에서 멀어진다. 당신은 신체적으로도 아주 건강하고 베이컨버거는 평소와 다를 바 없지만 관계를 성사시키고 싶은 바람이 너무나 간절했다. 그렇기에 출발점과 목표 사이의 긴장은 베이컨버거를 먹는 것으로 사라지지 않고 지속된 것이다. 결혼하고 싶은 바람과 결혼하는 것 사이의 불일치를 해소하는 데 베이컨버거 전략은 다소 터무니없는 시도였기 때문이다. 당신의 불안감과 상대의 반응은 당신을 약하게 만드는 억제력이다.

당신의 불안감, 관계에 대한 우려, 잘못된 접근 등을 알지 못한 채 그저 베이컨버거를 만들고 먹는 상황만을 본다면 상대방을 위해 저녁을 준비하는 단순한 이벤트로 이해하고 목표가 달성되었다고 생각할 것이다. 하지만 당신의 진짜 목표는 그것이 아니었다. 이는 당신만 알고 다른 이들에게는 보이지 않는, 다소 신경증적인 욕구에 바탕을 두고 있다.

목표의 의미는 감춰져 있을 때가 많다. 그리고 출발점과 목표 사이의 긴장에서 중요한 것은 우리 자신의 심리 상태다. 즉 뭔가를 원할 때 '왜' 원하는지 파악해야 한다. 모든 장, 즉 추진력과 억제력으로 이뤄진 공간은 눈송이만큼이나 독특하다. 고유한 동기를 지닌 고유한 인격이 각기 다른 사회적 상황과의 상호작용을 통해 형성되기 때문이다.

레빈에 따르면 모든 동기는 영향력의 장 안에 존재하며 사람마다 목표의 의미가 다르다. 이런 사실은 개인적 변화에 대한 자기계발 조언 대부분을 깨부수는 토르의 망치와도 같다. 그런 조언들은 대체로 특정 목표가 모든 사람에게 한 가지 의미만 있는 것처럼 설명하면서 동기의 복잡한 작용을 간과하고 모든 사람이 동일한 장에 살고 있다고 가정한다. 이는 심리적으로 동일한 사람들을 위한 조언이며 그들의 행동은 겉으로 볼 수 있는 목표 외에 깊은 의미가 없는 행위 그 자체에 불과하다. 다른 말로 표현하면 '가상의 인물'이라고 할 수 있다.

예를 들어 짐, 칼라, 리 세 사람이 모두 체중 감량이라는 목표를 추구한다고 생각해보자. 그들은 저마다 다른 이유가 있다. 짐은 외로움을 느끼기 때문에 사회적 관계성을 높이고 싶어 한다. 칼라는 테니스 선수로서 자신의 기량을 높이고 싶다. 리는 콜레스테롤 수치가 높아 심혈관 건강을 챙기려고 한다. 세 사람 모두 인스턴트식품을 끊고 건강한 음식을 먹으면 체중 감량을 달성할 수 있을 것이다.

하지만 각자의 근본적인 목표(더 활발한 관계, 경기에서 더 민첩한 움직임, 심장질환에 대한 두려움 감소)를 다루는 것은 다르다. 각 개인의 현재 위치와 앞으로 도달하고 싶은 위치 사이의 긴장은 주로 그들이 세운 목표의 의미에 따라 다르게 형성된다.

짐은 좀 뚱뚱한 남자를 사랑하는 배우자를 만나면 다이어트의 필요성을 느끼지 않을 것이다. 테니스 클럽에서 순위가 높아진 칼라는 오히려 체중 감량에 대한 압박을 더 느낄지도 모른다. 리는 콜레스테롤 억제제가 효과적이라는 의사의 말을 듣고 다이어트 강도를 조금 완화할 수 있다. 세 명 모두 똑같이 체중 감량을 시도하고 있지만 목표에 담긴 의미가 각자의 긴장 수준을 다르게 조절한다. 그에 따라 목표를 달성하려는 동기의 힘도 달라진다.

이 책 전반에 걸쳐 이야기하겠지만 가장 강력한 추진 요인과 억제 요인은 이처럼 개인의 근본적이고 고유한 목표 안에 있는 경우가 많다. 하지만 여전히 많은 자기계발 조언이 획일적인 방법을 다루며 목표의 의미를 이해하지 못한다. 그리고 그런 목표를 어떻게 다뤄야 하는지도 알려주지 못한다. 당신이 뭔가를 왜 이루고자 하는지 당신에게서 직접 듣지 못하기 때문이다.

복잡하고 독특한 개인들이 모인 현실 세계에서 대중적인 조언이 전혀 쓸모없다는 말은 아니다. 집단적 지혜에 기반을 둔 로드맵에는 추진력이 있다. 여기에 적절한 사색이라는 힘을 더 보태면 바람직한 변화를 만들어낼 수 있다(그러나 로드맵을 따르다 아무런 변화를 만들어내지 못하고 좌절한다면 해가 될 수도 있다). 하지만 이런 조언은 당신을 지금 있는 곳에서 앞으로 도달하고 싶은 곳으로 데려가기에는 턱없이 부족하다. 그리고 이렇게 말하고 싶지 않지만 레빈의 역장 이론도 그것만으로는 당신을 목표로 곧장 데려가지 못한다.

역장은 모든 장에 대한 조감도를 제공한다. 식당 서빙에서부터 전쟁이나 평화 구축, 정치적 탄압 극복 같은 거대한 모험에 이르기까지 무수히 많은 목표와 관련해 지금 있는 곳과 앞으로 도달하고 싶은 곳 사이의 긴장이 어떻게 형성되는지 알려준다. 개인적 변화도 이런 지형에 속한다. 하지만 개인적 변화에는 고유의 긴장 또한 뒤따르며 당신이 변화하고자 일어설 때면 언제나 이런 긴장에서 비롯된 힘이 작용한다.

습관을 버리는 것, 건강을 개선하는 것, 새로운 뭔가를 배우는 것, 심오한 영적 혹은 정신적 목표를 추구하는 것, 세상을 변화시키기 위해 안락함을 버리는 것 등을 목표로 삼으면 특정한 억제력과 추진력이 일어난다. 하지만 카페에서 주문을 기억하는 것이나 좋아하는 베이컨버거를 만드는 것처럼 인생에서 여러 목표를 달성하고자 할 때 늘 그런 힘이 나타나는 것은 아니다.

변화를 가로막는 실망감이라는 적

어릴 때 생일 선물로 무엇을 받고 싶은지 질문받았던 적이 있는가? 아마 당신은 잠시 생각하고 나서 대답했을 것이다. 새 자전거를 원했다고 하자. 받고 싶은 선물을 말한 뒤 갑자기 자전거를 꼭 가져야겠다는 생각이 들었는가? 원하는 것을 말하자마자 더 간절히 원하게 되었는가? 자전거가 없으면 인생이 불완전한 것 같고 자전거가 행복의 필수 요소로 느껴졌는가? 선물을 기다리는 동안 자전거가 없는 고통, 자전거가 생기면 느낄 성취감 같은 감정들이 점점 커졌는가? 그렇다면 그건 당신이 뭔가를 희망할 때 일어나는 일종의 긴장이다. 희망을 품으면 우리는 그 희망의 실현에 긍정적인 가치를 부여하고 좌절에는 부정적인 가치를 부여한다.

생일 선물과 마찬가지로, 인생에는 희망의 긴장을 수반하면서 개인적 변화를 향한 노력이 필요 없는 온갖 목표들이 있다. 오늘 밤 블랙잭 게임에서 이기는 것이나 이웃이 새벽 한 시에 헤비메탈 음악을 따라 부르지 않는 건 개인적 변화가 필요한 목표가 아니다. 개인적 변화는 목표를 성취하는 과정이며, 그 과정에서 당신이 중요하다고 느끼는 뭔가를 원하게 되고 결핍의 고통을 겪는다. 개인적 변화의 고유한 긴장을 다른 목표와 다르게, 때로는 더 강하게 만드는 요인은 바로 목표 자체의 본질이다.

• 실망감에 대처하는 두 가지 방식

개인적 변화를 희망할 때 당신은 자전거 같은 특정 물건이 아닌 '자신'의 변화를 바란다. 이는 지금 변해야 한다고 느끼는 부족한 부분이 자신에 대한 뭔가임을 의미한다(변화를 결심하기 전에는 아마도 중요하지 않다고 과소평가하거나 무시했을 것이다). 이는 어렵고 복잡한 긴장을 만들어 낸다. 당신은 자신의 불만족스러운 뭔가를 인식해야 한다. 그리고 가치 있다고 생각했던 방향으로 자신에 대한 관점을 바꾸지 못할 경우 실망할 것을 각오해야 한다.

다이어트를 생각해보자. 다이어트를 할 때 우리는 현재 얼마나 뚱뚱한지 생각하는 것 못지않게 날씬해지는 것에 대해서도 생각한다. 그리고 다이어트에 실패하면 다이어트를 하지 않았을 때보다 자신의 체중을 더 민감하게 인식한다.

인생의 어떤 영역에서 자신이 불완전하다는 것을 깨닫지 못하면 변화를 기대할 수 없다. 예를 들어 그림 그리는 법을 배우고 싶어서 그리기 수업을 듣는다고 해보자. 이는 그림을 잘 그린다는 목표에 가치를 두고 있음을 의미한다. 그리고 이 목표에 가치를 부여함으로써 당신이 현재 뭔가 부족하다는 사실을 분명히 하고 있다. 그리기 수업을 제대로 마치지 못한다면 그림 실력에 관심을 두는 한 수업을 듣기 전과 똑같은 위치에 있을 것이다. 하지만 대개는 시작했을 때보다 자신의 실력이 부족함을 더 크게 인식한다. 그림을 잘 그리는 것을 목표로 삼음으로써 그림 실력에 가치를 부여했기 때문이다.

그렇다면 완성되지 않았다고 느끼는 일을 완성하도록 설계된 우리 인간은 희망에 수반되는 긴장을 어떻게 해소해야 할까? 우리는 어딘가 부족한 부분이 있고 따라서 변화가 필요하다는 불편한 감정들의 밀고 당김을 어떻게 해결해야 할까? 변화하지 못해서 자신의 부족함을 직시하는 순간 드는 실망감에 어떻게 대처해야 할까? 여기에는 두 가지 방법이 있다.

하나는 어려운 방법이다. 목표를 달성하기 위해 할 수 있는 최대의 노력을 기울이는 것이다. 그리기 수업을 계속 들으면서 과제를 빠짐없이 완료하고 시간이 나는 틈틈이 그림 연습을 한다. 그림을 잘 그린다는 최종 목적지에 도달할 때까지 만족감을 미루고 오랜 시간 연습에 매진한다(하지만 이런 경우는 목적지에 도달한 후에도 개선할 부분이 더 있음을 알게 되어 긴장이 여전히 남아 있다).

다른 하나는 쉬운 방법이다. 계획을 포기하고 현재 상태에 머무르는 것이다. 물론 포기했다는 사실에 한동안 기분이 좋지 않을 것이다. 하지만 그림을 잘 그리는 것을 목표로 삼지 않으면 그림 실력에 높은 가치를 부여하지 않게 되고 뭔가가 부족하다는 느낌이 줄어든다. 대부분 사람이 변화를 추진하는 과정에서 현재 상태에 머무르기를 택하는 이유 중 하나는 바로 이 때문이다. 원하는 것, 필요로 하는 것을 향해 움직이면 현실에 안주할 때보다 위험해진다.

바로 그래서 개인적 변화는 만만치 않다. 당신 앞에 놓인 변화가 아무리 작고 하찮게 보일지라도 이는 스스로 부족하다고 생각한 뭔가를 인식하는 경험과 얽혀 있으며, 당신은 부족한 뭔가를 얻는 게 당연한 결과가 아님을 알고 있다. 심각한 불일치다. 이는 훨씬 더 깊은 불일치로 이어질 수도 있다. 모든 원을 완성하게끔 만들어진 우리의 뇌가 과열되고 망가질 정도로 크고 양립할 수 없는 불일치로 말이다.

사실은 이런 불일치에 관해 이야기하고자 한다. 꽤 힘들고 어려운 이야기다. 시작에 앞서 잠시 숨을 고르도록 하자.

당신은 지금 살아 있다. 당신은 언젠가 죽을 것이며 그날이 오늘일 수도 있다. 이런 불일치는 메워질 수 없다. 이는 당신이 평생 안고 살아야 하는 긴장이다.

이렇게 안 좋은 소식을 듣는다면 무엇을 하고 싶은가? 늘 듣고 싶었던 요리 수업을 듣는다, 마지막으로 살을 5킬로그램 뺀다, 〈죽는 것처럼 살다〉Live Like You Were Dying 같은 컨트리송의 조언을 따른다 등 하고 싶은 일이 있을 것이다. 좋은 생각이다! 하지만 경고할 게 있다. 그런 변화를 실행하면 불일치라는 저승사자가 현재 상태에 머무를 때보다 당신을 훨씬 더 괴롭힐 것이다.

개인적 변화는 죽음이라는 거대하고 전혀 예측할 수 없는 모래시계의 그림자 안에서 어떻게 존재하는가에 대한 문제다. 죽음과 무관하지 않은 것이다. 변화를 향한 길에서 당신은 이렇게 말하진 않을 것이다. "나는 뜨개질을 배우고 있어. 언젠가는 죽어서 땅속에 묻힐 테니까." 하지만 이렇게 말하고 나면 현재 상태에 머무를 때 느끼지 못했던 일종의 압력을 느끼게 된다. 뜨개질을 그저 배우고 싶은 게 아니라 배울 '필요'가 있다고 느끼는 것이다. 이와 더불어 희망은 책임감을 불러와 당신의 부족한 부분을 너무 늦기 전에 채우지 못할 것이라는 걱정을 낳는다. 당신은 책임감을 느끼고 당신에게 시간이 많지 않음을 조용히 인정한다.

당신의 마음은 풀 수 없는 퍼즐에 미친 듯 빠져들지 않도록 보호하기 위해 그런 사실을 숨기며 과열된다. 당신의 마음은 누구나 결국 한 줌 재로 돌아간다는 사실을 숨기는 데 매우 능숙하다(그 사실은 때때로 극심한 공포를 일으키고 인생에서 (세금을 빼고) 반박할 수 없는 유일한 것, 추상적이고 모호하고 이론적으로 느껴지는 것이다). 하지만 어디를 봐야 하는지 알게 되면 마음은 항상 존재하는 죽음의 위협을 깨달을 수 있다. 어떤 일을 지금 성사시켜야 한다는 부정할 수 없는 압력, 당신의 마음에 집중하는 절박하지만 보이지 않는 힘, 지연을 견디지 못하는 조급함, '해야 했던 것들'과 '할 수도 있었던 것들'에 대한 죄책감, 실현되지 않은 가능성의 끊임없는 웅성거림, 지루함과 공허함에 대한 두려움, 이런 걱정들은 언젠가 죽는다는 사실을 알고 있는 오직 인간이라는 종의 문제다.[10, 11, 12, 13]

당신은 이런 문제들을 깊이 느끼고 매일같이 경험하지만 당신의 마음은 곧 닥칠 죽음이라는 근본 원인과 이들 문제를 분리하는 데 매우 뛰어나다. '또 후회하는군. 조급함, 후회, 지루함이 시작됐어'라며 죽음과 관계가 없는 것처럼 여긴다. 하지만 그렇지 않다. 이런 감정들은 죽음이라는 사실뿐만 아니라 그 사실이 당신의 존재를 어떻게 부각시키는지, 당신이 죽음을 맞이하기 전에 무엇을 하고 싶은지와도 관계가 있다. 다시 말해 실존적 문제, 즉 의미 있는 삶을 만들어야 할 당신만의 책임을 마주하며 느끼는 외로움에 관한 문제다.

개인적 변화를 희망할 때 당신은 그 변화의 목표(새로운 기술, 더 나은 관계, 중요한 업무 목표, 더 깊은 존재 등)를 중요하게 생각하고 그런 특성이 현재 당신에게 부족하다고 인식한다. 당신에게 주어진 시간은 유한하며 언제라도 시간이 다 되어 경보가 울릴 수 있다. 이런 사실은 개인적 변화의 목표를 당신이 인생에서 얻고자 하는 다른 대상들과 구분 짓는다. 자전거를 원할 때 당신은 자전거가 없다는 사실을 인식할 것이다. 하지만 자전거가 없다고 당신의 뭔가가 없어진다고 생각하지는 않는다. 마찬가지로 맛있는 베이컨버거를 원하지만 베이컨을 태웠다고 해서 인생의 중요한 기회를 놓쳤다고 생각하지는 않을 것이다(베이컨버거의 목적이 당신의 인생을 어떻게든 변화시키는 것이 아니라면).

　이런 차이로 인해 목표를 향한 프로세스는 레빈의 역장 안에 포함된, 개인적 변화 특유의 세 가지 원칙을 따르게 된다. 자신을 발전시키고 오래도록 지속되는 변화를 만들고 싶다면 이 원칙 안에서 나아가야 한다. 첫 번째는 책임감과 혼자라는 사실에 대한 불안을, 두 번째와 세 번째는 희망과 신념을 품을 수 있는 능력을 다룬다. 이 세 가지 원칙은 변화의 기본을 이루며 변화를 원할 때 언제든 나타나는 추진력과 억제력에 반영된다. 또한 당신을 밀거나 당기는 요인들에 영향을 미치고 때로는 현재 상태에 머물도록 이끌기도 한다.

CHANGE

제3장

인생 변화의
세 가지 원칙

우리는 우리가 한 선택의 결과다.

_장 폴 사르트르

변화란 현재의 위치와 앞으로 도달하고 싶은 위치 사이의 긴장이다. 사소한 변화를 한 가지 생각해보자. 어느 날 당신은 이제부터 매일 잠자리에 들기 전 현관 열쇠를 똑같은 장소에 두기로 마음먹었다. 이런 긴장은 다루기 쉬운 변화로서 양손 검지에 걸린 고무줄을 살짝 당기는 것과 같다(그림 2 참고). 하지만 다이어트나 동료를 대하는 방식처럼 자기 자신과 관련된 부분을 바꾸고자 한다면 긴장은 훨씬 강해지고 버티기 어려워질 것이다(그림 3 참고).

그러나 목표가 커질수록 더 큰 부담이 따르는 건 아니다. 마치 몸무게가 50킬로그램에서 60킬로그램으로 늘어나듯 긴장은 단순히 선형적으

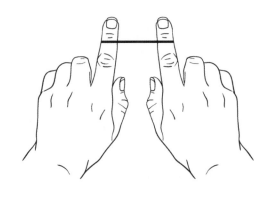

그림 2. 다루기 쉬운 변화

로 늘어나지 않는다. 오히려 정말 인생을 바꾸는 목표를 추구할 때 훨씬 많은 것이 더해진다. 먼저, 목표를 달성하겠다고 결심하기 전보다 목표에 더 큰 중요성을 두게 되고 그 목표가 자신에게 없는 부분임을 깨닫는다. 다시 말해 목표로 삼고 이루고자 했기 때문에 그 목표가 중요해지고 도전해야 할 과제가 된다.

일단 목표를 정하면 이를 달성하는 데 많은 것을 쏟아붓게 된다. 마치 이루지 못하면 살 수 없을 것처럼 갈망하는 동시에 변화에 실패할까 봐 걱정한다. 그래서 개인적 변화를 추구할 때 생기는 긴장은 인생을 변화시키지 않는 작은 목표(찾기 쉬운 곳에 열쇠를 두는 새로운 습관처럼)일 때 느끼는 가벼운 긴장보다 훨씬 크다(그림 3 참고). 종일 이런 긴장을 유지하는 것은 불가능하다. 하지만 잠깐은 이를 다스릴 수 있다.

또한 우리는 중대한 개인적 목표를 향해 나아갈 때 유한한 인생을 의미 있고 건강하고 깊이 있게 만들어야 한다는 압박감을 느끼곤 한다. 이는 자동항법장치에 의지하지 않고 직접 비행기를 조종하는 것과 같다.

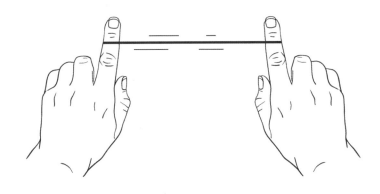

그림 3. 다루기 어려운 변화

항로를 택하고 일정을 세우고 목적지에 도달하기 위해 크고 작은 의사 결정을 내려야 한다. 이제 고무줄은 훨씬 더 팽팽하게 당겨진다(그림 4 참고). 당신은 떨리는 손가락을 곧게 세우려고 애쓰지만 손가락은 위태롭게 서로를 향해 기울어진다. 그리고 곧 고무줄이 툭 하고 끊어진다.

이런 긴장을 끝내는 가장 어렵고 고통스러운 방법은 목표를 향해 끊임없이 노력하며 터벅터벅 나아가는 것이다. 반대로 고통 없이 쉽게 긴장을 줄이는 방법도 있다. 바로 현재 상태에 머무르는 것이다. 변화의 복잡함, 혼란함과 비교해 현상 유지의 단순한 매력을 생각하면 종종 변화보다 유지를 택하는 건 당연하다. 현상 유지는 우리가 쉽게 기댈 수 있는 선택인 셈이다.

레빈의 역장 이론[1]에 따르면 재능, 역량, 타인의 지지, 높은 사회적 지위, 물질적 자원 등 목표를 향해 우리를 밀어 올리는 다양한 요인들이 있다. 또한 특정 과업에서의 역량 부족, 사회적 지원 결여, 억압적인 정치세력, 물질적 빈곤 등 올라가려는 추진력을 억제하는 힘들이 있다. 위아

그림 4. 높은 긴장을 요구하는 개인적 변화

래로 작용하는 이 힘들은 우리가 달성하려는 목표에 따라 중요성이 달라진다. 그러나 개인적 변화를 향해 나아갈 때 혼자라는 사실과 책임에 대한 불안은 늘 우리 곁을 맴돈다. 이는 추진력과 억제력에 지배적인 영향을 미치며 동기부여가 필요한 여타의 행동들과 개인적 변화를 구분 짓는다.

스스로 인생을 그려나가는 힘

몇 년 전 아들 맥스를 재우면서 읽어주려고 《해럴드와 보라색 크레용》[2]이라는 동화책을 골랐다. 당시 나는 변화하지 않는 열 가지 이유를 연구하며 이를 철학적 맥락에서 이해하기 위해 대학원 때 보던 실존주의에 관한 책들을 오랜만에 꺼내어 보고 있었다. 그런데 아이에게 동화책을 읽어주다 놀라움을 금치 못했다. 우리가 목표를 향해 나아가게 해주는 것이 무엇인지, 목표 달성을 가로막는 것은 무엇인지, 추진력과 억제력이 실존적인 방식으로 어떻게 작동하는지 그 작은 동화책 안에 모두 집약되어 있었기 때문이다. 요즘 나는 실존주의에 대해 생각하면 까뮈와 사르트르보다 해럴드를 떠올린다. 해럴드는 실존주의 영웅이다.

　동화책을 펼치면 아직 어린 아기인 해럴드가 등장한다. 해럴드는 커다란 보라색 크레용을 든 채 혼자 있다. 해럴드가 크레용으로 그림을 그리지 않으면 그 페이지는 비어 있다. 해럴드는 크레용으로 자기 주변의 세상을 멋지게 그려낸다.

　어떤 그림은 해럴드의 여정을 도와준다(예를 들면 길을 알려주는 경찰 그림). 반면 해럴드에게 겁을 주거나 앞길을 가로막는 장애물들도 많다(괴물, 폭풍이 몰아치는 바다, 절벽 그림 등). 하지만 해럴드는 아무리 위험하고 무서운 장애물에 맞닥뜨려도 언제나 앞으로 나아갈 방법을 그릴 수 있다. 해럴드는 한 방향으로 계속 나아갈 때도, 위험을 피해 숨을 때도, 도전에 직면할 때도 있다. 하지만 매 순간 자신의 길 위에 놓인 장애물을 피할 수 있는 새롭고 창의적인 방안을 그려낸다.

　《해럴드와 보라색 크레용》은 인생을 써 내려가는 것이 얼마나 경이로우면서도 위태로운 일인지 다루고 있다. 의사결정이라는 인간의 놀라운 축복, 의미 있고 충실한 삶을 다짐할 무거운 책임, 그 무게를 견디며 제 위치를 지키는 방법, 막중한 책임에도 불구하고 계속 나아가기 위해 해야 할 일, 실패와 낙담으로 무너질 때 자신을 일으켜 세우는 방법 등을 보여준다.

    이 책은 해럴드가 겪는 일련의 모험을 통해 인생을 책임져야 한다는 걱정이 우리의 앞을 막아서는 중에도 계속해서 성장을 향해 나아가려는 의지와 용기를 너무나 잘 표현했다.

    해럴드는 나무를 한 그루 그린다. 아름답고 열매가 가득 달린 이 진짜 나무는 무방비로 노출되어 있다. 나무를 지키고 싶은 해럴드는 괴물을 한 마리 그린다. 하지만 자신이 괴물을 그렸다는 사실을 잊어버리고 불

안해하며 떨기 시작한다. 손이 너무 떨린 나머지 해럴드는 자기도 모르게 물결 모양을 그리고 그 물결은 바다가 된다.

해럴드는 불안의 바다에 빠져 가라앉기 시작한다. 하지만 그 순간 물 밖으로 팔을 뻗어 작은 배를 그리고 그 위에 올라탄다.

배가 출발하고 모든 것이 순조롭게 이어진다. 하지만 그것도 잠시, 해럴드가 맞닥뜨릴 또 다른 도전들이 기다리고 있다. 도전에 맞서기 위해 해럴드가 가진 것이라고는 보라색 크레용이 전부다.

이것이 변화와 관련해 알아야 할 가장 중요한 교훈이다. 변화를 향해 나아갈 때 당신의 인생을 그리는 사람은 바로 당신이며 그 책임은 당신에게 있다. 당신은 변화를 시도할 때마다 큰 위험을 감수해야 한다. 변화에 실패한다는 건 필요한 것을 얻지 못한다는 의미이기 때문이다. 그것도 자기 자신 때문에 말이다.

이제 당신은 변화의 실패를 자신의 부족함으로 여긴다. 변화를 시도하는 것 역시 위험이 따른다. 불안과 책임 같은 감정들을 다룰 수 있을지 확신할 수 없기 때문이다. 당신은 해럴드처럼 좌절과 실패를 겪으면서도 당신을 가라앉지 않게 해줄 배를 만들 수 있는가? 그리고 스스로 선택한 목적지를 향해 나아갈 수 있는가? 이렇게 계속해서 나아가는 능력(다음 경로를 정할 수 있을 만큼 자신을 믿는 것, 앞에 놓인 장애물들을 계속해서 처리하는 것)은 희망을 놓지 않는 능력에 달렸다.

우리는 모두 해럴드이며 언제나 인생에 대한 각자의 책임 속에서 불안을 경험한다. 새벽 세 시에 게슴츠레한 눈으로 잠에서 깨어 내 삶에 어떤 일이 일어났는지 생각할 때, 직장 생활에 회의감이 들거나 관계에서 방황하고 있다고 느낄 때, 변화를 이루고 싶지만 뭔가가 성공을 가로막을 때 우리는 불안을 느낀다. 그런 순간 우리는 빈 페이지에 직면하며 이때 의미 있는 길을 그리는 것은 우리의 몫이다.

우리는 계속해서 나아가는 획기적인 방법들을 찾아낸다. 책임의 무게에도 불구하고 변화라는 보라색 크레용은 우리를 지지하고 물에 빠지지 않게 잡아주며 우리를 목적지로 데려다줄 배를 그리도록 돕는다. 이 보라색 크레용(선택하고 결정할 자유)은 끔찍한 불안(불확실성의 파도를 만들고 목표와 그것을 달성하는 우리의 능력에 대한 의심을 일으킨다)과 뜻깊은 희망(목표를 달성하는 수단을 제공한다)의 원천이다.

당신에게 주어진 모든 선택지 중 하나를 택한 결과가 이 책이었다는 사실을 어떻게 생각하는가? 다소 힘들고 불안한가? 다소 흔들리는가? 그것은 당신의 마음을 톡톡 두드리는 불안이다. 기독교 실존주의 철학자 쇠렌 키르케고르Søren Kierkegaard[3]는 이를 '자유의 현기증'이라고 불렀다. 당신에게 선택권이 있으며 당신의 시간과 인생을 스스로 책임져야 한다는 사실을 깨달을 때 겪는 불안한 감정이다.

자유의 어지러운 불안은 당신의 배를 집어삼켜 걱정의 바닷속으로 침몰시킬 수 있다. 하지만 그 어지러움은 변화의 출발선에서도 나타난다. 달리기 전에 심판이 "제자리에, 준비, 출발!"이라고 외칠 때의 '출발' 말이다. 불안은 당신을 억제할 수도, 앞으로 나아가게 할 수도 있는 운명의 결정자가 당신임을 알아챈다. 개인적 변화의 첫 번째 원칙은 이 방정식의 억제력 부분을 다룬다. 바로 변화의 자유에 대한 불안이다.

원칙 1. 우리는 홀로 모든 선택을 해야 한다

개인적 변화를 향해 나아갈 때 우리는 더 단단해지고 성장해야 한다는 사실을 깨닫는다. 변화를 추구하는 과정에서 실존적 책임과 혼자라는 상황을 맞닥뜨리기 때문이다. 이런 깨달음은 실존적 불안existential anxiety[4]을 자아낸다. 따라서 개인적 변화를 향해 나아가는 모든 움직임은 반대 방향으로 끌어당기는 억제력인 실존적 불안이라는 저항을 만나게 된다(그림 5 참고).

당신이 변화를 향해 움직이면 온갖 방해꾼들이 당신의 앞을 막아설

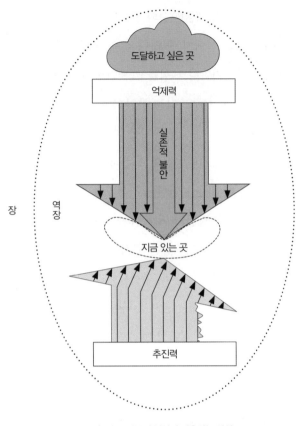

그림 5. 실존적 불안이 작용하는 양상

것이다. 하지만 당신이 누구든, 그 시기에 무슨 일이 일어나든, 이루고자 하는 목표가 무엇이든 한 가지 억제력은 반드시 나타난다. 이 억제력은 실존적 책임과 외로움을 깨달을 때, 즉 당신이 지금 보라색 크레용을 쥐고 있고 다음에 일어날 일을 책임져야 한다는 사실을 마주할 때 나타난다. 이런 책임과 외로움을 알면(죽음을 두려워하는 당신의 뇌는 이 두 요인을 억제하려고 한다) 당신은 불안해지고 때로는 극도의 불안을 느끼기도 한다.

여기서 설명하기에는 너무 복잡하고 다양하지만 심리 작용에 대한 실존적 접근[5]을 통해 억제력에 대한 몇 가지 중요한 통찰을 얻을 수 있다. 실존주의는 인간은 일정 기간 살다가 죽는다고 말한다. 그리고 우리는 탄생에서 죽음에 이르기까지 기본적으로 혼자다. 우리가 살면서 더없이 좋은 사랑의 순간, 커뮤니티 참여, 정신적 통합을 경험한다 해도 그런 사건은 '우리 각자'에게 달렸다. 그리고 억압과 트라우마에 시달리는 중요한 순간에도 여기에 어떻게 대처할지 선택하는 과정에서 우리는 결국 혼자다. 그런 상황에서 우리가 할 수 있는 선택은 제한적이며, 제한된 선택의 결과는 매우 제한된 만족을 주는 목표로 우리를 이끈다. 하지만 우리는 여전히 다른 선택을 할 수 있다.

'실존적'이라고 하면 파리의 한 카페에서 침울하게 담배를 피우는 어느 프랑스 철학자의 이미지가 떠오른다. 그는 실존주의자들이 불안, 즉 '앙스트'angst라고 부르는 것을 느끼고 있다. 당신이 자신의 행동에 대한 책임을 깨닫고 그 결과 혼자임을 인식할 때 겪는 바로 그 불안이다. 선택의 결과가 자신에게 달렸으며 자신이 인생의 최종 저자임을 생각하는 건 두려운 일이다. 책임이 그토록 무서운 깨달음인 것은 바로 이 때문이다.

'혹시라도 어리석은 실수를 저지르면 어쩌지?' '내가 택한 길이 무의미한 결과로 이어지면 어쩌지?' '홀로 죽게 되면 어쩌지?' '가진 것이라고는 나 자신뿐인데 나를 어떻게 이끌지?' '외로움과 고립이라는 가혹한 경험에 어떻게 대처하지?' '위로를 얻고 편안함을 느끼는 게 내게 달렸다면 무엇을 해야 하지?' 실존적 불안의 근간에는 이런 질문들이 자리하고 있다.

당신이 관심을 두기로 하든, 두지 않기로 하든(대부분은 '두지 않는 것' 을 택한다) 이런 질문들은 개인적 변화를 향해 나아갈 때 생겨나는 경향 이 있다. 사실 개인적 변화는 궁극의 실존적 순간이다. 어떤 가치를 세 우고 이를 위한 행동을 결정함으로써 자신을 돕고 인생을 책임지는 순 간이다. 이때 당신은 거울 속의 자신을 보며 그곳에 외롭게 홀로 서 있는 자신의 모습을 응시해야 한다.

중요한 개인적 목표를 추구하던 때를 생각해보자. 비록 다른 누군가 와의 대화를 통해 내린 결정이라 해도 그 목표를 결정했던 순간 당신은 내면의 자신과 악수하지 않았는가? 그 후 변화를 실행하면서 혼자라는 외로움을 점점 더 크게 느끼지 않았는가? 결승선 앞에서 당신처럼 마라 톤을 달리고 있는 사람들에게 둘러싸여 있었어도 깊은 고독감을 느끼지 않았는가?

이제 그동안 실패했던 목표를 생각해보자. 아마 당신은 자신에게 크 고 작은 실망감을 느끼고 성급함에 덜거덕거리는 소리를 들었을 것이 다. 그러면 반대로 목표를 달성했던 때를 생각해보자. "내가 해냈어!" 당신은 큰 자부심을 느끼는 동시에 계속 나아가야 한다는 사실에 약간 의 불안감도 느꼈을 것이다. 어떤 경우든, 얼마나 작은 목표든 그 과정은 스스로 인생을 지휘해야 한다는 책임을 강하게 일깨운다.

인생에서 중요한 변화를 시도할 때 누구도 당신을 대신해서 해주지 않 는다. 변화의 한복판에서 당신을 책임지는 사람은 바로 당신이다. 만일 실패한다면 그 책임을 오롯이 홀로 져야 하며 나아가 인생 전체를 홀로 책임져야 한다. 만일 성공해서 새로운 방향으로 나아가고자 한다면 여기 서도 당신은 책임을 인정해야 한다. 어느 쪽이든 일단 개인적 변화를 이루려고 하면 끝없는 외로움이라는 더 깊은 바다로 들어가야 한다. 우리가 대부분 현상 유지라는 육지에 머무르는 이유는 바로 이 때문이다.

현상 유지는 책임이라는 압도적인 경험에서 벗어나게 해주는 피난처다. 다시 말해 책임지지 않는 것처럼 느끼기 위해 우리가 내리는 숨겨진 선택이다. 책임에 대한 저항이 자신을 변화시키는 강력한 행동보다 훨씬 약할 때도 책임을 피하는 경향은 우리 삶의 중요한 요소다.

• 당신은 '해야만 하지' 않았다

친구의 생일을 앞두고 있던 어느 날에 든 생각이다. 나는 그녀의 선물을 '사야 한다'. 차를 타고 상점에 가면서 몇 군데 정지 신호에서 '멈춰야 한다'. 상점에서 나는 적당한 선물을 고른다. 이제 예쁜 포장지와 멋진 선물 봉투를 '골라야 하고' 줄을 '서야 한다'. 그리고 계산대에 가면 돈을 '내야 한다'.

이렇게 어떤 일을 해야 한다고 느끼는 모든 순간이 사실은 선택이다. '나는 친구를 실망시키고 싶지 않다. 나는 신호위반 딱지를 떼고 싶지 않다. 나는 내가 고른 선물을 친구가 좋아하길 바란다. 그리고 예쁘게 포장된 것을 알아주었으면 한다. 새치기는 그럴 만한 가치가 없다. 계산하지 않고 물건을 훔치면 감옥에 갈 것이다'라는 선택 말이다. 나는 실은 어떤 것도 할 필요가 없었다. 내 연극 무대 뒤에는 내 결정의 장단점을 따지는 무대 감독이 분명히 있다.

프랑스의 실존주의 철학자 장 폴 사르트르는 자기 자신과 다른 사람들에게 자신의 대리 행위를 숨기는 이런 형태의 자기기만을 '잘못된 믿음' bad faith [6]이라고 불렀다. 잘못된 믿음은 선물을 사는 것 같은 사소한 일에서부터 자기 자신에게 하는 매우 큰 거짓말까지 크고 작은 일 모두에서 나타난다. '나는 해야 할 일을 했을 뿐입니다'라는 말은 잘못된 믿음을 나타내는 최악의 변명이다.

사르트르는 이런 자기기만의 대안으로 '올바른 믿음'good faith을 언급했다. 이는 책임 있는 행위자로서 스스로 내린 선택들로 삶을 바라보는 태도를 말한다. 올바른 믿음의 핵심은 저자의식authorship이다. 올바른 믿음에 따라 행동할 때 당신은 그저 인생이라는 무대에 서기만 하는 것이 아니라 시나리오를 쓴다. 그러나 우리 대부분은 올바른 믿음을 선택하지 않는다. 대사를 쓰는 것보다 읽는 것을 선호하고, 저자의식과 혼자라는 불안으로부터 자신을 보호하려 하기 때문이다.

개인적 변화는 책임과 혼자라는 뜨거운 햇빛을 가리던 블라인드를 걷어 올린다. 따라서 개인적 변화를 시도할 때는 잘못된 믿음보다 올바른 믿음으로 행동하게 된다. 변화를 위해 노력할 때 언제나 반대로 향하려는 힘이 작용하는 이유다. 개인적 변화에 돌입하면 자동으로 실존과 관련된 거대한 딜레마에 직면한다. 많은 경우 우리가 피하려고 애쓰는 바로 그 딜레마 말이다. 그래서 잘못된 믿음을 따르며 현재 상태에 머무르게 되지만 이는 합리적인 대안처럼 여겨진다.

다행히 여기에는 앞으로 나아가게 하는 힘도 있다. 바로 희망을 품고 믿음을 가질 수 있는 능력이다.

원칙 2. 희망은 '그럼에도 불구하고' 존재한다

희망은 실존적 불안에 저항하는 힘이다. 우리가 홀로 인생을 책임져야 함을 깨달았음에도 불구하고 희망은 우리를 계속해서 나아가게 만든다(그림 6 참고). 믿음은 이 희망의 일부로서 믿음이 없으면 희망도 무너진다. 그 결과 혼자라는 사실과 책임에 대한 불안이 커지고 앞으로 나아가는 에너지가 위험하게 느껴진다.

물론 스스로 결정하고 나아갈 자유에는 책임이라는 무거운 짐과 불안의 위협이 따른다. 하지만 자유를 금기시하는 이들은 파시스트와 근본주의자들뿐이다. 자유는 민주화 열망의 뿌리로서 수많은 사람이 투쟁하고 죽음을 무릅썼을 만큼 중요한 가치다. 미국의 독립선언문과 헌법, 특히 권리장전은 자유를 신성한 가치로 명시했다. 자유는 하늘을 나는 것처럼 두렵기도 하지만 어지러울 만큼 신나고 유쾌하기도 하다. 자유는 외로움과 맞닥뜨리는 일이지만 그 길에서 더 깊은 자아를 만나고 깨달음을 얻을 수 있다.

나는 우리가 양도할 수 없는 주체적인 인간의 권리를 갖고 태어났다는 제퍼슨식 믿음(미국의 3대 대통령 토머스 제퍼슨의 사상으로 개인의 자유와 작은 정부를 강조했다.-옮긴이)에 동의한다. 우리는 자신의 삶을 비롯해 타인의 삶 그리고 자연과 인간 모두를 포함한 우리 주변의 환경에 중대한 영향을 미칠 수 있는 의사결정 능력을 타고났다. 이 능력은 불안을 일으키기도 하지만 다른 한편으로 흥미로운 전망을 제시하기도 한다. 자기 창조의 기회와 삶을 깊고 풍부하게 만들 수 있는 능력이 바로 우리 자신에게 있다는 사실을 알려주기 때문이다.

혼자라는 사실, 스스로 인생을 책임져야 한다는 불안에 직면할 때 우리는 한층 더 성장하고 자신의 강점과 재능을 실현할 진정한 기회를 맞이한다. 하지만 압도적인 불안 속으로 급강하하지 않고 자유를 향해 날

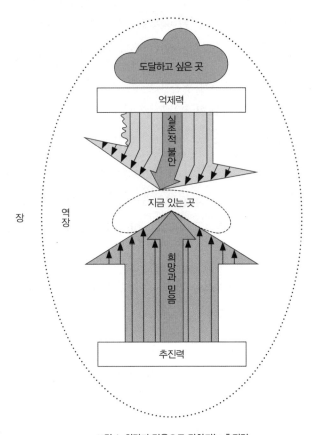

그림 6. 희망과 믿음으로 강화되는 추진력

아오르기 위해서는 희망이라는 감정이 필요하다.

　개인적 변화의 두 번째 원칙은 바로 이 희망이라는 강력하지만 민감한 감정이 앞으로 나아가는 모든 움직임의 추진력이라는 것이다. 자신과 관련된 뭔가를 변화시킬 때 우리를 앞으로 밀어주는 여러 요인이 있다. 우리를 격려하는 친구들, 자신감, 돈과 안정된 직장 같은 물적 자원, 타고난 재능, 사회적 지위 등이다. 이런 추진력은 우리 각자를 둘러싼 레빈의 장처럼 고유의 특성을 지닌다. 또한 추진력은 있을 때도 있고 없을 때도 있으며 강할 때도 있고 약할 때도 있다. 하지만 희망은 우리가 뭔가를 향해 나아가려고 노력할 때 언제나 존재한다. 이는 실존적 불안과 마찬가지로 변화의 프로세스에 포함되며 억제력에 저항해 우리를 밀어 올리는 작용을 한다.

희망은 영적 영역이나 종교 언어, 시에서 종종 사용되는 개념이다. 하지만 나는 희망이 우리의 정신적, 육체적 생존에 꼭 필요한 요소라고 생각한다. 사실 희망은 가장 세속적인 개념인 진화에 대해 알려준다. 우리는 강력한 억제력에도 불구하고 희망 때문에 행동하기 시작하며 적응과 변화를 위한 노력을 지속한다.

어떤 변화를 목표로 나아갈 때마다 우리는 위협(담배를 끊지 않으면 일찍 죽는다)이나 도전(담배를 끊는 건 쉽지 않다) 혹은 둘 다를 해결하려고 노력한다. 변화하려는 의지와 변화를 지속하는 능력을 좌우하는 것은 바로 위협과 도전에 대한 태도다. 희망은 시도하는 용기, 계속 나아가는 인내, 실패를 딛고 일어나 다시 시도하는 능력을 발휘하게 해주는 내면의 힘이다.

위협과 도전에 직면했을 때 행동할 것인지 얼어붙을 것인지를 좌우하는 핵심은 희망이다. 이런 생각은 때때로 천상의 단어 같은 희망이라는 말을 진화라는 생물학적 현실로 되돌려놓는다. 어떤 동물이 위협과 도전을 인식하고 그에 대처하는 방식은 그 동물의 생존과 그 종의 진화적 발전에 가장 중요하고 기본적인 부분이다.

나뭇가지가 툭 부러지는 소리를 들을 때마다 도망치는 것의 장단점을 신중하게 따지는 사슴은 언젠가 우아한 벽난로 장식이 될 가능성이 크다. 동료들이 만들어놓은 흙더미마다 불평을 늘어놓는 개미는 질서 정연한 개미들의 세계에 상당한 혼란을 야기할 것이다.

반면 인간에게는 생존을 위한 본능 이상의 것이 있다. 우리는 위협과 도전에 직면할 때 보통 무엇을 할 것인지 깊이 생각하고 결정한다. 우리에겐 투쟁 혹은 도피라는 두 선택지 외에도 다양한 대안들이 존재하며 개인적 선호, 문화적 규범, 타인과의 협력 등이 결정에 영향을 미친다. 그리고 불확실성(죽는다는 사실을 알지만 언제 어떻게 죽는지 모르는 인간 고유의 특성에서 비롯되는 심오한 불확실성 등)에 맞춰 설계된, 위협과 도전을 걸러내는 필터는 우리의 선택에 따라 작동한다. 결국 우리는 실패할지 모를 위험에 계속해서 대처해야 한다.

이렇듯 불확실한 미래에도 불구하고 희망은 우리가 에너지를 끌어모아 적극적으로 나아가게 한다. 그뿐만 아니라 자유롭게 관계를 맺고, 탐구하고, 호기심을 품고, 상상하고, 혁신하고, 발견하는 등 가장 인간적인 행동에 몰두할 힘을 준다. 희망은 불확실한 세상에서 생존하게 해주는 수단이며 불확실성을 견디는 것을 인간의 특별한 재능(미지의 것을 마주해 두려움에 마비되지 않고 적절하고 아름답게 활용하는 능력)으로 만드는 삶의 태도다.

그러면 이 태도는 당신의 인생에서 변화의 성공 여부와 어떻게 관련이 있을까?

• 희망은 어떻게든 길을 찾는다

《해럴드와 보라색 크레용》에서 해럴드는 끊임없이 새로운 모험을 찾아다니는 것이 아니라 집으로 돌아가는 길을 찾고 있다. 즉 마음속에 매우 명확한 목적지가 있으며 그곳에 도달하기 위해 온갖 방법들을 시도한다.

여기서 해럴드가 현재 있는 곳과 앞으로 도달하고 싶은 곳 사이의 긴장, 즉 레빈의 긴장이 존재한다. 집에 가고자 하는 해럴드의 희망은 긴장을 일으킨다. 하지만 장애물에 부딪혔을 때 해럴드는 목적지에 도달하는 다른 길들을 찾으며 희망을 이어나간다. 이런 행위가 긴장을 이기고 계속해서 나아가는 수단이 된다.

앞서 자전거에 대한 희망을 예로 든 것처럼 희망은 뭔가를 중요한 것으로 정하고 그것이 없음을 상기시킨다. 하지만 희망의 목적, 즉 희망이 존재하는 이유는 뭔가가 부족한 이곳에서 당신을 구출해 그것을 '얻은 언젠가'로 데려가는 것이다. 다시 말해 희망은 앞을 내다보는 시간 감각 안에 존재한다. 바로 레빈[7]이 말한 시간조망time perspective이다.

레빈에 따르면 시간조망은 '특정 시기에 존재하는 심리적 미래와 심리적 과거에 대한 개인의 종합적인 견해'를 말한다. 이런 관점에서 볼 때 희망은 웨이터의 기억과 다소 비슷하다. 두 지점 사이의 긴장에서 생성되는 것이다. '나는 어제보다 멀리 가 있다. 나는 지금 뭔가를 향해서 한 걸음 나아가고 있다. 나는 어떤 목표를 이루고 싶은지 알고 있다.' 여기에

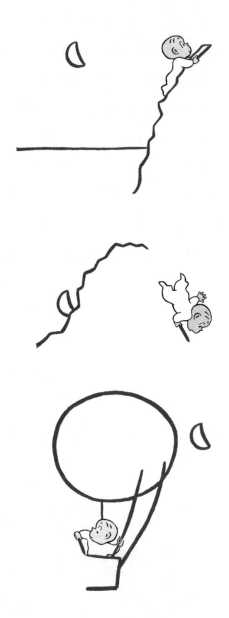

는 과거, 현재, 미래가 모두 있다.

희망은 뭔가가 결핍되었다는 느낌과 싸우는 동안 우리를 단단히 지탱해준다. 그리고 즉시 충족되지 않는다고 해도 우리가 계속해서 나아가게 해준다. 윈스턴 처칠[8]은 희망에 대한 이 같은 이해를 그의 유명한 연설에 담았다. 나치의 맹공격에 영국이 홀로 대항했던 시기에 그는 "우리는 끝까지 싸울 것입니다."라고 선언했다.

> 우리는 프랑스에서 싸울 겁니다. 바다와 대양에서, 하늘에서 싸울 겁니다. 자신감과 강인함으로 무장하고 목숨을 다해 영국을 지킬 겁니다. 우리는 해안가에서, 상륙지에서 싸울 겁니다. 들판에서, 거리에서, 언덕에서 싸울 겁니다. 우리는 절대로 항복하지 않을 겁니다.

처칠은 이기는 것보다 싸우는 것에 대해 이야기했고 포기하지 않았다. 그의 연설에는 상황과 관계없이 목표를 향해 계속해서 앞으로 나아가야 한다는 생각, 더 나은 상황에 대한 열망이 모두 들어 있다. 그것이 희망이다.

처칠의 연설은 기본적으로 싸움의 여러 방법을 나열한 목록이기도 하다. 따라서 해럴드가 그려낸 여러 방법처럼 처칠 역시 희망을 '절대로 항복하지 않는 것' 그리고 끝까지 싸울 획기적인 방법을 개발하고 찾아내는 것과 연결 지었다. 장애물의 주변, 위, 아래, 사이에서 길을 찾는 것, 이것이 희망의 핵심 요소다.

• 그러나 희망에는 경고 라벨이 붙어 있다

사회심리 이론가 찰스 스나이더Charles Snyder[9]에 따르면 목표에 도달하는 경로를 찾는 능력은 희망이 우리에게 주는 선물이다. 원대한 희망을 품고 있는 경우 장애물에 직면하면 그 주변의 다른 길을 찾아낸다. 반면 희망이 없는 경우 길이 막히면 금세 포기한다. 지금 가고 있는 그 길만이 내가 가려는 곳으로 나를 데려다줄 수 있다고 믿기 때문이다. 이는 희망이 심사숙고(개인적 변화의 한복판에서 잠시 물러나 최대한 냉정하게 당신 앞의 모든 대안을 검토하는 능력)와 연결되어 있음을 의미한다.

희망은 우리가 계속 나아가게 해주며 뜻하지 않은 차질에도 불구하고 가능한 한 창의적인 방식을 이어가게 해준다. 이런 관점에서 볼 때 희망은 좌절의 해독제다. 희망이 있는 한 우리는 절대로 항복하지 않는다. 장애물에 직면했을 때 언제나 다른 대안을 통해 장애물을 넘을 수 있기 때문이다. 그리고 우리는 우리의 손에 쥐여진 크레용을 어떻게 사용하는지 터득하게 된다.

그럼에도 불구하고 곤란한 역설이 또 있다. 바로 희망에는 경고 라벨이 붙어 있다는 것이다. 사실 희망은 좌절의 주된 원인이다. 희망과 좌절은 양립 관계에 있다. 좌절의 뜨거운 입김이 우리 뒤에 숨어 있지 않다면 우리는 희망이 필요하지 않을 것이다. 그리고 희망의 높은 언덕에서 떨어질 위험을 무릅쓰지 않는다면 좌절에도 빠지지 않을 것이다.

희망은 좌절을 부인하지도, 없애지도 않는다. 그렇지만 희망은 우리를 계속 나아가게 한다. 우리가 지금 당장 원하는 것을 포기한다고 해도 계속해서 앞으로 나아가게 한다. 그 추진력은 아주 깊은 곳에서부터 올라와 우리를 밀어 올리며, 출구가 보이지 않는 캄캄한 터널 안에서 어떻게 나아갈지 끊임없이 숙고하게 해준다.

하지만 희망은 중요하고 가치 있는 것을 보여주고 우리에게 그것이 없다는 사실을 알려줌으로써 목표를 이루지 못하면 살 가치가 없는 것 같은 부정적인 느낌을 주기도 한다. 따라서 희망은 좌절의 순간 우리가 앞으로 나아가도록 해주는 원동력이지만 동시에 좌절로 이어지는 길이기도 하다. 좌절이 우리의 삶에 부족하다고 여기는 뭔가를 얻지 못하는 절망적이고 무력한 경험이라면, 희망(목표를 상기하고 현재 목표에 이르지 못했다는 사실을 명확히 하는 태도)을 향해 움직이지 않고서 좌절에 이를 수는 없다.

희망과 좌절의 양립 관계는 절벽을 오르는 것과 매우 비슷하다. 더 많이 희망할수록 더 중요하고 필요하다고 느껴진다. 하지만 절벽에 높이 올라갈수록 떨어져 입는 상처(삶을 지탱하는 요구가 충족되지 않는 경험)는 더 커진다.

내 고객인 마크[10]의 사례를 살펴보자. 이 사례는 뭔가를 희망하고 그것이 좌절되었을 때 어떤 일이 일어나는지 극적으로 보여준다.

마크는 여자 친구와의 힘든 이별 후 도움을 얻고자 내게 왔다. 당시 그는 40대 후반이었다. 그의 주된 불만은 좌절된 경험에 대한 것이었다.

"제가 무엇을 원하는지, 무엇을 좋아하는지조차 모르겠어요. 어떤 것도 결정할 수가 없습니다. 저는 종종 움직일 수가 없어요. 무엇을 해야 할지 알 수 없기 때문이죠. 저는 움직여야 할 때만 움직입니다. 어떤 위기가 닥칠 때만 말이죠."

마크는 어렸을 때 부모의 심각한 정서적 학대를 경험했다. 마크의 부모는 마크를 모욕하고 원치 않는 아이처럼 취급했으며 그의 노력을 무시했다. 성인이 된 마크의 삶은 이렇게 좌절된 느낌으로 얼룩졌다. 다시 말해 그는 내면의 핵심과 연결되지 않고 스스로 세운 가장 작은 목표조차 충족시킬 수 없는 상태였다. 첫 번째 상담에서 그는 어린 시절 이야기를 들려주었다.

"저는 제 방에 혼자 있었습니다. 그때 누군가가 서재에 있는 전축을 틀었어요. 저는 전축에서 흘러나오는 노래가 좋아서 노래를 들으러 서재에 갔습니다. 그리고 음악에 맞춰 춤을 추기 시작했죠. 처음에는 좀처럼 움직일 수가 없었습니다. 누구도 화나게 하고 싶지 않았거든요. 하지만 시간이 조금 지나면서 마음이 놓였고, 기타 연주를 흉내 내며 정신없이 춤을 추었습니다. 너무나 행복하고 즐거웠어요. 온전히 저를 느낄 수 있었죠. 그런 자유를 느껴본 적이 거의 없었어요. 뭔가 재미있는 일을 하는 게 너무 위험한 것 같아서 평소에는 조용히 혼자 있곤 했거든요. 그런데 그날은 약간 들떴죠. 그렇게 한참 춤을 추다가 전축에 부딪혔고 레코드판이 튀기 시작했어요. 아버지는 방으로 뛰어 들어와 제게 소리를 지르셨어요."

마크가 어린 시절 견뎠던 끔찍한 학대를 생각하면 이 사건은 가벼운 일처럼 보였다. 하지만 이것은 그 상담의 핵심 주제를 나타내는 사건이었다. 마크와 나는 그가 성인이 되어서도 되풀이해서 겪었던 경험들에 대한 하나의 은유로서 이 사건을 중요하게 다루었다.

마크는 음악에 맞춰 춤을 추었을 때 그동안 좀처럼 시도해보지 못했던 감정들을 느꼈다. 이는 놀이, 즐거움, 신남, 즉흥성, 상상 등 어린 시절에 꼭 필요한 경험들이었다. 마크는 즐거웠던 그 순간 하늘을 날아올

랐고 이어진 추락은 그 비행을 위험한 일로 만들었다. 즐거움과 자유에 대한 그의 재능은 어느 순간 골칫거리가 되었다.

마크의 이야기는 희망 때문에 보호받지 못하는 삶이 펼쳐질 때, 필요한 것을 얻는 과정에서 방어막이 사라질 때 우리가 겪는 깊은 고통을 보여준다. 우리는 이렇게 가장 취약한 상태에서 상처를 입는다. 마크의 경험은 좌절과 절망에 관한 이야기였다. 이 사건이 상담의 중요한 주제가 된 것은 바로 이런 감정들이 희망을 품는 마크의 능력을 어떻게 방해했는지 담고 있었기 때문이다.

어린 시절의 경험은 마크에게 끊임없이 자신과 타인에 대한 의심을 불러일으켰다. 나는 확실하지 않은 상황에서도 자신감을 품는 태도가 희망의 핵심이라고 생각한다. 마크는 성인기에 이 점이 부족했고 이 때문에 좌절을 겪었다. 이는 자신에 대한, 타인에 대한, 우주에 대한 믿음이며 여기에는 어떤 증거도, 확실성도 필요하지 않다. 이것이 바로 희망이 좌절과 불확실성을 극복하게 해주는 방식이며 우리가 희망을 품을 때 실패를 기꺼이 감수하는 이유다.

당신에게는 자신감이 있다. 좌절을 견디고 나아가는 것이 그만한 가치가 있다는 자신감, 불확실성에 대처할 수 있다는 자신감, 설사 넘어진다 해도 당신은 여전히 무사할 것이며 회복할 수 있을 것이라는 자신감이다. 스나이더가 말한 희망의 개념 두 번째는 이런 자신감에 대한 것이다. 그는 이를 '주도 사고' agency thinking라고 부른다.

• '나는 할 수 있다'는 믿음
스나이더는 희망이 경로를 찾는 데서 끝난다고 생각하지 않는다. 그런 경로를 활용하는 자신감, 즉 주도 사고를 통해 스스로에게 동기를 부여하는 능력도 희망에서 나온다. 스나이더에 따르면 주도 사고는 자신의 능력에 대한 일종의 확신이다. 스나이더는 "큰 희망을 지닌 사람들은 '나는 할 수 있다', '나는 멈추지 않을 것이다' 같은 행위자 문구를 자기 대화에 이용한다."라고 말했다.[11]

다시 말해 희망을 품는 사람들은 자신이 가고자 하는 곳과 도달하는 방법을 알고 있으며 중간에 만나는 장애물을 획기적이고 창의적인 방법으로 피해 간다. 그뿐만 아니라 자신에게 그 여정을 계속해서 이어나갈 능력이 있다고 믿는다. 마크가 성인이 되어 부족하다고 느낀 것은 바로 이런 주도 사고다. 이는 어린 시절 희망이 실망으로 바뀌었던 순간들 때문이었다.

사회심리학자 앨버트 반두라Albert Bandura는 자신의 능력에 대한 확신(증명할 순 없는)을 직접적으로 연구했다. 그는 이를 '인지된 자기효능감'perceived self-efficacy이라고 불렀다. 반두라에 따르면 자기효능감은 삶에서 중요한 사건들에 영향을 미치는 일정 수준의 성취를 달성하는 자기 능력에 대한 믿음이다. "강한 자기효능감은 여러 측면에서 인간의 성취와 개인의 웰빙을 향상시킨다."[12]

자신의 능력을 깊이 확신하는 사람들은 어려운 과업을 피해야 할 위협이 아닌 정복해야 할 도전으로 여기고 접근한다.

그들은 스스로 도전적인 목표를 수립하고 강력한 몰입을 유지한다. 실패에 직면하면 한층 더 노력을 강화하고 지속하며, 실패나 차질을 겪은 뒤 신속하게 자기효능감을 회복한다. 그들은 실패의 원인을 불충분한 노력이나 부족한 지식과 기술 때문이라고 여기며 부족한 부분을 습득할 수 있다고 생각한다. 그들은 위협적인 상황에 부딪히면 이를 통제할 수 있다는 확신을 갖고 접근한다.

자기효능감을 느끼지 못하면 희망에 따라 행동하지 못한다. 우리는 스스로를 믿어야 하며 세상은 우리의 선택과 행동으로 만들어지고 앞으로 나아간다는 사실도 믿어야 한다.

주도 사고와 자기효능감의 개념은 또 다른 용어로 이어진다. 이는 희망과 마찬가지로 사회과학 강의보다는 설교에서 더 자주 등장하는데 바로 '믿음'faith이다. 믿음은 사실에 근거할 수도 있지만 결국 신념을 바탕으로 한 일종의 확신이다. 자신에 대한, 타인에 대한, 세상에 대한 믿음이 없으면 희망에 따라 행동할 수 없다.

믿음은 희망과 달리 아직 심리과학에서 개발되지 않은 영역이다. 안타까운 일이다. 믿음이야말로 변화를 향한 추진력의 핵심 요소이기 때문이다. 믿음이 없으면 우리는 온갖 역경과 불확실성에도 불구하고 좋은 것을 열망하고 앞으로 나아가려는 희망을 온전히 품을 수 없다. '나는 할 수 있어'라고 자신에게 말하려면, 세상에 영향력을 미칠 수 있다고 생각하려면 사실뿐 아니라 신념에 바탕을 둔 자기 신뢰가 필요하다.

희망과 마찬가지로 믿음에 따라 행동할 때 우리는 위험을 감수하고 도약한다. 믿음이 있기에 예상과 어긋나거나 잘못될 위험을 무릅쓰고 도전하는 것이다.

원칙 3. 믿음이 없으면 희망은 위험해진다

희망은 자신에게 없거나 부족하다고 느끼는 중요한 뭔가를 열망하는 것이며, 믿음은 그것을 얻을 수 있는 능력이 자신에게 있다고 믿는 것이다. 믿음이 없으면 희망에 따라 움직이는 건 불가능하진 않더라도 매우 어렵다.

우리는 희망과 믿음이 서로 대체할 수 있는 개념인 것처럼 이야기하곤 한다. 하지만 그렇지 않다. 둘은 서로의 일부이긴 하지만 매우 다른 개념이다.

다음 사례는 희망과 믿음의 차이, 그와 관련된 서로 다른 경험들이 어떻게 복잡하게 얽혀 있는지를 잘 보여준다. 브리짓과 그녀의 부모는 아무리 실망스러운 일이 생겨도 자기 확신을 이어가는 놀라운 능력이 있는 가족이다.

• '언제나 길은 있다'는 믿음

브리짓은 총명하고 창의적인 25세 여성이다. 그녀는 자신의 옷을 직접 디자인했고 다큐멘터리 단편 영화를 만들었으며, 친구들과 함께 호화롭고 기발한 파티를 열곤 했다. 그녀는 조울증 진단을 받았는데 특히 활력이 넘치고 천하무적이 된 것 같은 망상이 나타나는 급성 조증을 오랫동안 겪었다. 조증이 나타나면 모르는 사람들과 잠을 자고 술을 마시며, 멀리 자동차 여행을 떠나고 놀이공원에 무단으로 들어가는 등 상당히 위험한 행동을 저지르곤 했다. 이런 조증 시기에는 정신병원을 들락거려야 했고 대학을 마칠 수도, 직장 생활을 할 수도 없었다. 하지만 그녀는 어떻게든 계속 나아갔다. 창의적인 시도와 도전을 멈추지 않았고 뛰어난 결과물을 만들어내곤 했다.

치료 시설을 전전하는 많은 내담자와 달리 브리짓은 기분과 관련된 자신의 문제를 부정적으로 보지 않았다. 그렇다고 해서 그녀가 조증 시기에 저지른 위험한 행동까지 긍정하는 건 아니었다. 하지만 자신의 기분이 삶에 대해 명확한 메시지를 주며 가끔 극단적일 때도 있지만 언제나 현실과 관련된 목표를 향한다고 생각했다. 그녀는 기분을 조절할 수 있도록 도움을 얻고자 했지만 조울증을 세상 무엇과도 바꾸지 않을 것이라고 스스럼없이 말했다.

나는 브리짓의 위기 상황을 지켜본 그녀의 부모를 정기적으로 만났다. 그들은 브리짓과 매우 비슷했다. 브리짓이 다시 입원해도 크게 속상해하지 않는 것 같았고, 언제나 상황을 바로잡을 또 다른 기회가 있다고 여겼다. 상황이 안 좋아 보일 때면 걱정에 사로잡히기보다 활기차게 해결책과 새로운 아이디어를 모색했다. 브리짓의 어머니는 '언제나 길은 있는 법'이라고 했다.

그들은 나의 전문 지식에 고개를 조아리지 않았다. 그들은 나를 자신들과 동등하게 대했다. 내 의견 중 일부는 좋다고 생각했지만 핵심을 벗어났다고 생각되면 그 점을 내게 이야기하기도 했다. 그들은 친절하고 상냥했지만 도움이 되지 않는다고 생각한 것에는 별로 관심을 두지 않았다.

나는 3년 동안 그들을 만났다. 그동안 브리짓은 대학으로 돌아갔고 다시 입원하지 않았으며 창의적인 활동을 지속하는 등 훨씬 나은 삶을 살았다. 앞으로 이어질 그녀의 미래 역시 놀랍고 특별하며 흥미진진할 것이었다. 그렇게 새로운 일에 도전하고 창의적으로 삶에 접근하는 브리짓의 열정과 의지가 한편으로는 부럽기도 했다. 나는 마지막 만남에는 브리짓도 함께해달라고 부모에게 요청했다. 그리고 마지막 상담에서 그들에게 물었다.

"물어볼 게 있습니다. 두 분을 견디게 해주는 것이 무엇인가요? 그동안 늘 긍정적이고 활기찬 모습을 유지하시는 걸 보며 놀랐습니다."

그러자 브리짓의 어머니가 답했다.

"브리짓이요. 모든 부모가 이렇게 말하겠지만 브리짓은 정말 놀라워요. 우리는 그녀가 괜찮을 거라고 믿어요. 우리처럼 브리짓을 잘 알고 계시니까 드리는 말씀인데, 결국 모든 일이 잘 풀릴 게 분명했어요. 우리는 한 번도 희망을 잃은 적이 없습니다."

그녀의 아버지는 이렇게 말했다.

"브리짓은 정말 강해요. 저는 다른 누구보다 그녀에게 제 목숨을 맡길 겁니다. 우리는 브리짓이 계속 잘할 거라고 믿어요."

그러자 브리짓이 끼어들었다.

"이런, 젠장!"

그녀는 부모의 무거운 칭찬을 가볍게 전환하고자 약간의 유머를 섞어 말했다.

"부모님은 저를 전적으로 믿으시죠. 저는 위험한 행동으로 부모님을 놀라게 했지만 두 분은 제가 괜찮을 거라는 확신이 있었어요. 이걸 표현하자면 이렇게 될 것 같네요. 두 분은 저에 대한 믿음이 있었습니다."

브리짓이 옳았다. 그녀의 부모는 그녀를, 무슨 일이 있어도 계속해서 나아가는 그녀의 능력을 굳게 믿었다. 그들의 믿음은 그녀의 미래에 대한 희망을 갖게 했다. 브리짓이 괜찮을 것이라는 믿음이 없었다면 그들은 그런 희망을 품지 못했을 것이다.

희망과 믿음의 차이에 대한 가장 단순한 사고방식은 사소해 보이는 두 단어에서 출발한다. 뭔가를 향한 행동을 의미하는 'for'와 어떤 대상 안에 존재하는 뭔가를 의미하는 'in'이다. 결국 더 안정적인 상태에 도달한 브리짓의 능력에 대해 그녀와 부모가 희망을 품었던 것처럼, 우리는 희망을 품을 때 어떤 일이 일어나기를 희망한다(hope for). 그리고 부모가 그녀의 능력을 믿었던 것처럼, 우리는 뭔가를 믿을 때 이를 실현할 어떤 일이 이미 일어나고 있으며 존재한다는 믿음을 갖는다(trust in).

브리짓의 어머니가 한 "언제나 길은 있는 법이죠."라는 말에서 '길'은 가족 모두가 원하고 향하던 뭔가로 가는 대체 경로를 이야기한 것이었다. 브리짓 아버지의 "저는 브리짓에게 제 목숨을 맡길 겁니다."라는 말은 있는 그대로의 브리짓에 대한 확신을 표현한 것이었다.

나는 브리짓이 가족 안에서 느꼈을 마음을 생각하면서 마크가 떠올랐다. 브리짓은 당당하게 고개를 들고 자신감을 유지하는 데 필요한 모든 것을 가졌던 반면 마크는 그럴 수 있는 자원이 비참하리만큼 없었다. 마크처럼 희망을 잃으면 미래를 향한 의식을 잃는다. 믿음을 잃으면 자신에 대한, 타인에 대한, 기존 질서에 대한 믿음을 잃는다. 손상된 믿음은 앞으로 나아가는 희망의 움직임을 늦추거나 중단시킨다. 목표에 도달할 것이라는 믿음이 없으면 희망적인 미래를 끝까지 추구할 수 없다.

넘어지더라도 다시 나아가게 하는 믿음

마틴 루터 킹[13]은 처칠과 더불어 희망을 제시한 위대한 연설가다. 그는 가장 유명한 연설 '나에게는 꿈이 있습니다'에서 불굴의 희망과 확고한 믿음의 관계를 잘 표현했다.

> 저는 여러분 중에 크나큰 시련과 고난 끝에 이곳에 오신 분들이 있다는 것을 잘 알고 있습니다. 여러분 중에는 비좁은 감옥에서 풀려난 지 얼마 안 된 분들도 계십니다. 자유를 추구하다 거센 핍박에 난타당하고 경찰의 폭력적인 만행에 비틀거리다 오신 분들도 계십니다. 여러분은 매일 새로운 괴롭힘으로 고통받는 데 익숙한 베테랑이십니다. 그런 부당한 고통이 보상받으리라는 믿음을 가지고 계속해서 나아가십시오.

'부당한 고통'을 '보상받는 뭔가'로 변화시키는 것, 이는 가장 큰 도전이다. 킹 목사는 이처럼 한없이 취약한 행동에 동참할 것을 간청함으로써 사람들이 믿음을 갖고 거대한 도전에 나서도록 하고 있다. 또한 킹 목사는 이 연설을 통해 그들이 할 수 있다는 믿음을 표현했다.

믿음faith과 신뢰trust는 공통된 어원을 갖고 있다. 충실함fidelity, 진실한 bonafide 같은 단어처럼 '신뢰'를 뜻하는 라틴어 'fid'에서 유래했다(우리가 가장 신뢰하는 반려동물인 개를 칭하는 'Fido'는 말할 것도 없다). 믿음은 어떤 증거도 요구하지 않는 신뢰를 말한다. 당신이 누군가에게 "나는 당신을 믿습니다."라고 말하면 믿음에 바탕을 둔 확신을 표현하는 것이다. "당신은 할 수 있습니다."라는 말도 마찬가지다. 이는 스나이더가 말한 주도 사고를 하는 것이며 반두라가 말한 자기효능감에 따라 행동하는 것이다.

우리가 스스로 정한 목표를 향해 올라갈 때 목표는 더욱 중요해지면

서 그것이 부재한다는 사실이 더 크게 느껴진다. 물론 우리는 우리의 노력이 성공할 것이라는 희망으로 힘을 얻는다. 하지만 이 희망을 유효하게 만드는 건 계속해서 목표를 향해 올라갈 수 있으며 넘어지더라도 스스로 일어설 수 있다는 확신confidence(이 또한 'fid'에서 유래된 단어 중 하나로 '신뢰가 있음'을 뜻한다)이다.

그러면 희망을 따라 그 산에 올라가는 것이 괜찮다고 말하며 확신하게 해주는 것은 무엇인가? 우리가 성공할 수 있다는, 위험을 감수할 가치가 있다는, 넘어져도 괜찮을 거라는 정보를 어디에서 얻는가? 일부 확신은 증명할 수 있는 외부 요인에서 온다. 우리는 우리가 인생에서 주목할 만한 여러 가지를 이뤄냈고 따라서 유능하다는 것을 알고 있다. 또 목표를 이루기 위해 노력하면서 우리를 둘러싼 환경이 목표 달성에 꽤 유리하다는 사실을 알아냈다.

반두라가 제시했듯이 "회복력 있는 효능감을 가지려면 끈기 있는 노력을 통해 장애물을 극복하는 경험이 필요하다. 성공에 필요한 것을 갖고 있다고 확신하면 사람들은 역경에 부딪혀도 굴하지 않으며 차질이

빚어져도 신속히 일어선다. 그들은 어려운 시기를 견뎌냄으로써 더욱 강한 모습으로 역경에서 벗어난다."[14] 다시 말해 목표를 달성하는 능력에 대해 더 많은 데이터가 있을수록 효능감이 높아진다. 스스로 목표를 이룰 수 있다는 증거가 머릿속에 가득하기 때문이다.

사실과 데이터, 이는 결정하고 행동하는 능력을 강화하는 매우 중요한 요소들이다. 하지만 이것만으로는 충분하지 않다. 목표를 향해 움직일 때 우리는 다른 정보에도 의존한다. 사실과 데이터보다 객관성과 논리성이 다소 부족한 정보에서 얻은 확신을 바탕으로 결정을 내리고 나아가기도 하는 것이다. 그런 정보는 '느낌'에서 비롯된다. 모든 사실이 확인되고 특정 방향으로 마음이 기울 때도 우리가 선택하는 결정과 행동은 논리와 감정의 조합에 따라 이뤄진다.

어떤 대학에 진학할지, 어떤 직장에 들어갈지, 누구와 결혼할지, 어떤 집을 사거나 임대할지 등 미래에 대해 당신이 내린 결정을 생각해보자. 당신은 아마 모든 장단점을 고려하고 심지어 목록을 만들기도 했을 것이다. 하지만 마침내 결정할 때가 되자 그 순간 어떻게 느꼈는지에 따라 결정하지 않았는가? 흥분, 열망, 기대 같은 긍정적인 감정의 강도에 따라 최종적으로 결정하지 않았는가? 두려움, 불안, 혐오 같은 부정적인 감정에 반발해 선택한 것은 언제인가?

사회심리학에서 이야기하는 정보로서의 감정affect-as-information [15, 16] 이론에 따르면 우리는 다음 행보를 숙고할 때 감정을 중요한 정보로 사용한다. 정보로서의 감정에 관한 연구는 더 창의적이고 유연한 계획을 수립할 때(정서지능의 결과), 좋고 나쁨을 구분할 때, 중요한 사건에 대해 어떤 태도를 보이고 얼마나 신속하게 대응할지 결정할 때 감정이 도움이 된다는 사실을 보여준다.[17] 즉 의사결정을 내릴 때 우리가 하는 많은 일은 직감적 반응에 의존한다.

여기서 직감은 단순히 문학적, 은유적 의미가 아닐 수도 있다. 신경과학자 안토니오 다마지오Antonio Damasio에 따르면 우리는 의사결정을 내릴 때 신체 표지somatic marker에 의존한다. 빨라지는 심장박동, 땀에 젖은 손바닥, 메스꺼운 속 등 감정과 연결된 신체감각에 의존하는 것이다.

신체 표지에 관한 연구[18]는 이런 표지에 의존하는 사람들이 이를 이용하지 못하는 사람들(예를 들어 뇌손상 환자)보다 더 신속하게 의사결정을 내리며 그 결정을 통해 긍정적인 결과를 얻을 때가 많다는 것을 보여준다. 실제로 편도체 같은 뇌의 감정 중추가 손상된 사람들은 최종 결단을 내리지 못한 채 어떤 행동을 택해야 할지 수많은 이유를 오가며 우왕좌왕할 수도 있다.

그렇다면 의사결정에서 감정이 특히 중요한 정보 출처가 될 때는 언제일까? 논리에만 의존하는 벌칸족(영화 〈스타트렉〉에 등장하는 외계 종족으로 논리와 이성을 중시하며 감정을 억제한다. -옮긴이)과 다르게 행동할 때는 언제일까? 정보로서의 감정 이론을 연구하는 제럴드 클로어Gerald Clore와 스탠리 콜콤브Stanley Colcombe에 따르면 "감정에서 얻은 정보는 우리 내부에서 자연스럽게 일어나며 느껴지기 때문에 설득력이 있다." 그리고 감정이 우리 내부에서 비롯된다는 점은 이 정보에 특별한 타당성을 부여한다. "우리는 우리 자신이 특히 믿을 수 있는 출처가 된다고 생각하기 때문이다."[19]

이는 훌륭한 지적이다. 하지만 언제나 맞는 것은 아니다. 감정이 중요한 정보를 담고 있다고 생각하려면 먼저 자신을 믿을 수 있다고 여겨야 한다. 즉 감정의 출처를 신뢰할 수 있다는 믿음이 있어야 한다.

사회심리학자 켄트 하버(앞서 나와 공동으로 '희망의 두려움' 프로젝트를 이끌었다)의 연구 결과는 바로 그와 같은 방향을 제시한다. 연구에 따르면 자기존중감이 낮은 사람들은 의사결정을 내릴 때 자기존중감이 높은 사람들보다 자신의 감정을 덜 사용하는 경향이 있다.[20] 하버는 사람들이 자신의 감정을 신호로 이용할 때 더 신속하고 좋은 결정을 내린다는 정보로서의 감정 이론에 전적으로 동의한다. 하지만 사람들은 먼저 이런 신호의 출처, 즉 자기 자신을 신뢰하고 존중해야 한다. 자신의 감정에 대한 믿음을 가지려면, 의사결정을 내릴 때 감정을 사용하고 그 결정에 따라 행동하려면 자기 자신에 대한 믿음을 가져야 한다.[21]

우리가 결정 과정에서 심사숙고하는 방식은 신문을 읽는 것과 매우 비슷하다. 사실처럼 명시된 몇 가지 정보를 읽는다고 하자. 당신은 신문이 믿을 수 있다고 '느끼기' 때문에 그런 정보를 사실로 받아들인다. 만일 누군가가(논의를 위해 자유세계의 리더라고 해보자) 기사의 사실을 달가워하지 않고 기사의 진위를 파악하기 위해 공들여 직접 조사하는 것도 원치 않는다면 그들은 신문을 믿을 수 없다고, 심지어 가짜 뉴스라고 당신을 설득하려 할 것이다. 신문을 믿지 않으면 신문에 담긴 사실도 믿지 않을 것이다. 전달자에 대한 신뢰가 사라지면 그 전달자의 모든 메시지도 신빙성을 잃는다.

직장, 결혼, 집과 관련해 중요한 의사결정들을 다시 살펴보자. 하버에 따르면 우리가 이런 결정들을 내릴 수 있었던 건 감정이 강했기 때문이 아니다. 그 감정을 믿었기 때문이다. 우리는 감정에 대한 믿음이 있었고 자신에 대한 믿음이 있었다. 그러나 마음을 정할 수 없었던 상황에서 이 같은 결정을 한다고 생각해보자. 우리가 느끼는 긍정적인 감정과 부정적인 감정은 똑같았을 것이다. 하지만 자신을 믿지 않았기 때문에 우리는 직감에 의존하지 않았던 것이다.

이는 변화를 이루고자 할 때 우리 모두에게 일어나는 일이다. 우리는 긍정적인 선택을 뒷받침하는 타당한 사실들을 알고 있다. 하지만 결국은 자신의 느낌에 의존해 결정할 것이다. 그리고 그 느낌은 자신에 대한 믿음에 좌우된다. 더불어 세상이 우리가 원하는 곳으로 나아가게 해줄 것이라는 믿음도 필요하다. 이처럼 자신과 세상에 대한 믿음이 없다면 데이터는 언제나 불충분하게 느껴지고, 행동의 지침으로 이용되어야 할 감정은 가짜 뉴스처럼 신뢰할 수 없는 정보 출처가 된다.

감정과 신뢰에 대한 중요한 사항들을 좀 더 명확히 살펴보기 위해 브리짓과 그녀의 부모 이야기로 돌아가보자. 나는 그동안 브리짓처럼 조울증을 겪는 사람들을 수백 명 만났다. 그들은 모두 똑똑했고 대부분은 브리짓과 마찬가지로 창의적이었으며 자신의 삶에 획기적이면서도 자연스러운 방식으로 접근했다. 그래서 나 역시 조증과 천재, 조증과 창의성을 연결하는 뭔가가 있다고 확신했다.

빈센트 반 고흐부터 버지니아 울프, 윈스턴 처칠, 비비안 리, 버즈 올드린, 어니스트 헤밍웨이, 그레이엄 그린, 루 리드 등에 이르기까지 조울증으로 진단받은 사람들 중에는 유명한 지도자와 창의적인 인물들이 매우 많다. 하지만 나는 이 같은 감정 변화를 겪음으로써 비롯되는 가슴 아픈 결과도 목격했다. 바로 감정에 대한 믿음을 잃는 것이다. '나는 지금 행복한가, 아니면 조증이 나타나는 것인가? 나는 사랑하는 사람과의 이별로 슬퍼졌는가, 아니면 깊은 우울증으로 치닫고 있는가? 만일 둘 다라

면 내 감정은 나를 다시 위험으로 데려가고 있는가?'

자신의 감정에 대한 믿음을 잃으면 자신의 중요한 재능을 활용하지 못하게 된다. 브리짓에 대한 부모의 믿음과 그녀 자신의 믿음은 그런 감정 변화로 인한 트라우마를 겪지 않도록 그녀를 보호했다. 감정이 그녀를 어디로 데려가든 그녀는 항상 믿을 수 있는 사람이며 그녀의 감정 또한 믿을 수 있다는 메시지가 그런 믿음에 담겨 있었다. 브리짓이 말했듯이 감정은 "삶에 대해 명확한 메시지를 준다." 그리고 "언제나 현실과 관련된 목표를 향해 있다." 감정은 극단적이지만 정확하다.

마크는 감정과 이런 관계가 형성되지 못했다. 마크는 자발성이나 즐거움과 관련된 중요하고 긍정적이며 근본적인 감정들을 믿지 말아야 한다는 것을 배웠다. 그의 상황에서는 이런 감정들이 종종 그를 배신했고 감정에 따라 행동할 때마다 처벌로 이어졌기 때문이다. 그는 감정에 대한 불신 때문에 감정의 출처인 자신에 대한 믿음이 없었다. 자신을 곤경에 처하게 한 바로 그 감정의 출처를 믿을 수 없었던 것이다. 긍정적인 감정이 나쁜 결과로 이어지는 것을 보면서 그의 개인적 성장은 심하게 위축되었고 그는 좌절을 겪었다. 그는 어떤 내면의 나침반도 따를 수 없는 삶을 살았다. 그의 가정에서 내면의 나침반을 따르는 건 길을 벗어나는 것이며 매우 괴로운 경험을 하게 된다는 의미였기 때문이다.

자신에 대한 믿음의 부족이 감정에 대한 믿음의 부족으로 이어지고 이는 다시 결정을 내리고 행동하는 어려움으로 이어진다는 하버의 생각에는 일종의 순서가 있다. 나는 믿음의 손상이 반대 방향으로도 작동할 수 있다고 생각한다. 우리가 내린 결정과 행동 때문에 뭔가 안 좋은 일이 일어난다. 그러면 우리는 내면에서 비롯된 정보인 감정이 실망스러운 결과를 만들었다고 생각한다. 그리고 이런 감정을 발생시킨 자신에 대한 믿음을 잃는다.

마크의 전축 이야기를 다시 생각해보자. 마크는 신나게 춤을 추고 즐거워한 것 때문에 가족에게 야단을 맞고 비웃음을 당했다. 그 사건은 가족 안에서 반복된 상호작용의 패턴과 가족이 그에게 미친 영향을 설명하는 은유였다. 이는 기회의 역장 안에 있는 모든 요소 간 상호작용을 전체적으로 보여주며 실망이 어떻게 스스로에 대한 믿음의 결여로 이어지는지 설명해준다.

춤을 추기 시작했을 때 마크는 감정에서 비롯된 정보에 따라 움직였다. 이는 큰 믿음이 필요한 일이었다. 그에게는 감정이 이끄는 대로 따라가면 좋지 못한 상황으로 끝난다는 데이터가 매우 많았기 때문이다. 그래서 그 순간 마크는 이 정보의 출처인 자신에게 상당한 신뢰를 부여했다. 마크의 마음 한편에서는 춤추는 것의 위험, 즉 자신의 자율성(음악에 맞춰 자유롭고 즐겁게 움직이게 해주는 유일한 능력)을 세상에 있는 그대로 표현하는 모험이 결국 참사로 끝날 수도 있다는 사실을 분명 알고 있었을 것이다. 하지만 그는 즐겁지 않은 삶에서 잠깐의 기쁨을 누리고 싶었다. 그러자 즐거움을 향한 갈망이 처벌받을 수도 있다는 걱정을 뛰어넘었다. 그는 그 순간 희망을 품었고 그렇기 때문에 춤을 추는 행위가 옳다고 느꼈다. 늘 그랬듯이 자신의 자율성을 부정하는 것보다 그대로 표현하는 것이 더 옳다고 느꼈던 것이다.

하지만 마크에게 자신의 감정이 신뢰할 수 있는 사람(즉 자신)에게서 나온 타당한 정보를 담고 있다는 믿음이 없었다면 희망에 따라 행동할 수 없었을 것이다. 그렇게 해도 괜찮다고 말하는 믿을 수 있는 출처에 의지한 그의 움직임은 열망의 언덕을 오르는 것 같았다. 더 높이 올라갈수록 그가 떨어질 실망의 벼랑은 더욱 깊어졌다. 그리고 아버지의 가혹한 반응은 그를 언덕에서 밀어 떨어뜨렸다.

추락을 통해 깊은 실망을 경험했을 때 그는 몇 가지 치명적인 교훈을 얻었다. 그런 감정적 신호를 보내는 사람, 다시 말해 자기 자신을 신뢰하지 않는 것이 가장 좋다는 것, 자주적이고 희망적이며 신뢰할 수 있는 사람이 되는 건 위험하다는 것이었다. 그는 춤을 추는 것보다 가만히 있는 게 훨씬 안전하다는 것을 배웠다. 동물들이 위험에서 벗어나기 위해 일시적으로 얼어붙은 듯 움직이지 않는 긴장성 부동화tonic immobility처럼 제자리에서 움직이지 않고 그대로 있는 것이 마크의 피난처였다.

많은 논란을 빚었던 정신과 의사 로널드 랭Ronald Lang은 마크가 보이는 반응과 같이 꼼짝하지 않는 태도를 가리켜 '석화'petrification라고 불렀다. 그에 따르면 석화는 깊은 불안의 결과이며 어느 순간 가장 두려운 위험들이 그 위험이 실제로 발생하는 것을 막을 수 있다는 일반 법칙이다. 따라서 자신의 자율성을 포기하는 것은 몰래 자율성을 지키는 방법이 된다. 모른 척하는 것, 죽은 척하는 것이 자신의 생존을 지키기 위한 수단이 된다.[22]

석화. 현상 유지와 매우 비슷하게 들리지 않는가? 그렇다.

• 좌절 뒤 굳어버리는 몸과 마음

랭이 말한 석화 작용은 아기의 행동에서도 찾아볼 수 있다. 먹을 것과 따뜻함에 대한 욕구와 먹지 못하는 것에 대한 두려움이 뒤엉킨 젖먹이 아기의 침대로 가보자. 아기가 울음을 터뜨리는 것은 본능에 따른 행동이다(배고픔, 따뜻함에 대한 욕구). 아기는 희망에 따라 행동하기도 한다. 필요한 것을 요구하고 그것이 충족되지 않는 고통을 울음으로 표현한다.

심리학자들은 아이와 엄마의 유대 관계를 처음 연구하며 아이의 욕구가 충족되지 않아 생기는 우울증을 '의존성 우울증'anaclitic depression[23]이라고 불렀다. 의존성은 양육자의 돌봄에 대한 갈망을 의미한다(anaclitic은 '기대다', '의존하다'라는 뜻의 그리스어에서 유래했다). 의존성 우울증은 극심한 체념이 특징적으로 나타난다.

부모의 부재로 고통받은 아기들, 즉 음식, 옷, 치료 등 신체적 욕구는 모두 충족되었으나 믿을 수 있는 정서적 연결이 이뤄지지 않은 아기들은 슬픔에 잠긴 듯한 모습을 보였다. 1940년대 후반 르네 스피츠René Spitz는 부모가 감옥에 있거나 다른 이유로 돌보지 못하는 유아들을 양육하는 보육원에 방문했다.[24] 직원들은 책임감 있고 성실했으나 아기들에게 일일이 정서적 반응을 해줄 수는 없었다.

스피츠가 남긴 사진과 영상은 오늘날에 봐도 충격적이다. 많은 유아가 외로움 속에서 슬픔을 가누지 못하며 비통해하는 어른의 반응과 비슷한 방식으로 울었다. 더욱 심각한 것은 무기력한 체념을 보이는 아이들이었다. 많은 경우 이처럼 정서적 욕구가 충족되지 않고 유대 관계 형성에 실망을 느끼면 신체적 성장이 부진해진다. 박탈왜소증이라는 성장장애가 나타나기도 하며 질병에 걸리거나 심지어 죽음에 이르기도 한다.

애착 유형에 관한 연구[25, 26]는 연결을 원하는 아기의 바람이 실현되지 않을 때 아기에게 어떤 일이 일어나는지 보여준다. 실제로 영양 공급과 친밀함이 부족했던 영유아들의 행동에서는 체념을 볼 수 있다. 부모가 방에 들어갈 때 부모와 반대 방향으로 몸을 기울이고 부모의 정서적 돌봄을 거부하는 모습을 보이는 것이다('회피 애착'avoidant attachment이라고 불리기도 한다). 심한 경우 이런 영유아들은 모든 것을 포기한 채 거의 움직이지도, 반응하지도 않는다. 그러면 성장장애로 이어진다.

개인적 변화를 시도할 때 우리가 느끼는 실망은 불우한 아이들의 파괴적인 경험만큼 정신적 외상을 초래하지는 않는다. 하지만 희망을 품고 믿음에 따라 행동했음에도 필요한 것을 얻을 수 없다는 사실을 알면 우리도 그와 유사한 상황에 놓인다. 위험을 무릅쓰고 손을 뻗어 얻으려고 하지만 바라던 대로 되지 않을 때 우리는 의존적이고 회피적인 태도로 바뀌면서 더는 움직이지 않고 현재 상태에 머무르려 한다. 실망의 고통을 피하기 위해 믿음으로부터 등을 돌린 채 얼어붙는 것이다.

예를 들어 연인을 찾고 싶어 한다고 생각해보자. 결별의 아픔을 겪은 지 1년이 지났고 그동안 당신은 누군가를 다시 만날 용기가 없었다. 하지만 마침내 데이트 사이트에 가입해 호감이 가는 누군가를 찾았다. 당신은 그 사람과 첫 데이트를 하고 관계가 진전될 것 같은 생각에 들떠 집으로 돌아온다. 그 사람이야말로 당신의 천생연분인 것 같다. 당신은 직감으로 그렇게 확신한다. 그리고 희망을 품으며 그 사람과의 연애 시나리오를 그린다. 하지만 그 사람은 당신의 전화나 문자에 답이 없다. 당신은 좌절한다.

실망의 깊이는 희망의 높이와 같다. 애초에 감정을 믿지 않았다면 그렇게 열정을 쏟으며 그 사람을 중요하게 여기지 않았을 것이다. 하지만 그 사람을 중요하게 생각한 결과 관계 형성의 실패는 연인에 대한 당신의 바람을 훨씬 더 절박하게 만들었다. 당신은 자신에게 묻는다. '왜 내가 감정에 휘둘렸을까?'

이것이 첫 시도일 뿐이라고 해도 당신은 연인을 만드는 자신의 능력에 의문을 제기할 수밖에 없다. 하지만 계속해서 시도한다. 인터넷에 접속해서 정말 가능성 있는 누군가를 만난다. 당신의 직감은 이 사람이 맞는 것 같다고 말한다. 하지만 동시에 뛰어들지 말고 천천히 시작하라고 조언한다. 그렇게 당신은 그 사람과 몇 번의 데이트를 한다. 그러나 당신의 감정이 주는 정보를 믿지 못하고 지난번에 겪은 엄청난 실망감을 떠올리며 과묵하게 거리를 유지한다. 이렇게 새로운 가능성으로 마음이 다소 들뜰 때마다 당신은 감정적으로 문을 닫기 시작한다. 지난번에는 감정이 이겼지만 이번에는 그렇지 않을 것이다.

당신은 희망으로 펼쳤던 손을 이제는 꽉 쥐고 있다. 이렇게 머뭇거리는 탓에 그 사람도 망설인다. 관계가 발전할 수 있게 하는 감정도 마찬가지로 지지부진하다. 당신은 '이번에도 일이 잘 안 풀리네'라고 생각하며 마음을 접는다. 결국 그 사람과의 관계를 끝내고 처음의 행동을 돌아본다. 당신의 직감은 그 사람과 정말 가능성이 있다고 말한다. 그가 당신에게 정말 필요한 사람인 것 같다는 생각이 든다. 용기를 내 문자를 보내보지만 이미 그는 마음이 떠나고 말았다. 당신은 생각한다. '왜 내가 직감에 귀를 기울이지 않았을까?'

이제 당신은 실망하거나 감정에 대해 까다롭게 구는 것이 어떤 결과를 초래하는지 의문을 품는다. 자신에 대한 믿음을 잃기 시작하고 관계를 맺는 데 문제가 있는 것은 아닌지 의구심을 갖는다. 그리고 세상이 또다시 새로운 누군가를 만나게 해줄 거라는 믿음을 잃는다. 세상에 당신이 관심과 애정을 쏟을 누군가가 정말 있는지 의심스럽다.

당신은 그때 그 사람에 대해 정말 확고한 감정이 있었다. '그 사람이 정말 '운명'이었다면 어떻게 하지?' 이후 데이트 사이트에 다시 접속한 당신은 가능성 있는 상대를 찾았으나 바로 노트북을 닫아버린다. 다시는 감정을 따르고 싶지 않다. 감정 때문에 노트북 너머의 그 사람이 당신에게 가장 잘 맞는 사람이라는 희망을 품고 싶지 않기 때문이다. 만일 실망한다면 더 큰 상실감을 느낄 것이다. 결국 당신의 인생에서 데이트는 사라지고 만다.

이 예시에서 석화는 마크처럼 삶에 대한 전반적인 태도가 아닌 데이트에만 국한된다. 여기서 당신은 데이트와 관련된 변화의 역장에서는 꼼짝없이 묶여 있지만 삶의 다른 선택과 여지에도 침대 속에서 웅크리고만 있는 건 아니다. 당신에겐 열정을 품고 변화를 향해 나아가는 다양한 영역들이 있을 수 있다. 반면 뭔가를 희망하면서도 얻지 못할 거란 생각을 견딜 수 없어 마치 주머니쥐(위험이 닥치면 죽은 척하는 특성이 있다.-옮긴이)처럼 꼼짝하지 않고 외면하는 영역들도 있을 것이다.

잠시 시간을 갖고 당신의 삶에서 정말 개선하고 싶은 것, 현재 당신에게 없다고 생각되는 것들을 나열해보자. 당신에게 '주머니쥐' 도장이 있다고 생각하고 목록에서 도장을 찍어야 할 일들을 찾아보자. '요가: 없음, 건강한 식단: 주머니쥐 도장, 어머니에게 자주 전화하기: 없음, 승진을 위해 노력하기: 없음, 라켓볼 다시 시작하기: 주머니쥐 도장.' 도장이 찍힌 일들은 석화된 상태를 나타낸다. 즉 불신이 희망보다 커서 앞으로 나아가려는 추진력을 떨어뜨리는 것이다.

이런 믿음의 상실은 억제력을 강화한다. 자신과 세상에 대한 믿음을 잃으면 실존적 책임과 외로움을 깨달음으로써 일어나는 불안이 견딜 수 없을 만큼 커질 수 있다.

• 믿음, 희망의 조력자

우리의 손에는 주체적인 인간의 권리라는 신나고 도전적인 보라색 크레용, 즉 뭔가를 결정하고 선택하는 능력이 쥐어져 있다. 이 능력은 훌륭한 기회를 제공하지만 불안을 가져오기도 한다. 우리는 혼자 결정을 내리고 결과를 책임져야 하며 영원히 살 수도 없기에 그 결과들이 매우 중요하다. 결정하는 능력과 더불어 이런 사실들을 깨달을 때 우리는 불안을 겪는다.

혼자라는 것과 책임이라는 이중의 불안은 뭔가를 결정할 때 가장 뚜렷해진다. 그리고 우리는 결정하지 않는 방법들을 찾음으로써 이런 깨달음을 거부할 수 있다. 개인적 변화는 특히 중요한 결정이다. 자신의 뭔가를 변화시킬지 말지 선택하는 것이기 때문이다. 그런 결정은 책임을 훨씬 더 명확히 드러내는 경향이 있다. 만일 우리가 보라색 크레용을 신뢰하지 못하고 불량이라고 의심하면 어떤 일이 일어날까? 자신의 삶에 책임을 느끼지만 스스로 선택하고 결정할 수단이 부족하다고 생각하게 된다. 그것은 어떤 느낌일까? 실존적 책임과 믿음의 결여가 더해지면 어떤 결과가 나올까? 아마도 우리는 욕구를 충족시키는 데 있어 극도의 무력함을 경험할 것이다.

그런 무력함에 대한 경험이 마크에게 족쇄를 채웠다. 그는 필수적인 욕구를 충족시키지 못하고 스스로 무능하다고 느끼게 되었다. 아기는 성인처럼 책임과 죽음의 경험에 대처할 필요는 없다. 그러나 아기의 의존적이고 회피적인 행동의 근간에는 마찬가지로 욕구를 충족시키지 못한 극도의 무력감이 자리한다. 연인이 될 수도 있는 데이트 상대들에게 다가가지 못하고 체념해버리는 것도 이와 똑같은 무력감이다. 첫 번째 실망이 신중함으로 이어져 새로운 로맨스를 촉발하는 불꽃을 꺼버린 것이다. 무력감은 이런 식으로 자기충족적 예언이 된다.

우리가 스스로 인생이라는 바다를 항해해야 한다는 책임이 있다는 사실만으로도 불안의 조건은 이미 충분하다. 주도 사고와 자기효능감을 떨어뜨리는 무력감은 우리가 용기를 낼 수 있다고 해도 결국엔 길을 잃을 것이라고 끊임없이 속삭인다. 도저히 목적지에 도착할 수 없을 정도로 배가 부서지고 물이 새는 것을 경험하든, 뱃사람이 되었지만 무서운 바다 소용돌이에 끌려가든, 아니면 둘 다를 경험하든 이런 무력감은 우리가 목적을 이룰 수 없다는 메시지를 전한다. 그것은 견딜 수 없는 경험이며 아기의 비명에 나타난, 말로 표현할 수 없는 괴로움이다. 우리가 아무리 원한다고 해도 우리 자신이 삶의 주인이 될 수 없다는 사실은 실존적 불안을 심화한다.

이런 상황에서 잘못된 믿음은 상당히 매력적으로 보인다. 우리는 마음속으로 '무엇을 할지 제발 말해줘!'라고 세상에 애원한다. 우리는 더는 우리 자신에게 인생이라는 배를 맡기지 않기 때문이다.

BBC 드라마 〈플리백〉Fleabag의 한 장면은 이런 태도를 완벽하게 담고 있다. 여주인공 플리백은 늘 실수를 저지르고 자신과 다른 사람들의 행동 때문에 번번이 실망한다. 하지만 그녀는 고개를 들고 계속해서 나아가며 언제나 진정성을 유지한다. 그녀는 자기 자신이 되는 것을 멈추지 않으며 겁에 질린 채 돌이 되려 하지 않는다(이런 점에서 플리백은 정말 영웅적이다. 나는 이 드라마가 실존적 용기를 보여준다고 생각한다). 그러나 늘 모든 것을 그만두고 잘못된 믿음에 자신을 맡기라는 유혹이 따른다.

한 장면에서 그녀는 고해성사실 안에 있다. 그녀는 이곳에 오기 전 고통스러운 실망을 겪었고 이제 백기를 들고 삶에 선택이 없는 것처럼 행동하고 싶어 한다. 그녀와 친구가 된 신부(늘 파국으로 치닫는 그녀의 성향상 잠자리를 하고 싶은)는 그녀에게 무엇을 원하느냐고 묻는다. 그녀는 이렇게 답한다.

아침에 어떤 옷을 입을지 말해주는 사람이 있었으면 좋겠어요. 매일 아침 어떤 옷을 입을지 말해주는 사람이요. 무엇을 먹을지 말해주는 사람이 있었으면 좋겠고 무엇을 좋아할지, 무엇을 싫어할지, 무엇에 화를 낼지, 무엇을 들을지, 어떤 밴드를 좋아할지, 어떤 표를 살지, 어떤 농담을 할지, 어떤 농담을 하지 않을지 말해주는 사람 말이에요. 무엇을 믿을지, 누구에게 투표할지, 누구를 사랑하고 그 사랑을 어떻게 말할지 알려주는 사람을 원해요.

신부님, 저는 그저 인생을 어떻게 살아갈지 알려주는 누군가를 원해요. 지금까지 잘못 생각해왔기 때문이죠. 사람들이 인생에서 신부님 같은 사람들을 원하는 건 신부님께서 어떻게 살아갈지 알려주시기 때문이에요. 신부님은 사람들에게 무엇을 할지 그리고 그 결과 무엇을 얻게 될지 말씀해주시잖아요. 제가 신부님의 헛소리를 믿는 건 아니지만요. 어쨌든 저는 결국 제가 아무것도 변화시키지 못한다는 걸 알아요. 저는 아직도 두려워요. 왜 두려울까요?[27]

훌륭하고 완벽하다. 바로 이것이다. 삶에 대한 실망 때문에 자신에 대한 믿음이 없을 때, 책임과 혼자라는 사실(우리는 이것을 깨닫지 않으려고 애쓰지만 개인적 변화를 시도하면 필연적으로 깨닫게 된다)은 한층 더 두렵게 느껴진다. 그래서 주머니쥐처럼 죽은 척하는 것이 조금 이해되기 시작한다. 죽은 척 외면하는 건 우리가 혼자이며 책임을 안고 있는 존재임에도 불구하고 믿을 수 있는 정보 제공자가 아니라는 끔찍한 경험으로부터 우리를 보호한다.

그래서 우리는 답을 얻기 위해 외부로 눈을 돌리기 시작한다. 그것은 정말 외부에 답이 있어서가 아니라 우리의 존재에 대한 모든 답의 출처가 우리 자신이라는 생각을 더 이상 견딜 수 없기 때문이다.

"저는 그저 인생을 어떻게 살아갈지 알려주는 누군가를 원해요." 플리백의 말처럼, 홀로 걸어갈 책임이 있는 그 길에서 출발도 할 수 없을 만큼 망가지고 무력한 자신을 보는 것은 견디기 어려운 일이다. 우리가 이런 상태에 놓일 때, 자기 삶의 주인이 될 수 없을 것이라는 메시지가 두려울 때 돌처럼 굳은 상태를 벗어나 두려운 그 길로 나아가도록 위협하는 한 가지 느낌이 있다. 바로 희망이다.

경찰은 해럴드가 가고 있던 방향을 가리켰다. 하지만 해럴드는 경찰에게 고마워했다.

자신과 세상에 대한 믿음을 잃으면 우리는 희망을 가장 큰 위협으로 여긴다. 도저히 충족시킬 수 없을 것 같고 결국에는 자신의 망가진 부분을 드러낼 것 같은 결정을 내리도록 유혹하기 때문이다.

• 믿음을 잃을 때 희망은 위협이 된다

희망의 복잡한 구조를 다시 생각해보자. 희망을 품으려면 중요한 목표를 확인하고 그 목표로 향하는 길을 계획하며 그 길을 성공적으로 따라갈 수 있는 자신의 능력을 믿어야 한다. 여기서 주체적인 행위가 사라지면 어떻게 될까? 자신이 무엇을 원하는지, 어떻게 그곳에 도달하는지 알고 있지만 행위의 주체로서 자신에 대한 믿음이 없다면 어떻게 될까? 목표를 이루거나 실패했을 때 다시 시작할 수 있다는 믿음, 즉 자기효능감이 없으면 한 발짝도 앞으로 나아가지 못한다.

믿음이 없는 희망은 끔찍하고 불안한 경험이다. 뭔가 중요하게 여기는 것이 있지만 자신에겐 없거나 부족하다고 생각하며 그것을 얻을 수 있다고 믿지 않는다. 인생이라는 거친 바다를 항해할 배를 만들 능력이 있다고도 생각하지 않는다. 그래서 늘 집에 가고 싶어 하며 다음 단계로 나아가는 것을 두려워한다.

지금 이루고 싶은 개인적 변화를 생각해보자. 작고 단순한 것일 수도, 크고 복잡한 것일 수도 있다. 이는 중요하지 않다. 무엇이 변화를 방해하는가? "나는 수없이 실패했어. 이번에도 다르지 않을 거야." "실패해서 나 자신을 끔찍하게 느끼고 싶지 않아." 믿음이 없는 이 같은 말에 당신은 초조해진다. 그 변화는 당신에게 아주 중요하기 때문이다. 이제 당신은 그 목표의 가치를 폄하해 희망을 억누르려고 한다. "이건 그렇게 중요하지 않아. 나는 기다릴 수 있어. 내 인생에는 더 중요한 일들이 있어."

이 지점에서 당신과 희망의 관계가 충돌한다. 희망은 원하는 것을 향해 나아가게 한다. 그런데 희망을 따라 원하는 것을 향해 나아갈 때 혼자라는 불안이 튀어나온다. 이때 원하는 것에 도달할 수 있다는 믿음이 없다면, 실패를 딛고 회복하지 못한다면 희망은 두려운 것이 된다. 희망은 열망과 바람을 실망과 좌절로 바꾸고 자신과 세상에 대한 믿음을 없애기 때문이다. 이제 희망(목표를 향해 나아가게 하고 단계마다 확신을 시험하는 감정)이 위험하게 보이기 시작한다. 쇠락의 길로 당신을 꾀어내는 유혹의 손길로 느껴진다. 희망에 대한 믿음이 없이 두려움에 빠지면 다음 단계에 대한 안내와 자극을 거부하게 된다. 나는 이렇게 답답하고 방어적인 태도를 '희망의 두려움'이라고 부른다.

희망의 두려움은 목표를 달성하지 못할지도 모른다는 걱정을 일으킴으로써 실존적 불안이라는 억제력을 강화한다. 또한 변화의 우물에서 물을 마실 수 있는 능력을 망가뜨려 추진력을 약화한다. 당신이 어떤 상황에 놓여 있든, 마크처럼 내면을 위축시키는 심각한 좌절로 상처를 입었든, 그보다 덜한 피해를 입었든 개인적 변화를 이루는 능력은 이 희망을 얼마나 두려워하는지에 따라 대부분 결정된다.

다음 장에서는 희망을 품는 것과 두려워하는 것 사이의 놀랍고 복잡하며 까다로운 관계를 살펴볼 것이다. 그리고 믿음이 어떻게 우리를 계속 밀어 올리는지도 알아볼 것이다.

CHANGE

제4장

완벽하게 안전한
삶은 없다

'더 높은 뭔가'를 목표로 삼는 사람은
언젠가 현기증에 시달릴 것을 각오해야 한다.
_밀란 쿤데라

메리는 2006년에 나를 찾아왔다. 당시 35세였던 그녀는 다른 상담사와 몇 년 동안 치료를 하다가 내게 온 것이었다. 그녀는 이전 치료사로부터 불안장애가 동반된, 치료하기 어려운 심각한 우울증을 진단받았다. 어머니와 함께 살았으며 친구는 많지 않았고 소프트웨어 회사의 영업사원으로 출장을 다녔다. 그녀는 자살을 시도한 이력이 있었으며 이전 해에 담당 정신과 의사의 권유로 몇 차례 정신병원에 입원하기도 했다.

메리는 내게 자신의 이야기를 들려주었다. 그녀의 인생이 늘 이런 것은 아니었다. 사실 그녀는 강력한 추진력과 용기를 갖고 희망에 따라 행동하는 사람이었다. 또한 주도적인 삶을 방해하는 경험에 당당히 맞서고 거기에서 얻은 교훈에 감사해하는 사람이기도 했다.

고등학교 3학년 때인 1994년, 그녀는 주에서 손꼽히는 축구 선수였고 학업에서도 1등을 놓치지 않았다. 그녀는 활기 넘치고 인기 있는 학생이었으며 축구팀에 친한 친구들도 많았다. 축구 코치는 "할 거면 과감하게 하고, 아니면 그만둬."라고 팀원들에게 늘 강조했다. 팀원들과 마찬가지로 메리 역시 진부한 그런 말에 질색했다. 하지만 속으로는 코치가 무엇을 말하고자 하는지 알고 있었다. 인생은 자신의 모든 것을 쏟아붓는 것이며 한계에 도전하고 위험을 감수하는 것이었다.

메리는 반에서도 늘 독창적이고 뛰어난 문제 해결책을 생각해냈고 항상 새로운 방법을 시도했다. 선생님들은 그런 그녀를 주목했고 칭찬을 아끼지 않았다. 그녀는 축구 경기에서 부상과 파울로 이어질 수 있는 위험한 기술인 왼쪽 태클을 정교하게 해내기로 유명했다. 메리에게 과감함은 성공과 동의어였다. 그녀는 과감한 시도의 부정적인 측면을 한 번도 경험하지 않았다.

하지만 이후 오랜 기간 좌절과 실패를 겪었다. 고등학교 3학년 때 전염성 단핵세포증에 걸린 게 시작이었다. 가을 학기가 시작될 무렵 메리는 더 이상 축구를 할 수 없었다. 하지만 의사의 말을 듣지 않고 동네 공원에서 몰래 축구 연습을 하다가 비장이 파열되었다. 잔디밭에 쓰러진 그녀는 위험을 기꺼이 무릅쓴 결과가 그토록 고통스럽다는 사실을 처음 깨달았다. 그리고 1년 동안 축구장을 떠나야 한다는 것을 알게 되면서 약간의 좌절을 느꼈다.

메리는 주목받는 대신 지켜보는 것, 즉 관중이 주목하는 대상이 아닌 관중의 일부가 된다는 게 어떤 것인지 인생에서 처음으로 이해했다. 경기 중 벤치에 앉아 있는 동안 그녀의 좌절은 더욱 복잡한 형태와 색깔을 띠게 되었다. 그녀는 상황이 자신에게 좋은 방향으로 진행되지 않을 것 같은 예감이 조금씩 들었고, 이전에 한 번도 느껴보지 않았던 무력함을 희미하게 경험했다.

그녀는 그날 공원에서 무리하게 축구 연습을 했던 자신에게 분노가 치솟았다. 하지만 계속해서 밀고 나아가야 한다는 것 또한 알고 있었다. 대학 입학시험이 다가오고 있었고, 축구 선수로서는 합격을 기대할 수 없었기 때문에 성적을 유지하는 것이 중요했다. 지금은 감정을 곱씹고 있을 때가 아니었다. 그녀는 축구에 몰입하듯 학업에 몰두했다.

봄이 되었고, 그녀는 최고의 대학들로부터 대부분 불합격 통지를 받았다. 상황이 좋지 않게 흘러갈 것이라는 느낌과 자신에 대한 분노가 더욱 커졌다. 빛나는 삶이 될 수 있었던 그녀의 인생에 먹구름이 드리우고 있었다. 메리는 한 번 더 희망을 품었다. 캘리포니아에서 제법 크고 좋은 대학 중 한 곳에서 아직 결과가 나오지 않았던 것이다. 그녀는 아직 기회가 남아 있기를 희망하며 매일 연락을 기다렸다. 마침내 크고 두툼한 봉투에 담긴 입학허가서가 도착했다. 모든 것이 순조로웠다. 그녀는 활기를 되찾았고 모든 준비를 마쳤다.

가을이 되어 메리는 즐겁게 대학에 입학했다. 축구 코치의 도움 없이 자신이 원했던 우수 대학들 가운데 한 곳에 입학한 메리는 최악의 상황을 벗어났고 대학이라는 선물을 마음껏 누릴 계획이었다. 학기가 시작되고 그녀는 기숙사에서 생활하며 다양한 파티를 즐기고 친구들과 우정을 나눴다. 함께 공부하는 동기생들과 서로의 도전을 응원하며 행복한 나날을 보냈다.

메리는 특히 스포츠 심리 수업에 흥미를 느끼며 팀별 연구 과제에 몰두했다. 학과장인 담당 교수는 그 분야에서 유명했고 학생들에게 친절하며 배려심이 있었다. 그는 메리가 제출한 과제에 대해 획기적이고 창의적이라고, 생각을 불러일으키는 아이디어라고 칭찬하며 특별한 관심을 보였다. 이는 고등학교 때 세상을 보는 방식에 대해 그녀가 듣던 말이었다.

학기가 끝날 무렵 교수는 메리를 불러 자신의 연구실에 조교로 들어올 생각이 있느냐고 물었다. 메리는 깜짝 놀랐다. 보통 대학원생들이나 특별한 경우에 학부 4학년 학생이 들어갈 수 있는 자리였기 때문이다. 미래에 대한 그녀의 희망은 그 어느 때보다 높았다. 그녀는 스포츠 심리를 전공하고 싶었고 이 결정이 흥미롭고 성공적인 삶으로 그녀를 이끌거라고 확신했다. 그녀는 거부할 수 없는 결승 골의 유혹을 느꼈다.

그러나 어느 날 밤, 연구실에서 모든 것이 바뀌었다. 메리가 늦게까지 혼자 연구실에 남아 있었는데 교수가 인사를 하려고 문 앞에 잠시 멈춰섰다. 그는 어떤 연구를 하고 있는지 물었고 메리가 답하는 동안 내용을 보기 위해 연구실에 들어와 옆자리에 앉았다. 그는 메리의 통찰력에 놀라며 흥분한 기색으로 몇 가지 질문과 제안을 했다. 데이터에 대해 열띤 대화를 나누던 중 그가 메리의 무릎 위에 손을 올려놓았다. 메리는 깜짝 놀라 그를 밀어냈다. 그는 황급히 일어나 약속이 있었다고 말하고는 어색하게 연구실을 떠났다.

메리는 그 사건을 누구에게 말해야 할지 몰랐다. 그녀는 당혹스러웠고 그것이 무엇을 의미하는지 혼란스러웠다. 마치 올가미에 걸려 움직일 수 없는 느낌이었다.

그녀는 진행 중이던 연구 내용을 봉투에 넣어 교수에게 짧은 메모를 남기고 연구실 조교를 그만두었다. 교수의 명성을 고려할 때 메리는 자신이 갈림길에 있음을 알았다. 어떤 일이 있었는지 밝힐 엄두가 나지 않았고 교수와 다시 연구하는 것도 상상할 수 없었다. 그녀는 전공을 바꾸거나 다른 학교로 편입해야 했다. 결국 진로 지도 교수를 만나 임상심리학의 일반 분야로 전공을 바꿨다.

그날 밤 그녀는 침대에서 뒤척이며 자신의 미래를 한탄했다. 무엇도 확실해 보이지 않았고 성공으로 가는 길을 더는 찾을 수 없을 것 같았다. 그녀는 자신의 능력을 의심하게 되었다. 그리고 불안을 느꼈다. 한때 스스로 결정하고 과감하게 앞으로 나아갔던 자랑스러운 그녀의 내면이 이제는 불안으로 가득했다. 무력함이 그녀를 짓누르고 그녀의 생각을 파고들고 있었다.

여름이 되어 집에 돌아온 메리는 다음 학기를 어떻게 준비할지 고심했다. 교수의 접근에 호들갑스럽게 반응한 자신을 다소 자책하기도 했지만 '어떤 바보 때문에 인생이 끝나는 건 아니야'라며 마음을 다잡았다. 그녀는 교수의 행동을 폭로하고 싶지 않았고 원래 전공으로 돌아갈 수도 없었다. 하지만 이런 생각도 들었다. '대학은 탐색하는 곳이야. 나는 익숙했던 것에 너무 급히 뛰어들었어. 할 수 있을 때 주변을 좀 더 둘러봐야 해. 게다가 대학원에 가면 얼마든지 스포츠 심리 학위를 받을 수 있어.'

메리는 다음 학기를 기대하기로 했다. 안전지대에서 벗어나 새로운 일들에 도전할 생각이었다. 스포츠 심리 연구소가 있는 건물을 피하기만 하면 괜찮을 것 같았다. 추진력이 다시 그녀를 앞으로 밀었다.

하지만 학문적 탐색에 대한 메리의 목표는 결과를 내지 못했다. 일단 수업에 지루함을 느꼈고 어려운 과제들이 부담스러웠다. 그녀는 학업과 관련된 모든 것에 기계적으로 접근했다. 한때 한결같이 넘쳐흐르던 호기심과 상상력은 멈춰버렸다. 뭔가 흥미로운 답을 생각해낼 때마다 그런 답이 도전할 만한 가치가 없기라도 한 것처럼 벽에 부딪히는 느낌이었다.

그녀는 정신병리학에서 C를 받았고 나머지 과목에서 B를 받았다. '어떻게 이럴 수 있지? 제일 중요한 과목에서 형편없는 점수라니. 게다가 재미있는 과목도 잘한 게 하나도 없잖아. 말도 안 돼!' 겨울방학 동안 메리는 학문적 탐색에 대한 계획을 검토했다. 그녀는 마음을 가다듬을 필요가 있음을 깨닫고 심리학 과목으로 시간표를 채운 뒤 새로운 목표 의식을 갖고 2학기에 임했다.

하지만 심리학은 따분했다. 심리학이 그녀에게 맞는 분야가 아님을 깨달았다. 그녀는 복잡한 개인의 심리가 아닌 팀워크와 동료애에 흥미가 있었다. 선택이 틀렸음을 깨닫자 비장이 파열되었을 때 자기 자신을 향해 느꼈던 분노가 점점 더 두드러지게 나타났다. 그녀의 머릿속은 인생을 헤쳐나가는 자신의 능력에 대한 의문으로 가득했다. '내가 지금 뭘 하는 거지? 왜 정신을 못 차리는 거야?'

길을 잃고 단절된 느낌이 들었다. 하지만 새로운 뭔가도 느꼈다. 바로 미래에 대한 기대와 흥미를 없애는 무능력함이었다. 그녀는 앞에 놓인 길이 두려웠을 뿐만 아니라 출발하고 싶지도 않았다. 모든 것이 중단되고 늦춰지는 것 같았다. 한때 그녀의 삶을 그토록 활기차게 만들었던 호기심 많은 자신의 모습에서 점점 멀어지고 있었다.

그 무렵 메리는 파티에서 마이크를 만났다. 4학년인 마이크는 고등학교에서 야구를 했다. 그는 재미있는 사람이었고 메리를 매우 좋아했다. 탁월한 성취를 이룬 그는 메리에게서 비슷한 경향을 발견했고 세상에 대한 그녀의 독특하고 지적인 태도를 좋아했다. 이런 그의 관심은 그녀의 옛 재능을 촉발하는 불꽃이 되었다. 그가 세상을 바라보는 메리의 방식을 즐겁게 받아들이자 그녀는 다시금 기발한 시도와 독특한 세계관을 학업에 적용할 수 있었다. 삶에 대한 새로운 흥분과 함께 다시금 강렬하고 활기 넘치는 가능성을 느꼈다. 학업과 앞으로의 경력뿐만 아니라 마이크와 함께하는 인생에 대해서도 밝은 기대감을 품었다.

마이크는 경영학을 전공했다. 메리가 심리학이 자신에게 정말 맞는지 모르겠다며 고민하자 그는 경영학 수업을 들어보라고 권유했다. 왠지 팀워크에 관한 관심을 경영 분야에 적용할 수도 있을 것 같았다. 그녀는 가을 학기에 조직행동론 수업을 신청했다.

메리는 그 수업을 매우 좋아했고 탁월한 능력을 발휘했다. 그녀의 지성이 다시 움직이기 시작했다. 그녀는 수강생 모두가 흥미로워하는 아이디어와 통찰을 제시하며 그 수업의 스타가 되었다. 이것이 그녀의 본모습이었다. 그리고 아직 전공을 바꿀 기회가 남아 있었다. 두 번의 여름학기 수업과 나머지 경영학 수업을 모두 들으면 지장 없이 학위를 받을 수 있었던 것이다. 적절한 시기에 마이크의 도움 덕분에 그녀는 정상 궤도로 돌아왔다.

그해 여름, 메리는 집에 가지 않았다. 그녀는 아파트에서 지내며 수업을 듣고 마이크와 어울렸다. 즐겁고 행복한 시간이었다. 마이크는 평소 원했던 본사 인턴십 프로그램을 위해 가을에 도쿄에 가기로 되어 있었다. 인턴십을 마치고 학교로 돌아와 잠시 휴식을 취하며 다음 단계를 모색하고 메리와 시간을 보낼 예정이었다. 두 사람은 그들의 관계에 대한 믿음이 있었다. 그들은 불과 6개월 동안 떨어져 있을 것이고 메리는 경영학 전공을 마치려면 학업에 집중해야 했다. 메리는 도전을 각오했고 만반의 준비를 한 채 4학년을 맞았다.

그러나 그해 10월, 메리는 어머니에게 놀라운 전화를 받았다. 아버지가 심장마비로 쓰러졌다는 소식이었다. 어머니는 집에 돌아오지 말고 학업을 계속하라고 했으나 메리는 집으로 가는 비행기 표를 끊었다. 끝내야 할 과제가 있어서 그다음 날 곧장 아버지를 보러 떠났다.

비행기에서 내린 뒤 그녀는 휴대전화 메시지를 확인했다. 어머니에게서 한 통의 메시지가 와 있었다. "메리, 최대한 빨리 전화하렴." 메리는 즉시 집에 전화를 걸었다. 어머니는 벨 소리가 울리자마자 전화를 받았다. "애야, 어젯밤에 아버지가 돌아가셨단다. 수술 후 상태가 안 좋아지셨어." 망연자실한 메리는 황급히 공항을 빠져나가 택시를 타고 집으로 향했다.

학교 일을 정리한 뒤 메리는 아버지의 장례식을 마치고 2주 더 집에 머무르기로 했다. 하지만 학업을 따라갈 수 없었고 집중할 수도, 자료를 이해할 수도 없었다. 그녀가 할 수 있는 선택은 한 학기 휴학하는 것뿐이었다. 이후 몇 개월은 고통스럽고 매우 외로웠다. 고향에 남아 있는 친구는 아무도 없었고 도쿄에 있는 마이크는 바쁘고 시간대도 달라 연락이 어려웠다.

메리는 별로 하는 일 없이 지냈다. 주로 잡지를 읽거나 TV를 봤고 가끔 개를 산책시켰다. 저녁에는 대부분 엄마와 식사를 했다. 3개월 뒤면

학교로 돌아가 마크와 재회할 예정이었다. 끔찍한 시간이었지만 곧 나아지리라고 그녀는 생각했다.

어느 날 장을 보던 중 메리는 고등학교 친구인 댄과 마주쳤다. 댄은 메리의 아버지가 돌아가셨다는 소식을 알고 있었고 메리를 끌어안으며 위로와 격려의 말을 건넸다. 고등학교 남자 축구팀의 3군 선수였고 메리의 2년 선배였던 그는 유명했던 그녀를 기억하고 있었다.

"너는 1학년 때부터 전설적인 선수였어."

댄은 지역의 소프트웨어 개발회사에서 일했는데 그 회사에 축구팀이 있었다. 어느 날 댄은 메리에게 전화를 걸어 팀에 들어올 생각이 있는지 물었다. 메리가 초대에 응하자 댄과 그의 동료들은 그녀를 몰래 팀에 넣었다. '다시 축구를 하다니. 그것도 몰래!' 그녀는 모처럼 뛰는 경기가 즐거웠고 멋진 활약을 펼쳤다. 그녀의 전매특허 기술을 성공적으로 구사함으로써 자신에 대한 믿음이 되살아났고 미래에 대한 희망이 솟았다. '학교에 돌아가면 축구를 할 수 있어. 그게 내 치료제가 될 거야.'

12월 말쯤 메리는 학교로 돌아갈 준비가 되었다고 느꼈다. 그녀는 인생의 더 큰 목표와 계획을 기대했다. 그리고 마크와 지낼 생각에 들뜨고 설렜다. 새 아파트의 임대 계약을 마치고 연인과 함께 살 생각에 행복한 기분을 느꼈다. 그러던 어느 날 밤 마이크에게 전화가 왔다.

"메리, 너무 늦게 연락한 거 알아. 그런데 놀라운 일이 생겼어. 회사에서 경영자로 성장할 수 있는 자리를 제안받았어. 곧 뉴욕으로 발령이 날 거야."

"아파트는 어떻게 하고? 너랑 나는? 우리 계획이 있었잖아."

둘은 밤늦게까지 말다툼을 벌였다. 메리는 충격을 받았다. 학교를 오래 떠나 있었던 자신을 심하게 책망했다. 다른 길을 택했다면 어떻게 되었을지 생각하고 또 생각했다. 밤새 뒤척이다 다음 날 아침 일어났을 때 그녀는 눈앞의 미래가 너무나 불확실하게 느껴졌다. '어디로 돌아가지? 혼자 아파트로? 지금은 이걸 견딜 수 없어. 난 준비가 안 됐어.' 아버지를 잃은 슬픔이 되살아났다. 아버지의 사망 소식을 듣고 공항에서 느꼈던 극심한 외로움도 다시 밀려왔다.

그날 밤 메리는 댄과 잠자리를 가졌다. 마이크와의 관계는 빠르게 끝났다. 마이크는 뉴욕으로 떠났고, 메리는 학교를 떠나 엄마 집에 머물며 마음을 가다듬었다. 그녀는 댄과 시간을 보냈으나 언제 또 힘든 일이 닥칠까 걱정하고 두려워했다. 하지만 시간이 지나면서 댄과 사랑에 빠졌다. 댄은 자신이 다니는 회사에 그녀의 일자리를 찾아주었다. 데이터를 입력하는 단순한 일이었지만 뭔가 할 일이 생겼고 약간의 돈도 벌게 되었다.

메리는 가을에 학교로 돌아갈 계획이었다. 댄은 그녀와 함께할 생각으로 캘리포니아에서 일자리를 찾았다. 하지만 메리는 다음 학기 재등록이나 학교 근처 숙소 구하기 등 복학을 위해 필요한 일들을 차일피일 미루고 있었다. 그리고 복학을 미룰 때마다 자신을 의심하며 자신의 선택으로 놓쳤던 모든 기회를 곰곰이 생각했다.

'어째서 나 자신을 믿고 그 교수에게 맞서지 않았지? 그랬다면 나는 지금도 스포츠 심리를 전공하고 있었을 거야! 그리고 더 빨리 학교로 돌아가 학기를 마쳤다면 내 삶은 지금과 무척 달랐을 거야. 이미 학위를 받았겠지. 그 과제를 마무리하는 데 너무 시간을 들이지 않았다면 제때 집에 돌아와 아빠의 임종을 지켰을 거야.'

이런 생각들이 그녀의 머릿속을 가득 채웠다. 자신이 내린 결정을 의심하면서 자신에 대한 믿음이 점점 무너졌다. 스스로 인생을 주도하고 가치 있는 삶으로 만들 수 있다는 생각은 먼 꿈처럼 아득히 느껴졌다.

댄과 메리는 동거를 시작했다. 봄이 되었고 그녀는 복학을 다시 미뤘다. 그해 가을, 그녀는 마음을 바꾸어 학교를 완전히 그만두었다. 메리는 자신의 재능과 무관한 일들을 하고 있다는 느낌을 받으며 점점 공허해졌다. 하지만 희망과 기대로 가득 찬 이전의 삶으로 돌아갈 길이 없다는 것 또한 알고 있었다. 그녀는 자신이 더 이상 고칠 수 없이 망가졌다고 생각했고 그녀를 둘러싼 세상은 자신이 원하는 바를 실현할 수 없는 곳으로 여겨졌다.

메리는 자신이 다른 결정을 내렸다면 어떤 사람이 됐을지, 어떤 세상이 펼쳐졌을지 끊임없이 생각했다. 심지어 가장 행복한 순간에도 무의미한 후회가 뇌리를 떠나지 않았다. 그녀는 '될 수도 있었던 일'에 대해 댄과 많은 이야기를 했다. 데이트할 때도, 침대에서 누워 쉴 때도, 밥을 먹을 때도 그 이야기는 메리의 핵심 주제였다. 그녀가 의지할 수 있는 단 하나의 미래는 댄이었다. 댄과 메리가 사귀기 시작했을 때 메리는 매력적인 사람이었고, 댄은 행운아였다. 하지만 이제는 상황이 뒤바뀌어 메리가 댄에게 의지하게 되었다.

댄은 의아했다. 고등학교 시절 사랑스럽고 재능 있던 스타가 이제는 크게 절망해서 과거의 일에 사로잡힌 채 불만에 빠져 있었다. 메리가 실패한 결정에 대해 하소연하며 그것만 아니었다면 자신이 더 많은 것을 이뤘을 거라고 할 때마다 그는 모욕감을 느꼈다. 그녀가 원했던 삶은 댄이 생각했던 수준을 훨씬 넘어서는 것이었다. 게다가 원하는 바를 이루지 못한 괴로운 감정에 관해 이야기를 들을 때마다 그는 자신이 무능하게 느껴졌다.

메리는 자신이 댄에게 이런 메시지를 보내고 있었다는 것을 알지 못했을까? 그 무렵 두 사람이 친구들과 어울릴 때 메리는 오로지 댄의 관심만을 원했다. 예전에는 그녀가 일행 중 누군가와 대화를 시작하곤 했다. 하지만 이제 댄이 다른 사람에게 관심을 두면 메리는 입을 굳게 닫은 채 우울해했다. 점차 메리는 주말에 둘만의 데이트를 계획했다. 댄은 메리의 퇴근 시간이 되면 불안해하기 시작했고 주말 계획을 몹시 싫어했다. 메리는 집착했고 불안해했으며 부담스럽게 행동했다. 결국 댄은 메리와 헤어졌고 곧 다른 지역으로 일자리를 옮겼다.

메리는 충격에 빠졌다. 완전히 혼자가 되어 길을 잃었다는 절망과 고통이 되살아났다. 그녀는 과거를 곱씹으며 후회를 거듭했다. 엄마에게 돌아온 그녀는 심리치료사를 만나기 시작했다. 여전히 직장에 다니고 있었지만 업무 평가는 점점 더 나빠졌다. 그녀는 판매 수수료에 따라 보너스를 받는 영업직으로 강등되었고 급여는 형편없이 떨어졌다.

그녀는 지역의 주립대학교로 편입하고자 여러 번 계획했지만 한 번도 실행에 옮기지 못했다. 평소 술을 많이 마셨고 혼자 있을 때가 많았다. 그녀는 자신의 삶을 증오했다. 지금 자신의 모습을 견딜 수 없었다. 이것이 그녀가 생각했던 삶이 아니라는 생각이 점점 커졌다. 이 삶을 끝내는 게 맞는 것 같아 결국 자살을 시도했다. 그런 후에는 자신의 행동을 부끄러워하며 몇 차례 정신병원에 입원했다. 그리고 얼마 전 퇴원하고서 치료를 위해 나를 만나기 시작했다.

'큰 기대는 하지 마'라는 벽

여기까지 이야기를 나누고 나는 메리에게 예전에 받았던 치료에 관해 물었다. 그녀는 심리치료사와 정신과 의사를 몇 명 만났다고 말했다. 그녀가 지난 일에 대해 비관적으로 돌아보는 것을 우려했던 몇몇 치료사들은 그녀를 심각한 우울증으로 진단했다. 하지만 메리는 끊임없는 동요와 두려움을 호소했고 다른 치료사와 의사들은 그녀가 불안장애를 겪고 있다고 봤다. 최근에 만난 정신과 의사는 그녀가 우울증과 불안장애에 모두 해당한다고 생각했다. 하지만 그녀를 치료하기 위한 어떤 개입도 효과가 없었고 대부분은 그녀의 정신질환이 치료에 저항한다고 생각했다. 어떤 이들은 그녀의 문제를 치료에 대한 '무반응'이라고 부르기도 했다. 그들의 소견은 메리를 더욱 절망으로 몰아넣었다.

나는 그녀에게 왜 나를 만나러 왔느냐고 물었다.

"저는 제 인생이 싫어요. 저를 행복하게 만드는 것들과 거리가 멀고 저의 잠재력을 발휘하지 못하고 있거든요. 우울과 분노가 제가 원하는 곳으로 가는 걸 가로막는다고 하더군요. 하지만 아무것도 해결되지 않는 것 같아요."

나는 상담에서 외재화externalization라는 기법을 자주 사용한다. 이는 내담자가 거리를 두고 바라볼 수 있도록 문제를 밖으로 끌어내어 생각하는 방식이다. 외재화의 첫 번째 단계는 이름을 붙이는 것이다. 전문가가 내리는 진단이 아니라 내담자와 경험의 관계를 표현하는 것이다. 나는 메리에게 그녀를 행복하게 만드는 것들과 멀어지게 하고 잠재력을 발휘하지 못하게 만드는 것에 이름을 지어보라고 했다.

"우울이요."

그녀가 말했다.

"그 단어는 무엇을 의미하나요? 그런 감정을 어떻게 부를까요?"

"슬픔이나 비애 같아요. 그리고 뭔가를 시도하는 게 두려워요."

"그러면 그 감정들을 '슬픔과 비애' 그리고 도전의 '두려움'이라고 이름 지은 거네요? 이것들 때문에 당신은 행복과 잠재력에서 멀어지는 건가요?"

"네, 그런 셈이죠. 그건 원인이라기보다 뭔가의 결과인 것 같아요."

"그것은 결과군요. 그러면 원인은 뭐라고 이름 지을까요? 뭐라고 부르겠어요?"

"모르겠어요. 설명하기 어려워요. 억누르는 것, 어떤 위험도 감수하지 않는 것, 그런 것과 비슷한데 정확히 그건 아니에요. 정상 궤도로 돌아오기 위해 뭔가를 시도할 때마다 저는 그저 압도되었어요. 제가 문 앞에 있는데 아무도 저를 들여보내지 않을 것 같다고 할까요."

"문이 있고 아무도 들여보내지 않을 것 같군요?"

"네, 그런 것 같아요. 모르겠어요. 제가 들어갈 수 없는 것 같기도 해요. 제가 너무 멍청해서 어떻게 손잡이를 돌리는지 모르는 것처럼 말이죠. 정말 설명하기 어려워요."

"천천히 다시 해봐요."

"음… 그건 대담함의 반대예요. 하지만 설명할 수가 없어요. 제가 몇 걸음 나아가려고 시도하면 부딪히는 이 벽과 같은 거예요. 제 경로에서 저를 가로막는 이상한 거죠. 저는 어떤 것에도 신나거나 들뜨고 싶지 않은 것 같아요. 그건 너무 위험하게 느껴지거든요."

"좋아요. 그 벽에 이름을 붙일 수 있어요? 지금 위험을 무릅쓰고 이름을 붙여봐요."

"그건, 음…."

메리는 1~2분가량 생각했다.

"그건… '큰 기대는 하지 마'라는 벽이에요."

그녀는 어색한 표현에 잠시 웃었다. 그리고 다시 한번 말했다.

"저는 '큰 기대는 하지 마' 벽이라고 부를게요."

'큰 기대는 하지 마' 벽don't-get-your-hopes-up wall. 희망의 두려움을 완벽하게 표현한 이름이었다. 우리 대부분은 메리가 견뎠던 그런 실망을 겪지 않았겠지만 나는 우리가 개인적 변화를 향해 갈 때 어느 정도 이런 두려움에 직면한다고 생각한다. 메리의 경우처럼 희망의 두려움은 변화를 향해 나아가는 데 필수적인 힘을 위험한 것으로 여기게 만든다. 어떻게 그렇게 되는지 살펴보자.

희망(자신에게 부족하다고 느끼고 중요하다고 정한 뭔가를 향해 가는 경험)은 삶을 다채롭고 깊이 있게 만들 책임이 자기 자신에게 있음을 인정하는 것이다. 더 깊이 있고 좋은 경험을 향해 스스로 길을 계획하는 것은 자유로운 인간이 갖는 대단한 특권이다. 하지만 상승세가 꺾이며 추락하면(아픈데 무리해서 공을 찬 것 때문에 혹은 믿었던 사람의 방해 때문에) 자기 자신과 세상에 대한 깊은 실망을 낳을 수 있다. 그리고 자신과 세상에 대한 믿음을 잃는다. 스스로 뭔가를 해낼 수 있는 사람이라는 믿음이 줄어든 상태에서 삶을 제대로 이끌어갈 자신감을 또 날려버릴까 봐 걱정한다. 그리고 다시 희망을 품는 것을 두려워한다. 그런 경험으로 이어지는 경로는 희망밖에 없기 때문이다.

우리가 실망을 '참담한 것'으로 여기는 데는 이유가 있다. 어원을 살펴보면 실망disappointment은 지정된appointed 목표, 즉 우리가 바람직하다고 여긴 목표를 달성하는 데 실패하는 것을 의미한다. 뭔가를 희망한다는 건 필요하고 원하지만 갖고 있지 않은 어떤 것을 지정한다는 의미다. 그것을 얻지 못하면 우리는 중요하고 필요한 대상을 잃고 실망하는 괴로운 경험에 직면한다.

물론 인생에서 경험하는 대부분의 실망은 햄릿의 경우와는 다르다. 사실 우리는 '실망'이라는 단어를 일상적인 상황에 흔히 사용한다. "그 영화 실망스러웠어!" "젊은이, 자네 행동에 실망했네!" 실망은 예외가 아니라 규칙이며 우리의 일상이다. "아이스차이라떼에 얼음이 충분하지 않아." "상사와의 논의가 마음에 들지 않았어." 실망은 떠오르는 태양만큼이나 확실하다.

실망은 일상적이고 예상된 것이긴 하지만 자신에게 부족하다고 인식하는 뭔가를 희망하고 그것을 얻지 못해 실망하면 그 결과는 형편없을 때가 많다. 더 나은 인생을 만들어야 할 책임을 다하려 했으나 실패로 끝나버리는 절망적인 경험을 하고, 그에 따라 스스로 귀중하게 여기는 뭔가가 자신에게 부족하다는 것을 인식하기 때문이다.

개인적 목표를 추구하다가 실망할 때 절망의 위험을 감수해야 하는 것은 바로 이 때문이다. 당신은 자신에게 부족하고 필요하다고 생각하는 것을 얻지 못함으로써 무기력하고 의존적인 감정을 경험한다.

희망은 실망을 초래하는 주된 원인이기 때문에 희망이라는 추진력으로 더 멀리 나아갈수록 책임에 대한 불안도 커져 억제력이 더욱 커진다. 그래서 메리처럼 혼자라는 사실과 인생에 대한 책임이 두렵고 실망과 그에 따른 무력함이 염려될 때 당신은 맨 처음 출발선에 섰을 때의 감정, 즉 희망(당신에게 부족하고 중요한 뭔가를 갈망하는 감정)을 두려워하게 된다.

당신은 줄곧 한 가지를 피하고 있다. 당신의 삶을 만들어갈 책임이 자신에게 있다는 것과 그렇게 할 수 있다는 믿음이 부족하다는 사실을 인식하는 순간이다. '나는 유한한 존재로 태어나 삶의 깊이와 연대, 의미를 찾아낼 책임이 있다. 하지만 나는 그렇게 할 능력이 없고 세상은 내 요구를 충족할 만큼 관대하지 않다.' 이는 실존적으로 끔찍한 순간이며 유아기 결핍의 성인 버전이라고 할 수 있다. 이런 생각은 석화로 이어져 당신 자신을 희망으로부터 지키고 싶게 만든다.

희망을 안고 변화의 위협과 도전을 향해 뛰어갈 때가 행동을 바꾸기에 가장 좋은 상태다. 하지만 희망을 기대와 어긋난 무력감이라는 무자비한 늑대를 감춰주는 따뜻한 모직 코트로 여긴다면 위협은 너무나 무섭게 보일 것이고 도전은 극복할 수 없을 것처럼 느껴질 것이다. 이렇게 의심에 휩싸이면 변화를 향해 가던 길을 멈출 수밖에 없다.

나는 메리가 이런 과정을 경험했다고 생각한다. 그녀의 마음이 정말로 얼어붙은 것은 아니다. 실제로 그녀의 마음은 침묵하지 않았을 것이다. 그녀의 정신적 에너지와 창의적 사고는 사실상 그녀를 과거에 묶어두는 방향으로 작용했다. 그녀는 성장을 위한 다음 단계를 생각하고 그곳에 도달할 방법을 고민하기보다 자신이 무엇을 잘못했는지, 세상이 어떻게 그녀를 실패하게 만들었는지에 집착했다. 그리고 만일의 경우 그녀의 삶이 어떻게 되었을지를 끊임없이 생각했다. 스포츠 심리를 계속 전공했다면, 마이크가 뉴욕으로 가지 않았다면, 아버지가 돌아가신 뒤 학업을 지속했다면, 만일 그랬다면…. 이런 생각들로 그녀는 이도 저도 못 하고 얼어붙었다.

사회심리학자들은 이를 사후가정counterfactual thinking(과거에 대해 실제 일어난 사실과 반대로 바라는 생각)[1]이라고 부른다. 즉 'A가 일어났다면 B가 일어나지 않았을 것이다' 혹은 'A가 일어나지 않았다면 B가 일어났을 것이다'처럼 생각하는 것이다. 럿거스대학교의 연구에 따르면 사후가정은 희망의 두려움이 현재 위치와 앞으로 도달하고 싶은 위치 사이의 긴장에 어떤 영향을 미치는지 중요한 단서를 제공한다.

희망과 실망감의 크기는 비례한다

럿거스대학교의 연구는 희망의 두려움을 '희망의 두려움 척도'Fear Of Hope, FOH라는 간단한 측정법으로 신뢰할 만한 측정이 가능하다는 것을 보여준다. 측정 결과 희망의 두려움은 성공의 두려움, 실패의 두려움, 불안의 두려움과 밀접한 관련이 있지만 그와는 다른 것으로 나타났다. 특히 희망의 두려움은 희망을 덜 갖는 경험이 아니다. 실제로 희망과 희망의 두려움은 약한 연계성을 갖고 있어 우리는 둘을 동시에 느낄 수 있다. 이는 매우 중요한 개념이며 논의를 이어가면서 그 이유를 간단히 살펴볼 것이다.

우리는 먼저 사후가정 사고가 희망의 두려움에서 나타나는 공통된 특성인지 조사했다. 결과는 그런 것으로 나타났다. 일반인을 대상으로 한 몇몇 연구에서 희망의 두려움이 높게 나타나는 사람들은 메리가 했던 것 같은 사후가정에 더 쉽게 빠질 수 있었다.

희망의 두려움 척도

	전혀 그렇지 않다	거의 그렇지 않다	다소 그렇다	많이 그렇다	아주 그렇다
1. 미래에 대한 믿음을 갖는 것은 어리석은 일이다.	1	2	3	4	5
2. 희망에 차 있는 것은 두려움을 일으킨다.	1	2	3	4	5
3. 나는 미래를 믿지 않는 것이 더 안전하게 느껴진다.	1	2	3	4	5
4. 나는 희망찬 기분을 받아들이는 것이 매우 어렵다.	1	2	3	4	5
5. 나는 희망을 품는 것이 위험하다고 생각한다.	1	2	3	4	5
6. 나는 희망을 품을 때 추락을 대비한다.	1	2	3	4	5

희망의 두려움과 '…했어야 했는데', '…할 수 있었는데' 같은 과거에 대한 집착 사이에는 놀라운 연관성이 있다. 이는 무력함과 FOH 간의 흥미로운 차이와 관련된다. 과거에 대한 집착으로 자책할 가능성이 큰 사람들은 희망이 가장 큰 동시에 희망에 대한 두려움도 가장 크다! 다시 말해 희망의 두려움과 희망이 합쳐져 A가 일어났다면 혹은 B가 일어나지 않았다면 어떻게 더 나은 삶이 될 수 있었는지 생각하며 더욱 집착하는 것이다.

큰 희망과 희망의 큰 두려움 사이의 불붙기 쉬운 긴장에 관해 놀랄 만한 사실이 또 있다. 연구 대상자들(학부생들)에게 미래에 일어날 수 있는 긍정적인 사건들을 적도록 했을 때, 희망과 희망의 두려움이 높게 나타난 사람들은 다른 사람들보다 미래의 긍정적인 사건을 더 적게 적었다. 심지어 그들은 희망 자체를 적게 가지고 있는 사람들보다 긍정적인 사건이 적었다. 즉 큰 희망을 갖고 있지만 그 희망을 두려워할 경우 미래에 대한 희망이 별로 없을 때보다 앞으로 일어날 수 있는 긍정적인 일들을 많이 생각하지 않았다.[2]

혹시 앞 문장을 다시 한번 읽지 않았는가? 나는 연구 결과를 처음 살펴보면서 이 내용을 거듭해서 읽었다. 하지만 사실 이 결과는 희망과 실망의 메커니즘을 이해하면 쉽게 알 수 있는 내용이다. 다시 떠올려보자. 희망을 두려워하면 희망이 당신을 어디로 데려갈지 두려워하게 된다. 그리고 희망이 데려갈 두려운 그곳에서 당신은 원하는 것을 이룰 수 없는 무력함과 엄청난 실망을 경험한다.

긍정적인 사건들은 앞으로 일어나기를 바라는 일들이다. 따라서 희망 때문에 부정적이고 괴로운 결과로 이어질 수도 있다. 한 달 뒤 예정된 구강 수술처럼 두렵고 불안을 자아내는 사건들을 코앞에 닥칠 때까지 외면한다. 희망과 희망의 두려움이 적을 때는 이런 사건들을 모른 척할 필요가 없다. 그것에 많은 가치를 부여하지도, 그것이 자신의 삶에 결여되어 있다고 생각하지도 않기 때문이다. 그것은 그저 중요하지 않은 긍정적 사건들일 뿐이다. '졸업? 상관없어.' '승진? 뭐 새로운 게 없나?' '다가오는 휴가? 그래, 어떻게 될지 보자.'

미래의 긍정적인 사건들이 희망을 두려워하고 큰 희망을 품은 사람들과 어떻게 연관되는지 연구한 결과는 우리가 FOH와 시간(과거와 미래 모두)에 대한 관점의 관계를 살펴보며 제기했던 더 큰 질문의 일부였다. 이는 앞서 언급했듯이 시간조망이라는 개념으로 레빈[3]은 이를 희망의 핵심 요소로 봤다.

희망의 두려움과 관련된 시간조망을 연구하기 위해 우리는 사람들에

내가 가장 주목하는 시점은?

10년 전 / 5년 전 / 1년 전 / 3개월 전 / 지난달 / 지난주 / 어제 / 오늘 / 내일 / 다음 날 / 다음 주 / 3개월 뒤 / 1년 뒤 / 5년 뒤 / 10년 뒤

작성법

① 당신이 가장 주목하는 시기에 '1', 두 번째로 주목하는 시기에 '2', 세 번째로 주목하는 시기에 '3'을 표기한다.

② 당신의 사고방식과 가장 일치하는 시기를 괄호로 묶는다.

예시: [1년 전 ~ 내일] 또는 [지난달~5년 뒤]

게 간단한 그래프를 각각 제시하고 '가장 주목하는 시점'의 순위를 매겨 달라고 요청했다. 그리고 '자신의 사고방식과 가장 일치하는'(즉 그들의 시간조망) 부분에 괄호를 그려 넣도록 했다.

희망과 희망의 두려움이 모두 높았던 사람들은 가장 좁은 괄호를 그려 넣었다. 그들의 시간조망 범위는 가장 협소했고 그들이 주목하는 시점은 아주 최근의 과거와 아주 가까운 미래에 국한되어 있었다.

현재에 주목한다고 해서 그들이 '지금 여기에 존재'하는 참선의 달인 이라는 의미는 절대 아니다. 오히려 그와 거리가 멀다. FOH 공동 연구자들과 내가 본 바에 따르면 가까운 과거와 미래를 포함하는 좁은 괄호는 사색과 가장 동떨어진, 사실 정반대의 결과였다. 괄호 사이의 공간을 채우는 것은 '할 수 있었던 것'과 '했어야 하는 것'에 대한 어리석은 반추와 미래에 대한 기대를 제한하려는 고통스러운 시도이기 때문이다.

사회과학 연구는 직접적으로 확인되지 않지만 패턴과 관계를 통해 찾아낼 수 있는 현상들을 탐구하는 경우가 많다. 사후가정, 미래에 예상 가능한 긍정적 사건, 미래에 대한 시기별 관점을 연구한 FOH 결과를 종합해보면 로널드 랭[4]이 설명한 석화의 이미지가 명확해진다. 혼자라는 사실과 책임을 마주하는 것을 불안해하고 희망을 두려워하는 사람들은 사후가정을 통해 앞으로 나아가는 모든 움직임을 제약하고 미래의 희망적인 사건들을 없애버리며 과거 및 미래에 대한 생각을 제한한다.

메리는 이런 내부 제약의 대표적인 사례다. 내가 볼 때 그녀는 자신에게 필요하다고 생각한 것을 얻고 싶은 강한 희망과 얻지 못할 것이라는 강한 두려움 사이의 극심한 불일치에 직면했다. 이는 무섭고 불안하며 참을 수 없을 만큼 의존적인 상태로서 실존적 위기의 최종 단계다. 이런 불일치로 인한 긴장을 해소하기 위해 메리는 사후가정을 통해 자신을 탓하거나('더 빨리 복학할 수 있었다면') 자신의 운명을 탓함으로써('그 변태 교수 때문에 내가 원하는 대로 인생이 풀리지 않았어') 불만스러울 수밖에 없는 게슈탈트를 만들어냈다.

이런 사후가정은 그녀를 제자리에서 꼼짝 못 하게 만들었다. 이는 앞으로의 행동과 전혀 무관했고 그저 과거를 이해하기 위해 지난 일을 반추해본 것이었기 때문이다. 그리고 이런 반추 때문에 그녀는 더 이상 미래를 생각하지 않게 되었다.

FOH 연구는 석화된 상태에서 내면을 굳게 걸어 잠근 사람들에 대해 보여준다. 이런 식으로 사는 것은 어떤 느낌일까? 의자에 앉아 미래의 빛을 마주하고 있는 사람을 생각해보자. 그들은 의자에 묶여 있어서 환한 빛을 완전히 막을 수 없다. 그래서 가능한 한 깊이 몸을 숙여 구부린다. 이마는 배에 가까워지고 무릎은 위로 들려 정수리를 향한다. 똑바로서 있어야 할 몸은 둥그렇게 말린 형태를 띠고 시선과 가슴은 앞으로 다가올 일을 피한다.

그들은 모든 생명체에게 주어진 성장이라는 운명을 벗어나 자신을 일그러뜨리는 긴장과 압박으로 아파한다. 그러면서도 그들은 가장 두려워하는 것, 바로 희망의 빛을 피하기 위해 고통스럽게 몸을 구부린다.

나는 당신이 희망의 두려움에 대해 읽으면서 이런 이미지를 기억하기 바란다. 희망을 대하는 자세가 현재 상태에 머무르려는 태도에 영향을 주는 핵심 요인이기 때문이다. 메리처럼 희망을 두려워하면 실존적 불안의 반대 상황을 두려워하는 것이다. 이는 당신을 나아가게 하는 주된 힘인 희망을 약화하며 당신을 억제하는 힘인 실존적 불안을 강화한다. 이런 두려움으로 당신은 개인적 변화의 역장을 이루는 두 화살표 사이에서 현상 유지에 가까워지고 변화에서 멀어진다. 그리고 이런 패턴은 당신이 변화나 성장을 시도할 때마다 반복된다.

중요한 목표를 달성했던 때를 생각해보자. 당신은 기분이 좋았을 것이다. 노력이 필요한 어떤 일을 성공적으로 달성했고 실패와 실망의 가능성이 항상 도사리고 있음에도 불구하고 그것을 이뤄냈다. 당신은 스스로 뭔가를 해낼 수 있는 자신의 능력, 즉 자기효능감을 느꼈을 것이다. 하지만 반대 압력, 즉 이런 경험을 방해하려는 욕구 또한 느끼지 않았는가?

예를 들어 다이어트를 한다고 하자. 체중계에 올라가 몇 킬로그램 살이 빠진 것을 확인한다. 체중계에서 내려오자마자 마음속 한구석에서 체중 감소를 축하하자며 아이스크림을 한 통 먹자는 소리가 들려오지 않는가? 당신의 마음은 의기양양한 기분을 억누르고 싹트기 시작한 희망의 감정을 덮어버리려고 한다. 그리고 그 희망을 없애기 위해 실수할 것을 유도하며 자신을 속이려고 한다.

이것이 희망의 두려움이다. 당신의 마음은 가능성으로 가득한 미래를 외면한 채 단기적인 이슈에 집착한다('아이스크림을 먹을까, 먹지 말까?'). 이는 목표 체중에 도달할 것이라는 믿음이 부족하고 도달하지 못했을 때 당신에게 닥칠 무력감을 두려워하기 때문이다. 당신은 일어날 수 있는 긍정적인 일들을 더 이상 생각하지 않고 그저 해야 할지, 말아야 할지 지금 당장의 경험만 생각한다.

아이스크림을 먹는다면 어떻게 될까? 마지막 한 숟가락을 먹고 나면 보통 어떤 일이 일어날까? '내가 왜 먹었지? 무슨 생각을 한 거야? 아이스크림 먹고 싶은 걸 참았다면 목표 체중에 더 가까워졌을 텐데!' 다이어트를 계속한다는 두려운 과제를 향해 나아가면서 더욱 두려운 수준으로 희망이 높아지면, 사후가정은 계획에 차질이 빚어지는 지점에 더욱 가까워지도록 시간조망의 괄호를 이동시킨다. 그리고 당신은 희망과 희망이 예고하는 실망, 두 가지가 모두 일어날 가능성이 무한한 상태로 자유의 현기증에 닻을 내린다.

현상 유지를 향해 뭔가가 당신을 잡아당기는 느낌이 든다면 이는 당신이 희망에 찬 동시에 그 희망을 두려워하기 때문이다. 당신이 현재 상태에 머무르는 것을 고수한다고 해서 희망이 반드시 손상되거나 고갈된 것은 아니다. 희망은 당신의 삶에 부족하지만 중요하게 정한 것을 갈망하며 그 자리에서 천천히 나아가고 있다. 하지만 이 희망은 불안의 요소이기도 해서 당신은 이를 억누르거나 회피한다. 실망스러운 결과들이 얼마든지 일어날 수 있고 이로써 욕구를 충족할 수 없는 무력감을 느끼는 것이 너무나 불안하기 때문에 처음부터 희망을 두려워하고 그 뚜껑을 닫아버리는 것이다.

개인적 변화를 바랄 때 실망(희망의 손상, 희망의 두려움)은 매우 중요한 문제다. 하지만 희망의 두려움이 항상 희망을 손상시키는 것은 아니다. 때로는 희망을 숨겨두고 싶도록 만들기도 한다. 자기 자신과 자신을 둘러싼 세상에 대한 믿음은 전혀 다른 문제다.

가슴이 하는 말에 귀 기울이기

사후가정은 때때로 합리적일 수 있다. 당신의 잘못된 결정을 돌아보고 어떻게 하면 더 잘할 수 있었는지 생각하도록 유도하기 때문이다. 실제로 사후가정은 비교적 적게 하면 이 같은 수정 목적에 도움이 된다. 하지만 사후가정이 계속 이어지고 여기에 중독될 때 문제가 발생한다.

왜 사람들은 '내가 이렇게 했더라면!' 또는 '내가 그렇게 하지 않았더라면!'이라는 비판적인 생각으로 끊임없이 자신을 탓할까? 이는 미국의 3대 대통령 토머스 제퍼슨[5]에게서 단서를 얻을 수 있다. 제퍼슨은 연인 마리아 코스웨이Maria Cosway에게 '머리와 가슴' 사이의 대화로 자신의 마음을 전달하는 놀라운 연애편지를 썼다. 편지에서 제퍼슨의 머리와 가슴은 서로를 뒤쫓는다. 머리는 코스웨이와의 불운한 연애에 대해 수많은 사후가정을 쏟아내며 가슴을 질책한다(코스웨이의 남편과 관련된 곤란한 문제가 있었다).

"자네는 어째서 우리를 끌어들였는가? 이렇게 될 줄 알고 있었으면서 어째서 결과를 생각하지 않았는가?"

이는 머리가 가슴에 퍼붓는 맹공격 중 일부다. 가슴은 뉘우치며 괴로워하고 머리는 이렇게 말한다.

"삶의 비결은 고통의 회피라네."

이 말을 듣고 가슴이 소리친다.

"그것은 '머리의 불확실한 조합'에 맡기기에는 인생에서 너무나 중요한 결정이네."

'머리의 불확실한 조합'. 끝없이 자신을 탓하며 사후가정으로 허송세월하는 사람들에게 너무나 딱 맞는 표현이다. 새로운 아이디어, 새로운 접근법, 대안적 관점 등을 생각해내는 똑똑한 머리를 불확실하게 만드는 것은 무엇일까? 머리만으로는 감정적 신호의 따뜻한 순간이 부족하다. 감정이 보내는 '해/하지 마'의 메시지, 즉 제퍼슨이 비유한 가슴의 메시지가 결여된 것이다. 이런 감정의 메시지는 머리의 끝없는 회전을 멈추는 버튼을 제공하고 머리와 가슴 모두를 실행할 수 있는 결정으로 안내한다.

그렇다면 이것은 희망의 두려움 및 사후가정과 어떤 관계가 있을까? 희망과 희망의 두려움을 모두 지닌 사람들이 오래도록 사후가정에 매달린다는 점을 생각해보자. 희망과 희망의 두려움이 높은 사람들은 감정을 드러내는 가슴에 귀를 기울이지 않기 때문에 머리에서 불확실한 조합을 계속 만들어낸다.

이 점을 확인하기 위해 우리는 FOH 연구에 정서인식 명확성 척도Trait Meta-Mood Scale,TMMS[6]라는 정서지능 척도를 포함시켰다. TMMS는 감정의 인식, 감정의 명확성, 감정 회복 능력 세 가지를 측정한다. 희망과 희망의 두려움을 모두 지닌, 즉 사후가정을 가장 많이 하는 사람들은 감정의 명확성이 결여된 것으로 나타났다. 그들은 감정의 신호를 받고 있음을 알지만 그 신호를 이해하는 데 어려움을 겪는다. 슬프고 우울하고 마음이 무거운가? 그들은 확실히 알지 못한다. 감정을 적절히 식별하지 못하면 감정에 따라 행동하기 어렵다. 가슴이 하는 말을 알아듣지 못한다면 가슴과 협력할 수 없다.

감정의 메시지를 잘 활용한다는 건 감정적으로 과도하게 흥분해야 한다는 것이 아니다. 오히려 이와 반대되는 경우가 많다. 우리가 바라는 건 가슴이 머리를 고집불통으로 만드는 게 아니라 가슴이 머리에 조언해주는 것이다. 희망과 희망의 두려움을 모두 가진 사람들은 자신의 감정을 통제하기 어려워하는 것으로 나타났다. 그들은 분노, 슬픔, 우울, 불안, 심지어 기쁨에도 압도당한다.

종합하면 희망과 희망의 두려움을 모두 지닌 사람들은 자신의 가슴과 원활히 협력하지 못한다. 그들은 가슴이 하는 말을 효과적으로 감지하지도, 감정이 관여될 때 그것을 통제하지도 못한다. 희망과 함께 희망의 두려움을 지닌 사람들은 무엇이 좋고 무엇이 나쁜지, 다가가야 할지 피해야 할지 최종 판단을 내리는 마음에 대한 신뢰도가 낮다.

신뢰도가 낮다는 말이 이해되는가? 앞서 살펴본 내용을 떠올려보자. 믿음은 감정을 바탕으로 결정하고 행동하는 것과 밀접한 관계가 있다. 어떤 결정을 내리고 행동으로 옮길 때 당신은 감정이 전달하는 정보에 따라 행동하게 된다. 감정 메시지의 출처인 자기 자신을 '믿을 수 있는' 존재로 여기기 때문이다.

사후가정이 일어나는 과정을 살펴보면 높은 희망과 희망의 두려움을 모두 갖고 있을 때 감정 정보의 생산자로서 자신에 대한 믿음(그리고 믿음에 따라 행동하는 능력)이 타격을 받는다는 사실을 알 수 있다. 이런 상황에서 당신의 희망은 중요하게 여긴 뭔가를 갈망하고 그것이 없다는 사실에 괴로워하며 여전히 강력하게 작용한다. 하지만 당신의 믿음은 손상된다.

FOH 연구의 또 다른 결과들은 손상된 믿음에 대한 이런 주장을 뒷받침한다. 기억하다시피 나는 앨버트 반두라가 제시한 자기효능감(성공적으로 과업을 완료할 수 있는 자신의 능력에 대한 믿음)이라는 개념이 믿음과 과학적 자매 관계라고 생각한다. 연구에서 대상자들의 전반적인 자기효능감을 측정한 결과 높은 희망을 품었으면서 희망을 두려워하지 않는 사람들은 자기효능감 또한 매우 높았다(반대로 희망의 두려움은 자기효능감을 떨어뜨린다).

이런 결과는 잇따라 일어나는 믿음의 상실에 대해 앞서 논의했던 내용과 일치한다. 먼저 당신은 실망으로 타격을 입는다. 그리고 당신은 당신의 감정을 신뢰하지 않게 된다. 위험을 감수한 결과 실망으로 끝났고 이를 결정하는 과정에서 감정이 주된 역할을 했기 때문이다. 감정이 내놓는 정보를 가짜 뉴스로 여기며 감정을 믿지 않는 당신은 감정의 출처인 자신에 대한 믿음을 잃기 시작한다. 그리고 자신을 믿지 않기 때문에 원하는 바를 실현시키는 과정에서 견딜 수 없는 무력감으로 끊임없이 위협받는다.

이런 연구와 생각에 비추어 볼 때 메리는 특정한 정신질환으로 뇌에 어떤 문제가 생겨 치료를 위해 의학적 개입이 필요하다고 잘못된 진단을 받았을지도 모른다. 사실 나는 그녀가 뭔가 '잘못'되어 괴로워했다고 생각하지 않는다. 나는 그녀가 자신에게 '일어난' 그리고 '일어나고 있는' 일들(희망을 두려워하게 만든 일련의 끔찍한 실망들)의 결과로 괴로워했다고 믿는다. 그녀는 여전히 희망을 품고 있었지만 희망하는 것을 얻을 수 있는 자신의 능력에 대해 믿음을 잃었기 때문이다.

의학적으로 훈련된 사람들 눈에 불안장애처럼 보였던 것은 높은 희망이 다시 무너지는 것에 대한 염려, 희망이 무너지면 다시 일어날 수 있을 것이라는 믿음의 결여, 또다시 극심한 무력함을 감당할 수 없을 것이라는 두려움, 이런 것들에 대한 메리의 불안한 경험이었다.

그러면 과거에 대한 우울한 반추와 미래에 대한 절망적인 태도 등 의사가 확실히 우울증이라고 봤을 증상들은 무엇일까? 그것은 메리가 사후가정에 빠진 결과다. 실망으로 무너지는 것을 피하려고 앞으로 일어날 수 있는 긍정적인 사건에 관한 생각을 제한하고 자신에 대한 믿음을 상실했기 때문에 나타난 모습이다.

메리는 정신질환이 아니었다. 메리의 문제는 '큰 기대는 하지 마' 벽이었다. 이는 가장 정신이 온전한 사람마저 위축시킬 수 있는 어려운 문제였다. 메리는 희망이 있었지만 그 희망에 따라 행동하는 것은 그녀를 가장 두렵게 만드는 일이었다. 그녀는 자신에 대한 믿음을 잃었고 희망에 따라 행동할 만큼 세상이 너그러울 것이라는 믿음도 잃었다. 그래서 그녀는 희망의 부추김으로 추구했던 목표들을 자신이 달성할 수 있을지 의심스러웠다. 그리고 가장 두려웠던 것은 희망을 실현하지 못했을 때 그녀에게 일어날 일이었다. 그것은 바라던 목표를 이루지 못하고 실패하는 것도, 시간과 노력을 허비하는 것도, 사회적으로 창피한 상황에 부딪히는 것도 아니었다. 삶을 이끌어가는 능력에 결함이 있어서 자기 자신을 완전히 무력한 존재로 인식하는 것이었다.

스스로 자신이라는 존재를 이끌어갈 수 없는 사람이라고 여기면 희망과 절망의 끊임없는 싸움에서 절망이 승리한다. 메리는 그 싸움에서 지고 싶지 않았고 그래서 현재 상태에 머물렀다. 이는 메리가 희망을 두려워한 것이 아님을 의미한다. 메리는 우리 모두 갖고 있으며 언제나 보호해야 하는 진화적 힘인 희망을 지켰던 것이다.

변화의 표시등은 언제 켜지는가

희망의 두려움과 관련해 메리는 희망이 생기지 않도록 경계하면서도 동시에 희망을 지키고자 했다.

여기서 또 다른 역설이 생긴다. 현재 상태에 머무르는 것은 희망이 가져올 결과를 두려워한 결과이자 희망을 지키는 행동이기도 하다는 점이다. 돌처럼 굳어 꼼짝하지 않는 것은 삶을 활기차게 만드는 희망을 지키기 위해 죽은 척하는 것이다. 이런 관점에서 볼 때 메리는 그저 희망에 저항한 게 아니었다. 그녀는 희망을 단단히 붙들고 있었다. 부모가 아이를 붙잡고 있는 것처럼 그녀는 예측할 수 없는 상황으로부터 보호하기 위해 희망을 감쌌고, 희망의 예측할 수 없는 자유분방한 특성을 통제하고 믿음에 따라 움직이며 추락할 가능성이 있는 위험한 도약을 시도하려는 경향을 억눌렀다.

메리가 불안했던 것은 희망을 품고 있으면서 그 희망을 무력함이라는 파괴적인 힘으로부터 보호했기 때문이다. 그녀가 자신의 미래를 제한했던 건 희망이 실패의 위험한 빛에 노출되지 않도록 하기 위함이었다. 그녀가 사후가정에 빠졌던 건 사후가정으로 행동을 억제할 수 있었고 동시에 완벽하게 안전한 전략을 찾아 끊임없이 헤맬 수 있었기 때문이다. 이 모든 과정의 결과로 그녀는 현재 상태에 머물렀다. 현상 유지는 당시 그녀에게 필요한 일이었다. 현상 유지가 그녀를 구한 것이다.

• '충전 중인 배터리' 상태

메리는 치료를 이어갔다. 그리고 몇 달 동안 최적의 상태는 아니었지만 그녀의 삶은 안정되어갔다. 그녀는 출장을 요구하지 않는 회사에 지원해 일자리를 얻었다. 급여는 전에 일하던 저임금 판매직보다 낮았고 실제 업무는 한없이 지루했지만 그 일은 어머니의 집에 그녀가 안전하게 머무르도록 해주었다.

안정된 생활은 여러모로 도움이 되는 것 같았다. 그녀는 더는 자살을 시도하지 않았고 술도 마시지 않았다. 정기적으로 사회 활동에 참여하며 일요일마다 교회에 가고 일주일에 두 번씩 축구 경기를 했다. 그리고 사촌의 그럴듯한 설득과 엄마의 강요로 사촌이 운영하는 북클럽에도 가입했다. 메리는 가까운 친구가 한 명도 없었고 퇴근 후 동료들과도 좀처럼 모임을 갖지 않았다. 하지만 그녀의 삶은 급격히 상승하지도 비참하게 하락하지도 않으면서 규칙적인 리듬에 따라 흘러갔다.

치료를 시작한 지 1년쯤 지났을 때 메리는 내게 이렇게 말했다.

"저는 충전 중인 배터리인 것 같아요. 지금 저를 충전기에서 꺼내면 에너지가 바닥난 상태일 거예요. 하지만 좀 더 오래 놔두면 완전히 충전되겠죠. 적어도 제 생각에는 그래요. 하지만 잘 모르겠어요."

"정말 놀라운 표현이에요, 메리."

"네, 하지만 실제로는 어떤 표시등도 없어요."

"표시등이요?"

"네, 충전기 옆에 있는 작은 불빛이요. 배터리가 다 충전되면 알려주죠. 저는 지금 당장 배터리가 낮은지 높은지 모르겠어요. 충전기에서 언제 꺼내야 할지도 모르겠고요. 제가 무리해서 비장이 파열됐을 때 그 표시등이 망가졌어요."

"그래요. 알 것 같아요."

"지금 충전을 멈추면 제가 그 벽을 극복하거나 통과할 수 있을 만큼 튼튼하지 않을 것 같아서 걱정돼요. 벽을 넘느라 많은 에너지를 소모할 것 같고요. 하지만 다른 한편으로는 충전을 그만해도 될 만큼 충분한 에너지가 있고 준비가 되었는데 귀중한 시간을 허비하고 있는 건 아닐까 싶기도 해요."

메리는 정말 똑똑했다! 그녀는 가장 설득력 있는 비유를 생각해낸 것이다. 충전기는 현재 상태에 머무르는 것이고 현시점에서 그녀의 삶에 안정성을 제공한다. 배터리는 충전기에서 보호받고 있는, 에너지를 만들어내는 희망이다. 표시등은 그녀에게 모든 것이 안전하며 앞으로 나아가야 한다고 말해주는 누군가 혹은 뭔가가 있었으면 좋겠다는 이룰 수 없는 바람이다('인생을 어떻게 살아갈지 알려주는 누군가'를 필요로 했던 플리백이나 어디로 가고 있는지 알고 있음에도 불구하고 경찰에게 방향을 물었던 해럴드처럼).

메리는 실망으로 큰 충격을 받았고 무력감을 가져올 또 다른 사건을 경험하는 것이 두려웠다. 그녀가 더 큰 희망을 품을수록 그런 사건들이 일어날 가능성은 커지고 그 파괴력 또한 강력해졌다. 그녀는 '언젠가'를 기대하며 의지할 수 있었지만 자신이 그 희망에 따라 행동할 수 있다고 믿지 못했다. 이는 그녀의 원대한 열망이 스스로에 대한 깊은 불신으로 꺾인다는 것을 의미했다. 그녀는 불안했고, 희망의 두려움은 자신의 삶을 책임지지 못하는 형편없는 관리인으로 자신을 바라볼 수밖에 없는 위험한 상황으로 그녀를 유인했다. 따라서 그녀가 다시 시도하기에 앞서 자신이 완전히 충전되었다는 부인할 수 없는 증거, 즉 앞으로 나아가도 된다는 확인을 원했던 것은 너무나 당연한 일이다.

하지만 우리 모두와 마찬가지로 메리에게는 그런 표시등이 없다. 그렇기에 우리는 믿음(우리가 신뢰하는 우리 자신에게서 나오는 직감적 반응)이 필요하다. 그 믿음은 주황색에서 녹색으로 바뀌는 외부의 표시등이 아니라 메리에게 부족했던 부분이다.

나는 메리가 사후가정에 그토록 깊이 빠진 또 다른 이유가 바로 이것이라고 생각한다. 그녀의 마음은 때가 되었음을 명백하게 나타내는 합리적인 해결책을 찾으려 했다. 지난번 그녀가 실패했을 때 놓쳤던 숨겨진 논리적 전략을 찾고자 했던 것이다. 과거를 파헤쳐 효과적인 방법에 대한 새로운 데이터를 찾아낼 수 있다면 그녀는 앞으로 나아갈 정보를 얻을 것 같았다. 하지만 이렇게 적절한 조합을 만들어내는 것은 메리에게 전혀 도움이 되지 않았다. 그녀는 다음 도약을 위해 자신의 감정에 의지할 수 없었기 때문이다.

나는 당시 이 모든 생각이 머릿속에서 완벽히 체계화되지 않았다(변화하지 않는 열 가지 이유를 정리하고 희망의 두려움에 대해 어렴풋이 이해했을 뿐이었다). 하지만 표시등을 기다리는 것은 잘못된 판단이라는 직감이 있었다. 나는 조금 더 독려했다.

"메리, 표시등이 계속 망가진 채로 있다면 어떻게 할 건가요?"

"그건 생각하고 싶지 않아요. 너무 두려운 일이에요."

"그래도 잠깐만 생각해봅시다. 무엇이 필요할까요?"

"생각하고 싶지 않아요. 다른 이야기를 할 수 없나요?"

나는 그렇게 하도록 했다.

메리는 더 나은 삶을 간절히 희망했다. 그녀는 원하는 삶을 살지 못한다고 여겼고 그렇게 될 수 없다고 생각했다. 그런 삶을 얻을 것이라고 스스로 믿지 않았기 때문이다. 따라서 그녀는 자신보다 더 믿을 수 있는 무엇이 필요했다. 인간의 실수와 무관하게 작동하며 가장 안심되는 메시지('모든 것이 괜찮으며 이제 나와도 된다')를 제공하는 뭔가가 그녀의 안전을 보장하는 삶을 원했다.

나는 그렇게 틀리지 않는 신호는 좀처럼 없다고 말했고 이는 옳은 지적이었다. 하지만 너무 태평하게 말한 것은 잘못이었다. 나는 섭씨 22도로 쾌적하게 맞춰진 개인 사무실에서 뜨거운 차를 마시며 내가 좋아하는 낡은 의자에 앉아 안정적인 경력을 바탕으로 유능하다고 느끼는 일을 하고 있었다. 나는 그날 저녁 돌아갈 가족이 있었고 사랑하는 이웃이 있었으며 지속성과 안전함을 깊이 경험하며 보호받고 있었다. 이런 여건 속에서 어쩌면 영구히 지속될지도 모르는 망가진 표시등이 의미하는 바를 대수롭지 않게 여겼던 것이다.

나는 메리가 희망의 광대함에서 벗어나 제한된 경험으로 이끌어가는 것을 다소 과하게 따르기도 했다. 메리와 마찬가지로 표시등 문제에 주목한 나는 매우 중요한 몇 가지를 간과했다. 메리는 충전기에 가만히 놓여 있지 않았다. 그녀는 천천히 앞으로 움직이고 있었다. 더는 자살을 시도하지 않았고 술도 마시지 않았다. 일요일마다 교회에 갔고 북클럽에 가입했으며 축구 경기에 참여했다. 이는 정말 대단한 일이었다. 그런 활동들은 메리의 삶에 안정성을 부여했고 무엇보다 그녀 스스로 만들어낸 사회적 참여였다. 그녀의 삶은 평온해졌지만 그렇다고 해서 변함없이 고정되지는 않았다. 메리는 이렇게 여러 방식으로 자신의 믿음을 시험하면서 자신만의 직관적인 녹색등을 복구했다.

메리가 충전기에 머무른 데는 그만한 이유가 있었다. 그리고 그녀는 정지된 것처럼 보이는 상태에 계속 머무를 수 있을지 확신하지 못했지만 잠시 그렇게 머물렀던 것은 효과적인 방법이었다. 이 충전의 기간에 그녀가 내디딘 걸음들은 있는 그대로의 현실이었다. 점진적으로 이뤄진 작은 걸음들을 통해 상처가 치유되고 용기는 회복되었다. 메리와 나는 표시등에 대해 더 논의하지 않았지만 아마도 그녀의 표시등은 희미하게 깜빡이기 시작했을 것이다.

CHANGE

제5장

잠시 멈추는 건
포기가 아니다

꽃봉오리 안에 꽁꽁 싸여 있는 위험이
꽃을 피우기 위해 감수하는 위험보다 더 고통스러운 날이 왔다.
_아나이스 닌

표시등이 없는 배터리 충전기에 관해 이야기한 지 1년쯤 지나고 메리는 자신의 안전지대를 벗어나 크게 한 걸음 나아갔다. 독서 모임은 매우 순조롭게 진행되고 있었다. 메리는 모임 후 저녁을 먹거나 술을 마시자는 다른 회원들의 제안을 거절하곤 했지만 고등학교 축구팀과 대학 기숙사에서 팀워크를 통해 느꼈던 동료애의 조짐을 희미하게 감지했다.

그녀는 특히 명랑하고 에너지 넘치는 동갑내기 여자 회원인 홀리를 좋아했다. 홀리는 지역의 아웃도어 매장에서 일했고 종종 고객들을 대상으로 외부 활동을 이끌었다. 책을 고를 차례가 되자 홀리는 존 크라카우어Jon Krakauer의 《희박한 공기 속으로》를 선택했다. 에베레스트산에서

18명이 조난을 당한 참혹한 이야기였다. 메리는 이 책에 마음을 빼앗겨 이틀 밤 만에 모두 읽었다. 등반대의 배짱과 대담함, 상호의존성 같은 것들을 보며 그녀는 그동안 잊고 있던 어떤 느낌이 떠올랐다. 명확한 목표가 주는 흥분, 뛰어난 팀원들과 목표를 달성하기 위해 마음껏 행동하며 느끼는 감각, 과감한 행동에서 비롯되는 자유의 경험 등이었다.

그다음 독서 모임에서 첫 번째로 이야기를 시작한 사람은 메리였다. 보통 다른 사람들의 이야기를 들으며 자기 차례를 기다리던 그녀가 이번에는 먼저 나선 것이다.

"너무 좋았어요. 이 책은 정말 흥미진진했어요. 등반대원들과 그들의 행동은 정말 놀랍고 대단했어요."

참가자들은 그런 메리가 사랑스럽다는 듯 웃었다. 사실 책에서 느낀 메리의 즐거움과 책 속의 절망적인 이야기는 어울리지 않았다. 하지만 홀리는 진지하게 고개를 끄덕이며 이렇게 말했다.

"메리가 말하려는 게 뭔지 정확히 알겠어요."

홀리는 그 주에 메리에게 전화해 회사에서 진행하는 암벽 등반에 초대했다. 메리는 과감하게 가볼지, 아니면 집에 있을지 결정할 순간이라고 느꼈다. 그녀는 과감해지는 쪽을 택했다.

메리의 예상대로 낯선 사람들과 함께하는 것은 어색했다. 그녀는 운동에 대한 자신감과 명확한 자부심을 가진 홀리와 자신을 비교하며 갑자기 부끄러움과 함께 부러움이 치솟았다. 하지만 아래에서 자일을 잡아주는 파트너와 함께 암벽을 올라가면서 메리는 미드필더의 완벽한 패스가 자신의 발에 정확히 맞은 것 같은 기분을 느꼈다. 팀워크, 역량 발휘, 위험 공유를 통해 순수한 즐거움을 느꼈던 것이다.

메리는 암벽 등반 센터에 가입해 들을 수 있는 수업을 모두 들었다. 곧 손에 굳은살이 생겼고 그녀는 빠르게 배웠다. 홀리와의 우정도 꽃을 피웠다. 두 사람은 기회가 있을 때마다 산을 찾았다. 그 무렵 메리는 내게 이렇게 말했다.

"정말 심하게 뼈를 접질렀다가 회복되고 있는 느낌이에요. 저는 지금까지 지옥 같은 일들을 겪었어요. 한복판에 있을 때는 보지 못했는데 이제는 볼 수 있어요."

"마치 재활치료를 받는 것처럼요?"

"네, 맞아요. 부상으로 재활 중인 것 같아요. 너무 서두르지 말아야 해요. 잘못하다 다시 부상을 입을 수 있거든요. 저는 부상으로 벤치 신세지만 저를 위해 그렇게 하고 있는 거죠."

"정말 맞는 말이에요, 메리."

"단핵세포증에 걸렸을 때 저질렀던 실수와 비슷해요. 저는 의사의 말대로 해야 했어요. 하지만 그러지 않았고 결국 많은 일을 망치고 말았죠. 이번에는 신체 부상은 아니지만 시간을 갖고 천천히 재활했어요."

"어떤 말인지 알겠어요."

"그리고 선생님은 물리치료사인 셈이에요. 저의 치료를 도와주고 계시지만 상담실을 벗어나면 무엇을 할지는 전적으로 제 몫이죠. 제가 성큼 나아가야 할까요, 조금만 나아가야 할까요? 그건 제게 달려 있어요. 너무 크게 움직이면 다시 다칠 거고 너무 작게 움직이면 아무것도 변하지 않아요. 하지만 지금은 완전히 돌아갈 준비가 된 것 같아요."

"저도 그렇게 생각해요."

"선생님도요?"

"네, 그래요."

"저는 재충전되었어요."

"맞아요. 재충전되었어요."

메리는 나와 1년 더 치료를 이어갔고 이후 다른 주의 대학으로 돌아가 경영학을 공부하고 MBA에 진학했다. 그리고 그곳에서 새로운 치료사와 상담을 시작했다. 나는 메리와 연락이 끊겼다가 얼마 전 그녀가 보낸 이메일을 통해 소식을 접했다.

그녀는 석사 학위를 받은 뒤 소프트웨어 개발 회사에 들어갔고 지금은 프로젝트 매니저로 일하고 있었다. 팀워크가 다시 메리의 삶에 돌아온 것이다. 그녀는 자신의 일과 모든 도전을 사랑하고 그녀의 표현대로 머리가 '반짝 켜져 있으며' 다음 퍼즐을 풀 준비가 되어 있다는 사실이 너무나 즐겁다고 했다. 그녀는 결혼했고 휴일에는 남편과 함께 집 근처의 바위와 절벽을 올랐다. 그들은 카이투나강에서 카약을 타고 급류를 헤쳐가거나 토리 파인즈에서 패러글라이딩을 하는 등 모험 가득한 여행을 떠나기 위해 매년 돈을 모은다고 했다. 그리고 주말엔 축구 코치로 활동했다.

메리의 이메일을 읽고 나는 회복을 위해 그녀가 걸어온 긴 여행을 생각했다. 여러 문제와 실패에 얽매여 있던 한 사람이 대담하고 창의적인 자신의 본래 모습을 되찾는 과정이 한 편의 영화처럼 머릿속을 스쳐 갔다. 첫 장면에서 이슬 맺힌 잔디 위에 꼼짝하지 않고 옆으로 누워 있던 사람은 메리였다. 그녀는 비장 파열로 추락을 경험한 이후 몇 년 동안 희망을 품은 채 주머니쥐처럼 죽은 척 그렇게 있었다. 하지만 이제 그녀는 초록색으로 깜빡이는 불빛처럼 살짝 눈을 뜬다. 그리고 위험한 것이 없는지 주변을 살핀 뒤 조심스럽게 발가락을 움직여 탐색 테스트를 한다. 그다음 천천히 한쪽 무릎을 딛고 일어나 조심스럽게 두 발로 선다. 런지 자세로 부드럽게 다리를 스트레칭하고 제자리에서 가볍게 뛰며 폐에 공기를 채운다. "출발!"이라는 목소리가 들리고 그녀는 반대편 골문을 향해 촉촉한 잔디 위를 대담하게 전력 질주한다. 그녀의 믿음은 치유되었고 희망이 펼쳐졌다. 메리가 돌아온 것이다.

항복이 아니라 전략적인 후퇴다

메리처럼 현재 상태에 머무를 때 우리는 제자리에 갇혀 있기만 하지 않는다. 강력한 억제력에 맞서 밀어 올리는 추진력이 있기 때문이다. 더불어 우리는 추진력을 보호하기 위해 노력하고 있다. 다시 말해 현재 상태에 머무르는 것은 실존적 불안으로 인한 부정적 결과가 아니다. 당신을 불안하게 만드는 것, 즉 보라색 크레용으로 자신의 존재를 책임지는 능력을 보호한다는 점에서 현상 유지는 희망과 믿음의 작용이기도 하다. 이런 논리는 선뜻 이해되지 않을 수도 있지만 참고 끝까지 읽기 바란다. 꼭 이해해야 하는 중요한 내용이기 때문이다.

현상 유지를 선택하는 것은 실망으로부터 희망을 보호하기로 선택하는 것이다. 이는 흔히 생각하듯 수동성이나 안정성을 추구하는 상태가 아닌 하나의 '행동'이다. 항복이 아닌 전략적 후퇴인 셈이다. 현상 유지를 택하는 가장 큰 동기는 희망을 보호하고 삶을 써 내려가는 자기 자신을 지키는 것이다. 이런 관점에서 볼 때 현상 유지는 일종의 저항으로서 자기돌봄을 표현하는 것이며, 메리가 그랬던 것처럼 재활을 위한 행동이다. 도전을 다시 시작하는 데 필요한 자원들을 되돌리고 모으는 방법인 것이다.

지금 있는 곳과 앞으로 도달하고 싶은 곳 사이에서 우리의 위치는 역동적으로 변하며, 억제력과 추진력이 만나는 곳에서 행동과 경험이 결정된다. 따라서 우리가 변화에 대한 저항으로 바위처럼 움직이지 않는 것처럼 보일 때도 사실은 억제력과 추진력이 끊임없이 작용하고 있는 상태다. 포장된 도로의 틈을 뚫고 햇빛을 향해 자라는 잡초처럼 뭔가가 계속해서 위로 밀어 올리고 있는 것이다.

변화의 역장에서는 모든 것이 억제되어 아무런 추진력이 없는 지점은 좀처럼 생기지 않는다. 모든 생물체가 그렇듯 성장은 우리의 본성이며 이를 완전히 중단시키기 위해서는 원자폭탄과도 같은 절망이 필요하다. 대부분 상황에서, 심지어 무력한 듯 행동하고 있는 상황에서도 희망은 여전히 우리를 밀어 올리고 있으며 때로는 아주 강력하게 그 힘을 발휘한다.

하지만 희망이 영원히 솟아난다는 생각에 너무 들뜨지 않기를 바란다. 희망이 늘 존재한다고 해서 무지개와 유니콘도 그런 것은 아니기 때문이다. 물론 희망은 어떤 형태로든 지속된다. 하지만 특정 시점에 우리가 느끼는 희망은 위에서 억누르는 강력한 절망을 밀어 올리느라 약해질 수 있다. 매우 강한 상태라도 희망에 대한 두려움에 맞서지 못할 수도 있다. 그리고 희망은 이 같은 상태를 오랫동안 유지할지도 모른다. 중요한 것은 희망이 깊숙이 감춰진 곳에서 그 희망을 찾는 것이다. 절망과 희망의 두려움이 항상 '존재함에도 불구하고'가 아니라 항상 '존재하기 때문'이다.

'만약 그랬다면'에 집착하는 이유

실존적 불안에 대해 생각해보자. 희망으로 삶에 대한 책임을 인식할 때 우리는 실존적 불안을 느낀다. 희망으로 우리가 져야 할 책임이 드러났을 때 무력함을 느낄지라도 앞으로 나아가고자 시도한 결과 불안이 생겨난다. 다시 말해 불안은 우리의 불굴의 용기와 노력을 보여주는 증거다. 근육통을 느끼지 않고는 근육이 커지지 않는 것처럼 희망을 품지 않으면 불안을 느끼지 않는다.

책임에 대한 불안은 특히 무력함이 더해질 때 심각해질 수 있다. 억제력이 강할 때는 불안이 변화의 역장에서 대부분을 차지하며 한계선에 다다른 듯 느껴진다. 그럼에도 불구하고 불안은 절망에서 비롯된 결과가 아니다. 그보다는 희망이라는 추진력과 책임 및 혼자라는 인식에서 오는 억제력, 이 모두가 영향을 미친 결과다. 이 같은 양립 관계는 무력함을 경험했을 때도 나타난다.

만일 당신이 뭔가를 얻고자 하는 과정에서 무력함을 느낀다면 당신의 일부는 여전히 그 욕구를 충족하기 위해 노력하고 있는 것이다. 당신은 좌절을 느낄 수도 있지만 이는 당신이 계속 변화를 열망하며 포기하지 않았기 때문이다. 다시 말해서 당신은 희망을 완전히 단념해서가 아니라 희망을 실현하는 자신의 능력을 믿지 못해서 무력함을 느낀다.

우리가 무력함을 경험하는 건 실망의 강력한 힘에도 불구하고 여전히 앞으로 나아가려고 노력하기 때문이다. 이는 뒤로 물러나 완전히 무관심해지는 것보다 낫다. 러시아의 위대한 작곡가이자 반체제 인사인 드미트리 쇼스타코비치Dmitrii Shostakovich는 "어떤 사람이 절망에 빠져 있다면 이는 그가 여전히 뭔가를 믿고 있다는 뜻이다."[1]라고 말하며 이 같은 생각을 드러냈다.

현상 유지가 희망을 보호하는 능동적인 상태라는 생각은 끊임없이 이어지는 사후가정을 상기시킨다. '만일'에 대해 생각할 때 우리는 더 나은 미래로 가는 대체 경로를 상상할 것이다. 이는 희망과 매우 비슷하게 들린다. 사실 우리는 이런 식으로 생각하면서 자신을 한곳에 붙들어둔 채 억제된(보호받는) 희망을 만들어내고 있다. 희망의 나머지 반쪽(믿음에 의존하는 주도 사고의 부분)으로 상처를 입었기 때문이다.

사후가정에는 두 가지 유형이 있다. 하나는 자신에 대한 책망이 포함된 사후가정이다('상사에게 이야기할 용기가 있었다면 지금쯤 내가 승진했을 텐데'). 다른 하나는 다른 누군가 혹은 자신이 통제할 수 없는 어떤 상황을 탓할 때 일어난다('상사가 그런 얼간이가 아니었다면 그 승진은 내 차지였을 텐데').

다르게 할 수도 있었던 것에 초점을 맞추면 세상이 당신의 노력에 아무런 반응도 하지 않은 채 변덕을 부리고 악의적으로 굴며 박탈감을 줄 가능성에 주목하지 않게 된다. 따라서 자신을 탓하는 건 견딜 수 없는 절망적인 관점을 대신하는 길을 제공한다. 즉 자신의 행동에 대해 '만일'을 생각하고 자신이 '제대로' 할 수도 있었던 것을 찾으면서 언젠가 '자신'을 바꿀 수 있을 것이라는 희망을 보호한다.

자신의 변화를 상상하는 건 주변의 세상을 모두 바꾸는 상상보다 쉽다. 이는 아이들에게서 전형적으로 나타나는 태도다. 아이들은 부모가 자신을 보호하지 않는다는 견딜 수 없는 생각보다 부끄러움을 선택하는 경향이 있다. 하지만 악영향을 미치는 실망에 직면하고 나면 성인도 이 같은 태도를 갖는다. 이것이 메리가 '만일'에 대한 생각에 빠진 주된 이유다. 자신이 겪은 실망이 통제할 수 없는 외부에서 비롯되었다는 생각을 감당하는 건 메리에게 깊은 좌절을 안겼을 것이다. 실망의 경험들이 모여 접근할 수 없이 빽빽하고 위험한 정글을 이루었기 때문이다.

반면 위험하고 혼란스러운 야생을 탓하는 사후가정에 빠지는 것이 대체 경로가 될 수도 있다. 그렇게 함으로써 자신에게 모든 문제가 있다는 수치스러운 믿음을 외면하고, 자신을 탓하는 것과 마찬가지로 희망을 보호한다. 자신이 문제가 아니라면 자신을 둘러싼 세상이 제공해주는 것이 거의 없음에도 불구하고 견딜 수 있을 만큼 강해질 것이다. 메리가 외부 세상을 상실의 원인으로 여기는 이유가 아마도 이 때문일 것이다. 그녀는 무력감의 원인을 외부 세상 탓으로 돌림으로써 실존적 부담을 어깨에서 일부 덜어내고 부끄러움을 상쇄했다.

우리 대부분과 마찬가지로 메리는 두 가지 유형의 사후가정 사이를 오가며 균형을 유지하려고 했다. 아마도 이 때문에 메리는 지난 일을 그토록 깊이 반추하게 되었을 것이다. 그녀가 한 사후가정 유형에 빠져 있으면 이는 메리를 서서히 무력함으로 이끌었고('나는 완전히 인생을 망쳤어!'), 그 결과 깊은 무력함이 앞에 나타나면 그녀는 반대 방향의 사후가정을 생각했다('세상은 절대로 바뀌지 않을 거야!'). 그리고 그 방식이 그녀를 똑같은 길로 이끌면 다시 방향을 바꾸었고, 그 길이 너무 고통스러워지면 또다시 방향을 바꾸었다. 즉 그녀의 사후가정은 일종의 보호 방식이었다.

메리의 좁은 시간조망과 긍정적인 미래에 대한 근시안적 사고 역시 마찬가지였다. 시간조망의 범위를 좁히면 무력함의 위협에서 스스로를 보호할 수 있다. 그리고 미래에 일어날 수 있는 긍정적인 사건에 대한 전망을 축소하면 희망이 실망으로 끝나버릴 가능성이 줄어든다. 따라서 시간을 제한하는 것은 희망을 붙잡고, 충족되지 않는 욕구에 대한 무력감으로부터 자신을 보호하는 방식이다.

앞 장에서 기억하라고 했던 이미지, 즉 의자에 앉아 고통스럽게 몸을 구부리고 있는 사람을 다시 떠올려보자. 그는 자기 앞에 쏟아져 들어오는 미래의 빛을 완전히 피할 수 없지만 그 빛으로부터 자신을 보호하기 위해 갖은 애를 쓰고 있다. 그는 매우 심각한 고통을 느끼지만 앞을 바라보는 것이 두려워 뒤틀린 자세를 그대로 유지한다.

이제 이 이미지에 당신이 전에 보지 못했던 것을 한 가지 더해보자. 그는 앞에서 쏟아지는 빛과 같은 밝기와 색상으로 빛나는 뭔가를 두 팔로 꼭 끌어안고 몸으로 감싸 있는 힘을 다해 보호하고 있다. 그는 고통스럽게 몸을 구부려 희망을 파괴하는 의존적인 무력함으로부터 가장 소중하고 생존에 필요한 것(희망)을 보호하고 있는 것이다.

아래쪽을 향해 몸을 구부릴 때 당신이 경험하는 것(지난 일에 대한 반추와 이어지는 무력함, 깊은 자괴감, 감당할 수 없는 세상, 삶에 대한 엄청난 불안, 미래에 대한 비관적이고 제한된 시각)은 척추를 고통스럽게 할 수 있다. 하지만 그건 당신이 매우 중요한 뭔가를 보호하기 위해 구부린 자세를 취하고 있기 때문이다. 당신은 자신을 돌보고 안심시키기 위해, 심지어 자신을 사랑하기 위해 최선을 다하고 있다. 그렇게 하기 위한 다른 선택지들이 있는 상황에서도 말이다.

개인적 가치가 매우 높은 어떤 것을 희망할 때 실존적 불안과 무력함의 거대한 감정들은 우리의 삶을 파고들 수밖에 없다. 그리고 무력함의 표시로 해석되는 수많은 행동은 희망과 자율성을 보호하려는 시도이기도 하다.

여기서 우리는 또 다른 역설을 마주한다. 우리를 현재 상태에 머무르게 만드는 억제력이 모두 나쁜 것은 아니며 항상 억제하기만 하는 것도 아니라는 점이다. 사실 억제력은 최악의 시기에도 우리가 여전히 자신을 돌보고 있음을 나타낸다.

이런 시각은 원인을 결과로, 결과를 원인으로 보는 양립적 견해다. 우리의 머리는 원인과 결과 사이의 명확한 지도를 가장 좋아하며 하나의 원인이 하나의 결과로만 이어지는 것을 선호한다. 우리는 그런 우리의 심리를 파고드는 각종 기계 장치와 광고 문구가 넘쳐나는 문화 속에 살고 있다('지금 당장 시작하라!', '다섯 단계로 빠르게 변화하는 법', '괴로움을 없애주는 마법의 약', '모든 심리적 문제를 해결해줄 입증된 기법' 등). 그래서 나는 내 생각을 당신에게 전하는 것에 대해 지금 약간의 무력함을 느끼고 있으며 내 능력에 대한 믿음이 다소 약해진 것 같다는 사실을 인정하지 않을 수 없다.

하지만 변화의 억제력 안에 희망이 보호를 받으며 존재한다는 생각은 현상 유지에 대한 전혀 다른 생각을 끌어낸다. 이는 손쉬운 해결책을 제공하는 이들의 생각이나 '아픈/건강한', '실패한/성공한' 같은 이분법적 문화에서 비롯된 사고방식과 완전히 다르다. 현상 유지의 힘을 존중하는 태도는 변화를 더 쉽게 만든다. 물론 상대적으로 쉬운 것일 뿐이며 변화는 쉽지 않다. 아무런 노력도 없이 더 희망적인 존재가 되는 길은 없다. 희망 그 자체는 괴롭고 요동치는 경험이다.

달라지지 않기로 '선택'할 때 생기는 힘

인생에서 변화를 시작할 때 아마도 당신은 실패한 자신을 비판하는데 매우 뛰어난 사람일 것이다. 그리고 아무리 겸손한 사람일지라도 성공했을 때는 자신의 공을 일부 인정할 것이다. 하지만 현재 상태에 머무르는 것을 생각해보자. 당신은 이를 하나의 선택으로 여기는가? 당신이원하고 심지어 갈망하는 대상으로 여기는가? 아마 그렇지 않을 것이다.당신은 현상 유지를 잘못된 선택과 실패에 따른 논리적 결과라고 여길것이다. 당신의 가장 깊은 곳에서부터 구상한 목적지가 아니라 억지로입은 코트처럼 떠맡겨진 뭔가로 말이다.

이것이 사르트르가 말한 잘못된 믿음이다. 잘못된 믿음, 즉 어떤 경험에서 자신에게 선택지가 없다고 여기는 태도는 하나의 선택이다. 하지만 우리는 그것을 선택으로 여기지 않는다. 잘못된 믿음에 따라 행동하는 목적, 즉 '우리에게 선택이 없음을 믿는 것'에 어긋나기 때문이다.

현상 유지는 일종의 잘못된 믿음이다. 현재 상태에 머무름으로써 책임에 대한 인식을 피하려 하기 때문이다. 하지만 현상 유지를 하나의 행동으로 생각하는 방법들이 있다. 개인적 변화의 역장 안에서 현상 유지를 살펴보거나 보호를 위한 행동 혹은 자기애를 위한 행동으로 이해하는 것이다. 역설적이지만 다행스러운 사실은 현상 유지를 자기보호에서비롯된 하나의 선택으로 볼 때 현재 상태를 유지하는 힘이 약해질 수 있다는 것이다.

앞 장에서 설명했던 다이어트와 아이스크림의 예를 다시 들어보자.당신은 아이스크림의 유혹에 저항하는 어려운 도전을 통과했다. 오늘은 새로운 날이고 당신은 정말 기분이 좋다. 회사에 출근하니 새로운 도전이 기다리고 있다. 회의실에서 열린 상사의 생일 파티에 당신이 가장 좋아하는 밀가루 없는 초콜릿케이크가 등장한 것이다.

회의실에 들어가니 사람들이 케이크를 잘라 나눠 주고 있다. 케이크 접시를 건네받은 당신은 망설인다. 겉으로는 자제하고 있지만 속으로는 케이크를 먹고 싶은 충동에 맞서 온 힘을 다해 싸우고 있다. 당신의 마음은 바쁘게 돌아간다. '나 왜 이러지? 어떻게 케이크 먹을 생각을 할 수 있담? 이런 자기파괴자 같으니라고!' 그렇게 축하 모임은 무사히 넘겼지만 케이크는 회의실에 종일 놓인 채 그곳을 지나갈 때마다 당신을 유혹한다. 내적 갈등이 시작되고 부정적인 생각들이 뇌리를 파고든다. '나는 설탕 중독이야! 다이어트를 위해 열심히 노력했는데 여기서 다시 케이크 생각을 하고 있어!'

퇴근 시간이 되자 당신은 빌어먹을 케이크를 큼지막한 것으로 한 조각 챙겨서 집에 오는 차 안에서 먹어 치운다. 케이크를 한 입 베어 물고 달콤한 즐거움을 누리는 동안 당신의 마음은 멈춘다. 케이크를 먹을지 말지에 대한 긴장은 사라졌다. 하지만 만족은 한순간에 불과하다. 케이크를 두 번째 베어 물자마자 당신의 마음은 사후가정으로 기어를 바꾼다. 케이크를 먹으며 당신은 생각한다. '이걸 먹지 않았다면 훨씬 더 만족스러웠을 텐데. 오늘 가져온 아몬드를 먹었다면 지금 케이크로 배를 채우고 있지 않았겠지. 밥은 왜 수많은 케이크 중에 밀가루 없는 초콜릿 케이크를 가져온 거야?'

이 상황의 문제를 살펴보자. 당신은 똑똑하며 당신의 두뇌는 작동 중이다. 아마 당신은 파블로프의 실험에 대해 어느 정도 알고 있을 것이다.

케이크를 집어 들었을 때 당신은 케이크를 먹고 만족감을 느끼는 것보다 훨씬 오랫동안 기분이 나쁠 거라는 사실을 알고 있었다. 그런데 왜 케이크를 먹었을까? 어째서 당신은 몇 시간 동안 쓰라린 자책이 이어질 것을 알면서 달콤한 첫입이 주는 1초의 즐거움을 택했을까?

회의실 탁자에서 무심코 종이 접시를 집으면서 당신은 자기도 모르게 그 순간 다이어트 외에 다른 목표를 찾고 있었다. 레빈의 이론에 따라 무심히 바라보는 관찰자에게는 당신이 살을 뺀다는 목표를 이루는 데 '실패한' 사람으로 보일지도 모른다. 하지만 실제로 당신은 완전히 다른 역장에서 '성공한' 사람이다. 바로 희망에 뚜껑을 덮는 것이 목표인 역장이다. 행동심리학자들의 표현을 빌려 말하면 여기서 '혐오 자극'은 케이크를 먹는 부끄러움이 아니라 희망이었다. 그러면 당신이 기대하던 보상은 무엇이었을까? 그것은 첫입의 즐거움이 아니라 당신이 진정으로 원하는 바인 희망에서 멀어지는 것이었다.

케이크 이야기는 석화에 대해 로널드 랭이 설명한 비틀린 역설을 담고 있다. 우리는 자율성에 대한 내면의 감각을 보호하기 위해 우리를 현재 상태로 유지하게 만드는 행동을 한다. 다시 말해 현상 유지와 무력함이 꼭 우리가 피하려는 상태는 아니다. 우리는 책임에 대해 걱정할 때 현상 유지와 무력함을 향해 곧장 나아가기도 한다. 이는 무기력한 상태처럼 심각한 행동으로 나타날 때도, 다이어트 중에 케이크를 먹는 것처럼 작은 행동으로 나타날 때도 있다. 이처럼 석화에 따른 행동이 얼마나 괴롭고 비생산적인지와 관계없이 여기에는 희망을 보호하려는 선한 의도가 담겨 있다.

이 얼마나 비뚤어지고 이상한 선택인가? 하지만 전혀 그렇지 않다. 사르트르에게는 잘못된 믿음(자신과 다른 사람들로부터 자신의 책임을 감추는 것)이 표준이고 올바른 믿음이 예외다. 그렇기에 현상 유지 또한 흔히 나타나는 일반적인 방향이며, 진정한 개인적 변화는 이뤄지기 어려운 것이다.

현상 유지를 부정적인 힘으로 여기고 접근하면 우리는 가장 불안한 순간에 놓인 해럴드처럼 눈앞의 괴물이 자신이 만든 결과임을 잊어버릴 것이다. 하지만 해럴드가 그랬듯이 우리는 이 곤경을 통제할 방법이 있다. 현상 유지가 우리가 손에 쥐고 있는 바로 그 보라색 크레용으로 그린 것(선택과 결정)임을 받아들일 수 있다면 빠져나가는 길을 그릴 방법은 언제나 있기 마련이다. 그 반대도 마찬가지다. 우리가 여전히 망각 상태에 있으면 그 괴물은 계속해서 살아 있을 것이다.

나는 현상 유지를 부정하기보다 하나의 선택으로 인정하고 우리가 '왜' 그런 선택을 했는지 이해하는 것이 더 효과적인 방법이라고 생각한다. 현상 유지가 이해할 만한 합리적인 선택에서 비롯될 수 있다고 보는 건 우리 자신에게 훨씬 더 힘을 실어준다. 그리고 역설적이게도 현상 유지를 하나의 선택으로 생각하고 왜 그 선택을 했는지 이해할 때 변화할 가능성이 커진다. 이는 변화에 대한 저항을 이해하는 전환점이다. 이 선택을 받아들일 때 우리는 다시 우리 삶의 주인으로 돌아갈 수 있다.

현상 유지를 좋은 의도가 담긴 힘으로 받아들이면서 케이크에 대해 사후가정을 해보자. 당신은 회의실에서 열린 생일 파티에 참석한다. 사람들이 케이크를 건네고 당신은 케이크를 먹고 싶은 충동을 느낀다. 하지만 그 충동을 설탕 중독이나 자제력 부족으로 여기지 않는다. 당신은 그것을 희망으로부터 후퇴하는 것으로 받아들인다. 그리고 자신에게 관

대한 마음으로 생각한다. '내가 또 이러는군. 다이어트가 나를 어디로 데려갈지 겁나는걸.'

다이어트가 두려워질 만큼 희망이 크다는 사실을 생각한 당신은 다이어트의 중요성을 새롭게 인식하며 사무실로 돌아온다. 그리고 끝까지 버틴 것에 대해 자부심을 느낀다. 온종일 회의실을 지나갈 때마다 케이크가 당신에게 손짓한다. 당신은 유혹을 느끼며 스스로 이렇게 말한다. '저 케이크를 먹으면 기분이 안 좋은, 희망으로부터 안전한 곳에 도달할 거야. 정말 그러길 원해?'

퇴근 시간이 되자 주변에는 아무도 없고 케이크는 여전히 회의실에 놓여 있다. 조금 굳었지만 한 입 베어 물면 달콤할 것이다. 여기서 당신이 현상 유지를 존중할 경우 세 가지 반응이 일어날 수 있다. 각각의 반응은 케이크 먹는 것을 비합리적이고 잘못된 행동으로 여기는 것보다 더 긍정적으로 당신의 추진력을 뒷받침한다.

1. 당신은 회의실을 지나쳐 곧장 주차장으로 간다. 그리고 이렇게 생각한다. '나는 오늘 내 삶을 스스로 다스릴 수 있었어. 희망에 뚜껑을 덮을 필요가 없어.'
2. 당신은 케이크 한 조각을 챙겨 주차장으로 간다. 케이크를 두 입 먹자 사후가정이 시작된다. 당신은 그것을 알아채고 사후가정의 의도를 인정한다. '와, 정말 빠르네. 나는 안 좋은 기분을 통해 희망에서 나를 보호하고 있어. 내가 원하는 건 결코 케이크가 아니야.' 당신은 가까운 쓰레기통에 멈춰 케이크를 버린다.
3. 당신은 문제의 케이크를 먹는다. 그리고 집에 가는 길에 생각한다.

'나는 희망에 브레이크를 걸었어. 그럴 만한 이유가 있었지. 기분이 안 좋아지겠지만 안전함이 필요했거든.' 당신은 짜증이 나지만 자신이 실패했거나 망가졌다고 여기지 않는다. 당신의 행동이 초콜릿의 유혹이나 설탕 중독 같은 외부의 힘 때문에 일어났다고 생각하지도 않는다.

세 가지 시나리오 모두에서 당신은 능동적으로 선택을 향해 가는 주체로 자신을 바라본다. 당신은 자신을 보호하고자 하는 바람이 반영된 선택을 한다. 행위자로서 자신을 인식하고 그 행위자의 행동이 그리 좋지 않은 결과로 이어진다 해도 그것이 좋은 의도에서 비롯된 것으로 여기는 것이다.

이런 태도는 자신이 통제력을 갖고 있다는 인식을 강화하고 그에 따라 자신에 대한 믿음을 공고히 함으로써 희망의 추진력을 높이는 데 도움을 준다. 반대로 케이크의 유혹에 저항하지 못한 한심한 실패자로 자신을 바라보는 태도는 다이어트에 무력한 당신의 모습을 비춤으로써 억제력을 강화할 뿐이다.

변화에 저항하는 이유가 보호 작용과 일부 연관되어 있음을 이해할 때 우리는 현상 유지(그리고 자신이 망가졌다는 인식과 세상이 우리의 욕구를 충족시켜주지 않을 것이라는 믿음)가 최선을 다해 자신을 돌보고 있는 행동임을 알게 된다. 그에 따라 우리는 현재 상태에 머무르고 싶은 충동을 수동적인 태도가 아닌 적극적인 태도로 받아들인다. 현상 유지 안에서 행위자로서의 자신과 희망을 발견하면 무능함에 대한 부끄러운 걱정은 줄어들 것이다(안타깝게도 책임과 혼자라는 사실에 대한 불안 또한 올라가

긴 하겠지만).

이제 다음 단계를 더욱 냉정하게 생각할 차례다. 그뿐만 아니라 이제 정말 원하는 변화를 불러올 때다.

나는 이런 과정이 메리에게 도움이 되었다고 생각한다. 이전 치료에서 메리의 의사들은 우울과 불안 증상을 개입의 대상으로 봤다. 그들은 메리가 적극적인 개입이 필요한 수술 환자인 것처럼 접근했다. 메리는 이런 접근 방식에 참여하면서 자신이 전문가의 개입을 통해 바로잡아야 하는 심각한 우울증과 불안장애가 있는 사람이라고 여겼다. 다시 말해 그녀는 마비되고 수동적인 상태가 되었고 치료 과정에서 행위자로서의 저자의식을 찾지 못했다.

메리는 첫 번째 상담에서 내게 "우울과 불안이 제가 생각한 곳으로 가는 것을 방해해요."라고 말했다. 다시 말해 우울과 불안 같은 질병들은 그녀에게 아무런 선택지를 주지 않았다. 이런 식으로 그녀는 자신에게 책임이 없다며 자기효능감에 대한 기대를 낮추었다. 자신에 대한 믿음을 전문가들에게 넘기고 통제력을 내려놓은 것이다. 이는 잘못된 믿음에 따른 이해할 수 있는 조치로, 그녀의 희망을 보호하기 위해 나타난 의도적인 석화 행동이었다.

하지만 메리가 자신의 문제를 '큰 기대는 하지 마' 벽과 관련된 것으로 파악하면서 우리의 치료 작업에 새롭고 중요한 관점이 도입되었다. 그녀가 가진 희망의 두려움이 문제였던 것이다. 그녀의 동기 부족은 더 이상 정신적 '특성'이 아니었다. 그것은 실존적이고 역동적인 '상태', 즉 그녀가 희망의 위험에 맞닥뜨린 인생의 현장이었다. 그 벽에 직면한 것은 그녀였고 장애물에 맞서 무엇을 할지 결정을 내린 것도 그녀였다.[2]

아마 희망을 보호하기 위해 최선을 다한 것도 그녀였을 것이다(그녀는 절대로 무기력하지 않았다). 다시 말해 메리는 매우 잘 해냈다. 그리고 그 작은 성취감으로 자신에 대한 믿음을 키워나갔다.

메리가 점차 믿음을 쌓아가면서 장애물에 관한 생각은 충전기에 놓인 배터리라는 완전히 새로운 비유로 바뀌었다. 이는 자신을 의사결정자로 받아들이는 것과 더불어 에너지를 쌓아 올리고 회복에 대해 더욱 신중히 접근하는 것을 나타낸 비유였다. 메리는 동기 부족 그 자체가 뇌의 화학물질이나 지독한 운명이 그녀에게 떠안긴 문제가 아니라 자신이 '하는' 행동임을 명확히 이해하기 시작했다. 그리고 가만히 있는 것이 하나의 행동임을 이해하고 나자 이 행동이 실제로 어떻게 자신을 보호하고 돌보는지 또한 알 수 있었다. 그녀는 무기력하지 않았다. 그녀는 그녀의 표현대로 '재활' 중이었다.

물론 적절한 비유를 생각해낸 것만이 그녀에게 도움이 되었던 건 아니다. 그녀가 바뀐 이유는 다양한 요인이 작용한 결과다. 위로 밀어 올리는 긍정적인 화살표들의 힘이 억제하는 화살표들의 힘(복잡한 여러 가지 신경증 치료 요법 등)에 대항해 억제력이 약화된 것이다. 하지만 이런 비유를 통해 그녀는 개인적 변화에 특히 중요한 추진력인 희망을 강화했다. 그뿐만 아니라 자신에 대한 믿음을 높임으로써 실존적 불안에 내재된 억제력을 약화시켰다.

그녀가 한 일은 심리적으로 매우 중요했다. 하지만 이는 반문화적이기도 했다. 메리는 우리 문화에 만연해 있는, 변화에 대한 파괴적인 시각에 맞서 싸웠다. 그것은 추진력을 가장한 거대한 억제력이다.

간단하고 놀라운 마법의 해결책은 없다

TV를 켜고 광고들을 살펴보자. 팔 뒤쪽과 다리의 오돌토돌하고 건조한 피부부터 중독성 습관과 까다로운 기분장애까지 당신을 괴롭히는 것이 무엇이든 알약 하나만 먹으면 되는, 혹은 설명대로만 하면 되는 간단한 치료법들이 넘쳐난다. 우리는 이야기 치료사들이 말하는 '문제 포화'[3]의 시대에 살고 있다.

그 속에서 우리는 희망과 용기의 힘으로 우리를 나아가게 하는 이야기를 만드는 것이 아니라 전문가들의 개입을 통해 문제를 없애는 이야기를 사실로 받아들인다. 문제가 가득한 이야기들은 언제나 현상 유지를 적절한 해결책이 아닌 문제의 하나로 여긴다. 따라서 중대한 도전에 직면했을 때 우리가 강해지는 지점을 간과한다.

간단하게 문제를 해결해주는 접근법들은 고쳐진 것처럼 보이는 이상화된 초상화를 그려냄으로써 현상 유지라는 침묵의 추한 그림자 초상화를 끊임없이 만들어낸다. 최신 혹은 최고의 사례라는 이름으로 포장된 갖가지 해결책, 알약, 기법들은 뚱뚱한 사람, 언변이 부족한 사람, 무질서한 사람, 중독된 사람, 건강하지 못한 사람, 형편없는 배우자, 결함 있는 부모, 게으른 사람, 산만한 사람 등 '현재'를 온전히 살아가지 못하는 실패한 사람들의 그림에 또 한 번 붓칠을 한다. 이 접근법들은 이상적인 모습에 도달하는 길이 이미 잘 정비되어 있으며 이를 거부하는 이들은 어딘가 하자가 있는 사람들밖에 없다고 말한다.

"회복되지 않는 사람들은 이 간단한 프로그램에 완전히 자신을 맡길 수 없는 사람들 혹은 맡기지 않을 사람들이다."[4] 이는《익명의 알코올중독자들을 위한 책》The Big Book of Alcoholics Anonymous에서 말하는 내용이다. 회복되지 않는 사람들은 이 책의 12단계를 따를 수 없는 부족한 사람들이라는 걸까? 이 책에서는 이런 사람들이 '천성적으로 자신에게 정직할 수 없는 사람들'이라고 설명한다. 이 얼마나 가혹한가! 하지만 오늘날 변화에 대한 대부분의 접근법이 이 같은 메시지를 던진다. 그들은 당신이 '쉽게 발휘할 수 있는 잠재력이라는 선물을 열고 싶어 하지 않고 부도덕에 가까운 행동을 보여주는 실패한 사람'이라고 넌지시 표현하거나 아예 노골적으로 말하기도 한다.

무력함과 불안에 대한 경험들은 그 안에 희망을 담고 있을 수도 있다. 하지만 그렇다고 해서 변화를 위해 무력함과 불안을 경험해야 하는 것은 아니다. 그럼에도 불구하고 마법의 해결책과 기적의 치료법들은 현상 유지를 망가진 상태를 나타내는 부끄러운 오점으로 취급함으로써 무력함과 불안을 이용한다. 그런 주홍 글씨는 변화로 이끄는 숙고의 과정을 방해한다.

이런 접근법들은 변화를 원하지 않는 당신의 일부를 고약한 냄새가 나는 망가진 상자에 넣고 외면하라고 말한다. 그리고 그 안에 담긴 가치와 당신의 삶에 미치는 영향을 무시한다. 이런 접근으로는 변화로 나아가는 과정에서 현재 상태에 머무르는 일의 의미를 숙고하지 못한다. 대체로 이런 접근법들은 숙고할 것이 없다는 메시지를 전한다.

현상 유지를 불쾌한 것으로, 쳐다볼 수 없는 것으로 오해할수록 변화에 저항할 가능성이 크다. 현상 유지에서 눈을 돌리면 그 안에 담긴 논리를 보지 못한다. 당신의 삶에서 현상 유지가 어디에 있는지 생각해보자. 현상 유지가 희망을 보호하고 있는 경우를 찾아보고 그것에 감사하라.

이런 관점에서 보면 메리가 처음 내게 왔을 때 삶에서 일어난 실망들로 인해 괴로움을 겪기만 한 것은 아니었을지 모른다. 그녀는 의사의 진단 때문에, 즉 그동안 받은 치료들 때문에 다친 것이었다. 그녀는 한 사람으로서 무력하게 망가졌다고 느꼈기 때문에 치료를 시작했다.

요즘 시대에는 뭔가 심리적인 문제가 생기면 쉽게 치료사나 정신과 의사들을 찾는다. 하지만 메리가 의지한 전문가들은 그녀 자신에 대한 메리의 시각이 옳다는 것을 확인해주었을 뿐이었다. 그들은 변화의 가치에만 주목하고 현상 유지의 장점을 간과했고, 메리는 자신이 문제가 많다고 느꼈다. 그들이 보기에 메리의 삶에는 억제하는 화살표만 있었을 뿐 위로 밀어 올리는, 희망을 간직한 메리는 없었다.

그렇다면 이들 치료사와 정신과 의사들이 나빴던 걸까? 그렇지 않다. 그들은 메리를 파괴하려는 끔찍한 사람들이었던 걸까? 절대 그렇지 않다. 그들은 최선을 다했을 것이며 현상 유지를 선택으로 허용하지 않는 기존의 틀 안에서 연민을 갖고 일했을 것이다. 그들의 의도는 선했다. 하지만 우리는 어떤 길이 그런 의도로 포장되곤 하는지 알고 있다.

메리는 간단한 해결책을 제시하는 고속도로를 빠져나가 희망과 희망의 두려움이라는 큰 구멍이 뚫린 길로 방향을 돌리고 현상 유지를 자기보호 동기에서 비롯된 것으로 이해하면서 우리의 문화 속에 만연한 변화 접근법에서 벗어났다. 이는 다행스러운 일이었다. 그런 변화 접근법은 변화로 해결할 수 없는 경우에도 변화만이 논리적인 해결책이라고 여김으로써 우리를 '변함없이 머물러 있게' 만든다(우연일 수도, 그렇지 않을 수도 있다).

달라지지 못하는 자신도 존중하라

힌두교에는 보호를 담당하는 신이 있다. 바로 비슈누다. 그는 유지와 보호의 신으로 파괴와 변화의 신인 시바, 창조의 신인 브라만과 나란히 앉아 있다. 비슈누는 다른 두 신과 대등하며 믿을 수 있는 광대한 하늘로 여겨져 파란색으로 그려졌다. 비슈누의 활동과 다른 두 신의 활동들은 항상 서로 균형을 이룬다.

우리가 현상 유지를 선택하게 하는 힘은 세 신 가운데 비슈누다. 그 힘은 우리의 안전을 보장하는 자기보호 메커니즘이며 육체적, 정신적으로 우리의 생명을 구한다. 하지만 독창성과 창의성을 고취하는 에너지보다 덜 흥미로운 변화와 시도로 우리를 안내할 수도, 때로는 우리의 성장을 가로막을 수도 있다. 그렇다 해도 이 힘은 존중받을 만한 우리의 일부다.

현상 유지에 대한 이런 관점은 유지하기 어렵다. 믿음에 바탕을 두고 있어서 간단한 해결책과 쉬운 방법들이 주는 확실성 앞에서는 설득력이 없을 수도 있다. 게다가 현상 유지를 옹호하는 것은 우리를 잘못된 길로 안내할 수 있는 힘을 존중하는 것이기도 하다. 다시 말해 우리를 보호한다고 해서 현재 상태에 머무르는 것이 꼭 좋은 일인 건 아니다. 현상 유지에 대한 충동은 우리의 가장 좋은 의도, 즉 자기애에서 비롯된다. 그리고 모든 사랑과 마찬가지로 이 역시 오류를 범하기 쉽다.

• 자기애, 우리를 지키려는 힘

어느 날 혼잡한 교차로에서 길을 건너고 있다고 하자. 당신은 바쁘게 허둥대면서 다가오는 차를 보지 못하고 도로에 발을 내디딘다. 그때 뒤에서 손 하나가 뻗어 나와 당신의 어깨를 잡고 뒤로 잡아당긴다. 이 손은 당신을 현재 상태에 머무르게 하는 힘과 매우 비슷하다. 이 힘은 두려움을 일으키는 무력감이라는 자동차로부터 당신을 보호하고 안전을 제공하기 때문이다.

이 힘은 삶의 다른 영역들에서 우리가 안전하기를 원하는 우리 자신에게서 나온다. 우리를 입히고, 먹이고, 보호하는 보상 없는 일을 수행하며 방을 청소하고, 사무실을 정리하고, 예산을 지키고, 차선을 변경할 때마다 방향지시등을 켜도록 한다. 우리가 다치는 것을 보고 싶지 않기 때문에 나서서 돕는 것이다.

하지만 이 힘은 너무 일찍 우리의 어깨를 잡아 누르거나 위험에 과도하게 반응하는 등 많은 실수를 저지른다. 실망이나 불안의 조짐이 보일 때면 빨리 도망치라고 말하며 신중할 필요가 없을 때도 지나치게 조심스러워지는 경향이 있다.

이처럼 지나친 조심, 즉 안전에 대한 과도한 우려로 행동하기를 멈추는 것은 우리가 사랑하는 사람들을 보호하는 방식을 떠올려보면 훨씬 이해하기 쉽다. 우리는 그들의 안전을 지키기 위해 걱정스럽게 개입하며 수많은 실수를 저지른다. 이런 실수들을 살펴보면 우리 자신이 변화에 저항할 때 하는 실수들과 그대로 닮았다. 사랑은 결국 비슷한 것 같다. 우리가 소중히 여기는 사람들을 향하든, 우리 자신을 향하든 사랑은 같은 방식으로 실수를 한다.

내 아들 맥스는 열아홉 살로 자신만의 확장된 이야기를 그리는 화가다. 맥스는 여자 친구와 함께 개를 데리고 트럭으로 캘리포니아 사막을 횡단하면서 사진을 찍어 내게 보내주었다. 사진 속에서 여자 친구는 창문 밖으로 팔을 내밀어 휴대전화를 들고 있었고, 셋은 카메라를 보며 활짝 웃고 있었다. 자유와 행복으로 가득한 사진이었다. 나는 이렇게 답장을 보냈다.

"여자 친구는 안전벨트를 하지 않았고 너는 앞을 보지 않고 있어."

아들은 이 문자에 다소 충격을 받았을 것이다. 그가 원했던 것과 전혀 다른 반응이었기 때문이다. 하지만 그 사진에서 내 눈에 들어온 것은 위험이었다. 대부분 부모처럼 나는 내 아이를 보호하려고 한다. 그래서 가끔 도를 넘을 때도 있다. 하지만 보호의 수준은 아이의 자립도에 따라 눈금이 매겨지지 않는다. 내가 저지르는 이 모든 실수, 아이의 자부심에 결국 상처를 입힐 수도 있는 소소한 실망들은 사랑에서 비롯된다.

변화에 대한 억제력은 그런 부모들과 비슷하다. 일단 보호하려는 특성이 있으며 우리가 어떤 고통도 느끼지 않길 원한다. 때때로 우리는 이런 보호 때문에 상처를 입기도 한다. 하지만 반대로 그 보호가 우리를 살릴 때도 있다.

깨진 도자기를 수리하는 일본의 킨츠키金繼 기술을 살펴보면 흠집이 난 곳을 금과 은을 섞어 메우고 금이 간 자국을 명확히 보이도록 남겨둔다. 그처럼 사랑의 잔여물은 망가졌음에도 불구하고 보호한 부분에서 발견된다.

맥스에게 문자를 보낸 것이 실수였던 이유가 하나 더 있다. 맥스는 여자 친구와 개를 태우고 운전을 하면서 내가 보낸 문자를 봤을 것이다. 그리고 문자를 보느라 내가 원했던 대로 앞을 보지 않았을 것이다. 아이를 돕는 것은 절대로 완벽하지 않다. 자신을 돕는 것도 마찬가지다. 때로는 실제보다 위험하게 보이는 상황들도 있으며 때로는 생각한 것보다 실제가 더 위험한 상황도 있다.

많은 경우 우리는 이룰 수 있는 도전을 이룰 수 없는 것으로 여긴다. 반대로 상황이 너무나 도전적인 경우도 있다. 불확실성에 직면해 자신의 안전을 지키는 것은 충분히 괜찮은 행동이다. 이런 행동은 결코 완벽할 수 없다. 하지만 괜찮다. 사랑은 완벽하지 않다. 많은 경우 사랑은 들쭉날쭉하고 금이 간 형태로 나타난다.

우리에게는 두 가지 기둥이 있다. 바로 자기혐오와 자기애다. 자기 안에서 모든 비판(크고 작음과 관계없이 우리의 의식에서 계속 버티고 있는 부끄러움에 대한 경험)을 없애는 것은 불가능하지는 않지만 매우 어렵다. 하지만 자신을 혐오하는 것이 사실은 자기애가 빚어낸 서투른 불안에서 비롯된다는 걸 알면 우리는 자기혐오를 자기애로 바꿀 수 있다. 그리고 그렇게 할수록 희망과 자신에 대한 믿음이라는 추진력이 커지고, 우리가 너무 망가져서 스스로 삶을 책임질 수 없다는 메시지를 전하는 억제력이 줄어든다.

다시 도로변에 서 있다고 생각해보자. 이번에는 신호등을 보고 있다. 막 초록색으로 바뀌려는 것을 보고 당신은 차들과 동시에 움직인다. 차들이 멈추는 걸 알고 있기 때문이다. 당신이 도로에 한 발 내디디는데 손하나가 어깨를 잡아당긴다. "왜 이래?!" 당신은 소리를 지른다. "나는 내가 무엇을 하는지 알고 있다고!" 그 순간 당신은 당신을 억제한 힘에 분노한다. 그 힘의 개입은 앞으로 나아가려는 당신의 욕구를 방해하며 당신의 유능함을 부인하는 것 같다. 그 순간 당신은 모든 것을 통제하고 있었고 그 힘은 당신을 방해할 뿐이다.

당신은 손을 뿌리치고 씩씩거리며 빠르게 앞으로 걸어간다. 몇 미터 걸어가다가 마음을 가라앉히고 당신을 잡아당긴 힘의 결과보다 의도에 대해 생각하기 시작한다. '그 힘은 정말 내 독립성을 억누르고 싶었던 걸까?' 당신은 깊이 생각한다. '그저 내 안전을 걱정한 것은 아니었을까? 다른 상황에서는 그 힘이 내 목숨을 구했을지도 몰라!' 당신은 그 힘이 따라오기를 바라며 속도를 늦춘다. 당신은 어떤 착각도 하지 않는다. 그 힘이 또다시 당신을 막을 것임을 알고 있다. 하지만 어떻게 할 것인가? 당신은 그 힘이 필요하다.

변화하기로, 지금 있는 곳에서 앞으로 도달하고 싶은 곳으로 가고자 할 때 우리는 실망의 위험과 우리를 붙잡는 무력함을 보면서 불확실성의 심연에 가까이 다가간다. 우리 안에서 부모처럼 우리를 보호하는 힘은 우리가 그 심연의 경계에 너무 가까이 가기를 원하지 않는다. 그 힘은 우리를 걱정하며 우리가 다치는 것을 바라지 않는다. 그리고 이런 걱정은 실수를 유발해 우리를 가로막고 변화하지 못하도록 억누른다. 하지만 우리는 또다시 그 보호의 힘이 필요할 때가 있다.

억제력이 우리를 안전하게 지키는 모든 방법을 없애지 않는 한 우리는 억제력이 일으키는 실수를 완전히 제거할 수 없다. 이 힘이 없다면 위험에 대한 어떤 경고도 없이 살아갈 것이고 상처 입기를 반복하며 실존의 위협을 헤쳐 갈 것이다. 당신의 비슈누는 틀림없이 실수를 저지른다. 하지만 이런 실수들은 억제가 없는 삶에서 일어나는 참사에 비하면 작기만 하다.

현상 유지의 억제력이 변화의 추진력을 압도할 때(다이어트를 멈추고, 헬스장 회원권을 취소하고, 이탈리아어 수업을 연기하고, 흡연을 눈감아주는 것) 우리는 삶에 대한 장악력을 잃을 위험에 빠진다. 하지만 변화하지 않으려 하는 데는 자신을 사랑하는 훌륭한 이유들이 있으며 이는 깊이 생각해볼 만큼 가치가 크다.

이제 본격적으로 열 가지 이유를 살펴보자. 제2부를 읽으면서 현상 유지의 포근함에 안기고픈 당신의 일부를 있는 그대로 바라보길 바란다. 지나치게 부정적인 판단을 배제하고 약간의 유머와 용서가 함께한다면 좋을 것이다. 억제력으로 인해 종종 나타나는 파괴적인 결과에만 집중하기보다 억제력의 '의도'에 귀를 기울여보자. 그리고 그것이 남긴 상처에서 약간의 금을 발견하거나 그것이 띠고 있는 하늘색 빛깔을 알아채보자. 이런 접근은 다시금 변화를 시도하게 할 수도 있고, 당분간 현상 유지에 머무르게 할 수도 있다. 이번에 변화를 시도하든 시도하지 않든, 억제력을 이해하고 인정한다면 당신을 잡아당긴 그 손은 위험을 무릅써도 될 만한 가장 좋은 곳으로 당신을 안내할 것이다.

제2부

어떻게 나를 바꿀 것인가

: 바뀌지 않는 열 가지 이유와 이를 뛰어넘는 용기

CHANGE

제6장

미지의 세계로
혼자 뛰어들 용기

**두려움에 빠진 인간은 자기 자신이 되는 것을 더 이상 견디지 못한다.
그리고 자아라는 짐을 없앰으로써 다시 안도감을 느끼고자 미친 듯이 애쓴다.**

_에리히 프롬

나는 지금 당신이 읽고 있는 이 책을 쓸 생각으로 새벽 다섯 시경 어둠 속에서 눈을 떴다. 휴대전화에 맞춰둔 알람에 잠에서 깼다. 하지만 침대에서 몸을 일으키진 못했다. 다시 잠을 잘 생각은 없었지만 계속 침대에 누워 있었다. 휴대전화로 뉴스를 확인하고 이메일을 훑어본 뒤 일어나자고 혼잣말했다. 하지만 그런 다음에도 나는 일어나지 않았다. 다시 휴대전화에서 은행 계좌를 확인하고 휴가에 머물기로 한 호텔 예약을 재확인한 뒤, 정치 전문 미디어 〈폴리티코〉Politco의 기사를 몇 개 읽고 어제 보낸 이메일을 검토했다.

이제는 정말 일어날 때다. 하지만 나는 일어나지 않았다. 뭔가가 눈길을 사로잡았기 때문이다. 〈버즈피드〉BuzzFeed에 올라온 영화배우 빌 오렐리에 대한 이야기였다. 그것을 읽고 나자 퐁듀 요리법이 눈에 띄었다. 어떻게 그것을 지나칠 수 있겠는가? 기사를 정독하는 동안 조금씩 부끄러운 마음이 피어오르면서 휴대전화에 너무 정신을 빼앗겼다는 생각이 들었다. 침대에 누워 있는 것이 편안하지 않았고 불안하고 지루했다. 이제 일어나야 했다. 하지만 일어나지 않았고 시계는 5시 45분을 가리키고 있었다. 급기야 휴대전화 불빛에 짜증 난 아내가 웅얼거렸다.

"다른 데 가서 봐요."

나는 침대에서 일어나 부엌으로 가서 커피를 한 잔 내리고 컴퓨터를 켜고는 개를 맡길 펫시터를 찾기 시작했다. 책을 쓰는 데 도움이 될 것 같은 음악을 몇 곡 다운받고 뉴스를 확인한 뒤, 몇 통의 이메일을 더 작성했다. 그리고 컴퓨터를 그대로 켜둔 채 아침을 준비했다. 6시 45분, 나는 아침을 먹으며 TV 뉴스를 시청했다. 아침 식사를 끝내고 부엌에 있는 시계를 보니 7시 30분이었다. 8시 15분까지 책을 쓰고 출근 준비를 해야 했다. 결국 일어난 지 두 시간이 지나서야 책을 쓰기 시작했고 남은 시간은 겨우 45분이었다. 나는 이 문단을 끝내고 몇 줄을 더 쓸 수 있었다.

다른 표현 방식들처럼 글쓰기는 매우 실존적인 행위다. 글을 쓸 때 우리는 각자의 고유한 내적 삶에 글자 그대로 목소리를 부여해 그것이 말하는 대로 '밖으로 꺼내놓기' 때문이다. 글을 쓰기 위해서는 혼자라는 사실과 책임에 직면해 많은 용기와 투지가 필요하다. 이는 오늘 아침 내게 부족했던 부분이다. 개인적 변화에도 이 같은 용기와 투지가 필요하다. 앞에서 설명했듯이 변화를 향해 가는 시기는 중요한 실존적 순간이며 실제로 변화를 일으키는 능력은 우리가 자신을 운명의 주인으로 볼 수 있는 능력에 따라 결정된다.

다시 말해 변화 앞에서 우리는 불편함과 자유의 공포를 마주한다. 만일 혼자라는 사실과 책임을 직시하는 것 외에 다른 선택이 없다면 우리는 이 선택에 모든 걸 걸 수밖에 없다. 우리에게 다른 선택지가 있을까? 하지만 대부분의 경우 자유의 공포를 피하기 위해 쉽게 접근할 수 있는 출구가 있다.

책임을 회피하게 만드는 생각

오늘 아침에 내가 글쓰기를 미루며 꾸물댔던 일은 아마 당신도 이미 경험했거나 사람들에게 들었던 적이 있을 것이다. 흔한 일인 만큼 '마감 지옥'이라는 표현도 다소 진부하다. 하지만 이는 미루는 버릇에 관한 이야기만은 아니다. 나는 결국 글을 썼고 뭔가를 했기 때문이다. 더 깊이 들어가보면 이는 내 책임을 인식하는 고통과 그에 따른 외로움 사이에서 춤을 추는 일 그리고 그 책임과 관련해 심리적 은폐를 시도한 일에 관한 이야기다.

포근한 이불과 더 자고 싶은 바람 외에 내가 침대에 누워 일어나지 않았던 이유는 무엇인가? 그것은 종이 위에 뭔가를 창작해야 하는 책임을 진 존재로서 나 자신을 마주하고 싶지 않았기 때문이었다. 나는 외로움과 고독을 다시 일깨우는 텅 빈 회색 스크린과 내가 스스로 부과한 목표를 이루지 못할 수도 있다는 무거운 책임감에서 적당한 거리를 유지하려고 애썼다.

그러다 결국 내가 침대에서 일어나게 된 계기는 무엇인가? 내 아내였다. 하지만 거실과 부엌에 나와서도 글쓰기에 대한 저항은 계속되었다. 그러면 결국 글을 쓰도록 나를 몰고 간 것은 무엇인가? 시계였다. 내가 목표를 향해 움직인 두 시점은 나라는 성인의 선택이 아닌 부모의 잔소리 같은 외부 작용의 결과였다. 침대에서 일어난 건 내 선택이 아니었고 시간이 다 되어가고 있었기 때문에 글을 쓸 수밖에 없었다.

나는 내게 책임이 있음을 나타내는 신호들이 가득 담겨 있는 과업을 하는 동안 나의 행위성을 감추고 있었다. 이는 외적인 결과로써 나를 위협할 수 있는 어떤 것의 영향도 받지 않고 나만의 관점을 글로 표현하기 위한 선택이었다. 내가 행동하지 않을 수 없게 만드는 이런 교묘한 속임수들과 작은 상상들은 내가 나 자신을 위해 항상 펼치고 있는 연극의 한 부분이다.

대부분 사람에게 삶은 거의 항상 이렇게 작용한다. 우리가 자신을 확실히 통제하는 것은 매우 드문 일이며, 대부분 우리는 실제로 통제력을 갖고 있음에도 그렇지 않은 것처럼 가장한다. 하지만 우리가 개인적 변화를 향해 갈 때 모든 연극은 끝난다.

책임과 혼자라는 사실을 들여다보지 않으면(종종 주변의 더 큰 문제들을 덮어둔 채 부분적으로만 살펴볼 때도 있다) 원하는 변화를 이룰 수 없다. 따라서 개인적 변화는 잘못된 믿음보다 올바른 믿음에 따라 행동할 용기가 필요하다. 그리고 잘못된 믿음이 언제나 쉬운 길을 제시하며 유혹할지라도 올바른 믿음을 따라야 한다.

변화를 향해서 한 걸음 나아가면 잘못된 믿음이 곁에서 달콤한 유혹을 속삭인다. '헬스장에 가기에는 너무 피곤해.' '부엌을 치우기 전까지는 기타 연습을 할 수 없을걸.' '다른 사람들도 쿠키를 먹고 있잖아.' 이런 속삭임은 우리가 어쩔 수 없이 행동하는 사람이라고 거짓으로 묘사한다. 그리고 우리가 자신의 책임을 직시하지 못하도록 가로막아 변화를 지체시키거나 이루지 못하도록 방해한다.

사르트르는 이런 잘못된 믿음을 따를 때 취하는 태도를 '고지식한 정신' spirit of seriousness[1]이라는 용어로 표현했다. 고지식한 정신을 취함으로써 우리는 실제로 '우리 안'에 있는 힘을 '외부' 세계로 돌린다. 이는 성경에서 이스라엘인들이 하나님을 대신해 황금 송아지를 우상으로 섬긴 것처럼, 다른 존재의 알 수 없는 마음으로 자기 행위의 방향성을 돌리는 방식이다. 월트디즈니 영화 〈마법사의 제자〉에서 빗자루와 촛대가 저절로 살아 움직이는 것도 그렇다.

뭔가가 우리에게 일어나기를 기다리고 기다리고 또 기다리는 것은 고지식한 정신이다. 우리가 자신에게 '나는 내일까지 기다릴 거야'라고 말할 때 우리의 정신은 고지식한 상태다('기다리는 자에게 복이 온다'가 고지식한 정신의 좌우명이다). 고지식한 정신은 우리의 잘못된 믿음을 유지한다. 그리고 우리의 행위성을 감추기 위해 끝도 없는 줄에 그대로 머무르도록 우리를 붙잡는다.

고지식한 정신이라는 자율주행차를 타고 쭉 뻗은 대로를 여행하는 잘못된 믿음을 선택할 것인가, 직접 운전대를 잡고 기어를 바꾸며 비포장도로를 달리는 올바른 믿음을 선택할 것인가? 둘 사이의 어려운 갈림길은 변화하지 않는 열 가지 이유에 영향을 미친다. 하지만 실존적 자유에 대한 우려는 특히 처음 세 가지 이유에서 크게 나타난다.

이유 1. 혼자라는 위험과 책임을 피할 수 있다

개인적으로 중요한 변화를 앞에 두고 우리는 '혼자'라는 사실과 책임을 마주한다. 이는 피할 수 없는 사실이다. 지금 있는 곳에서 앞으로 도달하고 싶은 곳으로 향하는 길에서 한 걸음 내딛는 사람은 다른 누구도 아닌 바로 자신이다.

이 사실이 당신이 변화하지 않는 이유다. 뭔가를 해내고 싶었을 때, 그것이 당신에게 도움이 된다고 확신했을 때를 생각해보자. 혹시 공상 과학 영화에 나오는 거품 같은 반구형의 투명한 역장 안에서 물리적으로 끌어당기는 에너지 같은 것을 느낀 적이 있는가? 나는 글을 쓰도록 나 자신을 밀어붙일 때 이런 느낌을 받는다. 이 거품 안에 있을 때(인터넷을 둘러보고 이메일을 재확인하며) 나는 책임과 혼자라는 위험에서 안전하다. 하지만 글을 쓰려면 그 거품의 안전한 벽을 깨고 낯설고 생경한 세상으로 나가야 한다. 그리고 내가 책임지고 있는 새로운 경계를 향해 위험을 무릅쓰고 나아가야 한다.

현상 유지라는 거품 속을 들여다보자. 이 안에는 정해진 대본이 있고 거의 모든 것이 예측 가능하며 그대로만 하면 된다. 따라서 지루하고 어쩌면 숨이 막힐 듯 답답할 수도 있다. 하지만 책임의 위험으로부터 안전하다. 자유롭지만 올바른 믿음을 받아들여야 하는 바깥세상과 달리 거품 안에는 마음을 사로잡는 편안함이 있다. 거품 안에서 일어나는 일들은 획일적이며 인식할 수 있다.

문제는 거품 안에서는 변화가 일어나지 않는다는 것뿐이다. 창의적인 행동, 발명, 놀이, 재미, 사랑, 열정, 연대 또한 생기지 않는다. 당신은 거품 안에서 이런 것들을 꿈꿀 수 있지만(위험 없는 거품 안에서 '언젠가', '어쩌면'을 속삭이며) 행동으로 옮길 수는 없다.

우리는 어떻게 그런 거품 안에 들어갈까? 또 우리가 거품 안에 머무르는 이유는 무엇일까? 이는 어느 정도 경험을 통해 학습된다. 우리를 둘러싼 억제력은 개들의 주변에 둘러친 보이지 않는 전기 울타리와 비슷하다. 개는 경계를 넘어가면 작지만 고통스러운 충격을 받는다. 우리도 실망에서 비롯된 불안한 무력감의 충격을 반복적으로 겪다 보면 자연스럽게 경계를 넘지 않게 된다. 밖으로 나가려고 시도했을 때 이런 식으로 계속해서 충격을 받으면 잘못된 믿음의 안전한 한계를 떠날 가능성은 줄어든다.

앞에서 살펴봤듯이 너무 많은 실망을 경험하면 도전에 대처하는 자신의 능력을 불신할 수 있다. 이렇게 자기효능감이 부족하면 스스로 인생을 써 내려가는 저자의식을 마주하지 못한다. 따라서 자신이 원하는 변화를 향해 노력하는 것을 두려운 일로 여긴다. 자신이 망가졌다는 수치스러운 충격을 주고 안전을 파괴하며 무력감을 경험하게 하는 또 다른 위험으로 여기는 것이다.

그리고 이런 상태에서 또 다른 실망의 위험으로 유혹하는 감정이 있다. 바로 희망이다. 하지만 안전의 한계 밖으로 자신을 밀어내고 책임에서 비롯된 불안을 마주하려면 반드시 희망(고난과 불확실성에도 불구하고 계속해서 나아가려는 에너지)이 필요하다.

급격한 실망을 경험할 때 실존적 불안이 어떻게 현재 상태에 머무르는 주된 동기가 될 수 있는지 극단적인 사례를 살펴보자.

• 바뀔 수 없는 척하는 연극

내 상담 고객 중에 극심한 불안과 공포에 시달리는 고객이 있었다. 여기서는 그를 짐이라고 부르겠다. 짐은 한때 성공을 거뒀고 약간의 불안을 안고 있긴 했지만 사랑하는 아내와의 행복한 결혼 생활 덕분에 상당히 만족스러운 삶을 살고 있었다. 하지만 이후 그는 몇 가지 심각한 상실을 경험하며 상태가 급격히 악화되었다.

시작은 짐이 아들을 축구 교실에 데려다주던 길에 자동차 사고로 아들이 영구적인 손상을 입으면서였다. 아이가 병원에서 회복되는 동안 그는 아내와 함께 병상을 지키며 대부분 시간을 보냈다. 짐은 소프트웨어 대기업과 계약해서 일하는 컴퓨터 프로그래머였다. 당시 아들을 살피느라 급여를 받지 못하고 있었는데, 이후 회사로 돌아왔을 때 그는 이미 불필요한 존재가 되어 있었다.

그 역시 죄책감과 걱정이 너무나 커서 업무에 집중할 수 없었고 회사는 결국 계약을 종료했다. 아들이 퇴원하고 생활이 안정되면서 일자리를 구하려 했으나 구직을 시도하는 것이 어렵게 느껴졌다. 아들의 안전과 가족의 안전에 집착하게 된 것이다. 출근하기 위해 집 밖으로 나오면 그와 가족이 위험에 처할 것 같았다. 그래서 그는 웬만해서는 집 밖으로 나가지 않았다. 결국 주택 담보대출 상환이 6개월 밀렸고 집은 압류되어 경매에 넘어갔다.

짐은 가족이 작은 아파트로 이사 가던 날 실종되었다. 경찰이 자살을 시도하던 그를 붙잡았고 그는 정신병원에 갇혔다. 아들의 사고에 대한 분노를 감추려고 노력해온 아내는 이를 그냥 넘길 수 없었다. 또한 짐이 결혼 생활에서 책임 있는 파트너로 행동하지 않았다는 사실도 넘어갈 수 없었다. 그녀는 병원에서 짐을 만나 이혼을 요구했다. 이혼한 짐은 퇴원하면서 부모님 댁으로 들어갔고 내가 운영하는 프로그램에 참여하게 되었다.

우리는 짐의 과도한 불안을 낮추기 위해 다양한 치료법을 활용했다. 약물치료 외에도 인지행동치료, 심리치료, 미술치료, 명상, 직업 관련 지원 등을 제공했다. 짐은 치료 시간에는 우리의 제안에 귀를 기울였지만 일상에서 불안감이 커지면 배웠던 기법들을 적용하지 않았다. 그는 자신의 증상을 완화하기 위해 다른 기법을 제의했다. 우리가 예정된 시간에 그에게 전화를 걸어 도움을 주는 것이었다.

우리 프로그램은 24시간 전화 연결이 가능했다. 우리는 위기 상황에 대비해 전화를 예약할 필요가 없다고 짐에게 설명했다. 그가 누군가와 이야기를 나눠야 한다면 언제든 전화할 수 있었다. 하지만 그는 이 같은 즉각적인 지원을 원하지 않았다. 그는 하루 중 '예정된' 시간(그가 공황 상태에 빠질 가능성이 가장 큰 시간)에 전화하는 게 더 도움이 된다고 주장했다.

짐은 저녁이 가장 불안한 시간이며 우리가 그때 전화해주었으면 한다고 요구했다. 그가 이런 계획을 제시했을 때 우리는 전화를 걸어 그가 치료에서 배운 기법들을 적용하도록 돕겠다고 했다. 하지만 짐은 그조차 거절했다.

"제게 필요한 건 하루가 끝날 즈음 제가 괜찮다는 사실을 상기시켜 주는 것뿐입니다."

내가 볼 때 짐에게는 이런 일이 일어나고 있었던 것 같다. 아마도 그는 자신이 배운 심리 기법을 혼자 힘으로 활용하고 필요할 때 도움을 요청하는 것이 (전화 시간을 정해놓는 것보다) 자신이 책임 있는 개인인 것처럼 느껴졌을 것이다. 만일 기법들을 활용한다면 그는 스스로 뭔가를 하는 자신을 봤을 것이다.

하지만 그는 자신의 행동을 책임지는 훌륭한 관리인으로서 자신에 대한 믿음이 없었다. 자동차 사고와 이후 자신의 역할을 다하지 못한 일들을 겪으면서 그는 극심한 무력함을 느꼈다. 짐이 도움을 요청했다면 그는 독립적이고 책임 있는 한 사람으로서 도움을 청하는 자신을 목격했을 것이다. 그리고 이는 아이가 심하게 다친 책임이 자신에게 있다는 참을 수 없는 사실을 함께 상기시켰을 것이다. 짐은 이런 의미가 담긴 책임을 경험하는 걸 견딜 수 없었다.

예정된 전화는 실존적 외로움을 경험하지 않으면서 우리와 연락하는 그의 방법이었다. 우리가 특정 시간에 전화하는 한 그는 '스스로 행동하는' 것이 아닌 '따라서 행동하는' 기분을 느낄 수 있었다. 다시 말해 다른 사람의 결정을 수동적으로 받아들이는 역할로서 자신이 몰래 연출한 연극을 통해 불안을 가라앉힌 것이다.

나는 이런 행동을 '효과적인 무력함'effective ineffectualness[2]이라고 부른다. 짐은 자신이 수동적인 것처럼 보이는 시나리오를 마련했지만 실제로 그는 자신을 옹호하는 매우 효과적인 대변자였다. 하지만 그가 옹호했던 건 자신을 무능하고 행위성이 부족한 사람으로 여기는 것이었고 이는 비뚤어진 태도였다. 게다가 그는 책임을 너무 두려워한 나머지 치료법을 받아들일 수 없었다. 그는 면담에 참석했으나 배운 것을 활용하지 않았다. 새로운 기법과 통찰을 활용하는 건 변화의 책임이 그에게 있음을 인식하고 결국 혼자서 책임을 져야 함을 인정하는 일이었기 때문이다. 즉 그는 누군가가 떠먹여주기를 원했고 스스로 먹고 싶어 하지 않았다. 앉아서 전화가 오기를 기다린다는 그의 계획은 안전을 제공했지만 그를 무의미한 존재로 만들었다.

짐이 겪은 어려움과 그가 제시한 해결책은 변화하지 않는 첫 번째 이유를 극단적으로 보여주는 사례다. 하지만 자신의 책임을 부인하는 그의 시도는 전혀 특이한 모습이 아니다. 변화의 가능성에 직면할 때 우리는 모두 잘못된 믿음의 유혹과 진실성의 위험 사이에서 줄다리기를 벌인다.

한 예로 내 사무실은 지저분하게 어질러져서 항상 부끄럽다. 나는 끊임없이 청소 계획을 세우지만 좀처럼 사무실을 치우지 않는다. 사무실 청소는 나 자신을 훨씬 더 긍정적으로 보게 해주고 부끄러움을 없애줄 것이다. 그리고 휴대전화 충전기, 잉크 카트리지, 내가 좋아하는 펜이 어디에 있는지 알면 생활도 훨씬 수월해질 것이다.

하지만 내가 사무실을 치우지 않는 한 가지 이유는 짐과 비슷하다. 사무실이 어지러우면 나는 수동적인 사람이 된다. 짐과 마찬가지로 수동적인 상태에 머물면 나는 개입할 누군가를 기다릴 수 있다. 이상하게 들리겠지만 왠지 나는 누군가가 청소를 도와줄 것이라는 희망 속에서 비뚤어진 위안을 얻는다.

이는 심리학자들이 '소원 성취'wish fulfillment라고 부르는 행동이다. 수동적으로 앉아 있는 동안 나를 도와주고 보살펴주는 누군가가 있었으면 좋겠다는 바람. 나는 이 바람이 실현되리라 생각하며 어느 정도 만족을 느끼는 것이다. 신의 개입이 아니라면 이런 일은 일어나지 않는다. 하지만 기다리는 것은 즐거운 일이다. 반대로 사무실을 청소하면 나는 기다림의 마법에서 깨어나 혼자라는 사실과 내가 져야 할 책임을 인식하게 된다.

아마 당신은 이렇게 생각할지 모른다. '단지 어질러진 사무실에 불과한 이 상황이 실존적 불안과 무슨 관계가 있을까?' 내가 사소한 일을 크게 부풀려 설명한 것 같아 다소 창피하기도 하다. 하지만 중요한 건 나는 깔끔하고 정돈된 사무실을 원하기도 하지만 동시에 청소를 방해하는 뭔가를 정말 원한다는 사실이다. 만일 내가 하던 일을 멈추고 무엇이 청소하는 걸 방해하는지 주의 깊게 살펴본다면 혼자라는 불안 속에 숨어 있는 진짜 장애물을 발견할 것이다. 게다가 당신은 내가 겪은 실망의 경험들이 혼란 및 질서의 문제들과 어떻게 얽혀 있는지 이해할 만큼 나에 대해 알지 못한다. 앞으로의 논의에서 우리는 내가 쓴 사무실 시나리오를 통해 얻는 것이 훨씬 더 많을 것이다.

어질러진 사무실은 나를 덜 외롭게 만들 뿐 아니라 잘못된 믿음을 유지해 자유의 현기증에도 불구하고 내가 삶의 다른 영역에서 흔들리지 않게 해준다. 내가 다른 과업들을 성공적으로 수행할 때도 어질러진 사무실은 내 삶에서 완성되지 않은 여러 가지 일 중 하나로 남아 있다. 이것은 너무 자유로운 기분을 느끼지 않게 해주는, 내가 만든 짐이다. 어질러진 사무실은 이렇게 제약된 느낌을 제공함으로써 내가 내 인생을 책임지고 있다는 무거운 자각에 안정감 같은 것을 부여한다.

이런 상황이 꼭 나쁜 걸까? 이는 상황에 따라 다르다. 엉망인 상태는 다른 것이 돋보이게 해주기도 한다. 나는 글을 쓰러 사무실에 들어가지만 그곳을 치우는 것이 먼저 해야 할 의무처럼 느껴진다. 그래서 청소를 시작하다가 오랫동안 보지 못했던 책이나 내 아들의 초등학교 시절 미술 과제 폴더를 발견하고 거기에 정신이 팔린다. 그렇게 시간이 흘러 정리된 것은 거의 없고 글 쓸 시간도 얼마 남지 않는다! 나는 사무실 청소를 또 방치한다. 갖가지 물건들에 한눈을 파느라 엉망인 사무실을 제대로 치우지도 못한 채, 똑같은 하루가 계속 반복되는 〈사랑의 블랙홀〉이라는 영화처럼 영원히 어질러진 사무실로 돌아온다. 마치 내 안의 잘못된 믿음이 정교한 미로를 만들어 내가 선택한 길을 따라 모험에 나서지 못하도록 나를 가로막는 것 같다.

하지만 끝내지 못한 다른 일들과 더불어 엉망인 사무실은 내가 더 위험한 일들을 시도할 때 나를 현실에 단단히 붙들기도 한다. 나는 책을 써야 하고 강연을 해야 하며 아내와 시간을 보내야 한다. 어수선한 사무실이 약간의 부담을 주면(사실 지저분한 사무실이 꼭 엄청난 참사는 아니다) 나는 '너무 자유로운' 것에 대한 불안감 없이 다른 상황들에서 자유를 경험할 수 있다. 즉 과도한 불안의 가능성에서 나를 진정시키는 어수선한 사무실이라는 짐을 항상 인식하면서 신나게 다른 일에 몰두할 수 있다.

페르시아 융단을 만드는 사람들은 항상 결함이 있도록 융단을 짠다. '완벽하게 불완전하고, 정확하게 부정확한' 이런 전통은 오직 신만이 완벽하다는 믿음에 뿌리를 두고 있다. 내 사무실은 이따금 나를 궤도에서 벗어나게 해준다. 내 삶에서 더 의미 있는 무늬를 짜는 일에서 내 주의를 분산시키는 불완전함인 셈이다. 하지만 이것이 내 겸손과 기반을 유지하기도 한다. 나는 유능하고 중요한 목표들을 달성했지만 어질러진 사무실 하나 치우지 못하는 변변치 못한 사람일 수도 있음을 상기시키는 것이다.

한 부분에서의 현상 유지가 다른 부분에서 안전성을 제공할 수도 있다. 이를 안다는 건 다행스러운 일이다. 당신은 불완전하며(장담컨대 그래도 괜찮다) 완벽하게 올바른 믿음을 가질 수 없다. 약간의 잘못된 믿음은 당신을 무너뜨리지 않을 것이다. 잘못된 믿음이 존재하는 데는 그럴 만한 이유가 있다. 잘못된 믿음은 어쩌면 앞으로 나아가는 위험을 무릅쓸 수 있도록 당신을 안정시키는 일종의 닻일지도 모른다. 적어도 내 삶에서는 그런 역할을 하는 것 같다.

정말로 변화를 원한다면 편리하게 쓸 수 있는 잘못된 믿음의 닻이 필요하다. 변화를 향해 나아가면서 마지막 도착항 같은 것이 있으리라고 생각하는 것이다. 나쁜 습관을 버리고 살을 빼고 새로운 커리어를 갖는 순간, 목표를 달성하고 더 이상 맞서야 할 어려움 없이 만족스럽고 안전하게 항구에 정박해 잔잔하고 얕은 물에서 부드럽게 흔들리는 순간이 올 것이라고 말이다.

하지만 현실은 그렇지 않다. 당신이 탄 배에 커다란 구멍을 내고 싶지는 않지만 당신이 변화를 시도할 때마다 새롭고 도전적인 항해가 또다시 당신을 기다릴 것이다. 지금의 변화가 나중에 더 큰 책임을 만드는 것은 피할 수 없는 일이다.

이런 사실은 변화하지 않는 두 번째 이유로 이어진다.

이유 2. '다음에 할 일'을 생각하지 않아도 된다

변화는 우리가 자신의 인생을 책임지고 있음을 증명한다. 다시 말해 더 많은 변화를 이룰수록 우리는 앞으로의 변화가 자신의 능력 안에 있음을 더 확실히 알게 된다.

변화는 토끼가 번식하듯 기하급수적으로 늘어난다. 결코 한 번으로 끝나지 않으며 다른 변화를 이어가도록 영감을 불어넣고 다음에 할 수 있는 것에 대한 기대를 불러일으킨다. 신중하고 현상 유지를 지향하는 당신의 일부는 변화에 성공할 때마다 이렇게 생각한다.

'살을 몇 킬로그램 빼면 조금 더 살을 빼고 싶어지겠지. 마침내 원하던 체중에 도달하면 다른 목표들을 추구할 에너지를 얻을 거야. 그리고 그 목표들을 이루면 자신감이 커지고 더 큰 위험을 무릅쓰고 싶어지겠지. 그러다 어느 순간 나에게 실망하는 날이 올 거야. 그리고 모든 것이 무너질 거야.'

한 가지 변화가 또 다른 위험한 변화를 가져올 것이라는 두려움은 터무니없지 않다. 더 많은 변화를 시도할수록 현상 유지라는 부두에 정박해 있을 때보다 실망의 빙산에 부딪힐 위험이 더 크다.

당신은 꿈꾸던 분야에서 새로운 일을 시작한다. 그리고 유능하고 책임감 있게 그 일을 잘해낸다. 뛰어난 업무 평가를 받을 때마다 당신의 자신감은 높아진다. 당신은 현재 직위에서 더 올라가기를 바라게 되고 인생에서 다른 위험들을 무릅쓰고 싶어진다. 그 결과 당신이 실패할 가능성과 그 실패를 책임질 가능성이 전보다 더 커진다.

당신이 선택한 분야에서 첫발을 내디뎠을 때 사실 당신은 이 모든 것을 예상했다. '다음에 할 일은?'이라는 질문이 계속 반복되리라는 걸 알고 있었다. 신입사원이었던 당신은 앞으로 마주칠 모든 도전을 이겨낼 수 있다는 증거가 없었고 질문이 무한히 늘어날 가능성에 두려움을 느꼈다. 따라서 출근 첫날은 상당한 용기가 필요했다. 그리고 자신이 '다음에 할 일은?'이라는 수많은 질문을 향해 나아갈 것임을 알았다.

'다음에 할 일은?'이라는 질문에 대한 우려는 경력을 계획하는 것처럼 힘든 일을 고려할 때만 영향을 미치진 않는다. 그런 우려는 가장 작은 변화에서도 일어나곤 한다. 내 친구 앤의 사례를 살펴보자.

• 목표 달성을 가로막는 두 가지 요인

어느 날 커피를 마시며 앤은 계획 중인 멕시코 여행을 위해 스페인어를 배우고 싶다고 말했다.

"하지만 나는 막상 시작할 수가 없어."

"왜 그렇게 생각해?"

"모르겠어. 정말 스페인어를 배우고 싶은데 그냥 멈추게 돼."

"무슨 느낌인지 알아. 너를 멈추는 게 어떤 거야?"

"그걸 알면 이미 스페인어를 하고 있겠지! 뭐랄까, 실제로 스페인어를 하는 것과 관련된 거야. 그러니까 스페인어 배우는 게 싫은 건 아닌데, 내가 스페인어를 잘하면 실제로 여행 가서 스페인어를 하게 될 거고 그게 왠지 겁나."

"그렇구나."

앤은 한숨을 쉬며 이렇게 말했다.

"내가 대학생이고 스페인어가 필수과목이었으면 좋겠어. 그러면 그냥 배워야 하고 내가 배운 걸 실제로 사용하는 것과는 상관없을 테니까. 이상하게 들린다는 거 알아. 하지만 이게 지금 내 심정이야. 스페인어를 여행 가서 해봐야 한다는 압박감이 없었으면 좋겠어. 왜 스페인어를 배운다는 한 가지 목표로 끝날 수 없을까?"

앤을 가로막는 것은 두 가지다. 첫 번째는 자유와의 싸움이다. 그녀는 스페인어를 배우라고 요구하는 누군가를 원한다(대학 필수과목이었으면 좋겠다는 바람). 그녀가 스페인어를 배우기로 '선택'한다는 생각을 견딜 수 없기 때문이다. 하지만 다른 요인도 있다. 스페인어를 배우는 건 스페인어가 모국어인 나라에서 누군가에게 스페인어로 이야기한다는 또 다른 목표가 생길 가능성을 높이고, 여기에는 실패할 가능성도 포함된다. 앤은 이 점이 두려워 스페인어를 배우고 싶어 하지 않는다.

변화를 향해 간다는 건 우리의 능력을 시험하는 점점 더 어려운 미래의 도전들이 항상 앞에 놓여 있다는 걸 의미한다. 그 길에서는 다른 목표들에 대한 책임을 계속 져야 할 뿐만 아니라 불확실성의 위협 또한 만날 수 있다. 그 길에 발을 내디디면 우리는 어디로 가게 될지 모른다. 변화가 우리를 미지의 세계로 데려간다는 이 생각은 변화하지 않는 세 번째 이유로 이어진다.

이유 3. 미지의 세계를 마주하지 않아도 된다

변화를 시도함으로써 우리는 알 수 없는 세계를 맞닥뜨릴 가능성에 직면한다. 우리는 기하급수적으로 늘어나는 도전뿐만 아니라 예측할 수 없는 실망으로 가득한, 예측할 수 없는 세상에도 맞서야 한다.

변화의 길에서 불확실성에 직면할 때 발생하는 위험은 크게 두 가지다. 첫 번째는 예측할 수 있는 안전지대를 벗어나 미지의 세계로 들어가는 도전과 관련된 위험이다. 두 번째는 삶의 목적과 관련해 더 중대한 실존적 문제와 관련된 위험이다.

• 얻을 가능성 vs. 잃을 가능성

'adventure'와 'venture'는 같은 뜻을 가진 단어 같다. 하지만 이 두 단어는 다소 상반된 의미를 지니며 변화와 관련해 음과 양을 형성한다. adventure는 '출현'을 뜻하는 advent와 관련된다. 이는 우리가 미지의 세계로 들어갈 때 우리의 세상에 뭔가 더해지는 것을 나타낸다. 반면에 venture는 미지의 세계로 들어갈 때 뭔가를 잃을 가능성과 관련된다.

변화를 향해 나아갈 때 우리는 예측할 수 없는 새로운 변화를 향해 모험을 떠난다. 그와 동시에 얻는 것보다 잃는 것이 더 많을지 모를 가능성을 안고 과감히 미지의 세계에 뛰어들어 위험을 무릅쓰기도 한다. 문제는 결과가 나올 때까지는 우리가 원하는 것을 얻을지 알 수 없다는 점이다. 위험을 무릅쓰고 변화를 시도하고 나서야 변화를 향한 모험의 결과를 알게 된다. 나는 한 학기 동안 외국에서 지낼 준비를 하는 아들 맥스를 도우면서 이 사실을 다시 떠올렸다.

"저는 준비가 되지 않았어요, 아빠."

맥스는 유럽으로 떠나기 불과 이틀 전에 이렇게 말했다.

"아니, 너는 충분히 준비됐어."

"아니요, 그렇지 않아요. 정말 준비가 되지 않았어요."

"막상 가면 좋아할 거야. 괜찮을 거란다."

"아빠, 제 말을 이해하지 못하고 계세요. 저는 도전할 준비가 되지 않았다고요."

우리는 이틀 동안 여행 준비를 하며 이 같은 대화를 반복했다. 맥스는 이번 도전을 받아들일 준비가 되지 않았다고 말했고, 나는 도전을 감당할 준비가 되었다고 맥스를 격려하며 장담했다. 나는 맥스가 자신에 대한 나의 믿음을 느끼고 자신을 사랑하는 사람들의 믿음을 알기를 간절히 바랐다.

하지만 맥스에게 말하지 않은 거대한 진실이 있었다. 맥스가 준비되었는지 사실은 나도 모른다는 것이다. 아들이 다음 단계를 감당할 수 있다고 내가 어떻게 확신할 수 있을까? 지난 몇 년 동안 내가 모은 증거들은 맥스가 여자 친구, 부모, 개를 두고 외국으로 떠나 새로운 도전을 할 수 있다고 믿게 해주었다. 하지만 맥스가 이번 모험을 떠날 준비가 되었는지는 맥스가 모험에서 돌아온 뒤에 확인할 수밖에 없다.

"저는 정말 준비되지 않았어요, 아빠."

공항 발권 창구 근처에서 배낭과 여행 가방을 내려놓고 의자에 앉으며 맥스가 말했다. 아내와 맥스의 여자 친구는 커피를 사러 갔고, 나는 맥스에게 무슨 말을 해야 할지 몰랐다. 그래서 사실대로 이야기했다.

"맞아, 너는 준비되지 않았어."

"뭐라고요?"

"준비된 사람은 아무도 없어."

"그걸 왜 이제 이야기하시는 거예요!"

"맥스, 누구나 그렇단다. 오늘 너처럼 출국하는 아이들 중 준비된 사람은 없어."

"저를 겁주시네요. 무슨 말씀을 하시려는 거예요?"

"'준비되지 않은' 느낌, 이게 지금 네가 느껴야 할 감정인 것 같아."

"대단하네요! 정말 도움이 안 돼요."

"들어보렴. 내가 하고 싶은 말은 준비되지 않은 느낌이 네가 새롭고 도전적인 뭔가를 할 때마다 드는 감정이라는 거야. 위험을 무릅쓸 때 자신이 준비되었다고 느끼는 사람은 아무도 없어."

맥스는 다소 진정했고 나에 대한 짜증이 조금 가라앉은 것처럼 보였다. 하지만 우리가 할 수 있는 건 거기까지였다. 여자 친구와 아내가 돌아와 맥스에게 커피를 건네고 나를 옆으로 밀어내며 맥스를 사이에 두고 앉았다. 그리고 내가 결코 할 수 없는 방식으로 맥스를 위로했다. 내 의견(내가 생각하기에 부모로서 할 수 있는 최고의 조언이었다)은 출국장의 쾌적한 공기 속을 떠다녔다. 조용히 작별의 시간을 기다리면서 처음부터 아들에게 더 솔직했어야 했다는 후회가 밀려왔다. 그동안 내가 했던 장담은 정말 쓸모없는 것이었다. 맥스가 준비되지 않은 느낌을 받는 것은 당연했다.

준비되지 않았다는 불평은 위험을 무릅쓸 수 있다는 믿음이 부족함을 나타낸다. 그리고 이런 불평에 사로잡힌 건 아들이 이제 막 떠나려는 모험을 제대로 보지 못하고 있음을 의미했다. 나는 솔직하지 못한 말, 즉 준비되었다는 말로 맥스를 격려하고 있다고 생각했다. 맥스에 대한 나의 믿음이 텅 빈 자신감의 탱크를 가득 채울 수 있는 연료인 것처럼 말이다. 하지만 내 의견은 아들에게 별 의미가 없었다. 맥스가 느끼는 감정은 맥스의 것이었기 때문이다.

사실 내가 한 말들은 불안을 가중시킬 뿐이었다. 맥스의 두 보호자 중 한 명인 내가 아들이 느끼는 실질적인 딜레마에 무신경하게 행동했던 것이다. 맥스는 격려의 말이 아닌 실질적인 조언이 필요했다. '준비되지 않은 느낌은 지금 당연한 감정'이라는 사실을 처음부터 말했다면 오히려 아들이 그런 감정에 충분히 대처할 수 있다고 믿는다는 진심 어린 메시지를 전할 수 있었을 것이다. 하지만 나는 그렇게 하기는커녕 아들의 팔을 아플 정도로 붙잡고 가장 가까운 출구로 달려가 우리가 직면한 두려운 불확실성에서 도망치려 했다. 맥스에게 한 말들은 나를 위한 말이기도 했던 것이다.

내 사랑은 불안정하고 실수투성이었다. 맥스를 보호하고 싶은 마음에 허둥대던 나는 '너는 충분히 준비됐어'라는 주문으로 맥스의 불안을 마법처럼 없애고 싶었다. 모든 마법이 그렇듯 맥스를 안심시키려는 내 시도는 가짜였다. 게다가 그것은 미지의 세계에 직면한 우리 둘을 믿지 못하고 속마음을 숨긴 결과였다.

미지의 세계는 알 수 없다. 그래서 미지의 세계인 것이다! 자유와 관련된 모든 것은 미지의 세계다. 우리가 고지식한 정신을 선택한다면 우리의 미래는 식품점에 끝없이 늘어선 줄처럼 체계적으로 보일 것이다. 아마도 우리는 절대 주문하지 않겠지만 '질서 정연한' 안전함을 얻을 것이다. 이 끝없는 줄의 입장권은 현상 유지다. 우리가 변화를 시도한다면 그 줄에서 자리를 잃을 것이다.

우리가 희망을 두려워하는 이유는 자신과 세상에 대한 믿음을 갖기가 어렵기 때문이다. 그리고 연구 결과에서도 나타나듯 희망을 두려워할수록 당장 일어날 수 있는 수많은 좋은 사건을 차단하고 시간조망의 범위를 좁히고 싶어 한다. 과거와 미래에 대해 일종의 근시안적 시각을 갖는 것이다. 고지식한 정신의 줄에 서서 기다리는 것은 이런 제한된 시간 경험에 우리를 가둔다.

우리는 과거와 미래 사이에 갇힌 채 다음에 어떤 일이 일어날지 알지 못한다. 그리고 '앞으로 일어날 일'은 우리가 통제할 수 없는 힘 때문에 일어난다고 생각한다. 희망의 두려움이 만들어낸 사후가정은 어떤가?

이 역시 우리가 그 자리에 머물게 한다. 우리는 과거와 미래 사이의 불안한 경험에 초점을 맞춘 채 삶을 다르게 만들 수도 있었던 모든 사건에 대해 생각한다. 그리고 기회를 놓쳤다며 자신을 탓하지만 놓친 기회는 계속 머릿속을 맴돌면서 어째서 지금 자신이 미래를 향해 나아가지 않고 줄을 서서 기다리고 있는지 설명하는 이유가 된다. '내가 이렇게 혹은 저렇게 했다면 나는 지금 자유로웠을 텐데. 하지만 그렇지 못해'라고 생각하는 것이다.

'시도하지 않고는 알지 못한다'라는 격언은 '그냥 해!'라는 태평스러운 권유처럼 활기차게 들릴 수도 있다. 하지만 실제로 행동하기 전까지는 옳은 결정을 내렸는지 알 수 없다는 걸 생각하면 변화에 대한 갈등이 일어날 수 있다. 이는 우리가 계획한 변화에 어떤 보장도 없음을 의미하며 계획과 예측만으로는 어디에도 도달할 수 없음을 암시한다.

그리고 이런 사실은 우리가 숨을 크게 들이마시고 불확실성에 뛰어들었을 때 일어날지도 모르는 일을 뒤로 미루는 좋은 핑계가 되기도 한다. 우리가 불확실성에 뛰어들 때는 알 수 없는 결과에도 불구하고 앞으로 나아가게 하는 힘, 즉 믿음이 있을 때다. 믿음은 시도한 뒤에야 잘못된 결정이었음을 알게 될 위험에도 불구하고 헌신할 힘을 준다.

헌신하는 것은 맹세하는 것, 즉 깨지 않을 약속을 하는 것이다. 변화는 항상 한 곳에서 다른 곳에 이르도록 헌신할 것을 요구한다. 하지만 그런 노력에 걸맞은 뭔가를 이룰 수 있다는 보장은 없다. 따라서 변화는 불공정한 합의다. 어디에 도착할지 아무런 약속이나 보장 없이 새로운 곳으로 떠나는 계약에 서명하는 것이다.

살을 빼거나 습관을 버리는 것처럼 작은 행동을 바꾸고자 할 때는 변화에 대한 맹세가 어렵지 않다. 반면 외국에서 한 학기를 혼자 보내는 것처럼 되돌리기 힘들고 적응 기간이 필요한 변화는 훨씬 어렵고 위험하다. 나아가 그 변화가 직업적 독립을 시도하거나 관계를 시작하는 것 혹은 성취감 없는 일을 그만두거나 만족스럽지 않은 관계를 끝내는 것처럼 성취와 의미에 관한 문제일 때는 변화에 대한 맹세가 더할 수 없이 두려운 일이 된다.

이런 변화에서 의미, 목적, 관계의 문제가 위험해지면 위기에 처할 가능성이 크다. 사랑 또는 일에 깊이 뛰어들어 힘겨운 노력을 쏟아붓고 '시도'와 '발견' 사이에 오랜 시간이 걸리며 희망의 피할 수 없는 긴장(필요한 것을 얻지 못한 채 계속 원하는 감정)이 강력하게 자리 잡는다.

선택이 옳았는지는 나중에만 알 수 있다

새로운 경력에 대한 예시를 다시 생각해보자. 당신은 꿈꾸던 분야에서 새로운 일을 시작했다. 작고 평범하지만 당신이 원하는 경력으로 가는 디딤돌 같은 일이다. 좀처럼 성취감을 느낄 수 없음에도 불구하고 당신은 그 일을 계속하며 좋은 성과를 냈다. 그리고 더 높은 자리로 올라갔다. 그러나 아직 목표에 도달하지 않았고 업무는 여전히 만족스럽지 않지만 조금씩 목표에 가까워지고 있다. 마침내 당신이 원하던 자리에 도달한다. 당신은 성공했고 경력의 정점에 있다. 그리고 당신은 그 일을 몹시 싫어하게 되었다.

당신은 널찍한 사무실을 갖기 위해 매우 열심히 일했지만 그 일이 당신에게 맞지 않는다는 사실을 알게 되었다. 매일의 업무와 활동은 당신이 기대한 것처럼 만족스럽지 않다. 그 일은 당신의 가치와 맞지 않으며 당신이 만족을 느끼는 활동을 제공하지도 않는다.

그 일을 처음 시작했을 때 당신은 그 일이 자신에게 맞을지 아닐지 알 수 없었다. 그래서 그 일에서 의미와 목적을 느낄 수 없음에도 불구하고 시도를 계속하기로 약속했던 모든 단계마다 '해보기 전에는 알지 못하는' 큰 위험을 감수했다. 하지만 힘든 노력을 기울이고 난 지금, 당신은 그 모든 것이 그럴 만한 가치가 있었는지 답을 얻을 수 있는 곳에 와 있다. 그리고 그 답은 매우 실망스럽다.

위 이야기에서 '일'을 '배우자'로 바꿔도 같은 결론에 도달한다. 당신은 꿈에 그리던 한 사람을 만나 데이트를 시작한다. 전반적으로 신나고 재미있진 않지만 그만하면 괜찮다. 그 사람과의 관계는 문제가 없고 다음 단계로 나아갈 만한 이유가 충분하다. 그래서 당신은 그 사람과 특별한 관계를 이어가는 데 헌신한다.

당신은 이 새로운 맹세의 위험을 무릅씀으로써 그 사람과 더 가까워지고 사랑과 친밀감을 느끼길 희망한다. 당신은 그 사람과의 관계에 마음과 영혼을 쏟는다. 하지만 그 사람과 함께할 때면 여전히 지루한 거리감이 존재한다. 당신은 둘 사이에 실질적인 유대가 부족할지도 모른다는 생각에 두려워한다. 반면 표면적으로 보이는 상황은 좋다. 두 사람은 사이좋고 즐겁게 잘 지낸다. 잘 어울리는 한 쌍인 것 같고 잘될 가능성이 매우 커 보인다.

당신은 최종적인 맹세를 하고 그 사람과 결혼한다. 자상한 배우자, 교외에 자리한 집, 이따금 떠나는 휴가, 많은 친구 등 이렇게 10년을 보낸 당신은 이 생활에 염증을 느끼고 있다. 당신은 지금까지 마음을 열고 거듭 시도한 끝에 그 사람에게 헌신하기로 한 결정이 옳았는지 답을 얻을 수 있는 유일한 곳에 와 있다. 그리고 그 답은 매우 실망스럽다.

도달한 뒤에야 오를 만한 가치가 있는지 알게 될 정상을 향할 때 위험은 크든 작든 모든 선택에 존재한다. 하지만 그 선택이 경력이나 사랑처럼 더 깊은 경험에 도달하기 위한 인생의 변화와 관련될 때는 특히 더 어렵다. 목표가 제공하는 경험의 깊이에 따라 헌신하는 것이 더욱 어려운 이유는 원하는 것을 얻지 못할 때 당신이 잃는 것과 관계가 있으며, 성취와 관련된 더 큰 목표에 쏟는 시간 및 노력과도 연관된다. 헌신의 위험은 당신이 가치 있게 여기는 뭔가를 잃을 수도 있는 가능성과 관계가 있다. 그 위험을 다루고 삶에서 변화를 향해 나아갈 수 있는 능력은 '손실 회피'loss aversion와 깊이 관련된다.

얻을 것보다 잃을 것에 집착하는 심리

모든 헌신은 두 가지 의문을 일으킨다. 첫째, 이 선택이 옳은 것일까? 둘째, 이것을 택하면 남아 있는 다른 선택은 무엇일까? 이 질문들은 손실에 대한 것이다.

칠리스나 TGIF 같은 식당에서 가장 적당한 메뉴를 고르려고 애쓰고 있다고 하자. 웨이터가 다가오자 당신은 가벼운 공포감을 느낀다. 당신은 파히타를 주문하고 싶지만 잘못 선택한 건 아닌지 걱정하며 음식을 먹었을 때 만족스럽지 않을지도 모른다고 생각한다. 웨이터는 펜을 들고 주문받을 준비를 하고 있지만 당신의 머릿속에는 답을 알 수 없는 두 가지 질문이 맴돈다. '첫째, 파히타가 오늘 저녁 내게 딱 맞는 요리일까?

둘째, 파히타보다 더 만족스러울 수도 있는 다른 메뉴는 무엇일까?' 이렇게 당신은 맛있는 식사에 대한 손실과 당신이 선택할 수도 있었던 다른 메뉴에 대한 손실을 걱정한다.

역설적으로, 당신이 이런 손실을 그토록 걱정하는 이유는 거대한 메뉴판이 제공하는 수많은 기회 때문이다. 다시 말해 선택의 자유는 오히려 당신을 제약하고 당황스럽게 만든다. 이 사실은 단순히 실존 철학의 사색에서 비롯된 결과물이 아니다. 이는 인간의 정신이 지닌 특성으로서 과학적 근거를 지닌다.

동물과 마찬가지로 인간은 이득보다 손실에 더욱 신경 쓴다. 이는 노벨상 수상자 대니얼 카너먼과 아모스 트버스키[3]가 개발한 손실 회피 이론의 결론이다. 그들의 연구에 따르면 100달러를 얻는 만족감은 100달러를 잃는 상실감의 절반에 불과하다. 이런 감정은 모든 상황에서 나타난다.

손실을 피하려는 성향이 이득에 끌리는 마음보다 훨씬 강하다는 사실에는 타당한 진화적 근거가 있다. 손실로부터 자신을 보호하고자 더 많은 에너지를 쏟는 유기체가 기회를 잡으려고 더 많은 에너지를 쏟는 유기체보다 생존할 가능성이 훨씬 크기 때문이다.

손실 회피는 거대한 메뉴판의 문제를 설명해준다. 메뉴판은 온갖 종류의 기회를 제공하지만 그만큼 손실의 가능성도 크다. 여기서 수학이 등장한다. 두 가지 메뉴밖에 없는 근사한 식당에서 저녁을 먹는다고 생각해보자. 한 가지 메뉴를 선택할 때 당신이 잘못된 결정을 내릴 가능성은 50퍼센트다. 이제 수많은 메뉴를 제공하는 칠리스나 TGIF로 돌아가자. 당신은 자유롭게 선택할 수 있다! 하지만 잘못된 결정을 내릴 가능성이 99퍼센트에 이른다. 당신의 선택이 절대적으로 옳을 가능성은 매우 낮을 뿐만 아니라 어떤 것을 선택하든 다른 메뉴를 맛볼 기회를 잃는다.

따라서 풍부한 선택지는 스트레스를 유발할 수 있다. 잘못되고 실망스러운 선택을 할 가능성이 커지고 더 많은 기회를 잃을 위험이 커지기 때문이다. 부리토에 들어갈 재료를 원하는 대로 선택함으로써 실패의 위험을 줄이는 치폴레 같은 식당에 사람들이 몰리는 것은 바로 이 때문이다. 또 사람들이 뷔페를 좋아하는 것도 같은 이유다. 어떤 기회도 놓치지 않고 모든 음식을 먹을 수 있기 때문이다.

우리가 믿음이 손상되었을 때 사후가정에 그토록 몰두하는 이유도 이와 매우 비슷하다. 우리는 자유에 직면하지만 옳은 결정을 내리고 그에 따라 행동할 수 있는 자신에 대한 믿음이 없다.

심리학자 배리 슈워츠Barry Schwartz는 저서《선택의 심리학》에서 수많은 선택지가 있는 미국의 소비자들이 적은 선택지밖에 없는 다른 나라의 소비자보다 행복지수가 매우 낮은 이유로 손실 회피를 언급했다. 그리고 최근 미국 내에서 이런 경향에 맞서 선택지를 제한하고 개인의 가치와 목적에 관련된 중요한 사안에 집중함으로써 사람들의 행복감을 높이려는 움직임이 있다고 하면서 이렇게 말했다. "우리에게 필요한 것, 우리가 하고 싶은 것에 집중하는 건 너무 많은 선택의 문제를 해결하는 방법으로 보이지 않는다."[4] 즉 당신이 저녁으로 파히타를 원하는지, 스테이크를 원하는지에 대한 걱정을 끝내고 성취감을 얻을 수 있는 중요한 선택으로 생각을 돌리는 것은 선택의 불안을 낮추지 않는다. 오히려 불안을 높일 뿐이다.

메뉴판이 아무리 크다고 해도 메뉴는 제한되어 있다. 반면 당신이 삶에서 성취감을 느낄 수 있는 것(당신의 가치에 부합하거나 당신에게 의미와 목적을 부여하거나 연대감을 제공하는 것)은 무한하다. 따라서 개인적 변화에 대한 이들 선택 중 한 가지에서 실수를 했다고 느낀다면 당신의 마음은 선택할 수 있었던 다른 가능성들을 검토할 것이다. 즉 사후가정을 하게 된다. 하지만 당신 앞에 놓인 선택지를 고려한다면 더욱 엉망이 될 것이다. 다음 결정에 대해 만일 이것을 택한다면 혹은 저것을 택한다면 어떨지 곰곰이 생각하면서 미래에 대한 사후가정이 일어나기 때문이다.

관계를 맺는 일에 대해 다시 생각해보자. 당신이 망설이는 이유는 무엇일까? 아마도 첫 번째 이유는 상대방이 정말 좋은 짝인지 모르기 때문일 것이다. 당신은 상대의 모든 결점과 짜증 나는 모든 면을 보고 의문이 생긴다. '이 사람이 내 삶을 더 좋게 해줄까?' 만일 결혼 상대를 선택할 여지가 별로 없다면, 예를 들어 아주 작은 마을에 살거나 중매쟁이를 통해 상대를 소개받아야 한다면 완벽한 짝을 찾았는지에 대한 걱정은 그렇게 큰 문제가 아니다. 하지만 인터넷 데이트가 쉽게 이뤄지는 세상에서 당신이 할 수 있는 선택은 거의 무제한에 가깝다. 따라서 당신은 옳은 선택을 했는지 결코 알지 못한다.

두 번째 이유는 놓쳤을지 모를 기회 때문이다. 어쩌면 다른 사람이 운명의 상대일 수도 있다. 지금 앞에 있는 사람을 선택한다면 운명의 상대를 놓칠지도 모른다. 여기서 역설적인 상황이 발생한다. 완벽하게 맞는 직업과 짝을 찾는 일에서 당신이 경험하는 불안의 양은 당신의 앞에 놓인 선택지의 숫자와 직접적인 관련이 있다.

변화는 공상과학 소설에서 무수히 많은 삶이 각기 다른 시점에 다른 선택으로 발생해 병렬적으로 존재하는 대안 세계alternative universe와 같다.

이 게임이 당신의 머릿속에서 일어나고 있다. 게임은 멕시코 음식 같은 것을 선택할 때는 그리 대단한 일이 아니다. 하지만 배우자를 선택할 때는 심각한 문제다. 칠리스의 메뉴와 삶의 변화를 위한 선택의 차이는 그 선택에 포함된 위험과 관련이 있다.

그 위험은 당신이 더 깊고 의미 있는 존재가 되기 위해 헌신할 때 훨씬 더 커진다. 이런 상황을 설명하는 한 가지 방법은 가능한 시나리오를 생각해보는 것이다. 만일 배우자가 다른 지역으로 이사 가고 싶어 하면 어떻게 될까? 우리가 아이 양육 방식에 합의하지 못하면 어떻게 될까? 헬스장에서 누군가를 만나 결국 나를 떠나면 어떻게 될까? 하지만 이것만으로는 한계가 있으며 어쩌면 별로 유용하지 않을지도 모른다. 이야기를 다 읽기도 전에 결말로 건너뛰려고 하면 당신은 끝없는 궤도에서 자신을 발견할지도 모른다(가능한 모든 시나리오를 집요하게 추적하고, 있을 수 있는 여러 대안 세계를 나열하면서). 당신은 모든 데이터를 얻을 수 없으며 모든 결과를 예측할 수도 없다. 그리고 어느 시점에는 모든 일이 당신의 믿음을 걸고 하는 도박이 될 것이다.

자유가 많을수록 우리는 결정을 확신할 수 없게 되고 따라서 더욱 직감(앞서 믿음과 관련해 언급했던 감정적, 신체적 정보 출처)에 의존해야 한다. 최근 '헌신의 두려움'fear of commitment이라는 용어가 널리 확산되고 있다. 예를 들면 '프레드는 헌신의 두려움 때문에 정착할 수 없다'와 같이 관계의 문제를 설명할 때 가장 빈번하게 사용된다. 하지만 우리 모두 헌신을 두려워한다. 그리고 당연히 헌신은 두려운 것이다.

헌신은 모든 달걀을 넣기에 적합한 바구니인지 알지 못한 채 깊이 열망하는 뭔가에 상당한 자원을 투자하는 행위다. 헌신을 다짐하고 미지의 세계로 뛰어드는 것에 대한 두려움은 선택지가 많을수록, 원하는 것에 가치를 부여할수록 더욱 커진다. 큰 투자와 알 수 없는 결과 사이의 불일치는 게슈탈트를 지향하는 우리의 뇌(논리적 연관성을 매우 좋아하는 문제해결사)에 많은 불안을 유발한다. 불안은 신경증이 아니다. 그런 어려움을 맞닥뜨렸을 때 당연히 느끼는 가장 정확한 감정이다.

헌신을 통해 원하는 바를 이룬다면 그것은 대단한 일이다! 위험을 무릅쓸 만한 가치가 충분하다. 하지만 헌신이 결국 실망으로 끝나면 우리는 새로운 딜레마에 직면하고 올바른 믿음에 따라 행동하려는 의지가 시험대에 오르게 된다. 가던 방향으로 계속 나아감으로써 손실을 회복하려고 노력할 것인가? 아니면 과감하게 방향을 바꿀 것인가? 다시 말해 이는 손실에도 불구하고 선택한 일에 투자를 계속하고 싶은지(많은 돈을 손해 보고도 더 투자하는 것을 원하는지)에 대한 문제다.

보상 없는 노력이 만드는 무력감

손실 회피 성향과 완벽함을 지향하는 두뇌가 결합하면 더 많이 잃을수록 더 많이 투자하는 경향이 생긴다. 예를 들어 싫어하는 직업 혹은 비참한 결혼 생활을 계속 유지한다면 이는 대차대조표를 적자에서 흑자로 만들고자 노력하는 것이다.

경제학자들의 매몰비용 오류sunk-cost fallacy,[5] 사회학자들의 몰입 상승 escalating commitment[6] 또는 몰입 편향commitment bias[7]으로 알려진 이런 경향은 깊이 있는 인생을 만들려다 실패할 때 매우 강력하게 작용한다. 그리고 그렇게 개인적 변화를 시도했다가 실패했을 때 우리 내면의 공인회

계사가 손실을 회복하기 위해 필사적으로 노력하는 이유가 한 가지 더 있다. 바로 인간이 유한한 존재라는 점이다.

상처받을지 모른다는 위험에도 불구하고 용감하게 뛰어들어 헌신한 모든 시간(미지의 세계에 직면해 믿음과 희망을 지속한 결실)들이 헛되게 느껴질 수 있다. 예전의 꿈을 추구하며 보낸 시간은 처음보다 존재의 마지막에 더 가까운 곳으로 우리를 데려간다. 시간은 절대적으로 중요하다. 그리고 위험은 그 어느 때보다 높다. 그야말로 죽기 아니면 살기다.

그래서 우리는 어떻게 하는가? 깊이와 의미를 가져다줄지도 모르는 선택 앞에서 우리는 또다시 아슬아슬하게 서 있다. 미지의 세계로 뛰어드는 두려움은 전보다 훨씬 크다. 우리는 지난번 시도의 실패를 뒤로한 채 다시 믿음을 갖고 도약해야 한다는 것을 알고 있다. 하지만 이전에 최선을 다한 노력이 결국 실수로 끝났으며 그 실수로 몇 년을 허비했다는 것도 알고 있다.

인생을 항해하는 과정에서 가장 중요한 우리 자신에 대한 믿음이 가장 필요한 순간 휘청거린다. 충분한 대가를 얻을 것이라는 약속도 없는 가운데 노력과 감정 그리고 어느 때보다 부족해진 시간을 쏟으며 손실을 회복하기 위해 대담하게 장기적인 투자에 뛰어들 때 이를 뒷받침할 믿음이 흔들리는 것이다. 이는 우리가 지금 서 있는 곳과 앞으로 가고 싶은 곳 사이에 극심한 긴장을 일으킬 수 있다.

이런 선택으로 불안해진 우리는 잘못된 믿음과 고지식한 정신이라는 오랜 친구들을 찾는다. 그들은 항상 그곳에서 우리를 기다린다. 인생에 대한 책임으로 무겁고 힘든 상황을 맞이하면 오랜 친구들을 찾는다는 사실을 그들은 아는 것이다. 불행하고 지친 결혼 생활에 대해 그들은 이렇게 말한다. "너는 결혼 서약에 '네'라고 답했어. 기다려봐. 더 좋아질 수 있을 거야." 일에서 막다른 벽에 부딪혔을 때는 이렇게 말한다. "포기하지 마. 기다리는 사람에게 좋은 일이 생기는 법이야."

그들은 밤낮으로 우리를 괴롭히는 불안이라는 문제를 해결해준다. 우리를 진정시키고, 매몰비용의 절망과 계속해서 시도하는 고통스러운 경험으로부터 우리를 보호하면서 공허함과 지루한 일상이라는 돼지에게 바를 립스틱을 건네준다. 그리고 천천히 호흡 마스크를 씌워 고통을 느끼지 못하도록 우리를 마취시킨다.

물론 꼭 그렇게 되는 것은 아니다. 하지만 그저 현재 상태에 머무르는 대신 불확실성으로 뛰어들려면 매우 큰 용기와 노력이 필요하다. 다음은 그런 도약을 하는 데 도움이 되는 적절한 주문을 찾아낸 어떤 사람에 관한 이야기다.

인생은 한 편의 즉흥극이다

나는 한동안 샘이라는 남자와 일했다. 샘은 '헌신 공포증'이 있었다. 그는 매주 데이트를 했고 여러 상대와 잠자리를 가졌으나 관계가 진지해질 때면 도망치곤 했다. 20대에는 새로운 여성을 만나는 재미와 성적 접촉의 즐거움이 만족스러웠다. 그러나 30대가 되어 여성과의 만남이 아주 지루한 정도까지는 아니지만 만족스럽지 않다는 사실을 알게 되었다.

그는 외로웠고 더 많은 걸 원했다. 늘 짝을 찾아야 한다는 생각을 떨치지 못했고 때로는 불편한 마음을 혼잣말로 중얼거리며 걱정과 좌절의 불협화음으로 괴로워했다. 그는 짝을 만나기 위해 각종 데이트 앱과 서

비스부터 스피드 데이팅과 싱글 이벤트까지 온갖 방법을 시도했다.

샘은 종종 내 사무실을 찾아와 곧 있을 데이트 이벤트를 이야기하며 시간을 뺏곤 했다. 매번 그는 새로운 방식의 데이트에 도전하는 게 매우 기대되고 흥분된다고 했고, 며칠이 지나면 이번에도 아무 일 없었다며 실망스러워했다. 내가 보기에 그는 깊은 노력이 필요한 일에 대해 여기 저기서 도움을 받으려고 애쓰는 것 같았다. 사실 그가 짝을 찾는 걸 방해 하는 진짜 장애물은 누군가와 친밀한 관계를 맺는 것을 꺼리는 그의 마 음인데 말이다. 하지만 내가 그에게 충고하거나 조언할 입장은 아니라 고 생각했다. 나는 조용히 입을 다물었다.

어느 날 샘이 즉흥 수업에 참여한다고 말했을 때 나는 속으로 전혀 관 심이 없었지만 늘 그렇듯 조용히 고개를 끄덕이며 격려의 말을 해주었 다. 예전에 나는 그 수업이 재미있지만 다소 컬트적이고 주머니를 털어 가는 경향이 있다는 기사를 읽은 적이 있었다. 하지만 즉흥 수업을 듣고 온 샘은 예전처럼 실패했다고 이야기하지 않았다. 그는 그 수업을 매우 좋아했다. 일정이 빈 시간에 그는 내 사무실에 와서 소파에 털썩 앉아 수 업 이야기를 해주었다.

"'예스 앤드'yes-and가 수업의 전부였어요."

'예스 앤드'는 즉흥극의 가장 중요한 원칙이다. 예를 들어 당신이 내 게 "나는 기린입니다."라고 말하면 나는 그 새로운 현실에 '예스'라고 동 의하고 '앤드'를 덧붙인다. 그리고 "저는 처음으로 지구 생명체를 만난 화성인입니다!"라고 말하는 것이다.

나는 예스 앤드가 즉흥극에서 어떻게 중요한 역할을 하는지 알고 있 었다. 하지만 삶의 철학에 적용되는 방식으로서, 샘의 헌신 문제를 극복하는 전략으로서는 다소 현실적이지 못한 방법으로 들렸다. 업무 중 잠깐씩 이야기를 나눌 때 샘이 단언하곤 했던 데이트와 헌신에 대한 수많은 구호 중 하나인 것 같았다. 하지만 그는 수업의 내용을 맹신하고 있었다.

몇 주 동안 샘은 수업에 대해 계속 이야기했다. 데이트 세계에서 그가 뭔가 한 가지를 지속하는 건 전에 없던 일이었다. 더 중요한 사실은 그가 수업에서 리사라는 여성을 만나 데이트를 시작한 것이었다. 그는 내 사무실을 찾아와 리사와의 관계를 이야기해주었다. 내가 어떻게 되고 있는지 묻자 그의 대답은 전과 짜증 날 정도로 똑같았다.

"예스 앤드죠."

나는 대체로 구호를 별로 좋아하지 않는데 이번 구호는 특히 짜증 났다. 마치 헌신에 대해 생각하는 최악의 방법처럼 들렸다. 헌신은 약속에 '예스'라고 답하는 것이다. 이것이 헌신의 핵심이다. 헌신에 '그리고, 만일, 하지만' 같은 것은 없다.

나중에 샘은 다른 직장으로 이직했고 1년쯤 지난 뒤 나는 청첩장을 받았다. 그와 리사가 결혼하기로 한 것이다. 나는 그동안의 소식을 알아보는 것이 좋을 것 같아 샘에게 전화를 걸어 약속을 잡았다.

"결국 모든 게 잘 풀렸네요."

나는 샘과 술집에 자리를 잡고 앉으며 말했다.

"샘, 예전에 당신은 절대로 누군가와 정착하지 않을 거라고 확신했잖아요."

"맞아요. 하지만 즉흥 수업이 제 생각을 완전히 바꿔놓았어요."

"정말요?"

"네, 다 '예스 앤드' 덕분이죠. 그때가 뭔가를 이해하기에 적합한 시기였던 것 같아요. 바로 그 시기에 예스 앤드를 알게 된 거죠."

나는 본능적으로 손이 올라가는 것을 느꼈다. 그리고 엄지와 검지로 콧날을 잡으며 앞뒤로 고개를 끄덕였다. '어쩌면 그는 다윗교(미국의 기독교계 신흥 종교단체로 이단으로 분류된다. -옮긴이)에서 절대 돌아오지 않을지도 몰라.' 나는 이렇게 생각했지만 예의를 지키기로 했다. 샘은 이야기를 계속했다.

"그러니까, 이런 거예요. 저는 헌신이 두려웠어요. 장기적인 관계가 제게서 뭔가를 빼앗는다고 생각했기 때문이죠. 하지만 예스 앤드 관점에서 보자 결혼이 리사와 제가 동의하는 일종의 계약처럼 보였어요. 우리가 여러 가지 앤드를 추가할 수 있는 계약 말이에요."

나는 샘의 이야기가 헌신을 두려워하는 지난날의 그와 비슷하게 들렸다. 내가 보기에 그는 자유를 보장해줄 수 있는 약간의 탈출 조항을 넣어 결혼 계약을 수정하고 싶어 하는 것 같았다. 배우자에게 완전히 헌신할 수 없는 사람인 그는 거창한 타협안을 찾고 있었다. '그렇다'yes, 그는 자신의 삶에 리사를 받아들일 수 있을 것이다. '그리고'and 그가 원하는 다른 뭔가를 할 수도 있을 것이다.

나는 그런 일이 일어나도록 지켜볼 수 없었다. 너무 늦기 전에 샘이 가지고 있는 부정의 풍선을 터뜨릴 필요가 있었다.

"샘, 미안하지만 예스 앤드를 이야기하면서 헌신하지 않을 수도 있다고 말하고 있는 거 아닌가요?"

"무슨 뜻이에요?"

"앤드에 헌신 외에 다른 것이 있다는 말이에요. '그래, 나는 서약을 할 거야. 그리고 원하면 어느 때고 결혼을 그만둘 수 있어.' 혹은 '그래, 나는 헌신해. 그리고 다른 여자들과 잠자리를 가질 수 있어.' 그렇게 말하고 있는 것 같아요."

뜻밖에도 샘은 고개를 저으며 웃기 시작했다. 그가 유감스러워하는 기색을 느낄 수 있었다. 어쩌면 내가 오만했는지도 모른다.

"오, 이런. 전혀 이해하지 못하고 있군요. 예스는 헌신에 동의하는 것이고 앤드는 리사와 제가 그 헌신에 대해 원하는 무엇이든 더할 수 있다는 거예요. 앤드는 헌신의 어떤 것도 망가뜨리지 않아요. 헌신을 더 공고하게 만들죠."

"정말 이해가 안 되는군요, 샘."

"들어보세요. 우리는 서로에게 서약하기로 결심했고 이제 우리의 인생은 여러 약속이 이어질 거예요. 여행을 가는 것, 집을 멋지게 꾸미는 것, 아이를 갖는 것 혹은 갖지 않는 것, 우리가 생각하는 가치에 따라 흥미로운 방법으로 아이를 키우는 것, 심지어 어떤 일부일처 관계를 원하는지 결정하는 것까지 말이죠."

나는 샘이 말하고자 하는 것을 이해하기 시작했다. 하지만 일부일처제를 선택한다는 부분이 여전히 의심스러웠다.

"샘, 알겠어요. 그러니까 여러 상대와 잠자리를 하는 건…."

"저는 우리 둘로 만족해요. 그 외에 다른 관계는 없을 거예요. 하지만 우리가 예스를 버리지 않는 한 그것도 하나의 선택이죠. 우리는 함께 의사결정을 하는 커플이에요."

"알겠어요. 무슨 뜻인지 알 것 같아요."

나는 오만함을 내려놓으며 답했다.

"저는 한 여자와 가까워지는 걸 정말 두려워했던 건 아니에요. 장기적인 관계가 저를 제약하는 것을 두려워한 거죠. 하지만 이제 자유로워지는 새로운 방식으로 모든 것을 보고 있어요. 리사와 제가 예스 앤드를 충실히 지키는 한 우리는 자유로울 거예요."

"맞아요."

"혼자였을 때는 독신 생활에 대해 항상 제가 결정해야 했고 온갖 제약이 있었어요. 하지만 결혼하면 저의 독립적인 생활은 방해를 받겠지만 결혼 생활만의 자유도 있죠. 결혼은 독신 그 이상도, 이하도 아니에요. 그저 다른 사람이 참여하는 프로젝트의 일부가 되는 거예요."

"그래요, 샘. 이제 알겠어요."

갖가지 구호와 수법에 대해 내가 갖고 있던 편견의 껍질은 그렇게 해소되었다. 나는 샘이 그동안 무엇을 이야기해왔는지 이해할 수 있었다. 예스 앤드는 헌신에 대해 고지식한 정신으로 접근하던 샘의 생각을 전환하는 데 도움이 되었다. 그는 결혼 서약이 역할과 규칙의 컨베이어 벨트에 자신을 올려놓고 통제할 수 없는 미래로 보낸다고 생각했다. 하지만 이제는 유희의 원천으로, 단단한 것을 얼마든지 구부릴 수 있는 유연성 혹은 탄력성을 가진 물체로 결혼을 바라보게 되었다.

재즈 음악가 브랜포드 마살리스Branford Marsalis는 이렇게 썼다. "당신은 무엇을 느끼든 그것을 연주할 수 없다. 유일한 자유는 체계에 있다."[8] 이는 체계와 즉흥성 간의 기본적인 상호작용을 설명한 것으로 재즈 음악의 기본 토대가 된다. 이와 더불어 마살리스는 견고하지만 유연한 것 사이의 본질적인 긴장도 설명했다. 그런 긴장 속에서 우리는 창의적인 접근을 통해 자기만의 것을 만들어낸다. 내가 좋아하는 정신분석가 도널드 위니컷Donald Winnicott은 "전통의 기반 없이 독창성을 발휘하는 것은 불가능하다."라고 썼다.[9] 결혼의 전통 안에서 독창성을 추구하는 것, 이것이 샘과 리사의 결혼 서약이었다.

나는 결혼에 대한 샘의 접근 방식을 생각했다. 그리고 '예스'를 통해 단단하게 뿌리 내린 헌신의 범위를 벗어나지 않으면서 상상하고 발명하고 창조하는 유희의 정신을 구체화하는 결혼 생활이 그의 알 수 없는 미래에 어떻게 관여하는지 생각했다. 리사는 좋은 의미에서 샘의 놀이 친구였고 둘은 활기 없어 보이는 결혼 계약, 결혼에 대한 사회적 기대, 성인에 대한 통념을 받아들여 생기를 불어넣었다. 마치 아이들이 함께 놀이를 하는 것처럼, 동화에서 무생물에 생명을 불어넣는 것처럼 말이다.

유희의 정신은 삶에 대한 책임을 더 이상 두려워하지 않고 대신 삶에 대한 저자의식이라는 선물을 흥미진진하게 받아들이고 감사하게 해준다. '다음에 할 일이 뭐지?'라는 질문을 최고의 질문으로 만들고 알 수 없는 미래를 의미 있는 선택이 가득한 곳으로 바라보게 해준다.

인생은 즉흥극이며, 즉흥극은 우리를 가장 인간답게 만들어준다. 인간의 위대한 신피질(동물계에서 가장 최근에 발견된 부위)은 이 사실을 증명한다. 신피질은 여러 선택지를 상상하기 위한 목적으로 전두엽에 위치하며 기존의 것에서 새로운 것을 만들어내고 협력적인 방식으로 다른 사람들에게 귀를 기울인다. 또 타인의 경험을 유추해 이를 유효한 것으로 받아들이고 혁신을 일으킨다.

우리의 인간성을 나타내는 이런 요소는 우리가 부모에게 처음으로 '예스'를 의미하는 미소를 지었을 때 '그리고' 부모가 이 새로운 현실에 미소 지었을 때 발현되었다. 예스 앤드 정신은 계속해서 우리의 삶에 생명을 불어넣는다. 하지만 이는 아이였을 때처럼 쉽게 발현되지 않는다. 오히려 그 반대다.

자급자족의 만만치 않은 과업과 책임에 대한 인식에 얽매이지 않는 어린 시절에는 즉흥성이 자연스럽게 나타났다. 하지만 나이가 들면 즉흥적인 접근을 위해 별도의 노력을 해야 하며 어릴 때는 필요하지 않았던 용기를 내야 한다. 모든 '앤드'의 결과를 책임져야 한다는 사실이 걱정됨에도 불구하고 희망과 믿음을 가져야 한다.

즉흥성을 발휘하는 것은 지나친 두려움을 갖지 않고 희망에 따라 행동하는 것이다. 즉 주어진 상황에 '예스'라고 말하는 것, '그리고' 대체 경로를 찾는 것이다. 이는 우리가 하는 행동에서 좋은 일이 일어날 수 있다는 믿음을 바탕으로 행동하는 것이다. 세상에 대해 이런 태도를 지니는 것이 성인인 우리에게 고통스러울 정도는 아니라 해도 얼마나 어려운 일인지 우리는 이미 알고 있다.

불안감이라는 경고 신호를 무시하라

"무관심한 태도로 일관하거나 감각과 상상력을 마비시키지 않고는 삶의 불안을 피할 수 없다."

실존주의 심리학자 롤로 메이가 쓴 말이다.[10] 다시 말해 고통이 없으면 얻는 것도 없다는 의미다. 변화에 따른 고통은 결국 언제나 책임과 혼자라는 사실에 대한 고뇌와 관련된다. 변화하지 않는 이유 1~3에서 설명했듯이 우리의 뇌는 그 고통을 피하는 일에 관한 생각으로 가득하다. 하지만 그 고통을 직면하지 않으면 원하는 것을 얻을 기회도 없다.

나는 몸에 문신이 꽤 많다(정강이에는 해럴드와 보라색 크레용이 새겨져 있다). 많은 사람과 마찬가지로 내게 문신은 프링글스 감자칩과 같아서 '한번 열면 멈출 수 없다'Once you pop, you can't stop (프링글스의 광고 문구-옮긴이). 나는 처음 문신을 하자마자 앞으로 더 많이 문신할 거라는 걸 알았다. 문신은 잘 알려진 것처럼 새길 때 고통스럽다. 나는 마조히스트도 아니고 고통을 잘 참는 편도 아니지만 잉크를 새겨 넣는 고통은 문신을 하고 싶게 만드는 요인 중 하나다.

고통은 내가 피부 깊은 곳에 지워지지 않는 뭔가를 하고 있음을 알려준다. 사실 고통이 따르지 않았다면 나는 문신을 하지 않았을 것이다. 하지만 문신의 고통과 관련해 또 다른 핵심은 이것이다. 만일 바늘에 잉크를 채우지 않은 채 목적 없이 피부를 찔렀다면 나는 고통에 몸부림치며 불만을 토로했을 것이다. 바늘이 그저 내게 고통을 주려는 의도로 사용되었다면, 더 심하게는 내 의지에 반하여 사용되었다면 어땠을까? 이런 상황을 뜻하는 단어가 있다. 바로 고문이다.

신체적 고통이 맥락에 따라 달라진다는 것은 입증된 사실이다. 즉 고통은 그 의미와 주변에서 일어나고 있는 상황에 따라 다르게 느껴진다는 것이다.[11, 12] 이는 혼자라는 사실에서 비롯된 고통을 다루는 방식에서도 마찬가지다. 혼자라는 사실을 위험하고 위협적인 것으로만 여기면 그 의미 또한 사라진다. 그런 맥락에서는 고통이 잘못된 믿음의 보호막을 공격하는 괴물처럼 이질적인 것으로 보인다. 하지만 혼자라는 것을 변화에 따르는 불가피한 부분으로 여긴다면 여전히 고통스럽고 두렵지만 우리가 변화하고 있음을 나타내는 지표가 되기도 한다. 실제로 혼자라는 사실에서 오는 고통은 변화가 일어나고 있다는 유일한 지표일 때가 많다.

그러나 변화를 위해 실존적 불안을 과감히 받아들일 때 무릅쓰는 위험이 정말 위험하다는 사실을 잊어서는 안 된다. "그냥 해봐!" "그냥 뛰어들어!" "그냥 부딪쳐봐!" 변화에 대해, 특히 인생을 깊이 있게 만드는 변화에 대해 이처럼 말하는 것은 그야말로 어리석은 행동이다.

너무나 혼란스러운 변화의 세상에서 '그냥'이란 없다. 변화를 향해 나아갈 때 우리는 실제로 혼자임을 경험한다. 새롭고 더 어려운 도전이 나타날 가능성에 직면하며 엄청난 매몰비용을 두고 떠나야 할지도 모르는 현실과 마주한다. 또 우리가 이루고 싶은 목표가 결국 쓸모없는 것일 가능성, 큰 실망에 직면할지 모를 가능성에 맞닥뜨린다.

혼자라는 사실에도 불구하고 과감히 변화에 도전하는 것은 위험을 무릅쓰는 모험이며 그 위험은 모두 현실이다. 실제로 개인적 변화의 핵심은 진정으로 자신의 삶에 다가가는 위험이다. 자신의 가장 진정한 모습이 나타나기 때문에 그 위험 또한 진짜인 것이다.

개인적 변화에 대해 우리는 부당한 거래를 제안받는다. 과감히 변화에 도전하면 위험을 느끼고 불안을 마주한다. 반대로 변화하지 않으면 위험이 없는 것처럼 느끼고 따라서 불안도 없다. 모든 시나리오는 현상 유지를 위해 조작된다. 변화를 시작하면 우리는 불안이 보내는 메시지에 사로잡힌다. '경고, 경고, 지금 위험에 처해 있다!' 불안은 도망치라고 애원하며 소리 지른다. 하지만 변화를 실행하지 않으면 잘못된 믿음과 고지식한 정신이 현상 유지의 위험에 대해 그런 메시지를 받지 않도록 당신을 보호한다.

이 장을 마치지 못하도록 나를 방해하는 온갖 장애물에도 불구하고 나는 해냈다! 침대의 안락함, 퐁듀 요리법의 유혹, 혼자라는 사실에 직면하는 고통, 아직 준비되지 않은 느낌, 다음 할 일이 있다는 괴로움, 잃는 것보다 얻는 것이 많으리라는 보장 없이 어떤 일에 헌신하는 어려움, 이 모든 것에도 불구하고 이 장을 끝낸 것이다. 하지만 아직 끝나지 않았다. 내일 나는 다음 장을 쓰기 위해 새벽 다섯 시쯤 일어날 것이다. 그리고 결국 어떻게 될지는 알지 못한다.

CHANGE

제7장

기대하고 실망해도
나아갈 용기

**아무것도 기대하지 않는 사람은
실망할 필요조차 없으니 행복하다.**
_알렉산더 포프

어느 날 맥스가 한 수업에서 좋은 성적을 받았다고 전화한다. 그러면 나는 아들이 거둔 성공에 주목하려고 노력한다. 하지만 결국은 앞으로 이룰 수 있는 다른 성공에 관해 이야기하는 것으로 끝난다.

"A를 받다니 대단하구나."

그리고 나는 그러지 않는 게 낫다고 생각하면서도 꼭 이렇게 덧붙인다.

"생각해보렴. 계속 그렇게 해나가면 과에서 수석이 될 수도 있어!"

맥스의 짜증이 5,000킬로미터나 떨어진 곳에서도 느껴지는 듯하다. 하지만 내가 여기서 끝나는 건 아니다. 내 안을 느린 동작으로 살펴보면 이때 내 머릿속에서 경고음이 울린다. '이봐, 그만. 그만하고 들어!' 나는 이렇게 묻는다.

"다른 수업들은 어떠니?"

자주 일어나는 이런 상호작용에서 맥스가 한 번 성공했다고 말하면 나는 더 높은 기대를 하게 된다. 맥스는 이번에 이룬 성공에 대해 인정받기를 원하지만 그 성공은 맥스가 이룰 수 있는 다른 성공으로 내 생각을 움직일 뿐이다. 자녀에 대한 높은 기대는 부모의 특권이다(내 기대가 늘 똑같다면 나는 내 역할을 제대로 수행하지 않는 것이다). 따라서 나는 그런 언급을 할 때 내가 일반적인 기준을 크게 벗어났다고 생각하지 않는다. 하지만 맥스의 입장에서는 내가 축구 골대를 옮기고 있는 것처럼 보일 것이다.

실제로 내가 골대를 움직인 건 아니다. 맥스가 좋은 성적을 받음으로써 움직인 것이다. 좋은 성적으로 내 기대가 올라가는 성가신 결과를 초래할 위험을 감수한 것은 맥스의 의지다. 맥스는 사실 이 점을 알고 있다. 나는 명백한 사실에 대해 맥스가 잠자코 있도록 내버려둘 수 없는 아빠일 뿐이다.

맥스는 단단한 녀석이다. 내 잔소리가 짜증 나긴 하겠지만 그런 긍정적인 변화가 내 기대를 높인다는 사실을 감당할 수 있다. 물론 이런 기대가 무엇으로 이어질지는 불안할 것이다. 하지만 스스로 학업 능력에 대한 희망과 믿음이 있기에 이 같은 불안을 넘어 A를 받으면 괴로움보다는 자신감이 더 커지리라는 걸 나는 알고 있다. 이것은 당신도, 나도 늘 그런 것은 아니다. 그리고 맥스도 늘 그렇지는 않을 것이다.

변화하지 않는 두 번째 이유에서 '다음에 할 일은 무엇인가?'라는 질문에 표현되었듯이 당신이 지금보다 더 앞으로 나아가면 당신을 비롯해 사람들의 기대가 높아진다. 당신이 어떤 일에 성공할수록 더 많은 사람이 더 많은 것을 기대한다. 이것은 분명한 사실이다. 그래서 변화하지 않는 이유 두 번째는 책임을 피하기 위해 현재 상태에 머무른다는 것이다. 즉 혼자라는 사실을 인식한 당신은 다음 할 일에 책임이 있다는 사실을 깨닫고 오싹해질 수 있다.

변화하지 않는 네 번째와 다섯 번째 이유는 비슷한 질문들이 어떻게 희망의 두려움으로 이어지는지 살펴본다. 이는 미묘하지만 중요한 차이가 있다. 이 이유들은 앞으로 뭔가를 책임지는 것에 대해서 다룬다. 더불어 당신의 변화로 당신에 대한 기대가 더욱 커지는 두려움, 그런 기대가 어떻게 새로운 희망의 수준이 되고 위험을 감수할 만큼 큰 열망으로 바뀌는지 살펴본다.

'못 할 이유가 없다'는 위험한 자신감

기대는 바깥쪽을 향해 커질 수 있다. 성공의 암술에서 꽃을 피운 기대는 어려운 도전 앞에서도 유지된다. "내가 카페인 섭취를 줄일 수 있다면 탄수화물 섭취도 줄이지 못할 이유가 없어." 기대는 위쪽을 향해서도 커질 수 있다. 더 높은 도전을 향해 성공의 씨앗이 가지를 뻗는 것이다. "내가 탄수화물 섭취를 줄일 수 있다면 탄수화물을 완전히 끊지 못할 이유가 없어."

어느 쪽이든 '내가 …을 못 할 이유가 없어'라는 상당히 거슬리는 문구가 들어가곤 한다. 어떤 일에서 일단 성공하면 그동안 다른 합리적인 도전을 회피하며 우리가 들이댔던 핑계가 얼마나 터무니없는 것이었는지 드러날 때가 많다.

앞서 믿음과 연결 지어 살펴본 앨버트 반두라의 자기효능감[1] 개념은 어떤 일에 정통할 수 있는 자신의 능력에 관한 믿음과 관련된다. 자기효능감은 특정 영역에서 좋은 결과를 얻을 때 전반적으로 높아진다. 아마 당신도 살면서 이를 경험해봤을 것이다. 한 영역에서 탁월한 성과를 내면 다른 영역에서도 뛰어난 능력을 발휘할 수 있다는 믿음이 생긴다.

사실 우리의 인생은 그렇게 이어지는 숙달의 순간들로 더듬어볼 수 있다. 우리는 자전거 타는 법을 배웠고 처음으로 A를 받았으며 우리를 괴롭히는 녀석에게 맞섰다. 그때 어떤 느낌이 들었는가? '나는 자전거 타는 법을 익혔어', '나는 맞춤법 시험을 통과했어', '나는 못된 녀석들에 대한 두려움을 극복했어'로 끝났는가? 아니면 '나는 능력 있어'라는 종합적인 확인이었는가? 분명 후자였을 것이다.

레빈은 희망에 대해 비슷한 주장을 했다. 우리는 점점 높은 단계를 밟을 때마다 희망을 키운다.

성공한 사람은 보통 지난번 이룬 성취를 다소 넘어서지만 지나치게 높지 않은 다음 목표를 설정한다. 이런 방식으로 자신이 열망하는 수준을 지속적으로 높인다. 결국에는 상당히 높은 이상적인 목표를 세우게 되지만 그 목표는 현재 자신의 위치와 현실적으로 가깝게 유지된다.[2]

레빈에 따르면 우리는 중간 과정에서 작은 목표들을 달성함으로써 큰 목표를 달성하려는 동기를 얻는다. 예를 들어 90킬로그램으로 벤치프레스를 하고 싶다고 하자. 우선 오늘은 50킬로그램을 목표로 정한다. 이는 충분히 할 수 있는 무게이며 여기서 최종 목표로 나아갈 것이기 때문에 이 목표를 달성하려는 동기가 유발된다. 10회씩 3세트를 마치자 다음 운동 때 55킬로그램으로 무게를 올리고 싶은 의욕이 생긴다. 이처럼 각각의 작은 단계는 다음을 향해 나아가도록 동기를 부여한다.

목표 달성에 필요한 동기를 부여하는 연료는 작은 변화들의 전지에서 발생한다. 이는 희망이 충전기에 꽂힌 배터리일 필요가 없음을 의미한다. 하이브리드 자동차와 마찬가지로 희망하는 목표에 성공적으로 도달할수록 희망은 더 가득 충전된다. 이는 다행스러운 일이다. 깊은 실망으로 생길 수 있는 트라우마와 그에 따른 희망의 두려움만이 이 시스템을 망가뜨릴 수 있다.

변화를 향해 나아갈 때 우리는 성취하거나 숙달하는 경험을 통해 한 가지 변화가 다른 변화로 이어지리라는 것을 알고 있다. 이때 실망에 대해 지나치게 우려한다면 이는 우리를 기다리는 여러 변화를 시도하기도 전에 걱정하는 것이다. 이런 걱정은 우리 앞에 놓인 한 가지 변화가 다른 변화를 달성하도록 자신이나 타인의 기대를 높일 거라고 걱정하는 것과 같다.

어떤 목표를 이루고 난 뒤 '못 할 이유가 없다'는 생각이 그토록 빨리 떠오르는 이유는 맥스와 마찬가지로 그 성취가 적극적인 행위자인 우리를 드러내기 때문이다. 그리고 인생에서 이룬 모든 성취 가운데 개인적 변화의 달성은 우리의 책임을 가장 뚜렷하게 보여준다.

예를 들어 집을 수리하는 데 드는 돈을 아끼고 싶다고 생각해보자. 당신은 집을 수리하는 것이 지루한 일이라고 생각하며 그 일에서 어떤 만족도 느끼지 못한다. 하지만 당신이 고칠 수 있는 것을 전문가에게 맡기면서 지난 몇 년간 지불한 비용은 터무니없을 정도로 많다.

화장실 수도꼭지에서 물이 샌다. 배관 작업을 한 번도 해보지 않은 당신은 휴대전화로 배관 작업을 설명하는 유튜브 채널을 찾는다. 그리고 수도꼭지를 고친다. '수도꼭지를 고칠 수 있다면 석고 보드에 난 저 구멍을 메우지 못할 이유가 없어.' 이렇게 다음 작업으로 이어진다. 즐겁지 않지만 다음 작업을 하지 않을 마땅한 핑계도 없다. 이때 당신은 실존적 불안을 느낄까? 실존적 불안이 약간은 있을 수 있지만 크지는 않을 것이다. 당신은 수도꼭지를 고쳤고 그러면 다른 걸 고치지 못할 이유가 없다. 그리고 이는 돈을 절약하게 해준다.

이제 당신이 평생 부끄러움을 많이 타는 사람이었다고 생각해보자. 당신은 개인적으로, 직업적으로 수줍음 많은 성격이 항상 장애물처럼 느껴졌다. 특히 여러 사람 앞에서 발표할 때는 더욱 그랬다. 그래서 당신은 발표 수업을 듣기로 한다. 열심히 들었고, 마지막 수업에서는 훌륭한 발표를 해낸다. 이제 당신은 대중 앞에서 거리낌 없이 발표할 수 있는 기술과 자신감을 갖췄다. 그리고 직장에서 프레젠테이션을 방해했던 요인들을 효과적으로 다루게 되었다.

'못 할 이유가 없다'는 말은 수도꼭지를 고쳤을 때보다 이 사례에서 더 심오한 뜻을 갖는다. 당신의 근본적인 부분을 변화시키고 더 나은 삶을 위해 주요 장애물을 제거하는 것과 관련되기 때문이다. 당신은 이것을 해냈고 당신이 고친 것은 바로 자신이었다. 이 상황에서 '못 할 이유가 없다'는 말은 뭔가를 완료하는 기술이나 동기만을 말하는 게 아니다. 인생을 스스로 써 내려가고 희망과 믿음에 따라 행동하려는 의지를 말한다. 사실 이는 두려움을 일으킨다. 당신을 고무하고, 당신을 응원하는 사람들을 고무하기 때문이다.

'고무하다'inspire는 레빈이 작은 성공들로 성장하는 희망에 대해 설명하며 사용했던 '열망하다'aspire와 어원이 같다. '정신'spirit이라는 단어와 마찬가지로 이들 두 단어는 우리가 살아 있음을 입증하는 행위에 절묘하게 뿌리를 두고 있다. 바로 '숨 쉬는 것'to breathe이다. 우리가 어떤 변화로 고취될 때, 희망과 믿음으로 확장될 때 우리는 살아 숨 쉬는 존재로 가장 잘 드러난다.

생명력 넘치는 삶이 실현되고 더 많은 자유를 경험할수록 우리는 삶에 대한 책임에 더욱 적나라하게 노출된다. 그리고 이런 책임을 바탕으로 우리가 앞으로 할 수 있는 것에 대한 기대가 더욱 높아진다. 이전에 우리를 꼼짝 못 하게 만들었던 자신의 어떤 부분을 변화시켰을 때 우리는 실존적 불안의 숨 막히는 두려움에도 불구하고 기꺼이 숨을 들이마시고 앞으로 나아갔다는 사실에 고무된다. 우리는 우리 자신의 삶에서 자유롭게 더 많은 것을 할 수 있다. 그리고 우리의 책임을 성공적으로 직시하고 받아들였기 때문에 다시 그렇게 하지 못할 이유가 없다.

희망의 두려움은 우리가 중요하고 부족하다고 생각한 어떤 것을 얻지 못하는 무력감에서 비롯되는 두려움이다. 변화를 희망할 때 우리는 목표를 달성하지 못하고 자신과 세상에 대한 믿음이 손상될 위험을 무릅쓴다. 돈을 아끼기 위해 직접 집을 고칠 때는 실패와 성공의 문제, 즉 '못할 이유가 없다'는 가능성의 문제가 크게 불안하지 않지만 수줍음 많은 성격을 바꾸기 위해 발표 수업을 들을 때는 상당히 위협적으로 느껴지는 이유가 바로 이 때문이다.

첫 번째 상황에서는 목표가 도구적인 성격을 띤다. 이는 일을 완료하는 것과 관련되며, 만일 그 일을 하지 못한다면 우리는 인생을 제대로 살아갈 수 없다는 느낌을 약간 받을지도 모른다. 하지만 보통은 별로 흥미롭지 않은 어떤 일을 잘하지 못할 뿐이라고 느낄 것이다. 두 번째 상황에서는 목표가 자신을 깊이 변화시킨다. 이 상황에서 우리는 인생을 제대로 살아갈 수 있는 어떤 중요한 능력이 없거나 부족하다고 느낀다. 따라서 그 일에 실패하면 자신과 세상에 대한 희망과 믿음도 잃을 수 있다. 그렇기에 두려움이 클 수밖에 없다.

우리는 모두 잘못된 믿음과 고지식한 정신을 통해 겁에 질리고 죽은 것처럼 가장하며 우리 자신과 다른 사람들에게 우리의 책임을 감추는 데 과도한 에너지를 쓴다. 하지만 우리가 자신을 향상시키기 위해 뭔가를 할 때, 이는 우리의 경험을 써 내려가는 살아 있는 작가로서 우리를 드러내는 한 줄기 빛을 만나는 것과 같다. 우리가 자기 운명의 주인으로 모습을 드러내면 온갖 일들에 대한 기대가 쏟아진다. "자신을 직시하고 5킬로그램을 감량할 용기를 낼 수 있다면 데이트를 시작할 용기 또한 내지 못할 이유가 없다."

주머니쥐가 죽은 척하는 것은 자기도 모르게 하는 행동이지만 이는 연기이고 시늉이다. 기대를 관리하는 프로세스(책임이 드러날 가능성을 줄이기 위해 느리고 가늘게 숨 쉬는 것) 또한 일종의 연기다. 이 연극에서 우리는 무대 위의 배우이자 공연을 보는 관객 중 한 명이다. 이는 앞 장에서 짐이 자신과 치료팀에게 수동적인 모습으로 보이기 위해 예정된 시간에 확인 전화를 받고 싶어 했던 것과 비슷하다.

기대감의 꼭두각시가 될 것인가

지금 이 글을 쓰면서 나는 당신이 한 명의 독자라는 걸 알고 있다. 그리고 당신이 내가 이야기하는 것을 어떻게 이해하고 있는지, 내가 분명하게 전달하고 있는지, 당신이 변화를 다르게 생각하도록 영향을 줄 수 있을지 생각하고 있다.

나는 당신에게 글을 쓰고 있지만 나 자신에게도 쓰고 있다. 내 주장을 이해하고 영향을 받기를 바라며 '나'에게 글을 쓰는 것이다. 따라서 나는 당신과 나 자신 앞에서 일종의 공연을 하고 있다. 우리는 조명이 켜진 무대에서 내가 무엇을 할지 기다리는 관객들 속에 있다.

그리고 당신이 이 점을 항상 주목하지는 않겠지만 당신 또한 이런 공연에 참여하고 있다(위대한 사회학자 어빙 고프먼Erving Goffman[3]은 이를 '연극론'dramaturgy이라고 불렀다). 이 공연에서 당신은 관객의 한 사람인 동시에 관객을 위해 연기하는 배우다. 유명한 사회학자 찰스 쿨리Charles Cooley[4]가 제시한 것처럼 우리는 모두 거울 자아looking-glass self다. 즉 다른 사람에게 비친 자신의 모습을 바탕으로 자아를 인식한다.

하지만 우리는 관객 앞에서 수동적이지 않다. 우리는 우리가 보여주는 행동에 따라 그들이 우리에게 반사하는 모습을 형성한다. 이는 올바른 믿음 혹은 잘못된 믿음에 따라 행동하는 우리의 결정이 내부적인 결정으로 끝나는 것이 아니라 당신과 다른 사람들이 보는 외적인 행동임을 의미한다.

잘못된 믿음에 따라 행동할 때(자기 삶에 대한 책임을 숨길 때) 당신은 꼭두각시가 되고 당신의 행동은 외부에서 조종하는 줄에 매달려 움직이는 것처럼 보인다. 당신의 발가락은 무대 바닥에 거의 닿지 않으며 당신의 팔과 손은 줄이 당기는 대로 어색하게 움직인다. 당신은 당신 자신의 주인이라는 사실을 모두에게 숨기고 있다. 줄과 조종하는 손, 이는 모두 소품에 불과하다.

주머니쥐 인형(3막극)

1막

배경: 작고 비좁은 아파트. 저녁.

당신: (낮잠에서 깨어 소파에 앉아 하품하며 기지개를 켠다.) 오, 이런! 몇 시야. 운동하기에 너무 늦었잖아.

2막

배경: 칸막이로 가득한 대규모 사무실의 우중충한 휴게실.

당신: (옆자리의 동료에게 몸을 돌리며) 나는 운동할 시간을 낼 수가 없어.

3막

배경: 자동차 안.

당신: (혼잣말로) 오늘 밤에는 운동해야겠어. 하지만 먼저 마트에 들러야 해.

막이 내리고 꼭두각시는 헬스장에 결코 발을 들여놓지 않았다.

끝

이런 식의 공연에서 당신의 역할은 모든 사람의 기대를 가능한 한 낮게 유지하는 것이다. 당신은 보이지 않는 감독이 연출하는 대로 자신의

모습을 연기할 뿐만 아니라 선택이 아닌 운명 때문에 헬스장에 가지 못한다고 표현한다("운동하기에 너무 늦었어." "시간을 낼 수가 없어." "마트에 들러야 해.").

당신은 관객이 당신에게 책임이 있다고 생각하지 않기를 원한다. 관객 중에는 당신과 가족, 친구, 동료, 치료사 등 주변 사람들도 포함되어 있기 때문이다. 당신은 그들에게 유능한 사람으로 보이기를 두려워하며 주변 사람들의 높은 기대를 원하지 않는다. 그들이 실망할 게 뻔하기 때문이다.

당신이 꼭두각시처럼 연기를 지속한다면 관객의 거울에 비친 당신의 모습은 나무로 만든 무생물과 같을 것이다. 무생물에게 앞으로 나아가는 저자의식을 바라는 사람은 아무도 없다. 또한 선택하고 결정하는 주체로서 무생물에게 실망하는 사람도 없다. 짐의 경우를 다시 생각해보자. 짐은 치료팀의 통제에 따라 움직이는 텅 빈 물체를 연기했다.

당신이 자기 삶에 대한 저자의식을 인정하며 유희의 정신을 바탕으로 올바른 믿음에 따라 행동할 때 연극론은 인형극과 반대로 작용한다. 이번에는 아무 대본도 없는 1인극이다. 예스 앤드 접근법으로 결혼에 성공한 샘처럼 무대 위에서 즉흥적으로 연기를 펼치는 사람은 바로 당신이다. 당신이 뭔가 해내기를 모든 사람이(때로는 당신만이) 지켜보고 기대하고 있다. 이런 연극에서 당신은 어느 날 운동기구 위에서 땀을 흘리며 이렇게 외친다. "나는 운동 계획을 세웠고 지금 계획대로 하고 있어!" 또 어느 날에는 소파에 앉아 폭식하며 드라마를 몰아 보며 말한다. "나는 운동 계획을 세웠고 지금 게으름을 피우고 있어."

이 연극에서 당신은 주어진 과제의 성공과 실패에 대해 명확히 책임을 지고 있다. "스텝밀 위에서 책임을 지고 운동하는 사람은 바로 나야." "소파에 늘어져 게으름을 피우고 있는 사람은 바로 나야." 여기서 관객의 기대에서 벗어날 방법은 없다. 관객이 당신에게 기대하는 희망의 수준은 당신의 연기에 따라 변화할 것이며 이 사실에서 벗어날 방법 또한 없다. 관객들은 당신이 다음번에 할 수 있는 일에 대한 기대로 더욱 고무되거나 당신의 능력에 크게 실망한 채 극장을 떠날 것이다.

기대가 높아질 위험을 무릅쓸 때 당신의 연기는 당신 자신을 향해 혹은 사람들을 향해 더욱 치우치곤 한다. 이는 당신이 변화를 통해 가장 고무시키고 싶은 사람이 누구인지 혹은 당신이 변화할 수 없음을 가장 알았으면 하는 사람이 누구인지에 따라 달라진다. 그래서 변화하지 않는 네 번째 이유는 '자기 자신의 기대'를 다루며 다섯 번째 이유는 '다른 사람의 기대'를 다룬다.

이유 4. 스스로 기대할 위험에서 벗어난다

인생에서 변화를 시도함으로써 우리는 자신에 대한 믿음과 희망이 커질 위험을 감수한다. 이는 실망할 위험과 믿음을 잃을 위험 또한 커진다는 것을 의미한다.

• 기대가 낮으면 안전해질 것이라는 착각

그동안 기타 수업을 수없이 들었지만 몇 차례 들다가 번번이 그만둔 당신은 다시 기타를 배워보고 싶다. 하지만 다시 도전하는 것을 가까운 사람들이 알게 된다는 생각을 견딜 수 없다. 친구들과 가족은 전에도 이런 모습을 봤다. 맥 빠지게 하는 그들의 의심과 냉소를 당신은 보고 싶지 않다. 그래서 주변 사람들에게 말하지 않는다.

사실 당신은 깜짝 공개를 생각하고 있다. 기타를 잘 치게 되면 그들 앞에서 멋지게 노래를 부르고 그들이 틀렸음을 보여주는 것이다. '그래, 이렇게 하면 성공할 거야. 지난번에는 부담감이 문제였어. 내가 기타 수업을 듣는다는 걸 모두가 알고 있었고, 다들 내가 기타를 잘 칠 거라고 기대했잖아.'

새로운 선생님을 만나 한두 번 수업을 들었지만 여전히 부담감이 있음을 알게 된다. 실력이 늘고 이번에는 성공할 것이라는 희망이 조금씩 생길 때마다 포기할 것에 대한 걱정이 더 커진다. 그리고 연습이 점점 더 어렵게 느껴진다. 연습이나 음계 자체가 어려운 게 아니라 연습을 계속 이어갈 동기가 부족한 것이다. 마치 손가락을 기타 줄에 대지 못하게 가로막는 뭔가가 있는 것 같다.

이는 점점 커지는 당신의 영감과 충돌하는 희망의 두려움이다. 기대를 낮게 유지하는 것은 이런 두려움을 가라앉히는 가장 중요한 방법이다. 자신에게 기대가 높지 않다면 자신을 즉흥 연주자로(혹은 거짓말쟁이로) 인식할 가능성은 적다.

다시 말해 기대가 커지는 것에 대한 우려는 한 영역에서 한 번의 성공에만 국한되지 않는다. 이는 자신에 대한 기대가 전반적으로 커지는 것과 관련된다. 희망을 두려워할수록 당신은 점점 커지는 기대를 더욱 억누르고 싶을 것이다.

다시 내 사무실로 돌아오자. 내가 앉아 있는 이곳은 다소 어수선하다. 나는 사무실을 청소하면 금방 다시 지저분해진다는 것을 여러 번의 실패를 통해 알고 있다. 하지만 사무실 청소를 하지 않음으로써 깨끗한 사무실이 지저분해질 때 느끼는 실패감을 피할 수 있다는 것도 안다. 사무실을 지저분하게 놔두면 나는 두 가지 실패(나의 습관적인 지저분함과 사무실을 깨끗하게 유지하지 못하는 것) 대신 한 가지 실패(지저분한 사무실의 현재 상태)를 겪을 것이다. 반면에 나는 지저분한 사무실 주인의 한결같은 게으름을 변화의 고통과 맞바꿔 스스로에 대한 기대를 높이고 새롭게 높아진 지위에서 추락하는 내 모습을 지켜볼 수도 있다. 아무래도 나는 현재 상태에 머무르는 것이 변화보다 더 안전할 것 같다.

하지만 문제는 내 사무실만이 아니다. 오히려 깨끗한 사무실 때문에 내가 할 수 있다는 사실을 나 자신에게 숨길 가능성이 줄어든다. 사무실을 청소할 수 있다면 나는 다른 것도 '못 할 이유가 없다'.

이유 5. 타인의 기대라는 부담에서 벗어난다

인생에서 긍정적인 변화를 만들 때 우리는 불가피하게 사람들의 기대를 높인다. 그렇게 함으로써 우리는 사람들이 우리에게 더 많이 기대할 위험을 감수한다.

• 타인의 기대가 '감시'로 느껴질 때

그동안 기타 수업을 수없이 들었지만 몇 차례 듣다가 번번이 그만둔 당신은 다시 기타를 배워보고 싶다. 하지만 다시 도전하는 것을 가까운 사람들이 알게 된다는 생각을 견딜 수 없다. 아무래도 계속할 수 있도록 도와줄 믿을 만한 협력자 혹은 지지자가 필요할 것 같다. 당신은 그 일에 적임자를 알고 있다. 바로 당신의 형이다. 당신은 형을 존경하며 형은 언제나 당신을 기꺼이 도왔다. 그는 매우 성실하고 때로는 짜증 날 정도로 낙관적이다. 하지만 이런 성격이 당신이 '기타 배우기 재도전'이라는 장애물을 뛰어넘는 데 도움이 되리라 생각한다. 역시 형은 당신을 돕겠다고 나선다.

"그러니까 네가 다시 기타 배우는 걸 수시로 점검하고 격려해달라는 거지?"

"맞아, 그런 거야."

"그리고 게을러지기 시작하면 독려해주고?"

"물론이지."

"그럼 내가 열심히 하라고 다그칠 때 화내지 않는 거지?"

"절대로! 그건 걱정하지 마."

"좋아. 그 정도면 할 수 있지. 친구들도 동기부여가 필요할 때 나를 찾곤 해. 너는 조만간 지미 페이지처럼 연주하게 될 거야."

당신은 첫 수업이 끝나고 형에게 전화해 이렇게 말한다.

"이번에는 정말 다른 것 같아. 뭔가 더 나아진 느낌이야."

"정말 제대로인 것 같은데! 이번에는 성공할 거야. 확실히 그런 예감이 들어! 계속 그렇게 밀고 가는 거야! 빨리 네 연주를 듣고 싶다고!"

전화를 끊은 뒤 당신은 통화할 때보다 확신이 약해진다. 이제 겨우 첫 수업을 들었을 뿐인데 형의 열정이 다소 과한 것 같다. 하지만 형은 당신의 부탁을 들어주고 있다. 코치하는 방법에 대해 형을 코치하지는 않을 것이다. 이후 일주일 동안 당신은 하루도 빠짐없이 기타 연습을 했고 다음 수업도 순조롭게 이어간다. 그리고 형에게 전화한다.

"와, 대단해! 나도 거기 가서 배우고 싶어지는걸!"

이제 겨우 두 번째 수업인데 형이 너무 앞서가는 것 같다는 생각이 든다. 하지만 형인데 어쩌겠는가? 다음 주 당신은 일주일 중 나흘을 연습한다. 수업은 잘 진행되고 있으나 선생님은 교재 두세 쪽을 다시 연습하라고 한다. 그날 밤 당신은 형에게 전화하지 않는 편이 나을 것 같다고 생각한다. 하지만 형에게 전화가 걸려온다.

"나야, 네 코치. 어떻게 되어가?"

당신은 이번 주에는 아주 잘 되고 있지는 않다고 말한다. 그리고 며칠 연습을 빼먹었고 몇 쪽을 다시 연습해야 한다고 이야기한다.

"그건 별일 아니야! 실망하지 마! 전혀 문제없다고! 시각화를 한번 해볼까. 너는 파티에 참석했어. 네가 기타 수업을 듣는 건 아무도 몰라. 엄마, 아빠도 그 자리에 계시고 구석에 기타가 있어. 네가 기타를 집어 들고 사람들은 믿을 수 없는 표정으로 바라보지. 네가 연주를 시작하자 방안은 조용해져. 어때? 머릿속에 그려져?"

"음… 그래."

"좋아. 너는 코드를 몇 가지 연주하고 있어. 대단한 곡은 아니고 〈스모크 온 더 워터〉Smoke on the Water 같은 기본적인 곡이야. 하지만 그건 다 속임수지! 너는 커크 해밋처럼 미친 듯이 연주하기 시작해! 사람들은 깜짝 놀라고 너는 솔로 연주를 멋지게 마치지. 방 안에는 정적이 감돌고 한 사람, 두 사람, 세 사람, 마침내 모두가 박수 치며 환호해! 열광의 도가니가 되는 거야! 알겠어?"

"그래, 알았어."

"좋아! 그럼 그 모습을 상상하며 연습해!"

그 주에 당신은 세 번밖에 연습하지 않고 기타 수업에 결석한다. 그리고 형의 전화를 피한다. 현관문 두드리는 소리에 당신은 누구인지 곧바로 알아챈다. 형이 집 안으로 돌진한다.

"야, 연습을 계속하도록 도와달랬잖아. 내가 이대로 포기할 거라고 생각했어?"

"아니."

"그럼 난 내 일을 할게."

"그래, 미안해."

그는 당신의 어깨를 잡고 얼굴을 똑바로 바라보며 말한다.

"지금은 포기할 때가 아니야! 나는 네가 해낼 거라고 확신해. 절대적으로! 이번에는 정말 달라! 생각해봐. 기타를 잘 치면 다른 문들도 모두 열릴 거야. 네가 항상 들어보려고 했던 토스트마스터즈Toastmasters(스피치와 리더십에 대한 교육을 제공하는 국제 비영리 교육단체-옮긴이), 네가 배우고 싶다고 늘 말하던 그 개인 트레이너, 데이트 신청하기가 어렵다고 했던 그 여자 동료, 모든 게 여기 있어. 네 손가락 끝에 말이야. 이제 리모컨을 내려놓고 연습해!"

"그래, 할게."

"어서 해. 나 기다리잖아."

"지금?"

"그래, 지금!"

당신은 기타와 교재를 가져와 연습을 시작한다.

"봐, 할 수 있잖아!"

형은 당신이 연습하는 것을 보며 씩 웃고 돌아선다. 그리고 문을 열고 나간다. 당신은 잠깐 연습하다가 형이 정말 갔는지 블라인드 사이로 밖을 내다보고는 기타를 내려놓고 리모컨을 집어 든다. 다음 날 당신은 기타 선생님에게 전화해서 수업을 그만두겠다고 음성 메시지를 남긴다.

이는 당신이 현재 상태에 머무르고 싶도록 다른 사람의 기대를 높인 다소 만화 같은 사례다. 하지만 변화를 시작할 때 주변 사람들이 들뜨다 실망하는 문제는 아주 중요한 사안이다.

다이어트에 대해 생각해보자. 가장 먼저 해야 할 결정은 다이어트 방법을 택하는 것이다. 앳킨스 다이어트? 사우스비치 다이어트? 팔레오 다이어트? 케토 다이어트? 나와 비슷하다면 당신은 다이어트 방법을 선택한 후 또 다른 결정을 해야 한다. 바로 사람들에게 다이어트 사실을 말할 것인지 정하는 것이다.

사람들에게 말한다면 다이어트에 도움이 될 것이다. 그들은 당신이 솔직해지도록 돕고 다이어트를 지지하는 사람이 될 수 있기 때문이다. 하지만 그들은 당신이 다이어트를 하는 중에 치즈버거를 먹는 모습도 볼 것이다.

반면 사람들에게 말하지 않는다면 그들의 기대도 커지지 않는다. 그리고 실패하더라도 아무도 모른다. 실패를 비밀로 한 채 다이어트를 계속한다면 그들은 어느 순간 당신이 살을 빼고 있음을 알아차릴 것이다. 결국 사람들은 당신의 허리둘레가 줄어드는 것을 목격하고 당신은 다이어트를 계속해야 한다는 부담에 직면할 것이다.

사무실 청소를 다시 생각해보자. 내가 사무실을 청소한다면 나뿐만 아니라 고객과 직원들의 기대 또한 커질 것이다. 그들은 이 변화에 대해 그렇게 흥분하지 않겠지만 변화된 모습을 알아차린다. 이후 내가 사무실을 깨끗하게 유지하지 못하면 그들은 실패를 목격하고 이는 기분 나쁜 일이 된다. 이 모든 것은 내 관객들이 목격하는 매우 사소한 변화 때문이다. 그들은 사무실이 깨끗할 때는 유능하고 통제력 있는 사람을 발견하고 사무실이 엉망일 때는 그와 정반대인 사람을 발견한다.

나는 변화하지 않는 이 같은 이유가 내 고객들의 삶에서 특히 강력한 힘을 발휘한다고 생각한다. 오랜 기간 정신질환을 겪는 사람들에게는 타인에게 실패한 것으로 보여지는 위험이 자신을 실망시키는 위험과 같거나 그것을 능가한다. 그들의 인생에서 상당 기간 그들의 유일한 과제가 변화였고 그들을 돕는 모든 사람이 그 변화에 주목하기 때문이다.[5]

매일 그들은 더 나아지기 위해 한 군데 혹은 몇 군데의 치료 프로그램에 참여한다. 주변 사람들은 그들이 다음 단계로 나아가기를 기다리며 변화에 초점을 맞춘다. 정신건강 전문가들과 가족들은 변화를 목표로 치료 계획을 세우고 그들이 무엇을 해야 할지 제시하며 다음 치료 방안을 마련한다.

그들은 조금의 변화라도 생기면 주변 사람들이 이를 발견하고(차트, 치료팀 회의, 부모와의 통화, 일상적인 대화 등을 통해) 회복의 긍정적인 신호로 주목할 것임을 알고 있다. 하지만 반대 상황 또한 마찬가지다. 작은 일에서의 실패도 전반적인 후퇴로 여겨지고 기록될 것이다. 실망은 기름띠처럼 퍼져나가 환자, 치료팀, 가족과 친구들을 뒤덮는다. 이는 대부분 사람이 한 번도 경험하지 않을 정신이상을 만들어내는 시스템이다.

이런 시스템에 갇힌 사람에게 현재 상태에 머무르는 것은 매력적으로 보인다. 회복을 위해 많은 사람이 도움을 주며 지켜보고 판단하기 때문만이 아니다. 자립적이고 성공적인 사람이 되는 꿈을 이루지 못했을 때 주변인들이 크게 실망했던 트라우마가 있기 때문이다. 좋은 의미에서의 '감시'라 할 수 있다.

나는 이 점이 내 분야에서 동기와 기능의 문제를 종종 오진하는 이유 중 하나라고 생각한다. 이는 주로 정신질환의 증상으로 확인되긴 하지만 우리가 그 행동들을 다루는 방식에서 비롯된 결과인 경우가 상당히 많다.

나는 내 고객들이 이런 감시를 받지 않는 사람들보다 타인의 기대를 통제하는 것에 훨씬 더 집착할 때가 많다고 생각한다. 변화에 초점을 맞춘 치료 환경은 기대에 대한 집착이 자라는 비옥한 토양이다. 하지만 그런 우려에 영향을 받지 않는 사람은 아무도 없다. 방식과 정도는 다르지만 우리는 모두 개인적 변화를 시작할 때 기대를 통제하려고 노력한다. 우리 자신과 다른 사람이 갖는 지나친 기대의 위험으로부터 자신을 보호하려는 것이다.

우리는 사람들이 개인적 변화에 저항할 때 보이는 많은 행동을 보통 타고난 특성의 문제로 해석한다(게으르다, 우울하다, 불안하다, 고집 세다, 회복력이 부족하다 등). 하지만 나는 기대를 통제하기 위해 고지식한 정신이 반영된 역할을 연기한 결과 그런 행동들이 나타나는 경우가 많다고 생각한다.

나는 이런 현상의 전문가다. 해당 분야의 연구를 많이 했거나 관련 사례를 많이 접해서가 아니다. 그런 변화를 직접 경험했기 때문이다.

나와 타인의 기대감을 낮추는 행동들

어릴 적 나는 1960~1970년대 남부 캘리포니아의 대학 도시에서 자랐다. 도시에는 계층이 아니라 생활방식으로 나뉜 '두 지역'이 있었다. 한 지역은 교수와 학생들이 거주하는 곳으로 대부분이 반체제 성향을 띠었다. 반대편 지역에는 로스앤젤레스로 통근하는 전문직 종사자들이 살았다.

나는 반체제 지역에서 실험적인 공립 초등학교에 다녔다. 선생님들은 아이들을 가르치고 참여시키기 위해 온갖 창의적인 방법들을 시도했고 평가를 없앴으며 각자의 장점에 맞는 민주적 방식을 적용하기도 했다. 초등학교를 졸업하고 중학교는 전문직 종사자들이 거주하는 지역에서 다녔다. 교외 지역에 있는 여느 공립학교들과 마찬가지로 시험을 위한 수업이 이뤄졌다. 선다형 문제와 두려운 서술형 문제가 출제되었고 모든 것이 점수화되어 등급이 매겨졌다.

초등학교에서 나는 창의성, 고정관념을 벗어난 사고, 새로운 체계와 방법을 통해 배우려는 열망 등 실험적인 학교에서 중요하게 여긴 모든 특성을 발휘하며 두각을 나타냈다. 사실 돌이켜보면 그 학교에는 숨은 편견이 있었다고 생각한다. 그저 책을 통해 배우고 싶었던 진지하고 융통성 없는 학생들은 다소 무시되었던 것 같다. 그들은 존중받긴 했지만 주목받는 학생은 아니었다.

반면 나는 주목받는 학생이었다. 나는 읽기를 잘하지 못했고 철자도 종종 틀렸으며 수학은 포기 상태였다. 공상에 잠길 때가 많았고 선생님의 허락을 받아 요새로 바뀐 내 책상은 정리된 모습을 볼 수 없었다. 하지만 나는 매우 창의적이고 생생한 독후감을 제출했고 학예회에 앞장섰다. 그리고 선생님과 선생님의 히피 친구들의 도움을 받아 사람들이 그 안에서 걸을 수 있을 만큼 커다란 공기 주입식 용 모형을 설계하고 만들기도 했다.

당시 나는 삶이 말 그대로 내 손 안에 있는 느낌이었다. 그리고 나 자신이 매우 능력 있다고 느꼈다. 손 한 번만 가볍게 움직이면 모든 것을 자유롭게 통제할 수 있었다. 하지만 중학교에 진학하자 그런 느낌은 순식간에 사라졌다.

중학교에서 학생들에게 바라는 기대는 내 약점을 두드러지게 했다. 나는 혼란스러웠고 문화적 충격을 받았다. 처음 독후감을 제출했던 때를 생각하면 지금도 민망하다. 나는 《아웃사이더》The Outsiders를 읽고 몇 시간을 들여 콜라주 초상화를 만들었다. 하지만 선생님은 수업 후 나를 한쪽으로 끌고 가 화를 내며 물었다.

"이게 뭐니?"

중학교는 굴욕적인 시기였다. 게다가 상담교사가 내게 학습장애가 있다고 판단한 이후로는 더욱 고통스러웠다. 사회적으로 학습이 가장 중요하게 기대되는 나이에 학습에 결함이 있다고 여겨진 나는 조립라인 위에 놓인 망가진 제품 같았다. 매일 학교에 가는 것은 지도도 없고 언어도 모르는 낯선 곳을 찾은 방문객이 되는 느낌이었다. 무력했고 길을 잃은 것 같았다.

그리고 창피함을 느끼기 시작했다. 초등학교 때 잘했던 방식으로 뭔가를 배우려 하거나 나를 표현할 때 비난을 받으면 배척당하는 느낌이 들었다. 나는 유치하게 보이는 방식들을 버리고 선에 맞춰 색을 칠하는 데 최선을 다했다. 문제는 내가 정해진 방식에 따라 학습하는 두뇌를 갖고 있지 않다는 점이었다. 나는 그런 방식에 연결되어 있지 않았다. 새로운 학습 문화에 순응함으로써 한때 칭찬받았던 재능을 드러내지 않으려

했지만 그런 시도조차 부정적으로 보는 이들이 있었다.

나는 해보기도 전에 포기하기 시작했다. 최선을 다한 노력이 실패로 끝날 거라는 생각을 견딜 수 없었기 때문이다. 그리고 학교로부터 상당한 교육 지원을 제안받았음에도 불구하고(방과 후 개인지도, 특별반 수업 등) 성적은 더욱 곤두박질쳤다. 나는 악순환에 빠졌다. 더 이상 배우려고 하지 않았으며 본래 내 모습보다 더 가망 없이 망가진 학생이 되었다.

이렇다 할 해결책이 없는 가운데 나는 사회학자[6]들이 말하는 '아웃사이더'라는 딱지가 붙을 때 하는 행동들을 보였다. 내게 붙은 오명을 받아들인 것이다. "나는 학습장애가 있어."라는 말은 나와 사람들에게 나를 설명하는 방식이 되었다. 앞으로의 내 삶은 암울해 보였지만 적어도 당시의 나에게는 규율의 부족이나 게으름 같은 도덕적 결함이 아닌 다른 방식으로 형편없는 성적을 설명할 방법이 있었다. 그리고 어떤 면에서는 학습장애가 있는 역할이 유용하기도 했다. 선생님들의 기대를 낮추고 또 다른 실패를 끄집어낼지 모를 내 열망을 통제할 수 있었기 때문이다. 학습장애는 곧 내 정체성의 일부가 되었다. 하지만 어디까지나 일부일 뿐이었다.

나는 대마초를 피우기 시작했다. 비록 최소한이긴 했지만(일주일에 한두 번이었을 것이다) 나는 교내에서 대마초 흡연자 역을 연기했다. 패배자 같은 기분을 느낄 거라면 노력하지 않기로 선택했다는 페르소나가 나왔다. 그 페르소나는 오명을 바탕으로 한 정체성에 포용의 균형을 얼마간 더해주었다. 나는 그저 가망 없이 망가진 것이 아니라 하지 않는 것을 택한 멋지고 화끈한 아이였다. 그리고 다른 멋지고 화끈한 아이들과 어울리며 모범생들을 비웃었다.

이런 모습들은 내가 중학교에서 나를 보여주는 방식이었다. 심리학자 에릭 에릭슨Erik Erikson[7]이 제시한 두 가지 '부정적 정체성'을 갖고 있었던 것이다. 긍정적 대안이 없었던 나는 학습장애가 있는 대마초 흡연자라는 부정적인 대안을 택해서 눈앞의 위협에 따라 재빨리 어느 한쪽의 의상을 입곤 했다.

그러나 멋진 척 꾸며낸 모습과 학습장애의 이면에는 제대로 된 인생을 살아갈 수 없다는 우울한 기분이 자리하고 있었다. 밤이면 두려움과 무력감을 느끼며 침대에 누워 어둠 속을 바라보곤 했다. 한때 나는 세상이 내 손 안에 있다고 믿었다. 용 모형을 만들었을 때처럼 나는 내가 원하는 미래를 만들 수 있었다.

한편 나는 주변 사람들의 기대뿐만 아니라 내 기대 또한 낮춤으로써 더 이상 부끄러운 실망을 경험하지 않도록 조심했다. 그 방법은 대마초 흡연자이자 특별한 도움이 필요한 나를 능력도 포부도 없는 투덜대고 망가진 꼭두각시로 보여주는 것이었다.

나는 지금 내가 체계적이지 못한 것을 부끄러워하고 사무실 청소를 척척 해치우는 걸 힘겨워하는 등 무질서와 관련된 문제들로 고심하는 이유가 이 시기에 겪은 트라우마 때문이라고 확신한다. 지저분한 사무실을 보면 중학교 때 느꼈던 무능하고 망가진 느낌이 다시 떠오른다. 그러나 지저분한 사무실을 보는 것이 좋지 않음에도 불구하고 열두 살 때 나와 타인의 기대를 낮추려고 했던 것처럼 여전히 사무실을 체계적으로 관리하지 않는다.

나는 오명 및 배척 세력과의 충돌, 망가지고 더럽혀진 자아 관념, 상처를 입고 타인의 기대를 낮추려 했던 시도, 이 모든 것이 사회에서 부정적인 사건을 경험하고 나보다 훨씬 더 극단적인 상처를 입은 사람들과 일하기로 선택한 내 결정에 영향을 미쳤다고 확신한다. 또 이것은 사람들이 이런 파괴적인 경험으로부터 회복하도록 돕는 일에 집중하게 된 핵심적인 이유다.

어떤 성공도 거짓으로 보이는 역할을 하며 시도하기도 전에 포기했던 나는 내 고객들처럼 치욕을 없앨 기회를 놓쳤다. 바로 희망과 믿음을 세우는 데 매우 중요한, 작고 점진적이며 용기를 북돋는 성공이다. 학교의 지원을 활용했다면 나는 C를 받았을 것이다. 이는 우등생이 아닌 평균 수준이지만 그런 성적을 받았다면 아마도 더 높은 성적과 더 많은 성취를 목표로 삼을 수 있는 자신감을 쌓았을 것이다.

하지만 나는 근본적으로 내 두려움을 덜어줄 조치들을 취하는 것이 걱정스러웠다. '못 할 이유가 없다'에 불안감이 있었던 나는 진정한 난제에 봉착했다. 믿음을 쌓고 동기를 끌어내기 위해 취해야 했던 행동이 내가 가장 피하고 싶었던 행동이었던 것이다.

기대를 낮추려고 시도할 때 우리는 진퇴양난에 빠진다. 믿음을 쌓는 데 도움이 될 모든 조치는 당신의 행동을 꼭두각시 연극이 아닌 1인 즉흥극으로 보이게 만든다. 그러면 어떻게 펌프에 마중물을 넣을까? 뭔가를 성취하는 것이 기대에 대한 불안을 일으킬 때 열망과 믿음을 어떻게 쌓아야 할까? 이를 위해서는 소극장이 필요할 수도 있고, 약간의 스파이 행위와 속임수가 필요할지도 모른다.

지금 나는 대마초 흡연자나 난독증 환자였던 내게 걸맞지 않은 분야에 종사하며 이 글을 쓰고 있다. 나는 내 부정적인 정체성이 배터리 충전기였다고 확신한다. 이는 믿음이 손에 닿지 않을 때 내 희망을 보호하는 방법이었다. 때로는 이미 이뤄진 것처럼 행동해야 한다.

이미 이뤄진 것처럼 행동하라

"하세요. 생각하지 말고 기대하지 말고 하는 겁니다. 행동하세요. 생각하지 말고 행동하세요. 중요한 것에 집중하세요."[8]

오스트레일리아의 풋볼 선수이자 감독인 존 케네디John Kennedy의 연설 일부다. 그는 경기에서 형편없이 졌다는 사실이 아닌 경기에만 집중하도록 팀을 밀어붙인 것으로 유명했다.

이 연설에서 그는 '이미 이뤄진 것처럼 행동하라'fake it till you make it의 의미를 정확히 표현했다. 이는 목표가 멀리 있다는 사실을 가린 채 행동하는 것을 의미하는 관용구이자 치료에서 사용되는 용어다. 이 개념은 심리치료 이론가 알프레드 아들러Alfred Adler가 설명했던 '…인 것처럼 행동하기'acting as if로 표현되기도 한다.[9] 여기에는 행동이 동기에 선행한다는 생각이 담겨 있다. 즉 경기에 이긴 것처럼 행동하면 머지않아 동기가 따라온다는 것이다.

중학교 시절을 돌이켜보면 나는 분명 '…인 것처럼 행동'했으나 왜곡된 방식이었다. 사실 나는 이긴 것처럼 행동하는 것이 아닌 '진 것처럼' 행동했다. 동기부여의 펌프에 마중물을 붓기 위해 일부러 망가지고 중퇴한 것처럼 행동한 것이다. 아들의 자동차 사고 이후 불안장애를 겪은 짐을 기억하는가? 그는 '…인 척'함으로써 사람들의 기대를 낮게 유지하면서 변화하는 기발한 방법을 찾아냈다.

- **"내 기분은 2점입니다."**

짐은 내가 기분장애로 진단받은 사람들을 대상으로 운영하던 주간 프로그램에 참여했다. 나는 참석자들에게 자신의 기분을 1부터 10까지의 등급으로 평가하도록 요청했다(1은 아무것도 하지 못할 만큼 우울한 상태, 10은 전혀 우울하지 않은 상태다).

매주 짐은 자신의 기분을 2점으로 매기곤 했다. 짐이 겪은 일(자동차 사고와 가족, 결혼, 직장을 잃은 것)을 생각하면 그처럼 낮은 등급은 이해할 만했다. 하지만 그가 매주 2점으로 자신의 기분을 평가했음에도 불구하고 나는 또 다른 이야기를 알고 있었다. 사실 나는 그 프로그램에서 두 여성의 사례 관리자였고 그들은 짐이 다니는 교회의 신도였다. 그들은 짐이 주간 프로그램에서 이야기하지 않은 놀라운 행동 변화에 대해 내게 알려주었다.

"짐은 예배 후에 커피 타임을 열어요."

"짐이 우리에게 새 아파트 꾸미는 걸 도와달라고 했어요."

"짐이 오늘 교회에서 말을 걸었어요."

"짐이 일자리를 구했어요."

"짐과 아내가 다시 합칠 것 같아요."

짐은 분명 나아지고 있었다. 하지만 프로그램에서는 자신의 기분을 계속 2점으로 평가했다. 마침내 그는 프로그램 참석을 중단했고 다시 돌아오지 않았다. 하지만 나는 계속 그의 소식을 들었고 그는 계속 나아지고 있었다.

내가 보기에 짐은 자신의 변화에 가장 집중하는 사람들의 기대를 높이지 않으면서 나아질 방법이 필요했던 것 같다. 그는 우리가 자신의 변화에 대해 아는 것을 원하지 않았다. 우리가 그의 모습을 보고 더 많은 것을 기대하기를 원하지 않았기 때문이다. 그가 매번 "제 기분은 2점입니다."라고 말한 것은 변화하는 동안 그를 보호하는 거짓 이유였다. 현명한 조치다.

짐은 주머니쥐처럼 행동했다. 자신의 책임에 대한 강력한 억제력 앞에서 희망과 믿음의 추진력을 키우고 강화하는 동안 조용히 지낼 필요가 있었다. 그가 과감히 앞으로 나아갔다면 그의 행동은 대낮의 밝은 빛 아래에서 훤히 보였을 것이고, 그를 책임 있는 주체로 드러내는 억제력이 그를 압도했을 것이다. 하지만 그는 실제로 추진력을 발휘하고 있다는 사실을 숨겨 계속 나아가기 위한 근육을 만들 시간을 벌었다.

사실 나는 '…인 것처럼 행동하기'의 개념이 일반적으로 활용되는 방식, 즉 성공하기 전에 성공한 것처럼 행동하라고 코치하는 방식에 대해 상반된 생각을 하고 있다. 아직 목표에 도달하지 않았는데 이미 도달한 것처럼 행동할 수 있을까? 동기가 부여되지 않았을 때 우리 대부분은 의욕이 나지 않는다. 동기가 부여된 것처럼 행동하려면 우리를 방해하는 억제력이 없는 것처럼 가장하거나 현재 상태에 머무를 때 자신을 보호하기 위한 일들을 해야 한다. 우리가 누구이고 어디에 있는지 숨기며 억제력이 없는 척 가장하는 노력은 거짓으로 지어낸 행복한 표정 뒤에 슬픔과 두려움을 숨기는 것처럼 보인다.

이와 반대로, 경우에 따라서는 그냥 그렇게 해야 할 때도 있다. 내 친구 수전과 잭의 경우가 그랬다. 수전은 심리치료사이고 잭은 코미디언이다. 현재 잭은 중독에서 회복 중인 사람들을 돕는 일에 헌신하고 있다. 알코올중독을 겪었던 수전과 잭은 익명의 알코올중독자들이 회복에 가장 중요한 역할을 했다고 여긴다. '이뤄진 것처럼 행동하라'는 익명의 알코올중독자들이 사용하는 구호다. 수전과 잭이 처음 알코올중독에서 벗어나겠다고 결심했을 때 이 특별한 접근법은 가장 도움이 되는 방법이었다(사실 생명줄이나 다름없었다).

• 그저 지시를 따르는 것처럼 행동할 것

첫 모임에서 그들은 절실하고 혼란스러웠으며 방향이 필요했다. 수전은 이렇게 말했다.

"'한 번에 하루씩', '생각하세요', '천천히 하세요', '일단 오늘만' 이런 구호들이 벽에 빼곡하게 붙어 있었어요. 열두 가지 단계와 열두 가지 전통에 대한 포스터와 함께 말이죠. 솔직히 처음에는 포스터와 구호에 크게 신경 쓰지 않았어요. 술을 마시지 않으면 결국 좋아질 거라는 게 제가 아는 전부였거든요. 저는 다시 집중하고 시작할 수 있을 것 같았어요. 그동안 제 인생은 엉망이었죠. 그런데 제가 얼마나 엉망이었는지 생각하는 게 아니라 오늘 술을 마시지 않으면 성공한 것이라는 말을 들었어요. 저는 이 프로그램을 따라가면 제 삶이 좋아질 거라고 확신했어요. 그곳에서는 제가 했던 최선의 생각이 저를 엉망으로 만들었고 단계별 실천 방법들이 제 생각을 고치는 데 도움이 될 거라고 말했어요. '나는 더 나은 것을 느끼고 생각할 것이다'라는 말을 따르게 된 이유는 아마 그 때문일 거예요."

잭도 비슷한 이야기를 했다.

"첫 번째 후원자는 오토바이를 타는 거친 남자였어요. 처음에 술과 거리를 두게 된 건 그가 한 말 때문이었죠. '빌어먹을 술 좀 마시지 마'라고 했거든요. 그에게 그 말은 모든 문제에 대한 답이었어요. 오늘 하루가 엉망이었어? '빌어먹을 술 좀 마시지 마.' 잠시 쉴 만하다고 생각해? '빌어먹을 술 좀 마시지 마.' 느슨해지고 싶어? '빌어먹을 술 좀 마시지 마.' 해결책은 거기에 있었어요. 술에 취하고 싶었던 것보다 술을 마시지 않는 것 말이에요. '빌어먹을 술 좀 마시지 마.' 이게 답이었던 거예요. 술을 마시지 않으면 알게 돼요."

수전과 잭이 지금까지 술을 끊고 살아 있을 수 있는 가장 큰 이유는 그들이 다른 선택이 없는 듯 행군 명령을 따랐기 때문일 것이다. 하지만 점진적으로 열망을 높여가며 어느 정도 경험을 쌓고 나자 금주에 대한 헌신은 그들 자신이 써 내려가는 일이 되었다. 수전은 이렇게 말했다.

"한동안 술을 마시지 않자 처음에는 불안했지만 점차 기분이 좋아지고 생각도 명료해지기 시작했어요. 생각이 맑아지자 자신감을 찾고 앞날을 계획할 수 있었죠."

잭은 이렇게 말했다.

"언뜻 지나가는 생각이지만 저는 정말 술을 마시고 싶은 욕구가 없어요. 시간이 가면서 저는 충동을 막는 방어막을 구축했고 더 이상 구호를 들을 필요가 없었죠. 하지만 그렇게 되기까지 '이뤄진 것처럼 행동하기'라는 생각을 반복해서 따라야 했어요."

수전과 잭은 자신의 행동을 책임질 수 있는 곳에 도달하기 위해 주머니쥐처럼 행동함으로써 기대를 낮추며 고지식한 정신을 이용했다. 그들은 자신이 자기 운명의 결정자임을 받아들일 때까지 그 실존적 사실에 대한 인정을 잠시 미뤄두었다.

이는 내가 지지할 수 있는 '이미 이뤄진 것처럼 행동하라'의 한 방식이다. 지시를 따를 때는 아무것도 우리에게 기대하지 않는다. 사실 이는 우리의 발전에 해를 끼치는, 삶에 대한 끔찍한 접근이다. 지시를 따르는 것이 인류에게 참혹한 결과를 초래했던 반박할 수 없는 역사적 증거도 있다. 하지만 자율성이 없는 것처럼 행동하는 것은 불안정한 상태에 있는 우리가 개인적인 변화를 향해 나아가고자 할 때, 자기효능감을 키우기 위해 자신감을 고취하는 작은 성공들이 필요할 때 유용한 방법이 될 수 있다.

자신과 타인을 실망시킬지 모른다는 걱정으로 짓눌릴 때 마치 자신이 외부의 힘에 통제되는 것처럼 느끼고 행동하는 것은 나쁜 일이 아니다. 사실 이는 펌프에 마중물을 넣는 유일한 방법일 수도 있다. 그리고 이로써 책임을 정면으로 바라볼 만큼 자신에 대해 충분한 믿음을 얻을 수 있다. 때로는 진정한 자신이 되기 위해 꼭두각시 연기를 해야 한다.

CHANGE

제8장

거울 속 나의 모습을
마주할 용기

**직면한다고 해서 모든 것이 바뀌지는 않지만
직면하기 전에는 무엇도 바꿀 수 없다.**

_제임스 볼드윈James Baldwin

구름이 잔뜩 낀 어느 날, 남부 캘리포니아 해안가에 있는 사무실에서 피터를 처음 만났다. 나는 곧바로 그가 좋아졌다. 20대 중반의 호리호리하고 잘생긴 그는 내 맞은편 자리에 앉아 있었다. 햇볕에 그을린 갈색 피부에 민소매 셔츠와 체크무늬 퀵실버 반바지를 입고 버켄스탁을 신고 있었던 그는 느긋하고 친절했으며 사교적이었다. 이는 내게 없는, 늘 바라던 모습이었다. 첫 번째 상담에서 피터는 치료를 받게 된 이유를 설명했다.

"저는 제 삶을 있는 그대로 받아들일 수가 없어요."

그의 이야기는 직장에서 하는 일이 그의 열정 및 재능과 잘 맞았을 때로 거슬러 올라갔다. 사실 그는 일과 삶 모두에서 많은 사람이 부러워할 만한 꽤 완벽한 생활을 하고 있었다. 당시 그는 자신에 대해 상당한 믿음을 갖고 있었다.

고등학교 이후 피터는 중앙아메리카와 남아메리카를 중심으로 서핑 여행을 하며 1년을 보냈다. 1년 뒤 바로 대학에 진학할 계획이었으나 여행이 너무나 즐거웠던 나머지 대입 지원서를 모두 준비하지 못했다. 귀국 후 그는 운 좋게도 아쿠아리움에서 학생들의 견학을 안내하는 일을 시작했다. 그 일은 보통 대학 신규 졸업자가 채용되는, 누구나 탐낼 만한 자리였다.

피터는 어른들에게 하듯 아이들에게도 친절한 직원이었다. 피터의 상사는 그를 부하직원으로 두게 되어 매우 기뻐했다. 그래서 상급 직원회의와 퇴근 후 파티에 그를 초대하거나 자신의 연구를 도와달라고 요청하는 등 피터를 각별히 살폈다. 어린 나이에 뛰어난 능력과 자신감을 보이는 피터가 인상 깊었던 한 직원은 그를 '천재 소년'이라고 불렀다. 피터는 레빈이 설명한 영감과 반두라가 설명한 자기효능감을 북돋을 만한 곳에 있었다.

대입 지원서 마감 기한이 다시 돌아올 무렵 피터는 진학을 1년 더 미루기로 했다. 그는 이제 스무 살이었고 그보다 몇 년 선배가 하는 일을 하고 있었다. 그는 대학에 다니는 친구들보다 인생에서 앞서가고 있는 것처럼 느꼈다. 그리고 일상에서 깊이와 의미를 찾았다. '1년 더'는 한 번 더 이어졌고 1년 후 또다시 반복되었다.

마지막으로 진학을 미루던 해에 피터는 티핑 포인트tipping point를 맞이했다. 프로의 세계에서 일하는 10대 소년으로 인상적인 위치에 올랐으나 굴욕적인 하락이 이어진 것이다. 22세가 된 피터는 '천재 소년'이라는 외투를 벗어야 했다. 3년 전 인상적으로 완수했던 업무 성과가 이제는 그의 나이에 어울리는 성과가 되었기 때문이다.

고등학교 친구들은 대학을 졸업했고 피터는 자신에 대해 그리고 자신의 사회적 지위에 대해 불안함을 느꼈다. 열외로 밀려난 것 같은 느낌이 매우 싫었고 간절히 벗어나고 싶었다. 하지만 무능감과 열등감을 없앨 계획을 세울 수도, 성인의 삶을 살아갈 수도 없었다. 그는 막막함과 불완전함을 느꼈고 진학을 미룬 자신이 바보 같았다. 그리고 사후가정이 시작되었다. '내가 왜 지원서를 내지 않았지? 대학에 진학했다면 훨씬 더 멀리 나아갔을 텐데!' 피터는 주변 사람들도 자신의 부진함을 알아차리고 있을지 궁금해지기 시작했다.

아쿠아리움에는 교육비 지원 프로그램이 있었다. 상사는 피터가 교육비를 지원받아 진학 준비를 위해 수업을 들을 수 있도록 돕겠다고 적극적으로 나섰다. 하지만 피터는 그 제안에 다소 기분이 상했다. 자신은 사람들의 냉정한 피드백을 처리할 수 있다고 여겼던 피터에게는 상사의 제안이 자신의 전문성 부족에 대한 비판적 언급으로 해석되었다. 하지만 피터는 수업을 들으면 사람들에게 자신이 발전하고 있음을 보여줄 수 있으리라는 점도 알고 있었다.

정해진 기한 내에 효율적으로 일을 잘하기로 유명했음에도 불구하고 피터는 교육비 지원에 필요한 서류 작성을 완성하지 못했다. 단순한 양식 몇 가지에 불과했으나 그는 그 서류가 친구들보다 뒤처진 실패의 표시라고 생각했다. 결국 상사가 여러 차례 권유하고 나서야 피터는 서류를 제출하고 해양생물학 개론이라는 대학 공개강좌에 등록했다.

퇴직자, 성적증명서를 준비하는 고등학생, 취미 수강생 등으로 이뤄진 수업에서 피터는 단연 돋보였다. 교수는 토론 중 종종 피터의 의견을 물었고 아마추어들로 가득한 교실에서 그를 유일한 전문가로 여기며 동료나 다름없이 대했다. 수업은 피터의 자신감을 상당히 북돋웠다. 그는 자신의 재능과 경험을 훨씬 밑도는 게임에서 이기긴 했지만 세상을 다 얻은 듯 느끼며 불안정한 상태에 있었다.

그해 가을, 피터는 몇몇 대학에 지원서를 요청해 받았다. 하지만 도착한 봉투를 좀처럼 열지 않았다. 처음 교육비 지원 서류를 작성하려고 했을 때 느꼈던 저항감이 이제는 움직일 수 없는 벽처럼 단단해진 것 같았다. 그는 봄에 또 다른 공개강좌에 등록했다. 그 초급 수업에서 그는 또다시 뛰어난 실력을 발휘했다. 그의 수준에 한참 미치지 못하는 수업이었지만 상사, 부모님, 친구, 룸메이트들에게 수업 내용과 자신의 이론을 의기양양하게 설명하며 자랑했다.

사실 그는 결코 잘난 척 떠벌리는 사람이 아니었기 때문에 자신의 이런 모습이 불편했다. 하지만 왠지 멈출 수가 없었다. 어느 날 해양생물에 대해 상사에게 장황한 설명을 늘어놓자 그녀는 참지 못하고 피터의 말을 가로막았다.

"그래요, 피터. 훌륭해요. 하지만 당신은 내가 오래전 대학에서 배웠던 것들을 이야기하고 있어요. 피터가 학위를 취득하고 거기서 배운 이론들을 업무에 적용했으면 정말 좋겠어요."

피터는 충격을 받았다. 어리석은 착각 속에서 혼자 잘난 척하다가 코가 납작해진 느낌이었다. 그는 자신에게 물었다. '내가 게으름뱅이야? 세상은 늘 이런 식이야?' 동네의 나이 든 서퍼들이 대마초를 피우며 자신의 '대단한 생각'에 대해 끊임없이 자랑을 늘어놓는 모습이 떠올랐다.

그는 고등학생들 틈에서 선두를 차지했다며 그 서퍼들처럼 자랑을 늘어놓는 허풍쟁이였던 것인가? 갑자기 대학이 절박하게 느껴졌다. 해양생물학자라는 목표에 도달하는 것이 경력보다 더 중요하게 여겨졌다. 그것이 그가 바라는 지위였고 착각에 빠진 나이 든 서퍼들처럼 되지 않고 다른 친구들을 따라잡는 방법이었다.

가을이 지나갈 무렵 피터는 10개 대학을 목표로 삼아 지원서에 다시 집중했다. 하지만 목표로 한 상위 대학들의 전공 요건을 읽고 난 뒤 필수 과목들에 실망을 금치 못했다. 고등학교 수준이나 다름없을 만큼 너무나 단순하고 기본적인 내용이었고 공개강좌의 조사보다도 흥미롭지 않았기 때문이다. 앞으로 그가 쌓으려고 했던 경력과 매우 동떨어진 것 같았다. 피터는 생각했다.

'나는 이것보다 훨씬 앞서 있어. 스물네 살인데 해양생물학 개론을 듣는다고? 사람들에게 뭐라고 말하지? 이걸 어떻게 받아들여야 해?'

그리고 지금쯤 당신도 예상했듯이 사후가정에 빠졌다.

'일찌감치 대학에 갔다면 지금쯤 원하는 경력을 갖췄을 거야. 시시한 수업에 노력을 쏟을 게 아니라 대학에 지원했어야 했는데!'

굴욕감이 밀려왔다. 그는 의욕을 꺾는 익숙한 장애물에 부딪혔다. 지원서의 빈칸을 채울 때마다 자신이 몇 년이나 뒤처졌다는 불쾌한 생각이 고개를 들었다. 대학으로 돌아가는 것은 그보다 여섯 살 어린 친구들과 똑같아지는 것을 의미했다. 이는 그가 그려온 자신의 모습, 즉 이미 그 분야에 종사하는 전문가로서의 자신과 조화되기 어려운 이미지였다.

이런 느낌은 자기소개서를 쓰는 동안에도 계속되었다. 그는 외국에서 지낸 기간, 아쿠아리움에서 일한 경험, 흥미로운 공개강좌 수업에 대해 적었다. 하지만 적어놓고 보니 이런 경험들은 매우 평범해 보였고 어쩌면 평균에 미치지 못할 수도 있다는 생각이 들었다. '게으름뱅이로 보이는데. 척척 행동에 옮기지 못하는 사람처럼 말이야.' 그는 자기소개서를 몇 단락 쓰고는 제쳐두었다.

이제 일반 지원서를 쓸 차례였다. 거기에는 성적증명서가 포함되어 있었다. 고등학교 성적증명서를 받고 피터는 멈칫했다. '이게 내 성적이야? 그래, 공개강좌에서는 잘했지만 내 학력은 고등학교에서 끝났지. 마치 어린애처럼 보이는군.' 그는 동네에서 점심을 먹기로 했다. 점심을 먹고 왔지만 다시 집중할 수가 없었고 지원서 작성을 다음 날로 미뤘다. 다음 날 또 작성을 미뤘고 그다음 날에도 마찬가지였다. 결국 피터는 세 군데 대학의 지원 마감일을 놓쳤다. 그는 다음 날 아침 내 사무실에 전화해 상담 약속을 잡았다.

며칠 뒤 만난 피터는 대입 지원서를 쓸 때 느끼는 '진흙에 빠진 것 같은 이상한 기분'에 대해 이야기하며 진지하게 상담에 임했다. 그리고 두 번째 만남에서는 "제가 사기꾼인 것처럼 부끄러운 느낌이 들어요."라고 솔직히 말하며 그런 느낌이 자신을 어떻게 방해하는지 어려움을 토로했다. 하지만 세 번째 만남에서는 다소 달라 보였다. 전에 만났을 때보다 느긋했으나 다소 산만했다. 피터는 다음 상담을 취소했다. 그리고 다시 내 사무실을 찾지 않았다.

몇 차례 상담 후 예상치 않게 치료를 그만두는 것은 종종 있는 일이다. 나는 피터가 변화할 준비가 되지 않았다고 생각한다. 나는 그가 앞으로 나아가는 방법을 찾기 바라지만 의구심이 생긴다. 치료 중단은 인생에서 그가 원하는 변화를 방해하는 힘을 이해하고 해결하기를 거부하는 표시로 보인다. 애석하게도 나 역시 그가 나이 든 서퍼들처럼 살아가는 장면이 떠오른다.

피터의 이야기에는 특히 좌절감이 느껴지는 부분이 있다. 그는 장래가 유망한 청년이다. 자신이 정말 가치 있게 여기는 분야에서 역량을 입증했고 상사를 비롯해 존경하는 사람들에게 인정받았다. 그리고 자신의 가치와 적성에 부합하는 직업적 목표(해양생물학자)를 찾았다. 그가 할 일은 모든 사람이 시작하는 출발점에서 시작하는 것이다. 그러나 피터에게 이 출발점은 자아상을 해치는 것처럼 느껴졌다. 그는 천재 소년이었고 지금은 나이 든 신입생이다. 그는 필요한 단계 앞에서 주저했고 그 결과 만족스럽고 야심 찬 경력을 향해 도약하지 못했다. 해야 할 일을 미룰수록 그는 더욱 큰 굴욕감을 느끼고 그 속에 더 깊이 갇혔다.

피터의 상황은 변화의 중요한 딜레마를 담고 있다. 변화는 인생에서 우리가 어디에 있는지 직시할 것을 요구한다.

이유 6. 지금의 현실을 자각하지 않아도 된다

개인적 변화는 현재의 자신을 살펴보며 반드시 변화시켜야 할 것을 평가하고 자신이 불완전하다는 불편한 사실을 깨닫는 과정이다.

내가 사무실을 청소하겠다고 마음먹는다면 먼저 그 지저분함이 내가 만든 문제임을 인정해야 한다. 다시 말해 사무실을 정리하기 위해서는 내가 만든 엉망의 상태를 마주해야 한다. 이는 피할 수 없는 변화의 역동성이다.

앞으로 나아갈 때 우리는 희망에 따라 행동한다. 앞으로 나아가기에 충분할 만큼 희망이 생기면 두 가지 일이 일어난다. 첫째, 뭔가를 중요한 것으로 지정한다. 둘째, 그 중요한 것이 자신에게 부족하다고 여긴다. 중요한 뭔가가 인생에 없거나 부족한 상황을 경험하고 싶지 않으면 현재 상태에 머물러야 한다. 반대로 인생에 중요하고 부족한 뭔가를 기꺼이 직시해야만 우리는 변화를 이룰 수 있다.

하지만 중요한 뭔가가 부족하다는 사실은 수치심을 일으키곤 한다. 이는 망가지지 않고 깨끗한 이상적인 모습과 비교할 때 늘 수치심(실패하고 더럽혀진 경험)이 존재하기 때문이다. 또 우리가 지금 향하고 있는 목표를 중요하게 여김으로써 목표를 달성한 이상적인 모습을 지향점으로 삼았기 때문이다.

개인적 목표를 정했을 때를 생각해보자. 예를 들어 다이어트라면 당신은 언제 가장 뚱뚱하다고 느꼈는가? 바지가 맞지 않다는 사실을 알게 된 날인가, 아니면 다이어트를 시작한 날인가? 아마 다이어트를 시작한 날이었을 것이다. 물론 바지가 작아졌다는 사실을 알았을 때 충격을 받았겠지만 그 충격은 다이어트를 선택해야만 지속된다. 다이어트를 선택하지 않으면 처음 현실을 깨닫고 느낀 고통은 갖가지 변명으로 점점 줄어든다. '어제 저녁을 너무 짜게 먹었어.' '장거리 이동을 했더니 부었나 봐.' '바지가 줄어든 것 같아.'

하지만 다이어트를 시작하고 체중 감소를 이전보다 중요한 목표로 정하면 당신에게 없는 날씬함을 매우 민감하게 의식하게 된다. 그리고 현재의 체중과 이상적인 체중의 차이를 더욱 명확히 인식하고 더 이상 핑계를 만들지 못한다. 이처럼 다이어트는 당신이 좋아하지 않는 자기 모습에 직면하는 고통을 더 크고 오래가게 만든다.

'헤아리다', '깊이를 재다'라는 뜻의 패덤fathom은 뭔가를 온전히 알아 차리는 예리한 깨달음의 순간을 의미하며 깊이를 측정하는 기술적 용어로 사용되기도 한다. 이는 매우 인상적이고 시적인 의미다. 자신의 문제를 바로잡으려 할 때 우리는 그 문제를 헤아리게 된다. 문제를 바로잡으려면 현재 모습과 목표 사이의 거리를 측정해야 하기 때문이다.

따라서 목표에 도달하는 유일한 방법은 앞으로 도달하고 싶은 곳과 비교해 현재 있는 곳(온갖 흠집이 있는)을 견디며 살펴보는 방법을 찾는 것이다. 행동 문제에 대한 대부분의 치료가 자신의 문제를 솔직하게 인정하고 평가해야 한다는 생각에서 출발하는 것은 바로 이 때문이다. 예를 들어 익명의 알코올중독자들 모임의 첫 만남에서 사람들이 자신을 알코올중독자로 인정하는 과정("저는 제인이고 알코올중독자입니다.")이 포함된 것은 전혀 우연이 아니다.

하지만 자신의 문제를 직접적으로 인정하거나 직면하는 것이 의욕을 꺾어버릴 수도 있다. 해양생물학자가 되고 싶었던 피터처럼 거울을 들여다보는 꼭 필요한 과정이 너무 큰 수치심을 유발하면 변화를 위한 시도를 중단하게 된다. 이는 우리의 에너지를 변화에 쏟으려면 우선 수치심을 해결해야 한다는 걸 의미한다. 그리고 이는 자기수용의 방법을 찾는 것과 관련된다.

있는 그대로의 나 자신을 받아들이는 법

칼 로저스는 이렇게 썼다. "변화에 관한 가장 이상한 역설은 있는 그대로의 나 자신을 받아들일 때 내가 바뀔 수 있다는 것이다." 변증법적 행동치료dialectical behavior therapy[2]라는 불교적 치료법을 창시한 마샤 리네한Marsha Linehan[3]에 따르면 모든 변화의 핵심은 변증법(상반되어 보이는 양극단 사이의 긴장)에 있다. 경계선 성격장애borderline personality disorder[4] 치료를 집중적으로 연구한 리네한은 삶에서 겪는 모든 고통이 두 가지 이상의 상충하는 생각들을 통합하지 못하는 데서 비롯된다고 여긴다. 그래서 그녀는 행동 변화를 위한 모든 노력의 핵심으로 자기수용과 변화 사이의 특별한 변증법을 강조한다.

자기수용과 변화 사이의 긴장을 해소하는 방법에 대해 로저스와 리네한을 비롯해 많은 학자가 매우 비슷한 결론에 도달했다. 바로 비판단적 접근nonjudgmental approach이다(로저스의 인본주의적 접근이 무조건적 긍정적 존중unconditional positive regard에 바탕을 두고, 리네한이 근본적 수용radical acceptance이라는 불교의 이상을 역설하는 것은 이 때문이다).

반면 내 접근 방식은 판단을 완전히 보류하지는 않는다(나는 실제 우리가 이타적이지만 잘못된 행동이라고 판단할 수 있는, '나쁘게' 여겨지는 행동들이 있다고 생각한다). 나는 인생에서 리네한이 설명하는 순수한 불교적 의식에 몰입했던 적이 없다. 하지만 변화의 역장에 대한 개념과 비슷한 결론을 갖고 있다고 믿는다. '우리는 더 잘하기 위해 노력하는 동시에 지금 할 수 있는 최선을 다할 수 있다.'

레빈의 역장 이론에 따르면 지금 있는 곳과 앞으로 도달하고 싶은 곳에 걸친 '공간 사이'[5]에서 현재 우리의 행동이 일어나는 위치는 변화를 향한 추진력과 변화를 막는 억제력이 만나는 바로 그 지점이다. 이는 상쇄되는 힘들 사이의 균형이 우리의 행동을 결정한다는 것을 뜻한다. 하지만 지금 우리가 최선을 다해도 아무것도 바뀔 수 없다는 건 아니다. 오히려 앞으로 나아가고자 한다면 역장 안에서의 상황이 바뀌어야 한다. 예를 들면 희망과 믿음의 추진력을 강화하는 방법(치료를 받거나 취미에 몰두하거나 친구와 더 많은 시간을 보내는 등)을 찾을 수도 있고, 희망의 두려움을 줄일 다른 일에서의 성공(사랑에 빠지거나 너무 큰 실망을 일으키지 않을 작은 목표를 추진하는 등)을 통해 억제력을 줄일 수도 있다.

수십 년 전 나는 의도적으로 거울을 직시하는 아주 훌륭한 방법으로 자신의 역장에서 이런 변화를 만들어낸 사람을 봤다. 그의 이름은 에릭이었다.

• 스스로 '바보'가 된 사람

에릭을 만난 것은 1980년대 중반이었다. 그는 낮에는 웨스트 할리우드의 한 텔레비전 스튜디오에서 목공으로 일했고 밤에는 선셋 교차로, 에코 파크, LA 시내를 돌아다니며 펑크 밴드의 드러머로 활동했다.

그는 매우 멋진 남자였고 언더그라운드 음악계에서 사람들의 존경을 받았다. 그는 줄담배를 피웠는데 담배는 그의 이미지를 더욱 빛내주었다. 에릭의 입술에는 언제나 담배가 아슬아슬하게 걸쳐져 있었다. 나는 그가 공연 장소에 도착해 밴에서 뛰어내려 짐칸에서 장비를 꺼내 경사로와 복도를 지나 무대로 밀고 가던 모습이 지금도 기억난다. 그때도 입술 사이에서 담배가 가볍게 흔들리는 걸 봤다.

에릭은 결혼하고 얼마 지나지 않아 첫아이를 맞이했다. 그의 삶이 바뀌고 있었다. 이제 철이 들어야 할 시기였고 그는 담배를 끊고 싶어졌다. 인생에서 처음으로 담배를 낭만적인 소품이 아닌 심각한 문제로 바라봤고 그 위험한 중독에서 빠져나올 방법을 찾았다. 그는 전문가들이 제시한 온갖 방법(금연 패치, 껌, 최면, 금연 모임)을 시도했지만 결국 실패로 끝났고 다시 담배를 피우는 자신의 무능함에 수치심을 느꼈다. 아내가 그의 옷에서 담배 냄새를 감지하거나 뒷마당에서 몰래 담배 피우는 그를 발견할 때면 수치심은 더욱 커져만 갔다. 아내는 에릭을 몹시 사랑했고 그가 금연에 실패해도 다정하기만 했다. 하지만 그녀의 관대함은 그의 기분을 더 상하게 만들 뿐이었다.

고심하던 에릭은 마침내 기발한 아이디어를 생각해냈다. 어느 날 그는 밴드 팀원에게 담배를 피우는 자신의 사진을 찍어달라고 부탁했다. 그리고 이중 턱이 보이도록 고개 숙이기, 배 내밀기, 초조하고 속상한 표정 짓기, 깔끔한 올백 머리를 엉망으로 흐트러뜨리기 등 사진에서 멋지지 않게 보일 수 있는 모든 모습을 찍었다.

에릭은 그중에서 가장 엉망인 사진을 골라 그 위에 빨간색 형광펜으로 '바보'라고 적은 뒤, 일부는 주머니에 들어갈 정도로 축소하고 일부는 8×10 사이즈로 확대해 100장을 복사했다. 그는 확대한 사진을 자기 집의 현관문과 뒷문 안쪽, 자동차 대시보드, 자주 가는 동네 술집의 비상구와 화장실 소변기 위에(물론 주인의 허락을 받고) 붙였다.

그리고 사람들에게 가서 자신이 담배를 피우거나 담배 피울 준비를 할 때 혹은 옷에서 담배 냄새가 나는 등 수상쩍은 기미가 보일 때 바보 카드를 보여달라고 말하며 작은 사진을 나눠 주었다. 그는 카드를 꺼내 보였을 때 자신이 그들을 짜증 나게 할 수도 있다고 주의를 주면서 그런 태도를 무시하라고 부탁했다.

에릭의 친구, 직장 동료, 지인들은 에릭의 금연 계획을 매우 재미있어 했다. 그리고 이는 일종의 퍼포먼스가 되었다. 사진 속 자신을 '바보'로써 붙였음에도 그는 사람들의 존경을 얻었다. 에릭은 자신의 실패를 지켜보는 관중을 만들었다. 이는 대담한 행동이었고 창의적이고 용감한 시도였다. 게다가 바보처럼 행동하는 자신의 모습을 기꺼이 드러내는 모습이 매력적이기도 했다.

그의 계획은 상당히 빠르게 효과를 발휘했다. 그는 2주 만에 담배를 끊었다. 한 달 후 바보 카드와 포스터는 과거의 일이 되었다.

이전의 금연 시도에서 흡연에 대한 에릭의 태도는 충치를 치료하는 치과의사와 비슷했다. 문제에 직접 개입했던 것이다. 반면 새로운 방법에서 에릭은 자신을 둘러싼 레빈의 장이라는 밭에 양분을 더해주는 농부와 비슷했다. 그는 네 가지 방법으로 금연을 시도했다.

첫째, 에릭은 목표와 관련해 자신의 현재 위치를 직시하는, 피할 수 없는 문제를 다루는 방법에 변화를 주었다. 그는 바보 카드를 만들어 지루하고 고지식한 정신에서 유희성의 정신으로 태도를 바꿨다. 고지식한 정신이었을 때는 '담배 중독'이라는 문제가 그의 손을 떠나 있었고 따라서 의학적 개입과 같은 강제성이 필요했다. 하지만 유희성의 정신으로 태도를 바꾸자 변화는 마치 찰흙처럼 어떤 것으로든 만들어질 준비가 된 촉촉한 상태로 그의 손에 있었다. 그 결과 그의 흡연 습관은 수치심을 일으키는 원천이 아니라 유연하게 바꾸고 관리할 수 있는 대상이 되었다. 에릭은 자신의 문제에 재미있게 접근함으로써 거울 속의 자신을 바라보는 횟수를 늘려나갔다. 이는 에릭이 주변의 역장을 변화시킨 두 번째 방법으로 이어졌다.

둘째, 에릭은 이전에 흡연을 시도하는 동안 자아상보다 더 좋았던 방법인, 자신의 문제에 대한 반성의 지점들을 여러 곳에 만들었다. 그는 담배를 피우면 바보라는 사실을 일깨우는 카드를 만들어 어디서든 마주칠 수 있도록 했다. 이는 자신을 위해 스스로 재미있는 방식을 찾은 것으로서 그 덕분에 수치심은 흔적도 없이 사라졌다. 에릭의 작전은 그의 행동을 밝은 곳으로 끌어내 수치심이라는 억제력을 약화시켰다. 하지만 불명예스럽지 않은 방법이었다. 행동에 대한 반성이 흡연을 시도했거나 흡연을 들켰을 때만 일어났기 때문이다. 이는 에릭이 주변의 역장을 변화시킨 세 번째 방법으로 이어졌다.

셋째, 에릭은 사람들이 그의 행동을 관찰하는 방법을 변화시킴으로써 습관을 바꿨다. 그는 '에릭은 금연 중'이라는 문구를 다른 표현으로 적었다. 바보 카드를 만들기 전, 그는 금연 실패를 나약함의 표시로 여겼고 따라서 금연을 시도하고 있다는 사실을 숨기곤 했다. 하지만 그의 목표를 알고 있는 아내와 친구들에게 몰래 담배 피우는 것을 걸리지 않을 수 없었고 이는 그를 부끄럽고 기분 나쁘게 만들었다. 하지만 직접 제작한 바보 카드를 이용하면서 그는 새로운 공연을 시작했다. 그것은 꼭두각시 인형극도, 니코틴과 의지 사이의 가차 없는 줄다리기도 아닌 영웅적이면서 친밀감이 느껴지는 인간적인 면을 보여주는 공연이었다. 모든 사람이 그의 노력을 지지했고 그를 더욱 존경하게 되었다. 더불어 사람들은 담배를 피우면 바보라는 사실을 에릭에게 일깨워주었다.

자신만의 길거리 공연을 창작하고 사람들을 참여시킴으로써 에릭은 더 수치스러운 모습을 방지하는 다른 거울을 만들었다. 이 거울에서 그는 주변 사람들과의 상호작용을 통해 일을 성사시키는 능력이 있는 사람이었다. 이는 에릭이 자신의 역장에서 일어나는 일을 변화시킨 네 번째 방법으로 이어졌다.

넷째, 에릭은 자신의 문제를 책임지고 자신만의 해결책을 개발함으로써 자기효능감을 높였다(그에 따라 자신에 대한 믿음도 높아졌다). 자기효능감을 연구했던 반두라는 한 영역에서 능력 있는 사람이 되면 다른 영역 전반에서 자기효능감을 높일 수 있다고 언급했다.[6] 에릭은 변화의 프로세스를 만들고 주변 사람들과 이를 공유함으로써 흡연 극복에 대한 자신감을 북돋는 부수적인 성공을 거두었다. 즉 그는 자신을 더욱 믿게 되었다.

에릭이 밴드 연습 중 몰래 담배를 피우고 싶은 욕구를 처음으로 참았던 경험은 자신의 삶을 이끌어갈 수 있는 능력에 대해 믿음을 갖게 해주었다. 그는 두 번, 세 번, 네 번 흡연을 참았다. 만일 니코틴 패치를 붙이고 흡연을 참았다면 이때도 그는 매우 큰 자부심을 느꼈을 것이다. 하지만 이는 자신만의 길을 따름으로써 변화를 이뤘을 때 느낀 자기 확신에 비하면 아무것도 아니다.

에릭은 자신의 실패를 놀이의 소재로 삼고 주변 사람들의 애정을 얻음으로써 변화의 변증법을 여는 열쇠를 찾아냈다. 그는 자신이 되고 싶은 모습으로 바뀌기 위해 현재 자신의 모습을 받아들이는 방법을 찾은 것이다. 바보 카드는 그가 바뀌어야 한다는 표시이자 그의 용기를 보여주는 상징으로 사용되었다. 그는 아직 목표에 도달하지 않았음을 인정하는 동시에 자신을 평가하고 목표로부터의 거리를 재는 방법을 만들어냈다.

에릭이 그만의 독특한 방법으로 금연에 성공한 지 40년이 지났다. 에릭이 개인적 변화를 위해 시도한 기발한 행동과 그 효과는 지금 봐도 여전히 인상적인 사례다. 그는 에이미 포엘러(할리우드에서 코미디언, 배우,

작가, 감독으로 활동하며 자신만의 방식으로 당당한 매력을 선보이고 있다.-옮긴이)처럼 팔을 뻗어 자신의 문제를 감싸 안았고 한 번에 한 장씩 바보 카드를 이용해 그것을 옮겼다.

에릭의 이야기가 내 기억에 깊이 남아 있는 이유는 에릭의 행동이 당시 내 행동 방식과 반대되는 긍정적인 모습이었기 때문인 것 같다. 에릭이 바보 카드를 만들던 즈음, 나는 훨씬 더 복잡한 연극론으로 연기하며 내 주변의 거울을 관리하고 있었다. 하지만 내 연극의 목표와 결과는 에릭의 결과와는 매우 달랐다. 수치스러운 순간을 유머와 친절함의 소재로 이용해 독창적인 계획을 실행했던 에릭과 달리 나는 대부분 사람과 비슷한 방식을 취했다. 이미 목표에 도달한 것처럼 연기함으로써 수치심을 모면했던 것이다.

환상 속으로 도피하지 마라

당시 나는 두 명의 친구들과 LA 중심가에 살았다. 우리는 급성장하는 예술계에서 비주류에 속해 있었다. 친구들과 나는 예술가와 공연가들이 많이 찾는 고리키스라는 러시아 카페에서 자주 어울렸다. 그곳에서 우리는 진짜 예술가와 예술가인 척 으스대는 사람을 구별하는 안목을 갖게 되었다.

진짜 예술가들은 꾸미지 않은 것 같은 옷차림이었지만 색감과 패턴에서 미묘한 스타일이 있었다. 반면 예술가인 척하는 사람들은 한 가지 특징적인 표시가 있었다. 하나같이 바지나 신발에 물감 튄 자국이 있었던 것이다. 물감으로 얼룩진 그들의 리바이스 청바지는 '잠깐 들러서 밥 먹고 다시 작업하러 갈 것'임을 보여주었다. 우리는 그들을 '바지 화가'라고 부르며 무시했다.

우리는 20대였고, 작은 테이블에 둘러앉아 서로에게 각자의 연기를 하고 있었다(훗날 제프는 사서가 되었고 마이크는 변호사, 나는 사회학 박사가 되었다). 우리는 마치 다 큰 어른인 양 예술계의 냉소적인 베테랑들이 지닌 과분한 정체성을 거론하며 가짜 예술가들을 얕잡아봤다. 사실 우리는 으스대는 가짜를 무시하는 내부자 행세를 하며 내부자가 되고 싶어 하는 아웃사이더였다. 미묘한 스타일의 옷을 입은 예술가들은 아마 그들의 길을 유지했겠지만 바지 화가들은 대부분 우리와 비슷한 길을 걸었을 것이다.

내가 그렇게 진짜인 척 가장했던 것은 아무것도 이루지 못하고 있다는 수치심에서 빨리 벗어나고 싶었기 때문이었다(중학교 때 대마초를 피운 것과 같은 맥락이다). 당시 나의 변변치 않은 실력은 카페에서 차를 홀짝이며 바지 화가들을 모욕하는 창조적인 예술가로서의 내 정체성을 모욕하는 것처럼 느껴졌다. 문제는 레빈이 동기부여에 매우 중요하다고 언급했던, 지금 있는 곳과 앞으로 도달하고 싶은 곳 사이의 자연스러운 긴장이 아니었다. 진짜 문제는 내가 있는 곳과 '이미 도달한 척하는' 목적지 사이의 긴장이었다.

나는 아무것도 이루지 못했다는 위협적인 수치심을 감추기 위해 이미 성공했다는 느낌이 절실히 필요했다. 이런 생각에는 다음과 같은 문제가 있었다. 성공한 예술가가 되지 못할 수 있다는 위협은 목표를 이루기 위해 해야 하는 실질적인 노력을 불가능하게 만들었다. 기량을 연마하고 기본을 배우고 처음으로 돌아가는 것은 너무 수치스럽게 느껴졌다.

스스로 쓴 시나리오 속의 인물과 맞지 않았기 때문이다.

나는 손상되기 쉽지만 지지할 수 없는 두 가지 존재 방식의 갈림길에 직면했다. 내가 이상과 거리가 멀다는 수치심 그리고 내가 이미 목표에 도달했다는 거창한 가식이었다. 정신분석가들은 수치심과 가식 사이에서 동요하는 자만심 가득한 측면을 '자기애적 방어'narcissistic defense라고 부른다.

이런 방어 행동을 보인다고 해서 완전히 나르시시스트인 것은 아니다. 대부분 사람은 경우에 따라 자기애적 방어를 이용한다. 자신을 특출하게 여김으로써 창피함으로부터 자존심을 지키는 것이다. 이는 자신을 단단히 지탱하지 못하고 흔들리는 가정에 기반을 두기 때문에 불안정한 방어에 그치고 만다. 자신에 대한 가정이 흔들리면 수치심은 더 악화되는 경향이 있다.

해양생물학자가 되고 싶어 했던 피터를 다시 생각해보자. 그는 노력 없이 얻은 높은 자부심과 깊은 수치심 사이에서 그런 악순환을 경험했다. 그는 아쿠아리움의 천재 소년이라는 왕관을 썼을 때 느낀 자부심을 계속 느끼고 싶었다. 그래서 공개강좌의 다른 사람들과 자신을 비교함으로써 이미 해양생물학자라는 지위에 도달한 자신의 모습을 마음속에 그렸다. 하지만 상사가 대학 진학을 권유했을 때, 대입 지원서를 작성하려고 했을 때 그의 자부심은 손상되었다. 즉 피터는 목표와 거리가 먼 현실의 고통을 잊기 위해 목표에 이미 도달했다는 환상을 일종의 진통제로 이용했던 것이다. 하지만 진통제가 사라지자 그는 진통제를 쓰지 않았을 때보다 자신의 상황에 더욱 낙담했다.

"제가 사기꾼인 것처럼 부끄러운 느낌이 들어요."

피터의 이 말은 수치심과 노력 없이 얻은 자부심의 실추가 어떤 관계인지 잘 보여준다. 우리는 이처럼 불안정한 자부심을 '자만심'이라고 부른다.

개인적 변화에서 자만심은 겸손한 노력을 건너뛰고 초보자에서 숙련자로 단숨에 발전해 즉시 목적지에 도착할 수 있다고 여기는 거만한 믿음이다. 피터는 그 노력을 건너뛰려고 했다. 그는 자신이 알고 있는 내용을 가르치는 공개강좌에서 이룬 성취를 어엿한 과학자가 되는 목표에 이미 도달했다는 표시로 여겼다. 내가 '바지 화가'들을 무시하며 마치 인정받는 예술가라도 된 양 행세했던 것도 마찬가지였다. 겸손한 태도로 필요한 노력을 하지 않은 채 이루고 싶은 목표를 이미 이뤘다는 환상을 만들어냈던 것이다.

목표에 도달한 척하거나 환상을 갖는 것으로는 목표에 도달할 수 없음을 알았을 때 피터와 나는 의욕을 꺾는 갑작스러운 실망과 수치심을 느꼈다. 이는 수치심과 자만심 사이를 급격히 오가는 자기애적 방어의 양상이다. 이 같은 모습은 현재의 자신과 미래의 이상적인 자신 사이의 거리를 측정할 때 더욱 심해진다.

자신이 누구이며 어디에 있는지 부정함으로써 우리는 좌절과 불안이 가득한 자기애적 방어에서 빠져나올 수 있다. 그 부정은 우리를 기분 좋게 해줄 것이다. 또 우리가 변화하지 못하도록 막을 것이다. 따라서 자기 수용 지지자들이 말한 것처럼, 거창한 환상으로 도피하거나 깊은 수치심에 빠지지 않고 자신을 계속 살펴볼 방법을 찾아야 한다.

변화에는 우리에게 고루 배분되지 않고 활용하기도 어려운, 지속적인 겸손이라는 인간의 힘이 필요하다. 에릭이 주변 사람들로부터 그토록 존경받은 이유, 그가 금연이라는 목표에 집중할 수 있었던 이유는 바로 그 힘 때문이었다.

겸손하게 자기 위치를 돌아보라

겸손은 자만심의 반의어로서 수치심의 해결책이다. 겸손의 부재는 자기애적 행동으로 이어진다. 자만심이 거창하고 말도 안 되는 황당한 생각과 관련된 의미라면, 겸손은 현실에 기반을 둔 태도와 관련되며 땅을 뜻하는 라틴어 'humilitas'에 어원을 둔다.

겸손은 자기 분수를 모르고 잘난 척하거나 거만한 태도를 보이지 않는 것이다. 하지만 이런 감정 때문에 열망이 위축되거나 자기 비하에 빠지는 것은 아니다. 진정으로 겸손한 마음이 있다면 자신에게 경탄하고 자신을 사랑하고 자신의 재능에서 즐거움을 찾을 수 있다. 에릭과 바보 카드처럼 우리는 자신의 약점을 인정하면서도 목표를 달성하겠다는 포부를 가질 수 있다.

사실 자신의 한계를 인정할 수 있기 때문에 포부도 가질 수 있는 것이다. 여기서 겸손은 현실에 발을 딛고 타인과 함께 살아가며 자기 환상에 휩쓸리지 않도록 막아주면서 과도한 자신감을 안정시키는 무게 추 역할을 한다. 또한 지나친 수치심을 느끼지 않도록 우리를 보호하며 진창 밖으로 고개를 들어 원하는 것을 주시하도록 해준다.

에릭이 수치심에 사로잡혔다면 결코 바보 카드를 만들지 못했을 것이다. 물론 그는 기발한 방법이 가져다줄 달콤한 박수와 존경에 환상을 품었을지도 모른다. 하지만 그런 부수적인 이득에만 주목했다면 담배를 끊지 못했을 것이다. 겸손은 당신을 누르는 동시에 들어 올린다. 과장되고 비현실적인 자아상을 내리고 자기수용의 부드러운 돌풍을 꺼내는 겸손은 자신의 결점을 수용하는 태도에서 나온다. 핵심은 겸손이 창피함이 아니라 진정한 자기수용이라는 점이다. 자신이 누구인지, 어디에 있는지 받아들이는 것이다.

뱃사람들은 명확한 표지물이 없어도 목적지까지 어떻게든 길을 찾아 항해한다. 그들은 어떤 지점에서도 자신의 정확한 위치를 파악해 길을 찾는다. 겸손은 자기지향self-orient 능력을 제공한다. 자신이 어디에 있는지 받아들이면 가고 싶은 곳으로 가는 기준점을 갖게 된다. 나는 이 기준 공간을 '겸손 지대'humility zone라고 부른다.

• 자만심과 수치심 사이의 균형

그리스 신화의 이카로스 이야기는 겸손과 관련된 이야기다. 이카로스의 아버지 다이달로스는 뛰어난 건축가이자 발명가였다. 그는 훌륭한 작품을 만들기 위해서는 정밀함과 인내심이 중요하다는 사실을 알고 있었다.

그는 잘 알려진 대로 자신과 아들을 위한 날개를 만들었다. 하지만 그 날개는 매우 다루기 어려웠다. 태양에 가까워지면 깃털을 붙인 왁스가 녹을 위험이, 바다에 가까워지면 날개가 젖을 위험이 있었다. 그래서 아들에게 너무 높게 날지도, 너무 낮게 날지도 말라고 충고했다. 태양 가까이 나는 교만함과 바다 가까이 나는 수치심 사이, 즉 겸손 지대에서 나는 방법을 알려준 것이다.

겸손 지대에서 우리는 계속 나아갈 수 있을 만큼만 자부심을 느끼게 된다. 그 자부심은 우리가 원하는 것과 그것을 얻는 일 사이의 긴장 속에서 우리 자신의 위치를 잊을 만큼 과도해지지 않는다. 즉 겸손을 느끼지만 거울에 비친 자기 이미지를 보며 낙심하지 않는다. 이런 겸손 지대에서 활동하면 앞으로 계속 나아갈 수 있다. 자만심과 수치심 사이의 불가피한 시소 위에서 자기애적 방어에 의존하지 않고 자신이 불완전하다는 생각을 견딜 수 있기 때문이다.

실망으로 자신에 대한 믿음이 손상되었을 때는 겸손 지대에 도달하기가 어렵다. 피터가 바로 이런 경우다. 그는 현재 위치에서 도달하고 싶은 목표까지 이동하는 데 무력감을 느끼면서 점점 더 겸손 지대에 머무르는 것이 어려워졌다. 이미 목표에 도달한 것처럼 느끼는 자만과 그 목표에서 한참 멀다는 사실을 인식하는 수치심 사이를 정신없이 오갔다. 자신이 완벽하지 못함을 깨닫는 경험은 그가 대입 지원서를 쓰려고 할 때마다 그의 수치심을 자극했다.

겸손 지대를 찾지 못한 피터의 문제는 뒤틀린 행동으로 이어졌다. 그는 자신을 있는 그대로 받아들일 수 없었다. 불완전함을 느끼고 싶지 않았기 때문에 완료해야 할 과업을 완료하지 않았다. 그리고 실제로 아무것도 완료하지 않았다는 수치심을 모면하기 위해 표면적으로 완전함을 느낄 수 있는 시나리오를 만들었다(일찍 자기완성을 경험하며 형성된 자기애의 거품이 터졌을 때 피터는 그 시나리오 때문에 더 큰 불완전함을 느낄 수밖에 없었다). 그야말로 프레첼처럼 뒤틀린 모습이다. 하지만 이는 비정상적인 행동이 아니다.

1980년대의 나처럼 피터는 중요한 인생의 목표에 도달하려는 동기를 꺾어버리는, 끊임없는 자기애적 순환에 몰두했다. 하지만 피터나 내게 동기가 없었다고 말할 수는 없다. 사실 우리는 이미 목표를 이룬 것처럼 보이려는 목표에 도달하기 위해 추가적인 노력을 기울이며 많은 동기를 드러냈다. 그와 나는 확실한 동기가 있었다. 단지 우리의 목표가 보이는 것과 달랐을 뿐이다. 우리의 목표는 우리와 관객의 눈에 비친 우리의 모습에서 수치심을 덜어줄 방법을 찾는 것이었다.

사회심리학자들은 이런 외부 평가에 대한 지향성을 외재적 동기extrinsic motivation라고 부르며 외부 평가의 달성을 외재적 목표extrinsic goal라고 부른다. 외재적 목표 및 동기는 내재적 목표intrinsic goal 및 내재적 동기intrinsic motivation와 대비된다. 내재적 목표 및 동기는 외적 보상과 관계없이 자기만족과 의미를 지향한다. 피터와 나처럼 외재적 목표 달성에 대한 소망에 압도되면 내재적 목표 달성의 동기를 잃어버릴 수 있다.

• 내재적 동기 vs. 외재적 동기

자신이 좋아하는 운동을 더 잘하게 만들어준다는 이유로 체육관에서 열심히 운동하는 사람을 생각해보자. 그가 지닌 동기는 내재적 동기다. 그는 칭찬을 기대하지 않는다. 자신에게 만족을 주는 실력 향상을 기대한다.

자기결정 이론self-determination theory[7]을 제시한 선도적 사상가 피터 슈먹Peter Schmuck, 팀 캐서Tim Kasser, 리처드 라이언Richard Ryan은 이렇게 설명했다. "내재적 목표의 추구는 본질적으로 만족감을 준다. 자율성, 관계, 역량, 성장에 대한 심리적 욕구를 충족시킬 가능성이 크기 때문이다."[8] 다시 말해 내재적 목표는 올바른 믿음에서 비롯된 목표다. 이는 자기 자신에 대한 목표이며 자신이 더 나아지기를 바라는 목표다. 자신을 책임지는 사람은 자신이기 때문이다. 내재적 목표는 겸손 지대에서 날고 있을 때 추구하는 목표다.

외재적 목표는 무력한 불안감을 외적 보상으로 해결하려는 바람에서 전형적으로 나타난다. 자기결정 이론가들은 이런 목표가 일반적으로 자신에 대한 불안을 반영한다고 말한다. 외재적 목표는 외부 세계의 확인을 우선시하는 잘못된 믿음에서 비롯되는 경향이 있다. 우승 트로피를 위해 열심히 운동하는 선수는 외재적 동기에 의해 움직이는 것이다.

하지만 외재적 동기는 기대되는 행동과 보상 사이의 계약적 교환처럼 언제나 단순하지만은 않다. 우리는 다른 사람들에게 더 긍정적으로 보이고 싶은 마음 때문에 외재적 동기를 품을 때가 종종 있다. 앞서 운동을 더 잘하기 위해 운동하는 사람이 원하는 것은 트로피만이 아니다. 그는 사람들의 박수갈채와 새로운 지위도 원할 것이다. 여기서 문제가 발생한다. 외재적 목표의 타인 지향성은 개인적인 변화를 추구할 때 내재적 목표를 향한 동기를 방해할 수 있다. 이는 우리가 원하는 변화가 우리의 정체성과 관련될 때 특히 그렇다.

• 목표에 이미 도달했다는 착각

사회심리학자 피터 골위처Peter Gollwitzer는 이전과 다른 격상된 지위에 도달하는 외재적 목표를 '정체성 목표'identity goal라고 부른다. 다시 말해 우리가 사람들에게 자신을 확인시키는 방법을 나타내는 목표다.[9] 취미에 숙달하는 목표가 정체성 목표가 될 수 있듯이('나는 플라이 낚시꾼이다') 경력 목표는 정체성 목표다('나는 의사다'). 그리고 습관을 바꾸는 것도 정체성 목표가 될 수 있다('나는 날씬한 사람이다').

골위처와 그의 연구팀은 정체성 목표와 동기의 관계를 연구했다. 이들은 자기완성 이론self-completion theory을 통해 정체성 목표와 목표 조기 달성의 관계를 규명했다. 이 이론에 따르면 정체성 목표에 너무 빨리 도달할 경우 정체성을 얻게 해줄 성취를 향해 계속 동기를 부여하는 추진력으로서의 긴장이 사라질 수 있다. 즉 목표에 도달하기 전에 이미 목표에 도달했다는 주관적 판단을 할 경우 의욕을 잃을 수 있다는 뜻이다. 내가 쓰는 말로 표현하면 우리가 실제 얻지 않은 지위를 거만하게 맡을 때 우리는 그 위치에 도달할 능력을 상실한다.

자기완성 이론을 주장하는 이론가들은 레빈주의자로, 그들의 견해에 레빈의 생각이 반영되어 있음을 확인할 수 있다. 우리가 목표를 추구할 때의 적당한 긴장에 대해 생각해보자. 완성에 전념하는 우리의 마음은 목표를 바라볼 때 불완전한 부분에 주목하며 목표에 도달하도록 동기를 부여한다. 하지만 이미 목표에 도달했다고 생각하면 그런 긴장이 느슨해진다. 모든 일이 있는 그대로 완벽하다고 믿도록 스스로 되뇌어왔기 때문이다.

이것이 바로 피터에게 일어났던 일이다. 그는 자신이 그 분야에서 최고에 올랐고 그가 상상한 정체성인 해양생물학자라는 목표에 이미 도달했다고 생각했다. 그는 거만하게도 자신이 결승선 건너편에 있다고 생각함으로써 실제 자신이 있는 곳과 도달하고 싶은 곳 사이의 긴장을 잃었다. 다시 말해 그의 외재적 동기는 충족되었지만 이는 내재적 목표를 달성하려는 동기를 약화시켰다.

자기완성 행동의 많은 부분은 상징적 자기완성symbolic self-completion이라는 개념과 관계가 있다. 상징적 자기완성은 사람들에게 특정 정체성 목표와 관련된 행동이나 말을 하는 것을 포함한다. 다른 사람들이 이런 행동을 인식하면 그 행동은 우리가 원하는 정체성에 가까워졌음을 비추는 거울처럼 작용한다. 학위를 받은 지 얼마 안 된 교수들이 집이나 사무실에서 가장 잘 보이는 장소에 학위증을 걸어두는 경우가 많은 것은 바로 이 때문이다. 정말로 유명한 교수는 학위증을 걸어두지 않는다. 새로 학위를 받은 교수는 자신이 정말 그 지위를 달성했다는 확인을 기대하며 자신을 포함한 관객들에게 전시하는 것이다. 하지만 유명한 교수는 그런 확인이 필요하지 않다.

피터의 공개강좌 경험은 너무 이른 상징적 자기완성의 대표적인 사례다. 교수가 피터를 동료처럼 대했을 때 그는 마치 해양생물학자가 된 것처럼, 대학을 졸업한 것처럼, 그 분야의 대가인 것처럼 사람들 앞에서 자신을 과시할 수 있었다. 하지만 이런 상징적 자기완성의 순간은 아주 잠깐이었고 일주일에 한 번 공개강좌 수업에서만 누릴 수 있었다. 직장에서 상사와 이야기하거나 대입지원서를 작성하는 등의 상황에서는 자신의 공연을 기꺼이 관람하는 관객을 찾을 수 없었다. 그 결과 그는 외재적 목표 달성에 실패했고 크게 실망했다.

딱 피터만 한 나이에 바지 화가들의 비평가로 행세했던 나는 훨씬 오래 그런 연기를 했다. 나는 자만 지대에 들어가 자리를 잡았다. 친구들과 진짜인 척 가장하면서 내 실체가 탄로 날까 봐 진짜 예술가와는 한 번도 친해지지 못했고 내 작품을 위해 정말 노력하지도 않았다. 나는 내가 가장하고 있는 사람과 관련된 노력은 하지 않은 채 내가 되고 싶은 사람의 역할을 맡았던 것이다.

나의 내재적 목표는 외재적 목표, 자기완성 목표와의 싸움에서 패했다. 매일 나는 실제로 입어본 적 없는 진짜 같은 누군가의 의상을 입고, 진짜처럼 보이는 분장을 하고, 카페 한쪽에서 진짜인 척하는 가짜를 가려낼 수 있는 뛰어난 예술가 캐릭터를 연기했다. 이 모든 것은 거울에 비친 나를 바라보고 목표에서 얼마나 멀리 있는지 알게 될 때 올라올 수치심을 피하려는 행동이었다.

나의 진짜 행세는 도가 지나쳤다. 하지만 목표 달성을 위해 노력하지 않은 채 목표가 완결된 기분을 느끼고 싶어 하는 성향은 누구에게나 조금씩 존재한다. 우리 내면의 진짜인 척하는 가짜는 미묘한 방식으로 내재적 목표의 운명을 결정하곤 한다. 그것은 사람들과의 상호작용에 종종 몰래 침입하는 교활한 작은 악마와도 같다.

실제로 사람들에게 그저 정체성 목표를 '말하는 것'이 동기를 떨어뜨릴 수도 있다. 아마도 당신은 더 많은 사람에게 목표를 말할수록 그 목표를 달성할 가능성이 크다고 생각할 것이다. 사람들에게 이야기하면 책임감이 더 커질 것이기 때문이다. 하지만 골위처와 연구팀은 그와 반대라고 주장한다. 그들의 연구에 따르면 더 많은 사람에게 목표를 이야기할수록 동기가 더 낮아진다. 이는 우리가 아는 상식과 어긋나는 것처럼 보이는데 왜 그런지 이유를 살펴보자.

당신은 누군가에게 당신의 목표를 이야기한다. 그리고 상대방은 당신이 변화를 향해 가고 있음을 확인해준다. 불일치를 완료하는 데 굶주린 당신의 뇌는 이미 목표에 도달했다고 믿어버린다. "나는 다이어트 중이야!"라는 말을 "나는 날씬해!"로 잘못 해석하는 것이다.

누군가에게 자신의 정체성 목표를 이야기할 때 이미 우리는 어느 정도 외재적 목표에 가까워진다. 다른 사람에게 "나는 다이어트 중이야."

라고 말하는 것은 체중 감량 중이라는 사실을 우리의 정체성('나는 다이어터야')으로 만든다. 사람들에게 체중 감량 중이라고 자신을 드러냄으로써 살을 빼고 있는 자신에게 좋은 기분을 느끼는 외재적 목표가 어느 정도 충족되는 것이다. 이렇듯 자만에 빠질 가능성은 늘 가까이에 있다. 우리가 현재 있는 곳과 도달하고 싶은 곳 사이의 거리를 측정하는 고통에서 달아나 자만에 빠지면 계속해서 나아가도록 동기를 부여하는 긴장이 느슨해진다.

정체성 목표가 변화의 주된 동기요인이 될 때 그 목표는 견디기 어려울 만큼 팽팽한 긴장을 만드는 또 다른 방식으로 당신을 넘어뜨린다. 이는 피터가 처한 상황이었다. 그는 정말로 해양생물학자가 된 것처럼 느끼고 싶었지만 대입 지원서를 쓰려고 할 때마다 자신이 원하는 정체성과 매우 멀리 있다는 사실을 상기해야 했다. 그리고 해양생물학자가 되는 길을 시작하려 했을 때 그 분야에서 경력을 쌓아가는 길이 멀게만 느껴졌고 자신이 목표에 가까이 있다고 느끼고 싶었다. 결국 그는 동기를 잃었다.

정체성을 완성하고자 했던 피터의 외재적 동기는 본질적 가치를 추구하려는 내재적 동기를 능가했다. 그는 외부의 확인을 얻고 싶었고 이 바람이 실제 목표 달성으로 이어지는 매일의 노력이 지닌 가치를 덮어버렸다. 그는 과업을 완수했을 때만 찾아오는 내적 보상을 얻지 못하고 의욕이 꺾였다. 다시 말해 해양생물학자라는, 피터가 얻고자 했던 보상은 한 번의 도약으로는 얻을 수 없었고 그는 자신의 상황에 희망이 없다고 생각했다. 그는 목표에 도달한 것처럼 생각했고 이후 그렇지 않은 현실을 깨달음으로써 희망을 짓누르는 실망을 경험했다.

피터처럼 뭔가를 완성하지 않았음에도 마치 완성한 것처럼 느끼는 방법을 찾으면 현재 있는 곳과 도달하고 싶은 곳의 불일치로 인한 긴장(고통스럽지만 동기를 강화하는)이 너무 느슨해지거나 너무 팽팽해진다. 즉 겸손의 중재력이 부족하면 인생의 모든 것이 조절되지 않으며 우리는 크게 요동치는 힘들 사이를 오락가락하게 된다.

언제나 신속한 해결책을 제시하는 세상에서 자만심과 수치심 사이를 뛰어 오르며 너무 쉽게, 너무 빨리 자기완성에 접근하는 것은 악순환을 만들어낼 수 있다. 이제 존의 사례를 살펴보자. 다이어트를 하려는 존의 노력은 사람들이 어떻게 그런 악순환에 빠져 변화가 유일한 출구라는 생각을 버리게 되는지 잘 보여준다.

• 저울이 아닌 거울을 봐야 하는 이유

존은 의사가 건네준 차트를 들여다봤다. 그는 여전히 비만이었다. 사무실을 나서며 풀이 죽었다. 예전에도 이곳을 찾은 적이 있었고 그때도 살을 빼기 위해 매우 열심히 노력했다. 그리고 지금 또다시 이곳에 왔다. 그는 생각했다. '정말 바보 같아. 어떻게 또 이러고 있는 거지? 얼마나 오랫동안 뚱뚱한 채로 있어야 해?'

지금 존은 수치심 지대에 있었다. 그는 이런 기분에서 달아나고 싶었다. 그리고 불가능한 한 가지 사실에만 집착했다. 바로 '즉시' 날씬해지려는 다급한 욕구다. 그는 목표와 관련해 자신의 위치를 겸손하게 바라보지 않았다. 먼 앞날에 대한 전망은 괴로움을 가중시킬 뿐이었다. 패닉에 빠진 그는 목표 달성에 중요한 요소, 즉 자신의 위치를 직시할 수 있을 때만 생기는 긴장을 외면하려고 했다.

존은 집으로 가는 차에서 생각했다. '의사가 한 말은 모닝콜이야. 다이어트를 하도록 나를 일깨우는 소식이지.' 이 생각에 기분이 조금 좋아졌다. 그는 여자 친구에게 전화를 걸어 병원에 다녀온 이야기와 앞으로의 체중 감량 계획을 늘어놓았다.

"그건 모닝콜이야. 정말이라고!"

그의 말에 여자 친구는 기뻐하며 효과적이라는 다이어트 책을 권했다. 존은 이제 '다이어터'였다. 약간의 상징적인 자기완성을 경험한 그는 서점에 들러 다이어트 책을 샀다.

집으로 돌아와 소파에 앉아서 첫 장을 읽어 내려갔다. 잠시 후 그는 냉장고와 찬장에서 살이 찌는 유혹적인 음식들을 모두 비워냈다. 그리고 마트에 가서 건강한 음식들을 가득 사와서 다이어트 책에 나온 조리법대로 저탄수화물 식사를 만들었다. 저녁을 먹는 동안 책에 나온 다이어트 방법을 철저히 지켜 성공한 사람들의 이야기를 인터넷으로 찾아봤다. 그리고 여자 친구에게 전화해서 체중 감량을 시작해 얼마나 들뜨고 기대되는지 이야기했다.

겉으로 보기에 존은 다이어트를 위해 많은 방법을 준비하고 많은 것을 배우고 받아들이며 적절한 조치를 세우는 것 같다. 하지만 그의 성실하고 다소 정신없는 실천에는 정체성을 주장하려는 시도도 포함되어 있다. 즉 그는 '다이어터 존'이라는 제목의 연극을 상연하고 있다. 현재로서는 그가 유일한 관객이자 무대 위에서 다이어터 역을 맡은 배우다. 그는 자신이 다이어터임을 확인하기 위해 여자 친구에게 전화해서 연극의 개요를 간략히 설명한 것이다. 연극의 내용을 알게 된 여자 친구는 그의 관객으로 합류했다.

저녁 시간이 끝날 무렵 존은 눈에 띄게 활력이 넘치고 낙관적인 기분을 느꼈다. 사실 그는 진료실에 들어가기 전보다 더 행복하고 들떠 있었다. '나는 다시 살을 빼야 한다는 걸 이미 알고 있었어. 이제 살을 뺄 거야!' 책을 사고, 찬장을 비우고, 건강한 음식을 먹고, 성공담을 읽으며 그는 자신이 다이어트를 하고 있을 뿐 아니라 '다이어터'라는 생각이 들었다. 이렇게 다이어터 역할을 연기하는 것은 뚱뚱하다는 수치심을 달래는 연고가 된다. 그리고 이는 적어도 수치심 부문에서는 효과적이다. 존은 이미 다이어트에 성공해 날씬해진 것 같은 기분을 맛봤다.

다음 날 아침 존은 공식적인 다이어트 첫날을 위한 계획을 세웠다. 그날 계획한 식단에 따라 식사하기로 하면서 그는 또 한 번 자부심을 느꼈다. 점심때가 되자 동료들과 구내식당에 가서 샐러드를 가져왔다. 동료들은 그가 가져온 음식이 무엇을 의미하는지 곧바로 알아봤고 그는 "다이어트 중이에요!"라고 자랑스럽게 말했다. 그렇게 동료들도 그의 연극에 초대되었다. 동료들은 모두 축하와 격려의 말을 건넸다. 존은 자신이 진지하게 목표를 향해 가고 있다는 자부심에 약간 흥분되었다. 사무실에 돌아왔을 때는 이미 몇 킬로그램이 몸에서 녹아 없어진 것 같은 기분이 들 정도였다.

존은 여자 친구에게 전화해 그날 저녁 데이트 계획을 이야기하며 건강한 음식을 먹을 수 있는 곳으로 가자고 자랑스럽게 말했다. 그리고 전화를 끊으며 자신의 절제하는 생활에 자부심이 커지는 것을 느꼈다. 그는 점심때와 마찬가지로 저녁 식사 자리에서도 다이어트를 화제로 올리며 그날 하루를 어떻게 보냈는지, 이번에는 다이어트를 지속하기 위해 얼마나 노력하고 있는지 여자 친구에게 이야기했다.

그날 저녁 집으로 걸어가면서 존은 타임머신에 올라타 의사가 그의 체중을 다시 검토하고 완벽한 BMI 결과를 만족스럽게 제시하는 멋진 미래의 순간으로 이동한 것 같은 기분을 느꼈다. 생각만 해도 너무나 만족스럽고 놀라운 순간이었다. 그렇게 낙관론으로 머릿속을 가득 채운 그는 자신이 시작점에 있는 것이 아니라 목표에 도달하기 직전에 있다고 생각했다. 그가 있지 않은 곳과 도달하고 싶은 곳 사이의 긴장이 위험하게 느슨해진 것이다.

미래에 대한 존의 낙관적 전망은 이제 다이어트를 시작한 첫날의 4분의 3밖에 지나지 않았다는 사실을 생각하면 말이 되지 않는다. 하룻밤 사이에 그의 마음은 깊은 수치심에서 근거 없는 커다란 자신감으로 바뀌었다. 그는 착실히 노력해서 얻는 효과를 제쳐둔 채 자신이 현재 있는 곳과 도달하고 싶은 곳 사이의 격차를 급속히 메우고 있다. 공상의 세계로 떠오른 그는 곧 수치심으로 급격히 추락할 위험에 처해 있다.

집에 돌아온 존은 살짝 허기를 느꼈다. 냉장고를 열어보지만 먹고 싶은 음식은 없었다. 냉동실에서 건강하게 먹을 만한 음식을 찾다가 얼린 브로콜리 뒤에 전에 먹다 남긴 아이스크림 통에 눈길이 머물렀다. '나는 다이어트를 이미 잘하고 있어. 아이스크림 한두 숟갈 먹는다고 큰일 나지는 않을 거야. 내 성공을 축하하는 의미로 딱 두 입만 먹어야지.' 존은 아이스크림 통을 깨끗이 비웠다.

혀끝에 감도는 마지막 한 숟갈의 달콤하고 짭짤한 맛을 느끼며 그는 너무나 큰 수치심을 느꼈다. 불과 몇 분 전까지만 해도 어마어마했던 자부심은 온데간데없었다. 그는 수치심 지대로 들어갔고 다이어트 영웅이라는 자아상은 처참히 부서졌다. 곧장 여자 친구에게 전화해서 조금 전

제8장 | 거울 속 나의 모습을 마주할 용기 283

에 그에게 무슨 일이 일어났는지 말하자 여자 친구는 그를 위로하며 이렇게 말했다.

"존, 오늘 밤 아이스크림을 좀 먹었다고 해서 문제 될 건 없어. 자책하지 마. 이번엔 달라. 정말이야."

그도 그렇게 낙심하는 게 말도 안 된다는 데 동의했지만 수치심은 여전히 남아 있었다.

다음 날 존은 다이어트 계획을 훌륭히 실천했다. 여자 친구에게 연락해서 성공적인 결과를 전하고 직장 동료들에게 칭찬을 들었다. 만족스러운 다이어트로 하루를 마친 그는 여자 친구의 아파트에서 집으로 오는 길에 마트에 들렀다. 다이어트 음식들을 고르며 엄청난 자부심이 다시 생겨났다. '문제없이 둘째 날을 보냈어. 이제 내일을 준비하는 거야. 어제 아이스크림은 일시적인 문제였어. 나는 정말 다이어트를 하고 있다고!' 존은 목표 체중에 도달한 미래의 순간으로 다시 한번 이동했다. 의기양양해진 그는 다이어트 성공을 축하하고 싶은 충동을 느끼며 장바구니에 작은 감자칩을 하나 담았다. 그리고 집으로 걸어가며 감자칩을 먹었다.

집에 돌아오자 그는 다시 타임머신을 탔다. 하지만 이번에는 진료실에서 나쁜 소식을 들었던 순간으로 이동했다. 날씬해진다는 목표가 달성하기에 너무 멀리 있는 것으로 여겨지고 다시 꼼짝없이 갇힌 것 같은 기분이 들었다. 그는 결국 사후가정에 빠졌다. '맙소사, 감자칩? 방금 세상에서 가장 나쁜 걸 먹었어! 뭐 하고 있는 거야! 바보, 멍청이! 오늘도 성공할 수 있었다고! 대체 왜 자제하지 않은 거야?'

존은 자만심과 수치심의 깊은 악순환에 빠졌다. 그는 매번 큰 성취감을 느낌으로써 금방 날씬해질 순 없다는 현실을 직시하고 무력감을 느끼지 않도록 자신을 보호했다. 하지만 높이 올라갈 때마다 무기력으로 다시 추락하고 말았다. 자만 지대에서 볼 때 의욕을 잃지 않고 겸손하게 한 단계씩 체중 감량을 실행하는 것은 수치스럽게 느껴진다. 이는 자신을 아주 대단하게 생각하는 존의 인식과 조화를 이루지 못했다. 그리고 그가 성공에 대한 지나친 흥분으로 기분이 들뜰 때마다 다이어트를 향한 긴장이 풀렸다.

존은 베개에 얼굴을 묻은 채 수치심, 불안, 초조함 등 밀려오는 감정을 주체하지 못했다. 성공에 대한 어리석은 착각으로 환상이 깨졌지만 실패했다고 느끼는 것도 원치 않았다. 그는 의사가 체중에 대해 말하기 전 옛날의 황금기를 열망하고 있었다. 존 B.D.(Before Diet) 시대에는 지금처럼 기쁨과 실망감 사이를 오르내리지 않았다.

존은 지금의 다이어트가 효과 있다는 증거를 확인하지 않고는 이 다이어트를 지속할 수 없다고 생각했다. 하지만 매일 아침 체중을 재기 시작하면서 그는 더욱 낙담했다. '그렇게 노력했는데 변한 게 없어! 어쩌면 내가 잘못된 방법을 택했는지도 몰라!'

둘째 주가 끝날 무렵 존은 기존의 식습관으로 돌아갔다. 처음에 사람들에게 다이어트를 한다고 말한 것이 부끄러웠다. '입을 다물었어야 하는 건데.' 하지만 날이 갈수록 그는 차분해지고 현재에 익숙해졌다. 감정 기복이 줄어들고 수치심이 적어지며 원대한 생각도 사라졌다.

존에게 무슨 일이 일어난 걸까? 존은 체중 감량이라는 내재적 목표를 세웠다. 하지만 타인의 확인을 통해 자기완성을 느낌으로써 수치심에서 벗어나고자 하는 더 강력한 외재적 목표 때문에 내재적 목표는 약화되고 말았다. 체중을 부끄럽게 여긴 그는 목표에서 굉장히 멀리 있는 느낌을 진정시키고자 위안을 추구했다. 다이어트에 대해 사람들에게 이야기하고 집요하게 다이어트에 몰두함으로써 정체성 목표를 이룬 것 같은 환상의 삶을 만들어냈다.

이렇게 외재적 목표에 이미 도달한 존의 경험은 체중 감량이라는 내재적 목표 달성에 필요한 긴장을 없애버렸다. 존의 생각은 수치심과 자만심 사이를 오락가락했을 뿐만 아니라 현재와 과거 사이 또한 빠르게 오가며 현재에 좀처럼 오래 머무르지 않았다. 존은 다이어트에 실패해 다시 뚱뚱해지는 실수를 저지른 과거의 존에 대해 많이 생각했다. 또 날씬하고 자랑스러운 미래의 존에 대해서도 생각했다. 하지만 그에게는 원하는 목표와 그 목표를 달성하는 것 사이에서 자신의 위치를 직면하는 겸손이 부족했다. 즉 다이어트를 하고 있는 '바로 지금'의 자신에게 전념할 수 없었다.

존의 경험은 변화하기 위한 시도가 맞을까? 나는 그렇다고 생각한다. 인생에서 뭔가를 바꾸고 싶을 때 나는 앞에 놓인 먼 길을 살펴본다. 그리고 정상에서 얼마나 멀리 있는지 평가해야 하는 지점에서 종종 멈춰 선다. 하지만 나는 포기한 것 같은 기분을 느끼고 싶지도 않다. 그러면 나는 비탈에 멈춰 내가 어디에 있는지 살펴보고, 돌아서서 내려갈 때 얼마나 수치심을 느낄지 생각하며 그 자리에 꼼짝 못 하고 머무른다.

머물러야 할지, 가야 할지 고민하는 바로 이 순간 자만심은 해결책으로 보이는 방법을 제시한다. "포기하지 마! 나와 함께 가자. 내가 수월하게 해줄게. 바로 지금 목표에 데려다줄게." 하지만 나는 변화를 가져오는 실제 행동을 해나가면서 자만심이 사실은 나를 속였으며 어리석게도 내가 시작점에 있다는 사실을 알게 된다. 부끄러워진 나는 이런 기분에서 벗어날 방법을 모색한다.

무엇 때문에 이렇게 되었는지 알겠는가? 수치심과 자만심의 시소를 오가는 내내 겸손은 시소 한가운데에 앉은 아이처럼 무시당했다. 너무 이른 자기완성, 특히 상징적 자기완성의 경험은 우리의 거만한 자아에게 사탕을 주는 것과 같다. 지금의 위치와 도달하고 싶은 곳 사이의 관계를 확인함으로써 느낄 수치심을 모면하기 위해 이미 목표에 도달한 것처럼 가장하는, 달콤하고 영양가 없는 방법이다. 그런 방법은 우리가 실제 어디에 있는지 보지 못하도록 막기 때문에 앞으로 나아가는 것 또한 가로막는다.

이는 변화와 관련해 숙고의 중요성을 상기시킨다. 자기수용은 변화의 전제조건이다. 자기수용이 이뤄져야 숙고 또한 가능하기 때문이다. 멈춰 서서 거울을 마주하고 자신을 철저히 돌아보지 않는 한 변화의 장단점을 검토하며 지금 자신의 상황을 심사숙고할 수 없다.

변화의 5단계 과정

치료 분야, 특히 중독 치료 분야에서는 변화의 단계를 중요하게 생각한다. 이런 생각은 1970년대 후반 제임스 프로차스카James Prochaska와 카를로 디클레멘테Carlo DiClemente가 개발한 변화의 범이론적 모형transtheoretical model of change에서 비롯된다.[10] 내가 이 책에서 변화의 열쇠는 깊이 생각하는 것 이면에 숨은 과학에 있다고 주장할 때는 주로 이 모형을 인용하는 것이다.

디클레멘테는 변화 과정이 다음과 같은 다섯 단계를 거친다고 제시한다. 첫째, 숙고 전 단계precontemplation로서 이때는 문제를 처리하려는 의도가 없다. 둘째, 숙고 단계contemplation로서 여기서는 행동을 취해야 한다는 걸 고려하기 시작한다. 셋째, 준비 단계preparation에서는 목표를 향해 작은 노력들을 시도한다. 넷째, 실행 단계action에서는 실제로 움직이기 시작한다. 다섯째, 유지 단계maintenance에서는 그렇게 이룬 변화를 계속해서 실행한다.

변화를 향해 나아갈 때 우리 대부분은 한 단계에서 다음 단계로 깔끔하게 넘어간 뒤 행동을 취하지 않는다. 대부분 여러 단계 사이를 앞뒤로 오간다. '그래, 이게 문제야. 이 문제에 대해 뭔가 해야겠어'라고 생각한 뒤 다음 날이면 '어, 이거 별일 아니네'라고 마음이 바뀐다.

존은 여러 단계를 오락가락했던 전형적인 사례로, 다소 단순한 이 단계별 모형이 변화의 복잡한 과정을 이해하는 데 어떻게 도움이 되는지 잘 보여준다. 겉으로 보기에 존은 숙고와 실행 사이에 갇혀 있는 것 같았다. 그는 문제가 있음을 알았지만(다이어트에 대해 얼마나 많이 이야기하고 준비했는지에서 잘 나타난다) 숙고한 것을 받아들이고 이를 행동으로 옮기는 데 어려움을 겪었다. 하지만 실제로 그는 전혀 숙고하지 않았다. 그는 현재 있는 곳과 도달하고 싶은 곳 사이에서 자신의 위치를 완전히 알고 있는 사람처럼 행동함으로써 거울을 들여다보지 않도록 스스로를 막았다. 즉 다이어터인 것처럼 연기함으로써 숙고 전 단계에 머물렀다.

존의 문제는 겸손함, 자기수용이 부족한 것이었다. 그는 도달하고 싶은 목표와 비교해 현재 자신의 위치를 정확히 볼 수 없었고 변화의 단계를 앞뒤로 넘나들었다. 그는 다이어트를 시작하기에 앞서 치료를 통해서든, 요가나 명상을 통해서든 자신을 철저히 돌아볼 필요가 있었다. 두려움을 덜고 기개와 회복력을 더해 자신의 삶을 직시할 수 있는 높은 수준의 자기 이해에 도달할 방법이 필요했다.

거울 속의 자신을 마주하는 것은 인생에 대한 책임과 혼자라는 사실을 직면하는 걸 의미한다. 그리고 거울을 들여다보고 뭔가 행동을 취하려면 깊은 무력함에 처할 위험 또한 이해하고 있어야 한다. 그뿐만 아니라 희망의 두려움을 초월해 믿음에 따라 행동할 수 있어야 한다. 하지만 그것이 전부가 아니다. 거울 속의 자신을 바라보고 자신의 상황을 숙고하려면 지금 우리에게 일어나고 있는 수많은 일을 초월해야 한다. 다시 말해 자기수용은 자신에 대한 치료적 노력으로 도달할 수 있는, 일종의 변함없는 상태가 아니다.

인생은 예측하지 못한 순간에 바뀐다

우리가 달라이라마나 요다가 아닌 한 거울 속 자신의 결점까지 있는 그대로 들여다볼 수 있는 건 아니다. 우리는 수많은 추진력과 억제력이 작용하는 복잡한 장에서 살고 있다. 개인적 변화를 향해 출발할 때 이 장에는 한 가지 중요한 추진력(희망)과 한 가지 억제력(실존적 불안)이 항상 존재할 것이다. 하지만 그 외에는 우리가 처한 상황에 따라 각기 다르고 다양한 화살표들이 장을 구성한다. 이 화살표들 가운데 많은 부분(우리가 처한 사회적 상황부터 직장에서의 즐겁거나 나쁜 경험까지)은 우리가 통제할 수 없다.

가령 빠르게 달리는 지하철을 타고 있다고 생각해보자. 당신은 맞은

편 창문에 비친 당신의 모습을 보고 있다. 어두운 터널에 있으면 창문에 비친 당신의 모습이 거울과 다름없이 선명하게 보인다. 지하철 밖에서 빛과 어둠이 빠르게 교차하고, 창문에 비친 당신의 모습도 빠르게 깜빡인다. 그리고 역에 도착하면 창문에 비쳤던 모습이 사라진다. 승객들이 탑승하고 문이 닫힌 뒤 지하철은 다시 터널로 들어간다. 다시 낮처럼 밝게 당신의 모습이 창문에 비친다. 지하철이 지상으로 올라가면 창문에 비친 모습은 또다시 사라졌다가 지하철이 땅속으로 들어가면 다시 나타난다.

지하철 창문에 비친 깜빡이는 이미지는 대부분 사람이 자기수용을 경험하는 방식이다. 자기수용을 통해 자신을 보는 능력이 나타났다 사라지는 것이다. 때로는 오랫동안 이어지기도, 때로는 이상하게 사라지기도 한다. 이는 각자가 지닌 강점과 능력의 조합에 따라, 삶이라는 지하철 안을 헤쳐나가는 동안 주변에서 어떤 일이 일어나는가에 따라 달라진다. 이처럼 자기수용은 다소 알기 어렵고 예측할 수 없으며 우리가 통제할 수 없는 요인들에 의존한다. 그리고 이 사실은 변화를 미스터리로 만든다.

당신은 장기 목표를 세우고 첫 단계에서 그만두기를 반복하다가 마침내 무슨 이유에서인지 앞으로 나아가기 시작한 적이 있는가? 나는 그런 경험이 자주 있다. 갑자기 뒤늦게 생기는 이 활력은 전혀 예상치 못하게 나타난다. 여러 요인을 생각해보지만 왜 오늘인지 도저히 이해할 수 없을 때가 있다. 추측건대 동기의 변화가 일어났을 것이다. 실패한 지난번 시도와 성공한 이번 시도 사이에 자기효능감과 자존감을 높이는 어떤 변화가 일어나 내가 어디에 있는지 직시할 수 있는 안도감을 가져온 것이다.

그 변화는 그렇게 클 필요도 없다. 예를 들면 아내와 즐거운 하루를 보내면서 희망에 둘러싸인 느낌을 받을 때일 수도 있다. 고객과 훈훈하게 대화를 나누고 여러 상황에 대한 믿음이 약간 높아질 수도 있다. 어느 날 미뤘던 몇 가지 일을 처리하고 갑자기 삶의 다른 부분에서도 뭔가를 할 수 있다는 느낌이 들었을 수도 있다.

이 사소해 보이는 일들이 내 존재에 약간의 빛과 질서를 가져다준다. 내가 발견하지 못한 뭔가가 나를 더 희망차게 만든다. 내 삶에 비친 한 줄기 햇살이 목표를 향해 올라가는 내 능력을 강화하고, 일을 성사시키는 위쪽 화살표에 에너지를 보탠 것이다.

그런데 해양생물학을 전공하고 싶었던 피터의 사례는 위쪽 화살표가 우리 생각대로 움직이지는 않는다는 점을 잘 보여준다.

• 변화의 도화선에 불을 붙인 인연

피터가 치료를 그만두고 1년 반이 지난 무렵이었다. 나는 멕시코 음식을 파는 테이크아웃 식당 앞에 줄 서 있다가 누군가 내 쪽으로 걸어오는 것을 발견했다. 바로 피터였다. 그는 벤치에서 느긋하게 걸어왔고, 벤치에 앉아 있던 젊은 여성이 우리를 쳐다봤다.

"선생님, 지난번에 그만둬서 죄송해요. 그땐 좀 별로였죠."

"종종 있는 일이에요. 그동안 어떻게 지냈는지 물어봐도 될까요?"

"물론이죠! 두 번째 상담을 마치고 잠시 바에 들렀어요. 거기서 정말 굉장한 여자를 만났죠."

그는 벤치에 앉아 웃으며 손을 흔드는 젊은 여성을 가리켰다.

"사만다예요. 우리는 서로에게 깊이 빠져들었어요. 그녀는 제가 마음을 가다듬고 지원서를 써서 대학에 가도록 격려해주었어요."

피터는 일류 대학에서 생물학 예비 과정을 모두 마치고 잠시 휴학 중이었다. 지금은 사만다와 함께 살고 있었고 그녀는 의대 예과에 재학 중이었다.

"생물학이 정말 좋아요."

그러면서 피터는 어느새 이쪽으로 걸어온 여자 친구를 소개했다.

"사만다, 이쪽은 내가 두 번 만났던 상담사 선생님이야."

내가 마지막으로 피터를 만났을 때 그는 중요한 변화를 실행하지 못한 채 6년째에 접어들고 있었다. 해가 갈수록 그는 성인의 목표를 추구하는 일에서 친구들보다 뒤처졌다. 그가 통지도 없이 치료를 그만두었을 때 나는 그가 변화할 준비가 되지 않았다고, 앞으로 몇 년 후 대학에 지원하기까지 힘겨운 과정을 겪을 것이라고 생각했다. 하지만 그는 2년도 안 되어 진정한 자기완성을 느끼며 활기차고 반짝이는 눈으로, 모든 것이 준비된 상태로 내 앞에 서 있었다.

피터는 앞으로 나아가기 위해 상당한 자기수용이 필요했다. 하지만 놀랍게도 뜻밖의 사건을 통해 자기수용을 이룰 수 있었다. 바로 자신과 꼭 맞는 여성을 만나 새로운 인생을 함께할 기회였다. 이 사건은 그의 추진력을 강화하고 억제력을 약화하며 그의 장을 변화시켰다. 피터는 사만다가 없었다 해도 어느 시점에는 대학원에 진학해 다음 단계로 나아갈 방법을 찾았을 것이다. 하지만 사만다와 사랑에 빠짐으로써 목표를 향해 가는 속도가 빨라졌고 목표에 도달할 가능성 또한 매우 커졌다.

피터에게 일어난 변화는 현재 상태에 머무르는 것에 대한 그의 태도와 관련이 있었던 것 같다. 사만다와의 사랑은 대학원 진학을 통해 외부의 확인을 얻으려는 피터의 욕구를 낮춰주었다. 친구들과 같은 위치에 도달하기까지 그런 외재적 목표의 잡음을 줄임으로서 해양생물학자라는 그의 내재적 목표는 더욱 명확해졌다. 그리고 그 목표는 외재적 욕구와의 싸움에서 승리했다.

내재적 목표에 전념하면서 피터는 자신의 상황에 더욱 냉정하게 접근할 수 있었을 것이다. 그는 완벽한 경력을 위해 정신없이 달리는 게 아니라 자신이 좋아하는 분야에서의 성장을 향해 나아가고 있었다. 이는 그를 수치심으로부터 해방시켰다. 사만다는 피터에게 치료보다 훨씬 더 도움이 되는 존재였다.

자기 운명의 주인, 산업계의 거물, 세상을 손에 넣은 아틀라스. 이는 자수성가한 인물의 특징을 잘 나타내는 표현들이다. 하지만 그런 자유주의 이상은 속임수에 불과하다. 이는 우리 안의 만족할 줄 모르는 나르키소스를 유혹하는 거만함의 연못이자 우리 안의 이카로스가 지구 궤도 밖으로 날아도 좋다는 허락이다. 그런 이상에 유혹되면 그 반대(변화를 우리의 행동과 능력의 결과물로, 상호작용과 권력 관계 및 다양한 수준의 자원들이 복잡하게 얽힌 장으로 인식하고 겸손하게 접근하는 다이달로스 같은 태도)는 볼품없고 흉하게 보일 수 있다.

개인적으로 나는 우리가 각각의 장에 살고 있다는 사실이 멋지다고 생각한다. 따라서 내 고객의 놀라운 변화를 결코 나의 성공으로 축하할 수 없으며 이 또한 멋지다고 생각한다. 나는 무엇이 고객의 변화를 일으켰는지 모른다. 내가 만나는 사람들은 내가 통제할 수도, 볼 수도 없는 장에서 오롯이 자신의 인생을 살고 있다.

그들의 장에서 앞으로 나아가게 해주는 자기수용과 겸손의 요인이 무엇인지는 아무도 모른다. 자기완성을 이루려는 외로운 시도의 전문가로서 나는 다른 방식으로 그것을 설명하려 하지 않을 것이다. 그저 시간 앞에 겸손해질 뿐이다.

CHANGE

제9장

서투른 시기를
견뎌낼 용기

**정상은 매혹적이지만 그곳에 도달하기 위한 걸음은 매력적이지 않다.
우리는 산이 보이는 평지에서 걷는 것을 좋아한다.**

_요한 볼프강 폰 괴테

마침내 당신은 멀고 험한 길을 오른 끝에 정상에 도착했다! 그리고 체중 감량의 스승을 직접 마주했다. 당신은 먼 길을 왔지만 그는 한 가지 질문만 허락한다. 어떤 질문이 좋을지 곰곰이 생각하다 수십 년간 다이어터들을 괴롭혀온 미스터리가 떠오른다.

"얼마나 자주 체중을 재야 합니까?"

스승은 당신의 질문을 숙고하며 저 멀리 계곡을 바라보던 눈길을 거둔다. 그리고 침착하고 신비로운 표정으로 이렇게 말한다.

"저울은 자네의 이웃이다. 아주 가끔만 물어보라. 일주일에 한 번 이상 문을 두드리지 말라."

'얼마나 현명한가.'

당신은 생각한다. 하지만 잠깐! 그는 아직 할 말이 남아 있다.

"하버드대학교의 연구 결과에 따르면 '저울에 너무 집중하면 잘못된 방향으로 가게 되어 결국 좌절과 낙담에 이를 수도 있다'네."[1]

그의 답은 명확하다.

"일주일에 한 번 체중을 재라."

아이비리그의 연구 결과까지 이를 뒷받침하고 있다. 당신은 스승에게 감사의 말을 전하고 발걸음을 돌린다. 그런데 다시 목소리가 들린다.

"잠깐!"

당신은 산꼭대기 높은 곳에 앉아 있는 스승을 바라본다.

"어쩌면 매일 체중을 재야 할 수도 있네. 일주일씩 기다리다간 미칠지도 모르네. 코넬대학교의 의사들은 이런 멋진 말을 남겼지. '저울 위에 올라가는 것은 양치질 같아야 한다.'[2] 그래, 이게 자네에게 필요한 답이네. 매일 체중을 재게."

그는 다시 계곡에서 눈을 돌려 이렇게 선언한다.

"저울은 매일 기쁨을 주는 새로운 연인이다."

다소 혼란스러워진 당신은 잠시 멈춰 스승이 준 새로운 정보를 분석하고 수용한다.

"알겠습니다. 하루에 한 번이군요."

그리고 바위투성이 길을 향해 조심스럽게 내려간다. 먼 길을 내려가기 시작하려는 순간, 다시 목소리가 들린다.

"잠깐!"

당신은 또다시 스승을 올려다본다. 이제 그는 책을 한 권 들고 있다.

"UPS로 배송된 이 책이 지금 막 생각났네."

당신이 서서 기다리는 동안 그는 《신경 써서 먹기》Eating Mindfully라는 책을 뒤적인다.

"음, 여기 있군. '저울을 멀리하라. 숨기거나 버려라. 다른 사람에게 주거나 숫자를 테이프로 가려라.'³ 그래, 이게 답이네."

그는 다소 멍한 눈으로 계곡을 바라보며 이렇게 선언한다.

"문제는 저울에 얼마나 자주 올라가는가가 아니다. 저울 그 자체다."

당신은 정상에 도착했을 때보다 더 혼란스러운 상태로 산에서 내려온다. 그리고 계속 다이어트를 하는 동안 저울은 당신의 뇌리를 떠나지 않는다. 당신은 저울을 확인했다가 다시 확인하지 않기로 한다. 매일 똑같은 시간에 체중을 재봤다가 시간을 바꿔보고, 저울을 버렸다가 헬스장에서 몰래 체중을 재본다. 하지만 저울이 고장 난 게 아닌지 의문이 들 뿐이다. 저울과 관련된 이 모든 혼란이 지긋지긋한 당신은 인터넷에서 건강 정보를 찾는 엄청난 실수를 저지른다. 그리고 결국 쓸모없는 조언들만 읽는다.

당신이 이 납작한 기기에 그토록 집착하는 이유는 무엇일까? 저울은 '눈금'으로 당신의 진전을 측정한다. 그리고 목표를 향해 조금 움직였다고 이미 목표에 도달한 것처럼 생각하려는 오만을 버리라고 말한다. 이는 견디기 어려운 일이다.

이유 7. 걸음마 단계를 지나지 않아도 된다

변화하기 위해서는 목표를 향해 점진적인 단계를 밟아야 한다. 각 단계는 우리가 어디에 있고 목표까지 얼마나 가야 하는지 알려주며 이는 다소 모욕적이다. 점진적 변화의 길을 계속 걸어가려면 상황을 있는 그대로 바라보면서 신중하게 평가한 방식에 따라 행동해야 하고 자신이 이루고 싶은 목표를 상상할 수 있어야 한다.

제7장의 전제는 변화의 두 가지 측면을 기꺼이 받아들이는 것이었다. 자신의 불만족스러운 부분을 살펴보는 것 그리고 지금 자신이 최선을 다하고 있음을 인정하는 것이다. 여기서 두 번째 태도를 유지하는 것은 어려운 일이다. 변화는 우리가 보고 싶지 않은 자신의 모습을 오랫동안 철저하게 평가하는 첫 번째 태도도 요구하기 때문이다. 이런 평가가 한 번으로 충분하다면, 그래서 한 걸음씩 걷는 것이 아니라 한 번의 점프로 변화를 달성할 수 있다면 약간의 자기수용은 대부분 감당할 수 있을 것이다. 하지만 변화는 목표와 관련해 우리가 어디에 있는지, 목표를 향해 점진적으로 나아가면서 우리가 해야 할 노력과 극복해야 할 장애물이 무엇인지 계속해서 살펴볼 것을 요구한다.

변화하지 않는 일곱 번째 이유는 이런 작은 단계들을 밟아나가는 어려움에 대해 다룬다. 우리 모두 더 나은 자신이 되려는 큰 꿈과 원대한 계획이 있을 것이다. 하지만 변화를 향해 나아갈 때 그런 계획은 모두 아기의 걸음마 같은 서투른 시작에서 출발한다.

• 한 번에 한 단계씩 나아가야 하는 이유

레오 마빈Leo Marvin 박사는 저서 《걸음마 단계: 한 번에 한 단계씩 인생을 살아가는 법》Baby Steps: A Guide to Living Life One Step at a Time[4]에서 변화는 "한 번에 한 걸음씩, 한 번에 하루씩 작고 합리적인 목표를 세우는 것을 의미한다."라고 했다. 아마 빌 머레이의 팬이라면 마빈 박사의 이름과 책 제목을 알아볼지도 모르겠다. 마빈은 〈밥에게 무슨 일이 생겼나〉[5]라는 코미디 영화에서 리처드 드레이퍼스가 연기한 가상의 악독한 정신과 의사다.

앞으로 설명하겠지만 마빈 박사의 조언은 실제로 딱 들어맞는다. 그러나 영화는 무신경하고 잘난 체하는 의사 마빈이 그런 조언을 제시한다는 걸 보여준다. 작은 단계에는 본질적으로 모욕적인 뭔가가 있다. 작은 단계를 밟아야 한다는 건 마치 우리의 부족함에 연속으로 잽을 날리는 것처럼 모욕적으로 느껴질 수 있다.

스페인어를 배우고 싶어 했던 내 친구 앤은 성공을 향한 한 번의 도약이 아닌 점진적 변화의 필요성에 직면할 때 동기가 어떻게 꺾이는지 잘 보여주는 사례다.

어느 날 커피를 마시며 그녀는 가장 최근의 시도를 내게 이야기해주었다.

"단어를 조금 읽고 말할 수 있을 것 같아. 하지만 스페인어가 들리면 무슨 말인지 모르겠어. 아무래도 내가 멍청해서 그런 것 같아."

"무슨 말인지 이해할 수 없을 때 무슨 생각이 들어?"

앤은 잠시 생각하더니 이렇게 말했다.

"일단 그만두자는 생각이 들어. 앞으로도 절대 스페인어를 할 수 없을 것 같기도 하고, 언어를 배울 머리가 아닌 것 같기도 해. 그런데 왜 이렇게 애를 써야 할까? 그러니까 내 말은 스페인어를 계속 배운다면 내가 얼마나 멍청한지 알게 되는 결과밖에 없단 거야."

"와, 가혹한데."

"맞아! 그리고 너무 절망적이야. 나는 멕시코에 있는 동안 정말 구글 번역기를 사용하고 싶지 않아. 사람들과 이야기를 나눌 수 있고 그들이 나를 외지인으로 보지 않는다면 아주 기분이 좋을 거야. 다른 여행객들처럼 여행객 같아 보이지도 않을 거고. 스페인어를 배우려고 처음 생각했을 때는 이런 상상이 정말 좋았어. 작은 노점에서 주인과 담소를 나누는 내 모습, 생각만 해도 멋지잖아. 하지만 실제로 스페인어를 배워보니 불가능하단 걸 알았어."

"이해해. 그래서 지금까지 스페인어를 배우기 위해 뭘 했어?"

앤은 잠시 생각했다. 그리고 자조 섞인 웃음을 띠며 이렇게 말했다.

"회화 수업을 한 번 들었어. 그리고 스페인어를 가르쳐주는 이 앱을 사용하고 있어."

나는 웃기 시작했다.

"앱을 쓴 지는 얼마나 됐어?"

앤도 배를 부여잡고 웃기 시작했다.

"3일쯤? 심지어 구매하지도 않았어! 아직 샘플 버전을 사용하는 중이야. 보통 밤에 자기 전에 휴대전화로 캔디 크러시 게임을 하다가 잠깐 쓰곤 하지."

우리는 함께 웃음을 터뜨렸다.

"나는 지금쯤 내가 아주 유창하게 말할 거라고 생각했어! 내일 멕시코에 가서 길 가는 사람 아무하고라도 이야기를 할 수 있을 것 같았다고. 사람들은 놀라며 이렇게 묻겠지. '미국 억양이 약간 들리네요?'"

"그래서, 이제 어떻게 할 거야?"

앤은 웃기를 멈췄고 다소 우울한 표정을 지으며 말했다.

"모르겠어. 지금 당장 스페인어를 배우는 건 큰일이 아니야. 사실대로 말하면 나는 자신을 속이고 있는 느낌이야."

"자신을 속인다고?"

"응. 우리끼리니까 하는 말인데, 나는 내가 부끄러운 느낌이 들어. 이게 말이 된다면 말이야. 스페인어를 유창하게 하는 멋진 내 모습을 꿈꿨지만 그건 어리석은 환상이었어. 그렇게 되기 위해 실제로 아무것도 하지 않았거든. 파티에서 자신이 정말 뛰어난 댄서라고 생각하지만 실제로는 그렇지 않고 모두가 비웃는 그런 사람이 된 것 같아."

그녀와 나는 피식 웃었다. 그리고 대화의 주제를 다른 것으로 옮겼다.

앤은 제7장에서 설명했던 악순환에 빠져 있었다. 현재 상태와 최종 목표 사이의 거리를 확인함으로써 동기를 떨어뜨리고 있는 것이다. 하지만 바람대로 스페인어를 유창하게 하려면 그녀는 그 거리를 거듭 확인해야 한다.

그녀가 이러지도 저러지도 못한 채 완전히 갇힌 것은 아니었다. 그녀는 앱을 다운받고 회화 수업을 듣는 등 목표를 향해 몇 가지 행동을 취했다. 하지만 이 첫 단계 때문에 아직 먼 길을 직면했고 이로써 다음 단계로 나아가도록 고무되기보다 위축되었다.

내가 볼 때 앤에게 일어난 일은 다음과 같다. 스페인어를 배우려고 하기 전 유창하게 말하는 자신에 대해 생각했을 때 그 생각은 만족스러운 환상이었다. 그곳에 도달하기 위한 실질적인 노력이 뒷받침되지 않은 자기완성 사고의 거품이었던 것이다. 하지만 스페인어 공부를 시작하자 그녀는 목표까지의 거리를 정확히 평가할 수 있었다. 그리고 현실적인 평가에 그녀는 실망하지 않을 수 없었다.

앤은 스스로 추락의 위험에 빠졌다. 새로운 언어를 배우는 과정에 대해 비현실적인 낙관론을 품었던 것이다. 노점 주인과 대화하는 최종 목표의 이미지는 수많은 시간과 노력을 들여 방대한 단어들과 복잡한 문법을 배워야 하는, 낭만과 거리가 먼 현실 앞에서 빛을 잃었다. '우노, 도스, 트레스'uno, dos, tres(스페인어로 1, 2, 3)를 익히는 것과 원어민과 유창하게 대화하는 것, 앤은 둘 사이의 격차를 느끼며 겸손한 걸음마 단계에 직면했다. 스페인어에 대한 즐거운 상상을 품지 않았다면 덜 실망스러웠을지도 모른다.

이런 역설에 갇힌 채 앤은 스페인어 배우는 것을 막연한 목표로 가볍게 생각할 수 있었던 예전으로 돌아가고 싶어졌다. 그것이 스페인어를 배울 경우 맞닥뜨릴 수밖에 없는 초보자의 모욕감으로부터 안전하리라 여겼기 때문이다. "귀찮게 왜?"라고 그녀가 말한 것처럼 말이다.

앤에게는 두 가지 선택이 있다. '언젠가 스페인어를 배울 거야'라며 생각의 거품 속에서 행복하게 사느냐, 아니면 목표에 도달하기 위한 단계들을 실제로 거치며 자신의 서투름을 느끼는 괴로운 경험에 대처하느냐다. 이 두 가지 선택 중에서 전자가 승리한다. 그리고 역설적이지만 그녀는 목표를 추구하지 않을 때 그 목표에 대해 더욱 만족감을 느낀다. 반면에 목표를 추구하면 밟아야 하는 각 단계 때문에 기분이 상한다.

희망은 실망의 위험을 안고 있으며 더 나은 미래에 대해 더 높은 희망을 품을수록 실망으로 추락할 가능성도 더욱 커진다. 작은 단계들은 미래의 실망에 대한 불안을 높일 뿐만 아니라 현재 작은 실망을 일으키기도 한다. 우리는 카시트에 묶여 지친 아이처럼 "아직 멀었어?"라고 계속 묻지만 "아니!"라는 실망스러운 답변을 들을 수밖에 없다.

작은 단계들은 우리에게 목표까지의 거리를 상기시키고 이루고 싶은 모습과 현재 모습 사이의 불일치를 보여준다. 그래서 우리의 의욕을 떨어뜨리고 현상을 유지하도록 유혹할 수도 있다. 사기를 꺾는 이런 경향은 이전에 시도했지만 달성하지 못한 목표로 돌아갈 때 더욱 강해진다.

가령 지난번에 케토 다이어트를 시도하며 10킬로미터 달리기와 프랑스 요리 배우기를 계획했다고 하자. 그리고 '실패'했다. 이제 천천히 겸손하게 나아가려 하지만 우리가 지난번에 어디서, 어떻게 실망했는지 일깨우는 기억들이 그 길 곳곳에 흩어져 있다.

어지러운 내 사무실로 다시 돌아가보자. 사무실 정리를 시작한다면 나는 지난번 청소한 뒤에 겪었던 여러 가지 작은 실패들을 곧바로 떠올릴 것이다.

1. 2006년에 선물받았다가 곧장 잃어버린, 내가 가장 좋아하는 펜을 찾았다.
2. 수년 동안 찾아 헤맸던 여분의 자동차 열쇠를 발견했다.
3. 찾을 수 없어서 다시 사야 했던 USB 케이블을 찾아냈다.
4. 기타 등등.

매일 방치하고 무시했던 이런 모습들을 생각하면 "귀찮게 왜?"라고 했던 앤이 이해된다. 나는 잃어버린 물건들을 찾아 여기저기를 뒤지는 데 지쳐 계속 찾으려는 의지를 잃거나 포기해버린다. 모든 노력을 중단하고 전쟁터 같은 사무실에 앉아 글을 쓰는 게 오히려 합리적인 것 같다. 물론 프린터 잉크를 찾지 못할 때나 커피잔을 엎어 잔에 남은 오래된 커피가 책상에 쏟아지면 좌절을 맛볼 것이다. 하지만 이런 작은 순간들은 사무실을 청소할 때 마주해야 하는 모욕적이고 괴로운 상황보다 훨씬 다루기 쉽다.

나는 작은 단계들로 일을 나눠 변화의 각 단위에서 성공을 인식하며 나 자신에게 사무실 청소를 위한 동기를 부여할 수도 있다. 하지만 이렇게 작은 단계들을 기념하는 능력은 잇따른 태만의 징후들, 즉 깔끔한 사무실을 유지하는 내 능력에 대한 믿음이 잘못되었음을 보여주는 증거들을 발견할 때마다 힘이 빠질 것이다.

모욕을 뜻하는 또 다른 표현으로 다른 사람의 자부심을 꺾거나 지위를 위축시키는 행동을 의미하는 'put-down'이 있다. 우리는 누군가를 모욕할 때 상대방이 생각하는 상대방의 모습과 그보다 못한 모습 사이의 격차를 지적한다. 작은 단계들은 이 같은 격차를 신랄하게 꼬집는다. 따라서 목표에 도달하려면 겸손한 자세로 그런 격차를 몇 번이고 받아들일 수 있어야 한다.

'Mind the gap! Mind the gap!'(틈을 조심하세요!) 이는 런던 지하철 역에서 열차와 승강장 사이의 좁지만 위험한 공간을 주의하라는 안내방송으로 변화에 대한 가장 짧은 격언이기도 하다. 지하철 승강장과 열차 사이의 틈을 주의하는 건 쉽다. 그저 조심하면 된다. 하지만 지금의 자기 모습과 목표한 자기 모습의 불일치를 대하는 건 어려울 수 있다. 변화를 다루기 위해서는 그 격차를 조심하는 동시에 견딜 수 있어야 한다. 격차를 살펴보고 받아들여야 하며 가장 중요하게는 행동과 완료 사이의 공간 안에서 머무를 수 있어야 한다.

지금 있는 곳과 앞으로 도달하고 싶은 곳 사이의 격차를 주시할 때,

원하는 것이 지금 자신에게 없음을 일깨우는 모든 것을 견뎌낼 때 우리는 변화하려는 동기를 얻는다. 그리고 앞 장에서 살펴봤듯이 실제로 목표를 이루기도 전에 목표를 달성하고 격차를 메웠다고 생각하면 이 동기가 위축된다. 따라서 점진적 변화는 지금 자신이 있는 곳을 받아들이는 능력, 즉 겸손 지대에서 최대한 높이와 속도를 유지하며 나는 능력에 달려 있다.

큰 변화는 반드시 점진적 단계들을 거쳐야 한다. 그리고 이를 거치려면 두 가지 강인한 힘이 필요하다. 하나는 점진적 단계가 요구하는 단순한 일과 노력을 꾸준히 해나가는 것이고, 다른 하나는 겸손을 받아들이는 것이다.

점진적 변화는 지금 뭔가가 부족하다는 느낌을 얼마나 오래 견딜 수 있는가의 문제다. 지금 여기에 있는 자신과 도달하고 싶은 곳에 있는 자신 사이의 긴장에 도전하는 것이다. 즉 인생에 부족한 뭔가를 얻는 것이 아직 끝나지 않았음을 거듭 상기시키는 요소들과, 각각의 단계들을 긍정적으로 바라보고 믿음을 유지하며 고개를 들어 앞을 보려는 욕구 사이의 싸움이다.

개인적 변화는 해탈 같은 자기수용의 멋진 순간을 경험하는 것이 아니다. 핵심은 지금 있는 곳에서의 자신을 받아들이고 바로 그곳에서 더 나은 곳으로 나아갈 뭔가가 부족하다는 사실을 거듭해서 받아들이는 것이다. 다시 말해 개인적 변화에 이르려면 길고 먼 여정 동안 겸손 지대에 머물러야 한다.

작은 단계들을 밟아나가기 위해서는 적당한 겸손이 필요하다. 단지 자신이 뛰어남을 인정받는 외적 보상을 추구한다면 작은 단계들을 밟는 것은 좀처럼 기쁜 일이 아니기 때문이다. 겸손이 자부심보다 클수록 작은 단계를 밟는 상처는 작다. 그리고 이로써 앤과 같은 악순환에 빠지지 않을 수 있다. 구체적인 방법을 통해 나아가려 할 때마다 앤의 노력은 위축되었고 그녀의 꿈은 깨지기 쉬운 생각의 거품과 노력 없는 자부심으로 굳어지고 말았다.

날개를 만든 다이달로스가 예술가였던 것은 우연이 아니다. 바보 카드로 금연에 성공한 에릭이 뛰어난 목수이자 음악가였던 것 또한 우연이 아닐 것이다. 현실에서 그들은 각자의 기술을 공들여 연마한다. 최종 작품의 아름다움과 관계없이 그들은 자신의 기술을 연마하기 위해 계속해서 노력한다. 또한 그들은 최종 작품의 아름다움에 집중하는 만큼 연습에서 얻는 내적 만족에도 몰두한다. 즉 성공한 공예가와 예술가들은 그런 연마 기간에 겸손 지대에 머무르는 법을 배운 사람들이다. 그들은 우리에게 많은 교훈을 준다.

매일 꾸준히 반복하는 시간의 힘

〈위대한 발걸음〉Giant Steps이라는 명곡을 작곡한 위대한 재즈 색소폰 연주자 존 콜트레인은 목표를 향한 작고 정확한 걸음의 본질적인 중요성을 알고 있었다. 그는 매일 연습에 매진하다 못해 연습 시간에 강박적으로 매달렸다고 한다. 심지어 하루에 열두 시간 연습했다는 이야기, 음표 하나를 연습하는 데 열 시간 넘게 걸렸다는 이야기도 있다. 그가 색소폰을 목에 걸지 않은 채 집 주변에 나타나는 일은 좀처럼 없었다. 한번은 그의 연습이 다소 갑작스럽게 끝나는 것을 들은 아내가 그를 찾으러 갔는데 알고 보니 콜트레인이 색소폰을 입에 문 채 소파에서 잠들어 있었다고 한다.

재즈 음악가들이 연주 연습을 뜻하는 완벽한 용어가 있다. 바로 우드셰딩Woodshedding이다(woodshed는 장작을 쌓아두는 헛간을 뜻한다. ―옮긴이). 이는 집 밖의 오두막에서 사람들과 떨어져 홀로 기량을 연마하는 것을 말한다. 그들은 그곳에서 연주 기량을 갈고닦는다. 연주 기량을 의미하는 찹스chops는 트럼펫 연주자의 턱, 입, 입술을 말하며 관악기를 연주할 때 입술 모양을 알맞게 유지하는 것을 나타낸다.

우드셰딩은 재미없고 반복적인 작업이다. 결리고 뭉친 근육을 부드럽게 풀어내면서 약점에 집중하고 인내해야 한다. 위대한 재즈 트럼펫 연주자 윈튼 마살리스는 이렇게 말했다. "연습을 한다는 것은 좋은 소리를 내기 위해 기꺼이 희생하는 것을 의미한다. … 나는 연습에 쏟는 시간이 음악가의 덕목을 보여주는 진정한 표시라고 말하고 싶다."[6] 여기서 '희생'과 '덕목'은 정신적인 것에 가까운 음계 연습만큼 재미없어 보이는 과정을 가리킨다.

자신의 기량에 최선을 다하는 겸손한 예술가와 음악가들은 겸손과 인내에 관한 한 수도자와 비슷하다. 우리는 보통 예술가들을 '오만하다'거나 '자기중심적'이라고 표현한다. 그리고 일부는 그런 사회적 행동을 보일지도 모른다. 하지만 예술가들은 기량에 대해서는 그런 태도를 보이지 않는다. 소설의 대가만큼 백지를 존중하는 사람은 없으며 음악의 거장만큼 화음 변화에 주의를 기울이는 사람은 없다.

세상에 전에 없던 뭔가를 진정으로 선보이는 예술가들은 우드셰딩을 위해 자아의 욕구를 제쳐둘 만큼 야심적인 사람들이다. 그들에게 겸손은 성공의 본질적 요소다. 사실 그들이 겸손한 단계들을 매일같이 반복할 수 있는 건 자기 자신을 상당히 신뢰하기 때문이다.

내 아버지는 성공한 재즈 클라리넷 연주자이자 색소폰 연주자였고 이후 직업을 바꿔 조직심리학자가 되었다. 하지만 아버지는 죽는 날까지 재즈를 연주했다. 나는 아버지가 1950년대와 1960년대에 악단과 함께 연주한 녹음 기록을 갖고 있다. 안타깝게도 연습 과정을 녹음한 기록은 없지만 아버지의 연습은 어떤 공연보다 내 기억에 생생하게 남아 있다. 아버지가 음계를 오르내리며 연습을 거듭하면 우리 집은 빠르게 반복되는 아르페지오 소리로 가득 찼다. 아버지의 우드셰딩은 내 어린 시절의 사운드트랙이었다. 연습, 연습, 연습. 아버지는 연습을 가장 중요하게 생각했고 연습할 때 가장 위대한 영웅이었다.

아버지는 칭찬이나 관심을 부끄러워하는 사람이 아니었다. 오히려 그 반대였다. 하지만 연습할 때만큼은 아무 욕심도 없었다. 아버지는 바로 나의 다이달로스였다. 내가 예술가 행세를 그만두고 아버지가 행동으로 알려준 교훈을 진정으로 이해하기까지는 수십 년이 걸렸다.

우리 대부분은 예술가적 야망이 부족하다. 그뿐만 아니라 꾸준한 연습이 옳다는 것을 보여줄 수 있는 재능과 작은 단계들을 거쳐 갈 만큼 겸손한 자아 또한 부족하다. 따라서 우리는 걸음마 단계에서 많은 불안과 동요를 마주하고 가능한 한 빨리 목표에 도달하고픈 바람을 갖는다. 특히 실망으로 상처를 입었다면 더욱 그렇다. 자신이 정한 꿈을 아직 이루지 못했다는 작지만 수많은 메시지처럼 작은 단계들은 실망의 상처를 자극하는 소금이다.

실망을 걱정한다면 쓸쓸함을 맛볼 수밖에 없다. 작은 단계들을 거치기 위해서는 목표에 도달했다는 만족감을 지연시킬 수 있어야 한다. 또한 원하는 곳에 있지 않다는 사실을 굴욕적으로 받아들이지 말고 작은 단계들이 주는 모욕을 견뎌야 한다. 작은 단계들은 자기완성을 위한 우리의 바람을 확인하는 테스트와 같다.

앞서 여러 차례 언급했듯이 여기서 문제는 우리를 고무하는 작지만 수많은 교훈이 작은 단계 안에 담겨 있다는 점이다. 그런 교훈을 받아들이면 작은 단계들을 거쳐 나아가는 불굴의 용기를 기를 수 있다. 희망의 두려움 때문에 작은 단계들에서 어려움을 겪는다면(각 단계는 우리가 얼마나 더 멀리, 얼마나 더 높이 가야 하는지 일깨운다) 이는 작은 단계들의 동기를 유발하는 매우 중요한 특성을 놓치는 것이다.

• '초보 단계' 극복하기

현재 있는 곳과 앞으로 도달하고 싶은 곳의 격차에 주의한다면 작은 단계들에서 얻은 성공을 발전과 성취의 표시로 여길 수 있다. 각 단계들은 열망과 목표 사이의 작은 긴장들을 수반하며 위로 나아갈 추진력을 키워준다.

사실 현재 있는 곳과 앞으로 도달하고 싶은 곳 사이에서 자신을 지탱하고 유지하는 일은 긍정적인 변화로 가는 유일한 길이다. 희망에 관해 레빈[7]에게, 자기효능감에 관해 반두라[8]에게 배운 바와 같이 이 사이에 머무를 수 있다면 우리는 작은 단계들에서 180도 다른 경험을 할 수 있다. 그렇게 작은 단계들을 지속하며 성취감을 얻고 앞으로 계속 나아갈 동기를 얻는다.

작은 단계들에서 성공하면서 우리는 목표에 점점 가까워지고, 목표에 도달하기 위해 필요한 동기를 얻는다. 우리가 운동할 때 반복적인 과정에 몰두하고 음악가들이 매일 집요하게 연습하는 이유는 바로 이 때문이다. 물론 운동을 하루 건너뛴다고 해서 목표를 달성하는 데 크게 지장이 생기지는 않는다. 하지만 실제로 운동을 건너뛰면 아마도 큰 위험을 감수하는 것처럼 느낄 것이다. 그리고 이는 진짜 위험한 일이다. 근육이 약간 줄어들거나 심박수 향상이 잠깐 중단되는 문제가 아니라 동기를 잃을 수 있기 때문이다.

우리는 정해진 일과를 어길 때 같은 일이 두 번, 세 번 반복될 것을 걱정한다. 하루 운동을 건너뛰면 작은 단계를 이어갈 동기부여 에너지를 얻는 것도 건너뛰게 된다. 따라서 다음 날 원래 일과로 돌아가려 할 때 열망이 담긴 그 에너지에 의존할 수 없다. 그리고 또 하루를 건너뛴다면 마지막 성취에서 얻었던 남아 있는 영감마저 모두 사라진다.

이렇게 생각해보자. 우리가 작은 단계에 접근하는 방식은 점진적인 개인적 변화의 거대한 역장 안에서 작은 역장에 접근하는 것과 같다. 작은 단계를 모욕으로 여긴다면 작은 역장 안에서 억제력이 강화되고 이는 몇 단계 더 나아가는 것을 방해한다. 반면 격차를 살피며 각 단계를 하나의 성취로 여기고 주목한다면 더 나아갈 연료를 제공하는 추진력을 얻는다.

이렇게 작은 단계에 접근하는 태도는 동기에 큰 영향을 미친다. 이는 점진적 변화의 기본 규칙이다. 이 규칙은 우리가 작은 단계에 직면할 때마다 적용된다. 작은 단계를 모욕으로 여길 것인가, 아니면 이룰 만한 가치가 있는 적당한 도전으로 여길 것인가? 이 질문의 답이 우리가 추구하는 더 큰 목표의 운명을 결정한다.

앞에 놓인 작은 단계들을 겸손하게 바라보지 못하는 태도는 앞으로 나아가는 능력에 매우 부정적인 영향을 미친다. (스페인어를 배울 때 앤이 했던 것처럼, 다이어트를 할 때 존이 했던 것처럼) 겸손 지대를 벗어나면 점진적 변화를 통해 우리의 열망과 자부심을 높일 기회를 잃게 된다.

작은 단계들에 직면했을 때 우리는 이를 모욕으로 경험할 수도 있고, 작고 귀중한 성취로 경험할 수도 있다. 작은 단계를 귀중한 성취로 여기는 겸손함을 갖추지 못한다면 앞으로 나아갈 수 없다. 또 작은 단계를 실패와 같은 수치스러운 경험으로 여긴다면 현재 상태에 계속 머무를 수밖에 없다. 역설적으로, 작은 단계들은 변화를 향해 나아가는 유일한 길이지만 우리가 여기에 부여한 의미(작은 단계들에 지나치게 겸손한 자아상을 입히는 것, 즉 작은 단계들을 수치심을 유발하는 공격으로 받아들이는 것)가 변화를 가로막을 수도 있다.

이는 실질적인 딜레마다. 익명의 알코올중독자들은 이런 딜레마를 해결하기 위해 흥미로운 방법들을 개발했다. 실제로 그곳에서 적용하는 많은 방법은 겸손 지대에 머무르면서 작은 단계에 점진적으로 집중하는 것을 목표로 삼는다.

• '적정 상태'로 열등감 조절하기

익명의 알코올중독자들은 행동과학과 지원 분야에 종사하는 많은 사람에게 다소 수수께끼 같은 단체다. 연구 결과에 따르면 중독성 물질에서 회복하는 그들의 방법은 그들의 명성만큼 과학적이지 않다. 실제로 매우 훌륭한 일부 연구들은 익명의 알코올중독자들과 그들의 12단계 프로그램을 통한 장기적인 금주 효과에 의문을 제기한다.[9] 하지만 믿을 수 있고 똑똑하며 자각 있는 사람들은 알코올중독에서 회복하는 데 그들의 방법이 중요한 역할을 했다고 말한다.

잭은 코미디언이자 약물 남용 상담사로 그들 중 한 명이었다. 놀랍게도 잭은 내가 '자기애적 방어'라고 부른 행동(수치심과 자만심 사이를 오가는 것)과 일치하는 방식으로 금주를 유지하는 문제를 설명했다.

"중독은 더 나은 느낌이 들거나 더 못한 느낌이 들어요. 우리는 열등감 속에서 극단적으로 자기중심적인 사람이 되죠. 이는 모두 불안정과 관련되어 있어요."

잭은 '더 나은' 느낌과 '더 못한' 느낌 사이에서 오락가락하는 것이 음주로 이어졌다고 말했다.

"기분이 더러울 때는 뭔가 잘못된 일을 하고 싶었어요. 하지만 기분이 정말 좋을 때도 술을 마실 가능성이 컸죠."

"그렇다면 기분이 아주 안 좋거나 너무 좋은 상태를 오가는 이 시소에서 벗어나는 방법은 무엇이었나요?"

내가 묻자 그는 이렇게 답했다.

"술에서 깨기 위해서는 적정 상태로 조절하는 법을 이해해야 해요. '적정 상태'는 익명의 알코올중독자들 사이에서 쓰는 말이죠. 자신을 적정 상태로 조절한다는 건 자기 모습 그대로 편안함을 느끼는 안전한 곳에 자신을 두는 거였어요. 편안함을 느끼지만 스스로 모든 문제의 답을 갖고 있다고 자만하지 않는 거죠. 저는 겨울잠을 자는 쥐도, 오만한 거물급 인사도 아니에요."

편안하지만 자만하지 않는 것. 나는 잭에게 설명을 들으면서 적정 상태로 조절하는 것을 적당한 겸손과 적당한 자부심을 결합하는 이상적인 연금술의 일종으로 이해했다. 또 그들의 프로세스가 술을 마시지 않고 맨정신을 유지하는 작은 단계들을 겸손하게 이어가도록 회원들을 겸손 지대에 들어가게 하는 시도임을 알게 되었다.

나는 겸손을 담은 일종의 치료 상자를 상상해본다. 그 상자는 자만심과 수치심이 생기는 것을 막고 상자 안에서 작은 단계들을 주목하고 기념하게 해준다. 이 상자에서 익명의 알코올중독자들의 가장 뛰어난 부분은 바로 '한 번에 하루씩'이라는 개념이다.

한 번에 하루씩, 24시간을 견뎌라

한 번에 하루씩은 익명의 알코올중독자들에서 24시간 단위로 목표를 나누는 방법이다. 한 단위를 완료하면 그다음으로 넘어간다.

"저는 한 번에 하루씩이 초기 회복 단계에 정말 도움이 된다고 생각해요. 그동안 의존해왔던 물질을 영원히 피해야 한다는 생각은 벅차게 느껴지거든요. 처음엔 영원히 술이나 약물 없이 지낸다는 걸 도저히 상상할 수 없었어요. 모든 게 엉망진창인 듯 느껴졌죠. 하지만 '딱 하루만' 지속하는 것은 감당할 만한 일이었어요. 술을 마시고 싶은 욕구가 너무 강하고 힘든 날, 저는 한 번에 몇 시간 단위로 나누는 법을 배웠어요. '점심까지만 깨어 있자. … 저녁까지만. … 잠자리에 들 때까지만.' 결국 술을 마시지 않는 게 점점 쉬워졌어요."

잭은 처음 금주를 시작했을 때 회복 기간을 작은 단위로 나누어 몇 분동안, 몇 시간 동안, 하루 동안 그가 달성할 수 있는 것에만 집중했다. 한번에 하루씩은 이런 식으로 성취감을 줌으로써 불가능하게 느껴질 만큼 먼 여정에서 엉망진창이 되거나 초보자가 되는 수치심을 피하는 방법이었다. 각각의 점진적 단계는 잭의 희망과 자기효능감을 높였고 그에 따라 변화를 향한 추진력 또한 커졌다.

익명의 알코올중독자들은 금주를 기록하는 의례적인 방식을 제공한다. 그들은 동전같이 생긴 기념품 '칩'을 나눠 주는데 각기 다른 색깔의 칩에는 금주를 지속한 시간이 표시되어 있다. 칩을 나누는 행사는 사회적인 외적 보상으로 매일의 성공이라는 내적 보상을 강화한다. 그리고 약물 의존을 인정함으로써 자만심을 내려놓을 뿐만 아니라 점진적 성공을 인정하는 청중과 만나는 자리도 마련한다. 칩은 단순하지만 의미 있는, 겸손한 축하의 표시다.

나는 금주 칩이 겸손 지대에서 성공을 축하하는 방식이라고 생각한다. 그 칩은 변화할 수 있는 능력을 인정하고 목표가 아직 이뤄지지 않았다는 사실을 상기시킨다. 이는 우리가 작은 단계들을 거칠 때 필요한 딱 맞는 기념행사다. 칩에 새겨진 변화의 표시는 목표에 도달했다는 오만한 믿음으로 이어지지 않고 변화를 향한 여정을 완료할 수 있도록 해 준다.

잭에게 이런 칩과 자기 자신에게 준 작은 선물들(새로운 음악 CD, 근사한 저녁)은 욕구에 빠지지 않고 자신을 지지하는 방법이었다.

"술을 끊기까지 오랜 시간이 걸렸어요. 저는 저 자신을 친절하게 대해야 했습니다. 하지만 올바른 방법으로 친절해야 했어요."

그러나 성공이 24시간 단위로 표시된다고 해도 자신에게 너무 친절해질 위험이 있었다. 잭은 사람들에게 "럼주가 들어간 케이크로 금주를 축하하지 마세요."라고 말한다. 존의 다이어트처럼 하루의 성공으로 목표에 도달한 양 부풀려 생각한다면 이는 문제가 생긴 것이다. '나는 어제 정말 훌륭했어. 전보다 훨씬 잘하고 있는데 오늘 위스키 한 모금 마시는 게 무슨 문제겠어?' 익명의 알코올중독자들은 되살아나는 이런 자만심을 통제하기 위해 겸손 지대에 머무르는 똑똑한 방법을 개발했다.

• 목표가 아닌 과정이 중요하다

겸손은 익명의 알코올중독자들의 프로그램에서 가장 중요한 부분이다. 이는 본부와 각 지역 커뮤니티 센터에 붙어 있는 수많은 슬로건에도 명확히 나타난다. '천천히 하라', '중요한 것을 먼저', '자신을 너무 심각하게 받아들이지 마라', '금주는 목적지가 아닌 여정이다', '이 또한 지나가리라', '각자의 방식을 존중하라', '내가 바꿀 수 없는 것을 받아들이는 평온함' 등. 이런 슬로건들은 위험한 습관에 흔히 동반되는 만용과 약간의 성공에 뒤따르는 잠재적 오만을 억제하는 데 도움이 된다.

자신이 알코올중독자임을 공개적으로 선언하는 자기소개 의식 또한 마찬가지다. 여기서 핵심은 회원들에게 굴욕감을 주는 것이 아니라 지금의 현실을 인정함으로써 목표에 이르는 데 필요한 작은 단계들을 거치도록 하는 것이다.

따라서 익명의 알코올중독자들은 회원들이 완벽하고 영구적인 금주라는 장기적인 목표뿐만 아니라 하나의 과정으로서 금주를 유지하는 내적 목표에도 눈을 떼지 않도록 겸손 지대에 집중하게 한다. 그리고 이를 통해 길고 점진적인 금주의 여정을 준비하게 한다.

점진적 성취와 겸손의 정신을 결합한 그들의 철학은 회원들이 현재 있는 곳과 도달하고 싶은 곳 사이의 격차를 조심하도록 돕는 것을 목표로 삼는다. 그 철학은 그저 중독을 치료하는 훌륭한 해독제가 아니다. 실은 우리 모두에게 유용한 조언이다. 변화를 향해 나아가면서 작은 단계들을 조화시키고 겸손함을 유지하는 것은 긴 여정을 걸어가는 동안 동기를 잃지 않는 가장 중요한 방법이다.

다이어트를 생각해보자. 당신은 3주 동안 성실하게 다이어트를 해왔다. 그런데 어느 날 누군가가 쿠키를 권한다. 쿠키 한 개는 3주간의 다이어트를 수포로 만들진 않을 것이다. 쿠키를 하나 먹는다고 해서 감량한 체중이 즉시 늘어나진 않는다. 하지만 당신은 쿠키를 거절한다. 일상의 규칙을 수립하며 얻은 매일의 성공이 당신의 열망과 동기를 높였기 때문이다. 당신은 작은 단계들의 이런 열망을 포기하고 싶지 않다. 따라서 중요한 것은 쿠키나 칼로리가 아니다. 당신이 쿠키를 거절한 것은 작은 단계들을 하루라도 놓치고 싶지 않기 때문이며 그런 단계들이 당신의 동기를 지속시키길 바라기 때문이다.

• 여정은 완성되지 않는다

'한번 알코올중독자는 영원한 알코올중독자.' 익명의 알코올중독자들은 약물 남용을 만성질환으로 여기고 금주를 평생의 과정으로 접근한다. 따라서 그들은 금주에 이르는 길이 결코 끝나지 않는다는 생각을 기반으로 일종의 자기완성을 제안한다. 이는 불완전한 완성으로서 역설적이지만 사실이며, 우리의 부족함을 완전한 자신의 일부로 받아들임으로써 인생에서 결핍감을 덜 느끼는 방법이다.

중독을 평생 관리해야 할 질병으로 주목하는 것은 문제가 있다. 완전한 금주만을 좋은 결과물로 여기고 결함을 폄하하며, 원죄 비슷한 뭔가로 고통받는다는 사실을 정기적으로 '인정'해야 하는 사이비 집단 같은 압력을 받기 때문이다. 하지만 그런 접근에는 중요한 목적이 있다. 뭔가를 달성하고자 하는 위치와 달성한 위치 사이의 공간은 텅 빈 게 아니라 중요한 두 지역을 연결하는 꼭 필요한 다리임을 회원들에게 일깨우는 것이다. 양쪽 사이의 공간은 그 자체로 매우 중요한 지역이다. 다시 말해 여정은 그만의 고유한 경험이 있으며 목적지만큼 중요하다.

이런 경험에서 가장 중요한 것은 이 여정을 떠나는 사람의 인생에 뭔가가 부족하다는 점이다. 이는 우리가 바라는 곳에 있지 않다는 사실을 괴롭게 인정하는 것이 뭔가 잘못하고 있음을 나타내는 표시가 아니라 중간 지역을 걸어가면서 당연히 마주치는 경험임을 의미한다.

하지만 목적지로 이어지는 길을 마주했을 때 그 길을 나설 희망과 믿음이 없다면 어떻게 될까? 자신에게 평생 관리해야 할 질병이 있음을 되새기는 것이 그 길을 가고 싶게 만드는 방법이 될 수도 있지만 여전히 우리는 앞에 놓인 그 단계들을 기꺼이 거쳐 가야 한다. 그렇지 않으면 계속 나아가기 위한 희망과 믿음을 충분히 만들어낼 수 없다. 따라서 목표에 도달할 능력에 대해 확신이 부족할지라도 그 길을 지속할 방법이 필요하다. 다시 말해 '이미 이뤄진 것처럼 행동'해야 한다.

다시, 이미 이뤄진 것처럼 행동하라

이 아이디어는 제7장에서 설명한 바 있다. 여기에는 '행위가 동기에 앞선다'라는 행동심리학의 개념이 담겨 있다. 즉 목표를 향해 움직이기 위해 펌프에 마중물을 붓는 방법이다.

자신에 대한 믿음이 없음에도 불구하고 이미 이뤄진 것처럼 행동할 때 우리는 믿음의 도약을 하게 된다(아마 사람들의 조언과 장담이 발판이 되었을 것이다). 즉 우리가 앞으로 나아갈 추진력을 발휘할 수 없을 때 외부 명령을 따르듯 움직이는 것이다. 이 믿음은 우리가 극심한 불안에 빠져 있을 때 가장 필요하다. 일단 변화의 길에 올라 희망과 믿음을 만들어내는 단계적 성공의 경험을 제공하기 때문이다.

자만 지대에서 움직일 때 우리는 우리가 너무나 전능해서 한 번에 하루씩 단계를 나눌 필요가 없다고 여긴다. 적정 상태로 조절하는 것이 우리의 능력을 지나치게 제한하며, 우리의 놀랍고 복잡한 개성을 고려하면 일코올중독자라는 꼬리표가 너무 단편적이라고 생각한다.

마찬가지로, 수치심 지대를 날고 있을 때 '한 번에 하루씩'이라는 구호는 지금 있는 곳과 도달하고 싶은 곳 사이의 거리를 상기시키며 우리의 수치심을 자극한다. 그리고 적정 상태로 조절하는 건 이상적인 모습과의 거리를 일깨우는 또 다른 자극으로 느껴진다.

자신을 알코올중독자라고 부르며 사람들 앞에서 인정하는 것은 심장을 찌르듯 상처받기 쉬운 자존감을 깊이 공격하는 것이다. 따라서 우리는 자만의 유혹과 수치심의 위험으로부터 겸손을 보호하는 다른 과정들을 활용하기 위해 이미 이뤄진 것처럼 행동하는(올바른 믿음에 따라 행동할 수 있는 곳에 도달하기 위해 잘못된 믿음을 활용하는 것) 마지막 방어벽이 필요하다.

인생에서 어떤 변화를 시작할 때 겸손 지대를 중요시하는 익명의 알코올중독자들의 방법은 물론 도움이 될 수 있다. 존의 다이어트를 다시 한번 생각해보자. 존은 수치심과 자만심 사이에서 고통스럽게 흔들렸고 겸손 지대에 안정적으로 자리 잡을 수 없었다. 만일 그가 자만심의 위험을 알고 좀 더 점진적인 접근을 취했다면 어떻게 되었을까?

많은 시간과 노력이 소요되는 긴 여정만을 바라보며 좌절을 느끼는 대신 겸손하게 그날 하루에만 집중했다면 체중 감량에 성공할 가능성은 커졌을 것이다. 사람들에게 다이어트한다고 이야기함으로써 성공한 느낌을 얻는 데 시간을 쏟지 않고 매일 작은 단계들을 성취하는 내재적 만족에 주목했다면 성공 가능성은 한층 커졌을 것이다. 더불어 즉시 살이 빠지지 않는 데서 오는 절망이 변화의 일부임을 인식했다면 성공할 가능성은 또 한 번 커졌을 것이다. 다이어트 책에 대한 믿음이 별로 없었다고 해도 책에 설명된 계획을 꾸준히 지켰다면 성공에 한 걸음 더 가까워졌을 것이다.

다이어트를 지속하지 못한 존의 무능함은 그가 다이어트에 집착한 방식과 여러모로 관련이 있었다. 사실 존의 문제는 다이어트 자체가 아니었다. 오히려 그가 날씬하다고 느끼기를 원하면서 뚱뚱하다고 느끼는 기분을 어떻게 관리했는지가 문제였다. 그가 날씬해질 가능성은 날씬한 사람이라는 새로운 정체성으로 돌진한다고 해서 하룻밤 사이에 높아지는 것이 아니었다. 이는 현재 있는 곳에서 도달하고 싶은 곳으로 향하는 길에서 그가 꾸준히 겸손을 키우는 일에 얼마나 집중할 수 있는지에 달려 있었다.

나는 잭이 설명한 익명의 알코올중독자들의 방식이 믿음을 잃은 사람들에게 필요한 일종의 인공기관처럼 여겨졌다. 스스로 나아가게 하는 연료를 조금이라도 만들어낼 수 있을 때까지 겸손 상자가 그들을 지켜주는 것이다.

때때로 우리는 그런 도움이 필요하다. 하지만 많은 경우 그렇지 않다. 피터가 사랑의 추진력으로 해양생물학 학위를 향해 나아갔던 것처럼 작은 단계들을 다루는 우리의 능력은 예측하지 못한 위쪽 화살표에서 비롯된다.

피터를 앞으로 움직이게 한 화살표는 사만다와의 새로운 관계였고 이는 어느 정도 피터의 외부 세상에서 생겨난 요인이었다(여기서 '어느 정도'라고 말하는 이유는 피터에게 사랑할 수 있고 존재할 수 있는 내면의 능력이 없었다면 그날 밤 술집에서 사만다를 만난 것이 아무런 영향도 없었을 것이기 때문이다). 때로는 우리 안에 내재된, 아직 발휘되지 않은 힘에 접근함으로써 위쪽 화살표가 생겨나기도 한다. 스페인어를 배우고 싶어 했던 앤은 이를 잘 보여주는 사례다.

• 내 안의 '건방진 녀석' 인정하기

스페인어 공부에 관해 이야기하고 한 달이 지난 어느 날, 나는 앤을 다시 만났다. 나는 스페인어 공부가 잘되고 있는지 물었다.

"Muy bueno."(아주 좋아.)

"정말?"

"Es verdad!"(응, 정말!)

"놀라운걸."

"¿Por qué?"(왜?)

"지난번에는 곧 그만둘 것 같았거든. 어떻게 스페인어를 배운 거야?"

"사실 다시 동기가 생겨난 건 그날 우리의 대화였어."

"정말? 왜? 어떤 말이 도움이 되었는데?"

"그렇게 우쭐하지 마. 네가 아니라 나였어."

"무슨 뜻이야?"

"나 자신에게 웃음을 터뜨리며 깨달았지. 내가 항상 이런 패턴에 빠진다는 걸 말이야. 나는 '지금' 결과를 얻고 싶어 하는 어린아이 같았어. 그래서 어떤 일을 해보기도 전에 낙심했던 거야. 그리고 그것과 관련된 뭔가가 나를 빵 터지게 했어. 나는 그것이 너무 좋고 재미있다고 생각해. 다음 날 밤, 친구들을 만나 이 이야기를 들려줬어. 친구들은 내 생각을 이해했고 내 안의 건방짐을 '사랑스럽다'고 말했어. 나도 그 말에 어느 정도 동의해."

"사랑스럽다고?"

"그래, 마치 내 안에 있는 우스운 만화 캐릭터 같은 거야. 내 안의 그녀를 이런 식으로 받아들이고 나니 마음이 편해졌어. 모든 과정이 더 재미있고 흥미로워졌지. 내 안의 그녀는 무시무시하고 무능력한 실패자가 아니었어. 그냥 '건방진 녀석'이었을 뿐이야. 그리고 이제 그녀는 스페인어로 말하고 싶어 해! 나는 그녀가 왜 스페인어를 하고 싶어 하는지 이해해. 그리고 모든 면에서 나도 같은 생각이야."

"그래, 그거야!"

"맞아! 내가 그림을 갖고 나올 수 없어서 박물관 가는 걸 좋아하지 않는 것과 마찬가지야."

그녀는 웃으며 말했다.

"그런데 그거 알아? 그게 완전히 나쁜 생각만은 아니라는 거. 나는 뭔가를 받을 만한 자격이 있어. 왜 내가 모네의 그림을 가지면 안 돼? 나는 나의 이런 면이 좋아."

"재미있네. 네가 하는 말을 곰곰이 생각해보니 그 건방진 녀석이 내가 가장 좋아하는 네 모습이었어."

"고마워! 바로 그거야! 그 건방진 녀석은 처음에 스페인어를 배우고 싶어 했던 내 일부야. 그녀는 무작정 멕시코에 가서 사진만 잔뜩 찍고 오기를 원하지 않았어. 더 많은 것을 경험하고 싶었지. 더 깊은 뭔가를 말이야. 다소 어리석은 생각이라는 걸 알아. 스페인어를 할 줄 안다고 해서 모든 것이 바뀌지 않는 것처럼 말이야. 하지만 그녀는 여전히 모네의 그림을 집에 가져가고 싶어 해. 그리고 뭔가를 계속 시도하고 있어."

"그 버릇없는 녀석이 세상을 집어삼키고 싶어 하는 거로군."

"Sí."(맞아.)

앤은 '지금' 하고 싶다는 바람이 스페인어를 배우는 과정에서 문제의 근원임을 인식했다. 하지만 그녀는 이런 특성을 자신의 '사랑스러운' 일부로 여겼다. 실제로 그것은 그녀가 소중히 여기는 부분이다. 이런 식으로 앤은 스페인어 공부를 지속하지 못한다는 수치심을 잠재웠다. 그녀는 자신이 변화하지 않는 이유를 이해했고, 이것이 좋은 의도에서 비롯되었으며 이해할 수 있는 부분이라고 받아들였다. 이로써 그녀는 목표를 이미 달성한 것처럼 느끼는 도취감에 빠지지 않고 겸손 지대로 움직일 수 있었다.

그녀는 스페인어 배우기를 망설였던 이유를 자신의 인생에 도움이 되는 요소로 이해함으로써(모네의 그림을 집에 가져가고 싶어 하는 버릇없는 녀석) 수치심으로 얼어붙었던 추진력의 화살표를 작동시켰다. 건방짐은 대체로 장점이었다. 늘 지금 당장 결과를 얻고 싶어 했기 때문에 그녀를 곤경에 빠뜨리곤 했지만 한편으로는 깊은 경험을 누릴 권리가 있다고 느끼는 그녀의 일부이기도 했다.

　이것이 변화하지 않는 열 가지 이유를 살펴보며 얻을 수 있는 핵심 교훈이다. 불안정한 곳에 있을 때 우리는 현재 상태에 머무르는 것을 부정적으로 인식한다. 전쟁에서 승리하기 위해 싸워야 할 적으로 여기는 것이다. 우리는 변화를 가로막는 사악한 방해물을 향해 한 손에 칼을 들고 격렬하게 휘두른다. 그리고 다른 손에는 거창한 방패를 들고 열등감으로부터 자신을 보호한다.

　하지만 자신을 사랑하는 상태에서는 현상 유지에 대한 접근이 매우 달라진다. 희망과 믿음을 갖고 안정된 모습을 유지하며 앞으로의 긴 여정에서 자신을 책임질 준비를 하고 칼과 방패를 내려놓는다. 똑바로 선 채 취약한 부분을 드러내지만 너그럽고 친절하게 현상 유지를 받아들인다. 전쟁은 끝났다. 우리는 현상 유지의 팔짱을 끼고 그 안에 숨겨진 자원을 발견해 앞으로 나아갈 수 있다.

　현상 유지와 화해하는 능력은 점진적 변화의 작은 단계들을 받아들이는 데 중요한 역할을 한다. 이는 익명의 알코올중독자들의 슬로건처럼 이미 이뤄진 것처럼 행동하는 시도에서 비롯될지도 모른다. 어느 날 술집에서 혹은 어느 커피숍에서 웃음을 터뜨리는 즐거운 순간에 예상치 못하게 생겨날 수도 있다. 어디서 비롯되든 우리는 그런 능력이 생긴 것을 알 수 있다. 변화가 전보다 쉬워지기 때문이다.

　우리는 더 이상 현상 유지를 고통스러운 상처로 여기지 않는다. 노력 없는 성취감을 추구함으로써 수치심의 고통에서 벗어나려 하지도 않는다. 겸손 지대 안에서 우리 앞에 놓인 과업에 맞게 적정규모로 자신을 조절한다. 우리의 등에 붙은 날개는 부드럽게 움직이고 깃털은 따뜻하고 보송하다. 우리는 날개를 펼치고, 저 멀리 목표를 향해 알맞은 속도로 이동한다.

너무 높지도, 너무 낮지도 않은 곳을 바라보라

멀고 험한 길을 오른 끝에 당신은 정상에 도착했다. 그리고 체중 감량의 스승을 직접 대면했다. 그는 가부좌를 틀고 신비로운 검은 구슬을 발위에 올려놓은 채 높은 좌대에 앉아 있다. 당신은 스승에게 묻는다.

"얼마나 자주 체중을 재야 합니까?"

"그건 좋은 질문이 아니네."

"네? 하지만 이렇게 멀리 왔습니다! 저는 답이 필요합니다!"

그는 신비로운 구슬을 들어 가볍게 흔들고는 표면에 난 작은 삼각형 모양의 창문을 깊이 들여다본다.

"마법의 구슬이 '꿈도 꾸지 말라'고 말하고 있네."

"네? 왜죠? 저는 답이 필요합니다."

그는 구슬을 다시 들여다본다.

"미래가 좋지 않다."

"이봐요! 저는 알 권리가 있어요!"

"알 권리가 있다고?"

"네! 당신을 만나러 이 험한 길을 올라왔으니까요."

"음, 맞는 말이네. 하지만 스마트워치를 보게. 오늘 많이 걷지 않았는가? 축하하네!"

"제발요! 저울을 어떻게 써야 하는지 알려주세요. 그게 이 살들을 빼는 해답입니다."

당신이 간절한 목소리로 요청하자 그는 검은 구슬을 다시 흔들고 작은 창문을 들여다본다.

"미안하네. 하지만 답은 또다시 '꿈도 꾸지 말라'라네."

"제발요! 저를 도와주실 수 있나요, 없나요?"

"답이 흐릿하게 보이니 다시 시도하라."

"오, 이런! 여기까지 오느라 장비를 갖추고 짐을 꾸리고, 비행기로 한참을 날아와 험한 산길을 오르며 얼마나 고생했는데요!"

"마법의 구슬이 '집중하고 다시 물어보라'고 말하는군."

"이건 말도 안 돼요!"

그는 다시 구슬을 흔든다.

"다시 물어보라."

"알려주십시오. 다이어트의 성공을 측정하는 가장 좋은 방법이 무엇입니까?"

"음, 그건 좋은 질문이네."

스승은 구슬을 다시 발 위에 올려놓으며 말한다.

"여기에 올라오는 동안 자네는 줄곧 정상을 바라봤는가?"

"네, 이따금요."

"어째서 정상에서 눈을 돌렸지?"

"제 앞을 봐야 했기 때문입니다."

"발을 헛디뎌서 발밑을 바라봤나?"

"물론입니다! 안 그런 사람이 어디 있습니까?"

"그럼 그 후 줄곧 발밑만 바라보며 올라왔나?"

"당연히 아닙니다!"

"어째서?"

"아까도 말했듯이 제 앞을 봐야 했기 때문입니다."

"그렇다면 자네가 여기까지 안전하게 올 수 있었던 것은 무엇 때문인가?"

"너무 높은 곳을 보지도, 너무 낮은 곳을 보지도 않았기 때문입니다."

"그리고?"

"체중 감량도 그렇게 봐야 한다는 말씀이십니까?"

"마법의 구슬이 이렇게 말하는군. '미래가 좋다.'"

CHANGE

제10장

나쁜 기억에서
빠져나올 용기

**짐이 무거울수록, 우리의 삶이 지상에 가까울수록
삶은 생생하고 진실해진다.**
_밀란 쿤데라

어느 날 나는 동료와 함께 내 프로그램이 진행되는 뉴욕의 한 건물에서 건물 세입자들에게 빌려주는 회의실을 잡아 전문가들을 대상으로 소규모 강연을 하고 있었다. 희망의 두려움에 관한 연구를 다룬 이 강연은 초기 데이터 검토 이후 처음으로 결과를 발표하는 자리였다. 우리는 열두 명 남짓한 참석자들에게 결과를 소개하며 우리의 아이디어가 어떻게 받아들여질지 기대하고 있었다. 그런데 동료가 프레젠테이션을 하는 도중에 정장 차림의 한 남자가 회의실에 들어왔다. 그의 뒤에는 젊은 직장인 몇 명이 도시락과 포장 용기를 들고 복도에 서 있었다. 남자는 화가 난 목소리로 말했다.

"여기서 뭐 하시는 겁니까? 저희가 이 회의실을 예약했는데요."

내가 대답했다.

"죄송하지만 저희가 오늘 이 회의실을 쓰기로 예약했습니다."

"아니요, 그쪽이 아니라 저희가 쓰기로 되어 있어요."

"음… 아니에요. 죄송하지만 예약 일정을 확인해보세요."

"아니요, 저희 회의실입니다."

그는 화가 나서 회의실로 한 걸음 더 들어오며 복도에 있는 직원들이 들어오도록 문을 활짝 열었다. 그리고 모두가 지켜보는 가운데 강연은 중단되었다. 나는 그 남자에게 복도로 나가 상황을 알아보자고 했다. 복도에서 그의 직원들이 나를 둘러쌌고 그는 화를 내며 회의실에서 나가라고 소리쳤다.

"저더러 어떻게 하라는 겁니까? 저 사람들을 모두 내보내라고요?"

"그럼 저는 어떻게 하라는 거죠? 저희는 여기서 금요일마다 직원 미팅을 합니다. 당신이 우리 장소를 무단으로 사용하고 있어요."

그는 내 앞에서 어깨에 힘을 주고 말했다. 나는 그가 물러나지 않아 강연을 끝내야 하면 어쩌나 걱정되기 시작했다. 마침내 건물 관리자가 나타나 우리가 회의실을 예약했다고 그 남자에게 설명했다. 그러자 그는 씩씩대며 돌아섰고 젊은 직원들도 그를 따라 엘리베이터를 타고 떠났다. 나는 회의실로 돌아와 내가 하기로 한 다음 발표를 이어갔다. 발표 내용은 잘 전달되었고 우리는 연구에서 좋은 결과를 얻었다는 느낌을 받으며 회의를 마쳤다.

발표하는 동안 일어났던 일을 다시 떠올려보면 나는 그 사건을 비율적으로 명확히 평가할 수 있다. 두 시간 동안의 멋진 강연에서 약 10분가량의 소동이었을 뿐이었다. 하지만 누군가 "그날 프레젠테이션은 어떻게 됐어요?" 혹은 "그날 뭔가 중요한 일이 있었나요?"라고 묻는다면 나는 복도에서 있었던 그 소동을 이야기할 것이다. 그 남자가 화를 내며 강연에 난입한 상황이 그날의 행사와 하루에 대한 내 느낌을 대부분 차지했기 때문이다.

그날 있었던 잠깐의 불쾌하고 쓸모없는 경험이 길고 좋았던 중요한 경험을 망쳐놓았다. 이는 종종 일어나는 일이다. 부정적인 경험이 긍정적인 경험보다 내 의식에 더 깊은 타격을 입히는 경향 때문이다. 나는 내가 진행하는 세미나에 대한 평가에서 100명의 긍정적인 평가보다 두 명의 부정적인 평가에 더 사로잡힌다. 나는 모든 직원이 만족스럽다고 답한 가운데 홀로 직무에 대해 불만을 표현한 어느 직원에 대해 더 곰곰이 생각한다. 그리고 아내와 함께 보낸 즐거운 시간보다 잠깐 있었던 말다툼을 훨씬 더 세세하게 돌이켜본다.

하지만 나만 그런 것은 아니다. 연구 결과에 따르면 일반적으로 부정적인 경험이 긍정적인 경험을 이긴다. "좋은 사건보다 나쁜 사건의 영향력이 더 크게 작용하는 현상은 트라우마 같은 중대한 사건부터 친밀한 관계의 결과, 소셜 네트워크 패턴, 대인 상호작용, 학습 프로세스까지 일상의 모든 면에서 나타난다." 사회심리학자 로이 바우마이스터Roy Baumeister는 공동 저자로 참여한 논문 〈나쁜 것이 좋은 것보다 강하다〉Bad Is Stronger Than Good[1]에서 이같이 밝혔다.

나쁜 감정, 나쁜 부모, 나쁜 피드백은 좋은 것들보다 더 큰 영향을 미치며 나쁜 정보는 좋은 정보보다 더 철저하게 처리된다. 자아는 좋은 자기개념을 추구하는 것보다 나쁜 자기개념을 피하려는 동기가 더 크다. 나쁜 인상과 나쁜 고정관념은 좋은 인상과 좋은 고정관념보다 더 빠르게 형성되고 부정적 증거에 더 거세게 저항한다. ⋯ 예외(좋은 것의 영향력이 더 크다는 것을 나타내는)는 거의 발견되지 않는다.

바우마이스터와 동료들에 따르면 처음 만난 사람의 나쁜 점을 알게 되는 것은 좋은 점을 알게 되는 것보다 더 큰 영향력을 발휘한다. 복권 당첨자들은 당첨되지 않은 사람들보다 더 행복하지 않으며 부정적인 결과를 맞이하는 것으로 보고된다.[2]

출산에 앞서 삶을 향상시키는 중요한 자원을 잃은 여성들은 더욱 복합적인 산후우울증을 겪을 가능성이 훨씬 크다. 하지만 그와 같은 자원을 얻었더라도 우울증에 긍정적인 효과가 있는 것은 아니다.[3] 좋은 하루를 보낼 때 그 정서적 효과는 다음 날까지 거의 이어지지 않는다. 반면 나쁜 하루를 보낼 때 그 경험은 다음 날, 그다음 날까지 지속된다.[4]

결혼한 부부의 경우 결혼 생활의 좋은 측면보다 배우자와의 부정적 경험이 결혼 만족도에 더 큰 영향을 미친다.[5] 부부들은 결혼 생활에서 긍정적인 사건들을 세 배나 더 많이 기록했음에도 불구하고 부정적인 사건들이 결혼 만족도에 미치는 영향을 65퍼센트로 평가했다.[6]

불만족스러운 성관계는 만족스러운 성관계보다 성 기능에 더 강한 영향을 미친다. 하룻밤의 부정적인 성적 경험은 수년 동안 영향을 미칠 수 있지만 긍정적인 경험은 일반적으로 그날 하룻밤의 즐거움 외에 거의 영향이 없다.[7, 8, 9] 아이들의 경우 좋아하는 친구에 대한 긍정적인 평가보다 싫어하는 친구에 대한 부정적인 평가가 더욱 강하게 나타난다.[10]

나쁜 경험의 영향력을 가장 잘 보여주는 개념은 아마 트라우마일 것이다. 심리적 트라우마에 대해 우리는 하나의 사건 혹은 여러 사건이 어떻게 지워지지 않는 상처를 남기는지 이야기한다. 하지만 트라우마와 마찬가지로 깊고 오래 지속되는 영향을 미치는 좋은 일을 나타내는 단어나 개념은 없다('돌연한 깨달음'epiphany과 '구원'salvation이 약간 비슷하지만 트라우마 같은 무게감은 없다).

이런 부정적인 경험의 영향력이라면 한참을 더 이야기할 수도 있다. 사실 그렇게 하고 싶다. 나는 사람들이 좋은 경험보다 나쁜 경험에 더 관심을 둔다는 불편한 사실에 마음이 끌린다. 데이터를 통해 그 반대가 사실임이 입증된다면 내 관심은 크게 줄어들 것이다.

대부분 언어에는 긍정적인 감정보다 부정적인 감정을 나타내는 단어들이 더 많다. 기본적인 감정에 대한 심리학자들의 목록에도 부정적인 감정을 나타내는 단어가 더 많다. 예를 들면 행복과 대비되는 단어로 분노, 슬픔, 불안, 두려움, 혐오가 있다.

나쁜 경험에 대한 정서 반응은 좋은 경험에 대한 정서 반응보다 뚜렷이 감지된다. 이는 존재감이 확실할 뿐만 아니라 마치 튀긴 밀가루 반죽이 소화되지 못하고 위장에 머무는 것처럼 며칠 동안 지속된다. 화가 나면 우리는 소형 드릴이 작동하는 것처럼 몸이 떨리면서 그 분노를 느낀다. 절망에 빠지면 큰 충격을 받고 뭔가에 실패하면 정서적 방어벽에 정면으로 충돌한다.

반면 좋은 감정은 입안에서 순식간에 녹아내리는 솜사탕과 머랭 쿠키처럼 유동적이다. 너그러운 마음을 가지면 가슴이 약간 가벼워짐을 느낀다. 행복한 기분은 껍질을 벗긴 오렌지의 가벼운 향기와 같다. 어떤 일에 성공을 거두면 자부심이 첫눈처럼 순식간에 스쳐 간다. 그리고 희망을 가지면, 어떻게 되는지는 아마 모두가 알고 있을 것이다.

긍정적인 감정과 긍정적인 상태가 우리에게 좋은 영향을 미치는 여러 측면을 무시하는 것이 아니다. 예를 들어 용서는 우울과 불안을 감소시키고 건강을 증진시킨다.[11] 행복 역시 비슷한 이점이 있다.[12] 하지만 그럼에도 불구하고 우리는 긍정적인 상태를 부정적인 상태만큼 무겁게 받아들이지 않는다.

앞서 제6장에서 손실 회피 이론에 대해 논의하며 나쁜 것이 좋은 것을 압도하는 현상에 대해 간단히 살펴봤다. 손실 회피는 뭔가를 얻는 것에 끌리기보다 뭔가를 잃는 것에 더 방어적인 태도를 보이는 현상을 설명하는 이론이다(100달러를 얻는 만족감이 100달러를 잃는 상실감의 절반 수준이라는 데이터가 이를 증명한다).

손실 회피 이론과 마찬가지로, 나쁜 경험이나 나쁜 상호작용이 좋은 경험이나 좋은 상호작용보다 더 강력한 영향을 미친다는 사실은 아마도 진화에서 비롯되었을 것이다. 사자의 생존 가능성을 높이는 건 군침 도는 어린 영양이 아니다. 배에 구멍을 뚫을 수도 있는 엄마 영양의 날카로운 뿔을 기억하는 것이 사자의 생존을 크게 좌우한다.

웃음과 비명 중 어떤 것이 당신에게 충격을 주는가? 어떤 것이 주변 상황을 일깨우는가? 어떤 것이 오랫동안 뇌리에 남는가? 분명 비명일 것이다(웃음이 위협적으로 느껴지지 않는 한). 나쁜 일은 좋은 일보다 더 강하고 오래 지속되는 경험을 만들어낸다. 이 사실은 나쁜 경험을 피하고 싶게 만든다. 당신이 회피적으로 행동하는 것은 나쁜 경험의 영향력과 지속성 때문이다.

하지만 이 때문에 나쁜 경험이 매력적일 때도 있다. 대부분의 문학, 영화, 연극은 비극을 소재로 한다. 해피엔딩으로 끝날 때도 오랜 갈등과 불화 끝에 행복이 찾아온다. 심리학 저널의 기사 중 70퍼센트가량은 부정적인 심리 경험에 대해 다룬다.[13] 뉴스의 90퍼센트는 부정적인 소식이다.[14] 이는 독자들이 원하기 때문이다. 사람들은 '잘못된', '더 나쁜' 같은 부정적인 표현이 들어간 헤드라인을 '항상', '최고의' 같은 긍정적인 표현이 들어간 헤드라인보다 30퍼센트 더 많이 클릭하는 경향이 있다.[15] 시티 리포터City Reporter라는 러시아의 뉴스 사이트는 희망을 주는 기사의 양을 늘린 결과 독자 수가 3분의 2가량 줄어들었다.[16]

나쁜 경험이 사람들의 마음을 끄는 이유는 나쁜 경험을 피하고 싶은 것과 같은 이유다. 나쁜 경험은 강렬한 감정을 일으킨다. 나쁜 경험은 우리의 감정을 지배하는 반면 좋은 경험은 우리가 지배하고 선택한다. 외로움을 느끼고 싶지 않다면, 어떤 확신 같은 것을 느끼고 싶다면, 우리가 이곳에 존재함을 일깨우는 강력한 뭔가를 열망한다면 나쁜 경험이라는 1,000톤짜리 기관차로 단번에 목적지에 도달할 수 있다.

상황이 좋을 때보다 나쁠 때 우리는 더 우울하게 가라앉는 기분이 들고 더 많은 감정을 더 깊이 느낀다. 물론 우리는 나쁜 기분을 즐기는 것이 아니다. 하지만 부정적인 감정에는 중대함과 견고함이 존재하며 그런 감정의 무거운 현실에는 아마 안전함이 있을 것이다. 따라서 삶에서 긍정적인 변화를 시도할 때 우리가 정말 무겁고 믿을 수 있는 닻(부정적인 감정의 영향력)을 잘라내고 있다는 것을 이해해야 한다.

변화하지 않는 마지막 세 가지 이유는 바로 이렇게 긍정적인 뭔가를 시도할 때 부정적인 감정의 기반을 포기하려는 노력에 대해 다룬다.

이유 8. 고통스러운 기억을 애써 잊지 않아도 된다

현재 상태에 머무르는 것은 고통스럽거나 매우 충격적인 과거 사건의 기억을 보호한다. 따라서 변화는 그 고통의 기념물을 무너뜨리는 것과 같다. 이는 망각이나 다름없다.

캘리포니아 해변의 절벽 가장자리에는 사이프러스 나무들이 있다. 해풍을 막아주는 어떤 보호막도 없이 절벽 위에 자리한 그 나무들은 육지 쪽으로 구부러져 자란다. 수년에 걸쳐 바람을 맞으며 그런 모양이 형성된 것이다. 바람이 없는 날에도 나무들은 강력한 바람에 맞서 안간힘을 쓰고 있는 것처럼 보인다. 사이프러스의 구부러진 모양새는 일종의 기억이다. 뇌나 컴퓨터처럼 '저장된 기억'이 아니라 나무의 현재 위치에서 바람이 나무에 부딪힌 과거를 '한데 모아 다시 구성한' re-membering 결과물이다.

바람이 없는 날 사이프러스를 보면 그들이 수년 동안 매우 큰 힘을 견디고 살아남았음을 알게 된다. 나무들을 보면 마음속에서 그 바람이 떠오른다. 아무리 잔잔한 날에도 절벽의 풍경은 바람 부는 날의 모습이다. 현재 상태에 머무르는 것은 이처럼 자세에 따른 기억이 작용한 결과일 수 있다. 개인적 발전에 대한 자세를 통해 나쁜 경험을 입증하는 하나의 방식인 셈이다. 이런 의미에서 볼 때 현재 상태에 머무르는 것은 해변의 사이프러스처럼 일종의 기념물이다.

히로시마에서 홀로코스트까지 우리는 고통과 상실을 일깨우는 각종 기념물과 표석을 건립한다. 거기에는 과거의 피해를 잊지 않고 기억을 함께 지킨다는 다짐이 담겨 있다. '기념' commemoration이라는 단어에 '함께'를 뜻하는 접두사 'com-'이 붙는 것은 이런 의미다. 하지만 우리는 개인적인 일이라고 여기는 고통과 트라우마, 자신이 입은 피해와 상처, 잘못에 대해서는 물리적인 기념물을 세우지 않는다. 때로는 변화의 바람을 피하는 구부러진 자세가 이런 사건들을 기억하는 유일한 방법이 되기도 한다.

우리는 현재 상태에 머무름으로써 우리에게 일어난 어떤 일을 입증한다. 그 사건의 트라우마가 깊을수록 자신의 성격과 세상에 대한 태도로 그것을 기념해야 한다는 강박관념을 더 크게 느낀다.

• 트라우마를 기념한다는 것

수십 년 전 내가 담당했던 치료 그룹의 한 고객은 바로 그 기념, 즉 삶에 대해 고정된 자세를 취함으로써 과거의 고난을 성스럽게 기리는 문제를 완벽하게 설명했다.

앨리슨은 어린 시절 아버지의 학대로 생긴 심각한 트라우마를 극복하기 위해 수년 동안 용감하게 심리치료를 받았다. 그런 트라우마에도 불구하고 그녀는 치료를 받으며 생산적이고 의미 있고 사회적으로 연결된 삶을 발전시키는 놀라운 일을 해냈다. 그녀는 좋아하는 일을 찾았고 결혼했으며 긴밀한 친구 관계를 형성했다.

앨리슨은 우리가 변화하지 않는 열 가지 이유를 처음 생각해냈던 그룹에 참여했었는데, 우리가 일곱 가지 정도를 알아냈을 즈음 그녀가 한 가지 이유를 더 제시했다.

"변화는 나쁜 일들이 우리가 변화하지 않고 있을 때 생각한 것보다 덜 나쁘다는 것을 의미해요."

"무슨 뜻이에요?"

"그러니까, 나쁜 일들에서 회복될 수 있다면 그것이 우리를 완전히 망가뜨린 것은 아니라는 거죠."

"아직 잘 모르겠어요."

"그건 부정적인 결과물을 파괴하는 것과 비슷해요."

앨리슨이 말했다. 당시는 휴대전화와 각종 디지털카메라들이 흔해지기 전이었다. 첩보 소설이나 TV 쇼, 영화에서 누군가가 '부정적인 결과물을 파괴했다'는 건 어떤 사건이 일어난 사진 증거를 없애는 걸 말했다.

"어떤 일이 일어났던 것을 증명할 수 없다는 뜻인가요?"

내가 물었다.

"네, 약간 비슷해요. 사람들이 '극복하세요'라고 할 만한 끔찍한 일 같은 거죠. 상태가 좋아지면 그 일을 극복하고 있는 거예요. 완전히 극복하면 그 일의 부정적인 결과물을 파괴하는 셈이죠. 좋아지지 않는다면 부정적인 결과물이 들어 있는 봉투를 그대로 갖고 있는 거예요."

또 다른 참가자인 에리카가 말했다.

"무슨 말인지 알겠어요. 제가 회복되면 사람들은 제가 겪었던 일을 더 이상 보지 못할 거예요."

앨리슨이 이어 말했다.

"맞아요. 어느 정도 확실해요. '나는 더 이상 내 고통을 그렇게 많이 생각하지 않을 것이다'라는 뜻이기도 해요."

"그러면 무슨 일이 있었는지 기억하는 다른 방법들을 찾는 것이 타당하겠네요."

내가 제안하자 앨리슨이 말했다.

"로스, 당신이 제대로 이해했는지 잘 모르겠어요. 일단 상태가 좋아지고 나면 고통을 기억하는 방법은 그것을 기억하는 것뿐이에요. 저는 제게 일어났던 일들을 항상 알고 있을 거예요. 저는 부정적인 결과물을 더 이상 보호할 필요가 없어요. 보호하지 않을 거고 보호할 수도 없어요. 상태가 좋아지면 부정적인 결과물은 적어도 조금은 무너지고 언젠가는 파괴되겠죠."

"그러면 에리카가 말한 건 어때요? 다른 사람들이 당신이 겪었던 일을 더 이상 보지 않게 될 거라는 말이요."

"네, 그건 진정한 장애물이에요. 하지만 그와 관련해서 우리가 할 수 있는 일은 아무것도 없어요. 특히 새로 만나는 사람들과는 더 그렇죠. 그 사람들에게는 아무 문제 없이 제대로 작동하는 성인처럼 보이는 거예요. 그들에게 제 고통을 보여주는 방법은 저의 과거를 이야기하는 것뿐이에요. 하지만 저는 새로 알게 된 사람들에게 과거 이야기를 하고 싶을지 잘 모르겠어요. 게다가 별로 효과적일 것 같지도 않고요. 제가 잘 지내고 있다면 그들에게 제 과거는 그저 하나의 이야기일 뿐이니까요."

앨리슨과 에리카처럼 과거에 나쁜 일로 상처받았던 사람이 잘 지내고 있다면 이는 과거의 사건이 고통스럽고 심지어 트라우마가 되기도 했지만 그들의 생존 능력을 파괴할 만큼 그렇게 가혹하지 않았음을 나타낸다. 따라서 변화는 과거 사건의 기념물을 축소하거나 파괴하는 것이 된다. 그리고 거기에는 신성을 더럽히는 것 같은 느낌이 있다. 지나간 나쁜 일의 귀중한 체계를 파괴하는 불경한 행동이라는 느낌이다.

변화는 척추 교정 요법과 비슷한 점이 있다. 과거의 사건에서 비롯된 근육의 기억으로 구부러진 삶의 자세를 조정하는 것이다. 자세가 제대로 맞지 않아 다시 고통을 느끼는 불가피한 순간마다 과거의 사건이 일어났다는 사실을 인식하고 그 증거를 보게 된다. 이는 다른 사람들 눈에 아무 일도 없었던 것처럼 보이는 삶을 살기 위해 혹은 과거의 사건이 우리를 파괴할 만큼 강력하지 않았다고 보이는 삶을 살기 위해 치러야 할 큰 희생이다. 하지만 많은 경우 이는 변화를 위해 필요한 희생이다. 치료가 트라우마에서 회복하는 데 도움이 되는 것은 바로 이 때문이다. 치료는 과거 사건의 목격자를 제공하며, 그 사람은 우리가 더는 도움이 필요하지 않을 때도 그 기억을 간직할 것이다.

앨리슨처럼 커다란 정신적 트라우마를 경험한 이후 의미 있고 충실한 삶을 구축하려면 많은 노력이 필요하다. 과거 사건의 기념물을 해체하는 위협에도 불구하고 한 걸음 나아갈 때, 가장 좋은 결과는 회복 과정에서 희망을 향한 자연스러운 움직임으로 뒤늦게 나타난다. 하지만 과거의 해체는 트라우마 치료의 핵심이 아니며 그렇게 되어서도 안 된다. 치료 과정에서 트라우마의 기억을 내려놓는 시도가 너무 빨리 일어나거나 하나의 치료 단계로 규정되면 당사자의 과거가 존중받지 못해 회복이 지연될 수 있다. 일어났던 일에 대해 기억할 만한 증거를 확인하지도 않은 채 다음으로 나아가는 것은 당사자의 온전함에 대한 공격처럼 느껴질 수 있다.

정신적 트라우마를 연구하는 사상가들은 삶을 산산조각 내는 사건 이후 트라우마가 생기는 것은 침묵 때문이라고 설명한다.[17] 충격적인 사건은 그것에 대해 진술할 기회가 없을 때 더욱 충격적인 상처로 이어진다. 따라서 매우 충격적인 사건에 따른 직접적인 피해뿐만 아니라 그 사건과 관련해 자신이나 타인에 의해 강요된 침묵 또한 트라우마로 봐야 한다. 하지만 정서적으로 진술하는 과정이 일단 시작되면 수년 동안 계속되어야 할 수도 있다. 너무나 심각한 사건의 경우 다시 이야기하는 데 매우 오랜 기간이 소요되며 다른 사람의 의식에 그 사건을 새겨 넣기 위해서는 많은 반복이 필요하기 때문이다.

하지만 다시 말하기는(이야기 외에 춤, 요가, 예술, 글 등 다른 형태로 이뤄지는 경우가 많다) 회복의 열쇠가 되는 것 같다.[18, 19, 20, 21, 22] 현재 상태에 머무르는 것 또한 다시 말하기의 한 형태다. '나는 다음 단계로 넘어갈 만큼 괜찮지 않아'라는 뜻을 담은 고정된 자세를 통해 과거에 일어났던 일을 보여주는 것이다. 부정적인 결과물을 파괴하는 위험을 기꺼이 받아들이기에 앞서 수년 동안 그런 식으로 자신의 이야기를 해야 하는 사람도 있을 것이다.

앨리슨의 이야기는 가장 깊은 정신적 상처에 대한 것이다. 우리 대부분은 그런 트라우마를 견딜 필요가 없을 만큼 운이 좋다. 하지만 타인의 나쁜 행동에서 받은 경험을 계속 붙들고 있으려는 유혹은 매우 강력하다. 우리는 이런 자세를 '분노'resentment라고 부른다.

왜 분노를 놓지 않으려고 할까

'sentir'는 '느끼다'라는 뜻의 고대 프랑스어다. 're-'는 뭔가를 반복한다는 뜻의 접두사로 sentir 앞에 쓰면 반복해서 화가 나고 실망하는 경험을 뜻하는 resentment가 된다.

분노는 remember(기억하다)와 recollect(회상하다, 기억해내다)의 심술궂은 사촌이다. 어떤 사람이나 집단에 분노할 때 우리는 과거를 현재에 간직한 채 그들을 붙들게 된다. 누군가에게 더 이상 분노하지 않는 것을 '분노를 놓아주다'let go of resentment라고 말하는 것은 바로 이 때문이다. 용서(원한을 떨쳐 버리는 행위)는 분노의 해독제다. 따라서 분노는 이상한 감정이다. 이는 아무 상관 없이 지내고 싶은 사람에게 우리를 묶어 그들에 대한 노여움이라는 무거운 감정을 반복해서 끌어냄으로써 우리와 그들을 계속 연결한다.

누군가에게 극심하게 분노할 때 우리는 '카텍시스'cathexis에 몰두한다. 정신분석 용어인 카텍시스는 감정 에너지를 다른 사람에게 쏟아부어 그들을 자신에게 긴밀하게 연결하는 것을 말한다. 우리의 인생에는 깊은 사랑 같은 긍정적인 카텍시스도 있고 분노 같은 부정적인 카텍시스도 있다. 현재 상태에 머무르는 것은 표면화된 방식, 즉 행동을 통해 분노를 유지하는 수단이다. 데이브의 사례는 이를 잘 보여준다.

데이브는 보험회사에서 해고되고 몇 달 뒤 내게 왔다. 그는 뛰어난 업무 이력과 업계에서 중요하게 평가되는 특별한 전문성을 갖고 있었다. 하지만 해고된 이후 구직 활동을 할 수 없었다. 그가 점점 더 무기력해지기 시작하자 아내는 그에게 치료사를 만나보라고 부탁했다.

회사에서 데이브는 새로운 상사로 온 앤디에게 해고당했다. 데이브가 말했듯이 직원 파일에는 그에 대한 칭찬이 가득했음에도 불구하고 앤디는 어떤 이유에서인지 곧바로 그에게 반감을 품었다. 데이브는 사무실의 일상적인 운영을 제대로 이해하지 못했던 앤디가 자신에게 위협을 느낀 것이 아닌가 생각했다. 이유가 무엇이든 데이브는 직장 생활에서 처음으로 상사에게 공격당하는 느낌을 받았다.

앤디의 적대감은 수동적 공격 성향이 담긴 지적, 데이브를 동료들과 다르게 대하는 방식, 데이브를 쏘아보는 눈빛, 데이브가 회의에서 발언할 때 무시하는 경향, 가끔 보내는 비판적인 그룹 이메일 등으로 나타났다. 시간이 지나 데이브는 출근하는 것이 싫어졌고 그 상황에 대해 동료들과 이야기하는 것이 불편했다. 지나치게 예민해 보이거나 편집증적인 사람으로 보이고 싶지 않았기 때문이다. 그는 점점 더 동료들과 어울리지 않게 되었다.

새로운 상사가 부임하기 전, 데이브는 회식이나 소프트볼 게임 등의 부서 행사를 기획하곤 했다. 하지만 이제 앤디가 그 일을 맡았다. 행사에 참여했을 때 데이브는 앤디가 보내는 미묘한 공격에 끊임없이 직면했다. 앤디는 술자리에서 즐겁게 웃으며 다른 직원들의 이야기에 귀를 기울이다가도 데이브가 이야기하려고 하면 무표정하게 그를 바라보곤 했다. 데이브는 그동안 즐겁게 참여했던 부서 행사에 더 이상 가지 않게 되었다.

결국 데이브는 이 상황을 논의하기 위해 인사팀을 찾았다. 인사팀의 여성 직원은 매우 친절했고 데이브에게 그들의 대화를 기밀로 유지할 것이라고 약속했다. 그녀는 앤디와 잘 지내는 데 도움이 될 몇 가지 전략들을 권했고 앤디와 대화해볼 것을 제안했다. 데이브는 두 번째 조언을 거절했다. 앤디가 어떤 문제도 부인할 것이 분명했기 때문이다. 인사팀을 만나고 며칠 뒤 앤디가 데이브를 사무실로 불렀다.

"데이브, 무슨 일인지 모르겠지만 당신이 나에 대해 불만을 제기했다는 연락을 받았어요."

"뭐라고요?"

"이 일에 대해 모르나요?"

"모릅니다. 정말로요."

"지난주 목요일에 인사팀을 만났나요?"

"네. 하지만 어떤 불만도 제기하지 않았습니다."

앤디는 믿지 않는 눈치였고 화가 난 것 같았다. 데이브는 앤디에게 배척당하고 지적받은 경험을 말하며 상황을 설명하려고 애썼다. 앤디는 또다시 무표정한 얼굴로 데이브를 바라봤다.

"무슨 말을 하는 건지 모르겠군요. 내가 아는 건 내가 적대적인 업무 환경을 만든다는 보고서를 누군가가 제출했다는 거예요. 우리 부서의 업무 환경이 적대적인 것 같나요?"

"꼭 그런 것은 아닙니다."

"'꼭 그런 것은 아니다'라는 게 무슨 뜻이죠?"

대화는 그런 식으로 몇 분 더 이어졌다. 데이브는 자신을 방어하는 데 점점 속수무책이 되었고 일자리가 걱정되기 시작했다. 앤디는 데이브에게 인사팀과 중재 회의를 마련했다고 이야기하는 것으로 대화를 마무리했다.

"중재 회의는 누군가가 '적대적인 업무 환경'을 조성했다고 비난을 받을 때 우리 회사에서 하는 겁니다."

앤디는 비꼬듯이 손가락으로 인용 부호를 표시하며 말했다. 기밀로 유지하기로 되어 있던 대화가 왜 불만을 제기한 것이 되었는지 인사팀의 누구도 데이브에게 명확한 답을 주지 않았다. 그리고 중재 회의는 절망적이었다. 인사팀에서 나온 직원은 앤디의 편을 드는 것 같았고 앤디는 세심하게 데이브를 염려하는 척했다. 그리고 데이브는 점점 더 불안정하고 편집증이 있는 것처럼 보였다. 마지막 세 번째 회의에서 그들은 두 사람을 위한 실행 계획을 작성했다. 이후 인사팀 직원이 데이브에게 물었다.

"이제 우리가 이 문제를 해결한 것 같나요?"

데이브는 그렇다는 대답 외에 어떤 말을 해야 할지 알 수 없었다.

"좋습니다. 적대적인 업무 환경 말인데요, 여전히 적대적이라고 느끼나요?"

"저는 적대적인 환경을 느낀다고 말한 적이 없습니다. 어디서 그런 말이 나왔는지 모르겠어요."

"좋아요. 그럼 당신이 안전함과 지지받는 기분을 느낀다고 적힌 이 문서에 서명하는 데 반대하지 않으시겠죠."

인사팀 직원이 말했다. 그는 이것이 일종의 덫처럼 느껴졌다. 회의의 진정한 의도가 궁금해지기 시작했다. 하지만 양식에 서명했다.

그 후 상황은 빠르게 악화되었다. 데이브와 앤디는 서로 거의 말을 하지 않았다. 그리고 데이브는 금요일부로 해고되었다. 먼저 인사팀에서 전화를 받았고 그는 '의지력 있는 직원'이었다는 반복적인 언급 외에 다른 설명은 거의 듣지 못한 채 빠르게 해고되었다. 회사는 수년간 근무한 대가로 약간의 퇴직금을 제시했다. 그는 관련 서류에 서명하고 회사를 상대로 어떤 법적 조치도 취하지 않는다는 것에 동의했다.

데이브는 당연히 상사에게 몹시 화가 났다. 그리고 한때 진정한 소속감과 목적의식을 느꼈던 회사에 실망했다. 분노와 실망이 그를 사로잡았다. 하지만 그는 아내 외에 이 일의 부당함을 이야기할 사람이 없었다. 그는 자신을 믿는 사람이 있는지 확신할 수 없었고 친구나 가족에게 이 일을 이야기하면 득보다 실이 더 많지 않을까 우려했다. 그들은 자신이 지나치게 민감하게 굴었다고 생각할 것 같았다. 실제로 아내와의 대화에서도 이런 우려가 나타났다. 특히 아내가 같은 이야기를 반복하는 그에게 점점 더 짜증을 낼 때 더욱 그랬다.

세 번째 상담에서 데이브는 좋은 소식을 가지고 왔다. 오랜 친구 한 명이 보험 대리점을 시작하며 그에게 관리직으로 합류할 것을 요청했다고 했다. 그는 이전 직장보다 더 나은 연봉과 약간의 지분, 매년 일정 비율의 이익 분배를 제안받았다. 데이브는 이것이 매우 훌륭한 제안임을 알고 있었고 받아들일 준비가 되어 있었다. 하지만 논의 과정에서 그가 느낀 것은 슬픔과 이상한 실망이었다. 우리는 이에 대해 깊이 이야기를 나누면서 어두운 감정이 생긴 이유에 초점을 맞췄다.

"저는 그들이 그들 마음대로 하고 있는 것 같아요."

데이브는 이전 직장을 언급하며 말했다.

"그들이 그렇게 할 수 있었다는 걸 참을 수가 없어요. 그들에게는 아무 일도 일어나지 않을 거라고요."

"알아요, 데이브. 정말 부당한 처사였던 것 같아요. 하지만 그 일이 이번 제안과 어떤 관계가 있죠?"

"모르겠어요!"

그는 살짝 미소를 지은 채 고개를 흔들며 말했다.

"하지만 제가 이 제안을 수락하면 아무 일도 없었던 것처럼 된다는 건 확실해요. 그러니까 그들은 정말 말도 안 되는 짓을 한 거고 저는 더 좋아지는 거죠. 그건 잘못된 것 같아요."

"네, 무슨 말인지 알 것 같아요. 그러면 새로운 일자리를 제안받지 않고 결국 어떤 일도 구하지 못하면 어떻게 될까요?"

"글쎄요. 그게 이상한 부분이에요. 왠지 모르겠지만 그래요! 마치 저의 실직이 '네가 한 짓을 봐!'라고 말하는 것 같아요."

"실직 상태에 머무르는 게 더 정당한 것 같다는 거군요?"[23, 24]

"네, 정말 이상하게도 그래요. 지금은 약간 이상한 기억이 떠오르는데 왠지 모르지만 그래요. 어렸을 때 엄마가 다음 날 저녁에 맥앤치즈를 해주겠다고 약속하신 적이 있어요. 그런데 어찌 된 일인지 잊어버리셨고 대신 핫도그를 주셨어요. 그건 동생이 가장 좋아하는 메뉴였죠. 저는 정말 속상했어요. 문제는 사실 제가 핫도그를 매우 좋아한다는 것뿐이었어요. 제가 두 번째로 좋아하는 메뉴였거든요! 하지만 저는 핫도그를 들고는 끔찍한 뭔가를 보고 속이 메스꺼운 것처럼 행동하면서 핫도그가 싫은 척했어요. 왠지 지금 상황이 그때와 비슷한 것 같아요."

"새로운 일자리가 핫도그 같다는 거군요?"

"네, 하지만 그건 사실 맥앤치즈예요."

데이브는 고개를 저으며 웃었다.

"제가 뭐 하고 있는 거죠? 제가 꿈꿀 수 있는 최고의 기회 같은데 우울증 환자처럼 이러고 있잖아요!"

"음, 데이브. 지난번 직장에서 당신이 속았다는 이야기처럼 들려요."

"맞아요. 확실히 그래요. 빌어먹을 놈들. 이번 새 일자리는 아주 훌륭하지만요."

데이브의 해고 경험은 어떤 식으로 봐도 어릴 때 학대당한 앨리슨의 경험만큼 상처를 주지는 않는다. 하지만 두 사람의 경험에는 한 가지 공통점이 있다. 바로 부당함이다. 부당함을 볼 때 우리는 세상이 어떻게 되어야 하고 우리가 어떻게 대우받아야 하는지에 대한 믿음과 그런 믿음을 배반하는 사건이 서로 불일치한다고 느낀다. 우리의 마음이 완료되지 않은 과업을 기억하는 경향이 있다고 했던 레빈의 말을 기억하는가? 다음으로 나아가는 것을 거부하고 과거의 부당함에 얽매이는 건 과거의 부당함을 바로잡고 우리가 어떻게 대우받아야 하는지에 대한 믿음과 실제 받았던 대우를 일치시키고 싶은 욕구일 수도 있다.

현재 상태에 머무름으로써 피해를 기념하는 것은 많은 경우 정의에 대한 바람과 관련된다. 이는 잘못된 것을 바로잡는 자기 패배적인 방식이다. 이런 경우 현재 상태에 머무르는 것은 좋은 것이 회복될 때까지 나쁜 것을 붙들고 있는 기다림의 한 형태다. 문제는 정의를 추구하는 이런 방식이 결코 효과가 없다는 점이다. 불일치를 해소하는 실질적인 방법은 피해를 준 사건 이전의 자신으로 돌아가 자신이 할 수 있는 것을 되찾는 것이다. 이는 피해를 준 사건이 일어났음에도 불구하고 앞으로 나아가는 것을 의미한다.

선택지는 다른 사람을 괴롭히기 위해 현재 상태에 머무르는 것과, 그들의 행동에도 불구하고 앞으로 나아가는 것이다. 전자는 실제로 효과가 없다. '분노는 독약을 먹고 다른 사람이 죽기를 기대하는 것과 같다'라는 격언대로다.

희망의 두려움 척도를 이용한 조사 결과에 따르면 희망에 대한 두려움이 클수록 세상이 통제 가능하다는 믿음은 커지지만 세상이 자신에게 관대하다고 느끼는 경향은 작아지는 것으로 나타났다. 이들 요인은 서로 연관되어 있어서 희망의 두려움이 이런 믿음을 초래하는지, 아니면 이런 믿음이 희망의 두려움을 일으키는지는 확실히 알 수 없다.

하지만 앨리슨과 데이브의 이야기는 세상이 공정하다고 믿을 때 부당함을 경험하면 희망을 두려워하게 된다는 걸 보여준다. 그런 상황에서 희망을 두려워하는 이유는 희망을 품고 앞으로 나아가는 것이 정의가 실현되지 않은 가운데 나아가는 것을 의미하기 때문이다. 또 이런 상황에서 희망이 실망한 상태를 유지함으로써 세운 고통의 기념물을 위협하기 때문이다.

앨리슨이 말했듯이, 회복을 향한 변화는 우리가 과거 상처에 접근하는 방식과 다른 사람들이 우리의 상처에 접근하는 방식을 바꾸는 것이다. 우리에게 나쁜 일이 일어났든 일어나지 않았든, 이는 모든 변화에 적용된다. 변화를 실행할 때 우리는 다른 사람들과의 관계 그리고 자기 자신과의 관계를 변화시킬 것이다. 변화하지 않는 이유 아홉 번째와 열 번째는 이런 관계 변화의 위협에 대해 다룬다.

이유 9. 타인과의 관계가 유지된다

개인적 변화는 인간관계에서 필연적으로 불확실성을 초래하고 갈등이 일어날 소지를 만든다.

내가 아내와의 관계에서 가장 좋아하는 것 중 한 가지(아마 가장 중요한 한 가지일 것이다)는 그녀가 내 약점들을 상당히 아낀다는 점이다. 리베카는 내가 저질렀던 우습고 곤란한 일 10대 목록을 갖고 있다. 그중 하나는 우리에게 돈이 별로 없었던 결혼 초기에 일어난 일이다. 나는 우리가 폐기물에서 발견한 쿠션 의자를 지역의 가구 소매업체에 돌려주려고 했으나 카운터의 10대 직원에게 사기꾼이라는 오해만 사고 말았다. 나는 얼굴이 벌게져서 황급히 차로 달려갔다.

또 다른 일은 식당에서 웨이트리스가 소고기 메뉴를 설명하는 도중에 손을 들어 그녀의 말을 중단시킨 것이었다. "거기까지만 해도 됩니다. 우리는 채식주의자예요." 하지만 사실 그녀는 맥주 리스트를 설명하고 있었다.

어느 날에는 공항 보안검색대 건너편에 있는 아내에게 "이거 완전 먹통이야!"라고 크게 소리친 적이 있었다. 집에서 출력한 비행기 표가 스캐너에 인식되지 않아 내가 잔뜩 흥분한 얼굴로 표를 들어 보이는 동안 모든 사람이 고개를 돌려 나를 바라봤다.

바보 같고 민망한 소동들이었다. 내가 평소 유지하고 싶은 진지하고 쿨한(아마 요즘 시대에 가장 멋진 찬사로 통하는) 사람이라는 공적 페르소나를 내팽개치는 사건들이었으며 서툴고 혼란스럽고 실수투성이인 사람의 일이었다. 하지만 나는 리베카에게 그런 사건들에 관해 이야기하기를 좋아한다. 그녀는 내 이야기를 듣거나 실제로 내 실수를 목격하면 "정말 대단해!"라고 말하곤 한다. 그럴 때면 나는 그녀가 무엇을 하려고 하는지 알 수 있다. 그녀는 그 사건을 나의 망가진 모습 10대 목록에 추가하려는 것이다.

우리는 이따금 그 목록을 살펴보는데 마치 배우 스티브 마틴의 오래된 영화를 함께 보는 것 같은 기분이 든다. 극장에서 손을 잡고 갈퀴에 걸려 바보같이 넘어지는 장면을 감상적으로 보고 있는 커플 말이다. 리베카는 엉망으로 망가진 내 모습을 내 성공만큼이나(많은 경우 성공보다 훨씬 더) 사랑하는 유일한 사람이다. 나는 그녀의 애정을 소중히 여긴다. 만일 내 장점에 대한 그녀의 칭찬과 내 약점에 대한 그녀의 애정 중 하나를 택해야 한다면 선택은 더 물을 것도 없이 후자다.

나는 누군가에 대한 용서가 최고의 덕목이자 수많은 괴로움의 해독 제이며 성취감을 주는 경험의 열쇠라고 확신한다. 인생이라는 여정을 걸어가는 동안 당신의 실수에서 유머를 발견하고 무겁고 어두운 당신의 일부에 빛과 가벼움을 가져다주는 누군가가 있다는 것은 큰 행운이다. 그렇다면 사무실을 완벽하게 청소하는 것, 자동차 열쇠가 어디에 있는지 늘 알고 있는 것, 안내를 확실히 따르는 것, 이런 일들이 무슨 소용이 있을까? 완벽함을 목표로 삼는다면 나는 결혼 생활의 가장 큰 자양분이 되는 뭔가를 잃을 것이다. 나는 이 사실이 내 잠재의식 어딘가에서 변화를 시도하지 못하게 방해할 때도 있을 것이라고 확신한다. 변화를 시도할 때마다 나는 가장 중요한 인간관계를 지탱하는 특성이 바뀌어버릴 위험을 무릅쓴다.

이처럼 개인적 변화와 아내와의 관계에서 잃을 수 있는 것 사이의 역학은 매우 명확하고 구체적이다. 하지만 긍정적인 개인적 변화를 향해 나아갈 경우 관계(보살피는 관계, 전전긍긍하는 관계 등)를 변화시킬 수 있는 요인들은 무수히 많다. 다른 사람들에게 불필요하고 보이지 않는 존재라는 느낌을 주는 것, 가장 친한 친구에게 부러움을 일으키는 것, 익숙한 친밀감을 상실하는 것, 사회적 지지의 네트워크를 해체하는 것 등 긍정적인 변화는 당신이 좋아하지 않는 방식으로 당신의 관계를 변화시킬 수 있다. 이상하게도 이런 사실은 치료 분야에서 종종 무시된다. 에밀리는 이를 잘 보여주는 사례다.

• 게임 중독을 치료한 교감의 힘

에밀리는 우리 치료 프로그램에 왔을 때 스물세 살이었다. 그녀는 1학년을 마친 뒤 대학을 중퇴했고 이후 처음으로 헌신적인 관계를 이어왔던 여자 친구와 좋지 않게 헤어졌다. 그녀는 그 친구와 깊은 관계를 형성하면서 자신이 동성애자임을 밝혔고, 가족과 친구들은 그녀의 커밍아웃을 받아들였다. 에밀리는 부모님과 함께 살면서 하루 대부분을 온라인 롤플레잉 게임으로 보냈고 종종 전 세계 게이머들과 팀을 이루기도 했다. 에밀리는 팀원들과 직접 만나지 않고도 게임을 통해 공고한 관계를 구축했다. 그들은 게임 중에는 물론 게임이 끝난 뒤에도 채팅으로 온갖 대화를 나누었다.

에밀리는 우리와 만나기 전에 먼 지역에서 진행되는 세 가지 중독 치료 프로그램에 참여한 적이 있었다. 그녀는 온라인 게임 중독이었다. 그녀가 참여했던 각 치료 프로그램은 그녀의 부모가 고용한 개입 전문가(치료를 받도록 사람들을 설득하는 훈련을 받은)가 진행하는 세션에 따라 이뤄졌다. 그 전문가는 '출발에 실패하는' failure to launch (부모 집에 얹혀 사는 성인 자녀를 뜻하는 전문 용어) 20대의 문제를 전문적으로 다루는 사람이었다.

에밀리는 치료 프로그램을 너무나 싫어했다. 프로그램을 마치고 집에 돌아오면 그녀의 부모는 전문가에게 배운 대로 엑스박스를 숨기고 와이파이 비밀번호를 바꿔놓았다. 그녀는 종일 방에 틀어박혀 침대에 누워 우울하게 지냈다. 그녀는 점점 침울해졌고 친밀하고 다정했던 부모와의 관계도 틀어졌다. 이렇게 험악한 분위기가 몇 주 이어지자 그녀의 부모는 엑스박스를 돌려주고 게임을 허락했다. 그녀는 종일 게임에 몰두하며 온라인 세상에서 다시 시동을 걸었다.

이런 상황을 고려할 때 우리 프로그램은 에밀리에게 매우 적합했다.

정신의학 용어로 '몰입장애'라고 표현되는 사람들(약속된 치료를 빼먹고 늘 그렇듯 치료를 중단하는 사람들)을 위한 서비스를 제공하기 때문이다. 우리는 그들이 세상과 다시 연결되도록 돕기 위해 여러 가지 다양한 방법을 활용한다. 함께 행사에 가기도 하고, 일을 계속할 수 있도록 점심시간에 만나기도 한다. 에밀리의 문제에 대한 우리의 접근은 예전 치료 프로그램들과 매우 달랐다.

나는 에밀리 팀에 치료사로 배정되었고 그녀의 집에서 그녀를 만났다. 당시 내가 마지막으로 했던 비디오 게임은 〈동키콩〉Donkey Kong이었다. 그래서 에밀리를 만났을 때 다른 게이머들과 그녀의 관계가 얼마나 깊은지 전혀 이해하지 못했다. 하지만 에밀리를 계속 만나면서 나는 그 관계가 제한적이지만 깊으며 에밀리에게 진정한 사회적 지지와 유대감을 준다는 것을 이해했다. 가상공간에서 이뤄지는 에밀리의 사회생활에 비하면 실제로 시선을 마주치고 귀를 기울이고 악수하고 등을 툭 치며 칭찬하고 팔을 벌려 포옹하고 술과 음식을 먹으며 좋은 밤을 보내는 '실제 세상'에서의 내 사회생활은 상당히 작아 보였다.

에밀리가 게임 중독이라는 생각은 핵심을 놓친 판단이었다. 게임에 몰두한 그녀의 행동은 간간이 얻는 승리를 통해 보상받았을 것이다. 하지만 게임은 대인관계와 내면의 만족 또한 가져다주었다. 그녀는 자신이 그곳에 잘 어울리고 필요한 존재이며 다른 사람들의 삶에서 어떤 역할을 한다고 느꼈다. 그녀는 이처럼 중대한 경험을 실제 세상이 아닌 가상 세계에서 얻었다.

서로를 이해하기 위해 친구와 하루를 보내는 것도 일종의 사회적 경험이며 술집에 앉아 있거나 룰렛 게임을 하며 밤을 보내는 것도 마찬가지로 사회적 경험이다. 늘 그런 것은 아니지만 많은 경우 중독 행동은 집단으로 일어난다. 따라서 특정 문제 습관에서 회복하는 것을 목표로 할 때는 그 집단의 구성원이 되는 것을 포기해야 한다.

여기서 개인적 변화를 이루는 데 복잡한 문제가 생긴다. 중독 연구에 따르면 문제 습관은 동시에 일어나는 경우가 많으며 다른 사람들과 교감하려는 시도로 지속된다. 우리가 누군가에게 따뜻한 애착을 느낄 때 몸에서 분비되는 화학물질은 우리가 위험한 습관적 행동에 몰두할 때 생성되거나 활성화되는 화학물질과 동일하다.[25] 이는 중독을 다루기 어렵게 만든다. 사람들 사이의 연결을 유지하기 위해 이용되는 뇌 기능이 중독에도 마찬가지로 이용되는 것이다.

다시 말해 중독은 우리를 가장 인간답게 만드는 '사회적 협력' 일부를 끌어들인다. 도박, 쇼핑, 섹스 같은 과정에 대한 중독이든 아니면 문제성 물질에 대한 중독이든 중독 행동은 유대감을 만들어낸다. 중독 행동을 그만두면 우리는 우리가 속한 집단, 우리가 다른 사람들에게 편안하게 보여주는 정체성, 우리가 마스터한 사회적 행동의 레퍼토리, 종합적으로 생성된 소속의 경험을 모두 버려야 한다.

에밀리의 이야기로 돌아가자. 그녀가 게임에 대해 관계 지향적 가치를 갖고 있다는 것을 이해하고 나자 우리는 연구실 기반의 치료, 병원 기반의 치료, 프로그램 기반의 치료가 그녀에게 최악의 방법임을 알게 되었다. 그리고 집 바깥에서 3단계 조치를 하기로 했다.

첫째, 그녀의 허락 아래 우리는 그녀를 비디오 게임 컨벤션에 데려갔다. 물론 이 전략은 에밀리의 문제가 순전히 화학물질의 덫이라고 믿는 사람들이 보기에는 술 취한 사람을 술집에 데려가는 것처럼 터무니없는 방법이었다. 하지만 우리는 그녀가 컨벤션에서 긍정적인 순간을 경험할 기회가 있다고 믿었다. 그리고 이를 통해 방 안이라는 한계에 갇힌 그녀의 관심을 바깥으로 돌려 사람들과 연결될 수도 있다고 생각했다.

우리의 전략은 효과적이었다. 에밀리는 수많은 사람이 그녀의 관심사를 공유하고 그녀와 같은 언어를 쓰는 것을 발견했다. 그녀는 함께 간 임상의사에게 자기 혼자 컨벤션을 둘러보고 싶다고 했고 그곳에서 만난 사람들과 밤새 던전 앤 드래곤Dungeons and Dragons 게임을 했다.

두 번째 단계는 LARP 동호회에 가입하는 것이었다. LARP는 라이브 액션 롤플레잉 게임live action role-playing game으로 사람들이 게임 캐릭터의 의상을 입고 같은 장소에 모여 직접 전투하며 라이브로 게임을 수행한다. 에밀리는 고등학교 때 LARP 클럽에서 잠깐 활동했지만 대학에 진학하면서 활동을 중단했다. 우리는 성인이 참여할 만한 동호회를 찾았고 에밀리의 전반적인 치료를 담당하는 임상의사는 게임에 한번 참여해볼 것을 권유했다. 그들은 중세 시대의 의상을 입고 게임에 나갔다. 그리고 그 방식 또한 성공했다.

에밀리는 스스로 다양한 게임들을 찾아 계속 참여했다. LARP 게임과 게임 후 축제 분위기의 행사를 경험하며 그녀는 현실 세계에서 얼굴을 맞대고 나누는 실제 우정을 쌓기 시작했다. 그리고 이렇게 만난 친구를 통해 지역 가게에서 비디오 게임을 판매하는 일자리를 얻었다. 얼마 지나지 않아 그녀는 우리의 도움으로(세 번째 단계) 부모님 집에서 나와 동료 중 한 명과 아파트에서 지내게 되었다.

에밀리는 비디오 게임과의 관계를 바꿀 수 있었다. 그녀의 일상을 사로잡고 자립을 가로막았던 게임을 통해 그녀가 의존하던 가상 관계의

'매트릭스' 밖에서 사람들과 연결을 유지할 방법을 찾은 것이다. 그녀는 행동을 바꾸는 데 초점을 맞춘 프로그램에서는 이 같은 생활방식의 변화를 이룰 수 없었다. 그런 프로그램들은 그녀의 사회적 네트워크를 단절시켰다. 게임을 막는다는 것은 그녀에게 그런 의미였다.

LARP와 다시 연결되기 전에 에밀리는 방 안에 틀어박힌 채 일도 하지 않고 직접적인 상호작용에서 단절되어 문제가 많은 습관에 빠져 있었다. 나는 그녀가 즐겼던 가상 게임이 이따금 얻는 승리의 가능성으로 그녀를 끌어당겼다고 확신한다. 하지만 그녀는 대부분 사람이 거부할 수 없는 뭔가, 즉 사람들과 재미있고 협력적인 관계를 맺는 일에도 마음을 빼앗겼다. 우리는 이런 관계를 유지하는 동시에 에밀리를 집 안이라는 한계에서 벗어나도록 도왔다. 그러면서 더 넓은 세상으로부터 그녀를 단절시킨 온라인 게임의 영향력을 줄이면서 가치 있는 사회적 연결을 유지할 방법을 제공했다.[26, 27]

에밀리는 상당한 희망을 보였다. 집 밖의 세상으로 돌아갈 기회를 얻은 그녀는 관성과 절망의 단단한 암벽을 떠나 희망의 빛을 향해 나아가며 그 기회를 붙잡았다. 에밀리는 자신의 문제를 뒤로하고 나아갈 준비가 되어 있었다(역설적이게도 정말 그녀의 발목을 잡았던 것은 전통적인 치료방식들밖에 없었다). 그녀는 앞으로 나아가기 위해 사회적 지원, 자부심, 자기효능감 같은 적절한 사회심리적 자원이 필요했고 그런 자원이 준비되자 변화할 수 있었다.

많은 경우 사회적 연결에 접근하는 경로는 매우 협소하다. 따라서 해로운 중독 행동을 어느 정도 유지하는 것이 '다른 사람들과 어울린다'는 유연한 해결책을 찾는 주요 통로가 될 수 있다.

유대감은 어떻게 우리를 지키는가

다음 그림은 한 개인의 세 가지 측면을 나타내는 유명한 삼각형 그림이다. 이것은 고대 이집트 문명에 뿌리를 두고 있으며 오늘날에는 YMCA 로고의 한 부분으로 사용되고 있다.

그리고 아래 그림은 익명의 알코올중독자들이 위의 삼각형 그림을 활용해 만든 로고다.

두 번째 로고의 unity(통합)는 집단 연결과 사회적 지원을 의미하며 service(봉사)는 목적, 기여, 역할을 의미한다. 그리고 이 둘은 아래의

recovery(회복)로 이어진다. 유대감에 대한 강조는 이들의 철학과 접근에서 근본적인 부분을 차지한다. 유대감을 통해 음주의 대안을 제공하는 것이다.

익명의 알코올중독자들 모임에서 회원들과 이야기를 나눠보면 그들은 모임 전 가졌던 상호작용(몇몇은 이를 '모임 전에 열리는 모임'이라고 부른다)을 통해 회복이 훨씬 빨라졌다고 이야기한다. 예를 들면 함께 차를 타고 모임 장소에 가기, 저녁 식사 전후에 사람들과 대화하며 어울리기, 출발하기 전에 함께 담배 피우기, 모임이 끝난 뒤 함께 차를 타고 돌아오기 등이다. 그들은 사람들과 상호작용하고 관계를 맺고 유대감을 형성하는 이 모든 기회가 미리 정해진 12단계를 거치는 것보다 회복에 더 중요한 역할을 한다고 말한다.

익명의 알코올중독자들은 효과를 기반으로 한 집단 상호작용의 대안으로 회복에 기반을 둔 집단 연결 경험을 제공한다. 그들은 유대감에 집중함으로써 우리가 지금까지 문제성 물질에 접근하게 되는 원인이라고만 알고 있는 인간관계와 그것이 부족했을 때 생기는 문제점을 직접적으로 다룬다. 그리고 사람들이 단절의 문제에서 회복하도록 돕기 위해 길드나 종교 집단(이들은 모두 봉사와 통합에 초점을 두었다)의 정신을 활용한다. 전혀 비밀스러울 게 없어 보이는 악수나 특별한 노크, 출입문 암호는 중요한 의미가 있다. 즉 그곳에 들어가기 위해서는 당신이 불치병을 갖고 있다고 인정해야 한다.

다시 말해 당신의 인간성에 흠집을 내는 당신의 병이 익명의 알코올중독자들 모임에 들어가는 열쇠다. 당신이 문제성 물질을 더 이상 접하지 않고 많은 사람처럼 '습관을 끊었다'는 결론에 도달하면(과학적으로 가능성이 점점 더 뒷받침되고 있다.[28] 당신은 그곳에서의 유대감을 잃게 된다. 게다가 당신의 행동이 '부정'이라는 모독을 나타내면서 그곳의 친구들마저 잃는다. 하지만 여전히 술을 마시거나 약물을 복용해도 안전하고 적당한 선에서 한다면(이 또한 습관적 사용에 대한 여러 과학적 연구로 뒷받침되는 행동이다) 그런 것은 잊어버려도 된다. 당신은 익명의 알코올 중독자들에서 벗어났기 때문이다.

모든 행동치료는 치료 대상자가 자기 결핍을 인정해야만 사회적 연결이 가능해진다는 결론을 내리는 잠재적 문제를 안고 있다. 실제로 좋은 정신치료는 다음과 같이 역설적인 방향으로 진행될 가능성이 있다. '정신치료는 고객과 치료사가 사랑의 경험과 비슷한 협력적인 유대 관계를 구축할 때 효과적이다. 하지만 이는 고객이 더욱 자기다운 모습이 되는 것을 목적으로 한 애정 어린 관계다. 따라서 고객의 상태가 좋아지고 관계가 효과를 보일수록 그 고객이 매우 친밀하게 느낀 대상과 분리될 시기는 가까워진다.'

나는 앞서 저술한 책[29]에서 이런 역학 관계를 다루는 것이 내가 만나는 고객들에게 얼마나 어려울 수 있는지 설명했다. 그들은 정신건강 시스템 안에서 오랜 기간을 보냈다. 그들 중 상당수는 정신건강 분야 종사자들이나 동료 고객들이 사회적 지원과 사회적 접촉의 주요 원천이다. 그들이 알려지고 수용된 사회, 그들이 길을 찾을 수 있는 세계는 정신병 치료의 세계다. 따라서 그들에게 상태가 좋아진다는 건 인생에서 앞으로 나아가기 위해 우리 모두에게 필요한 기본적인 자원의 상실을 의미한다. 따라서 그들은 전문적인 환자, 즉 '직업 환자'가 되어 무의식적으로 변화에 저항한다.

그 책은 특히 준자살 행위parasuicidal behavior, 즉 신체적 위험을 일으키지는 않지만 전문적인 관심과 개입이 더욱 필요할 수밖에 없는 반복적인 자살 표현(칼로 가볍게 손목 긋기, 약물 과다 복용, 가짜 협박 등)에 빠지는 사람들에 대해 다루고 있다. 나는 환자들이 '커리어 위기'를 크게 느낄수록 이런 준자살 행위가 늘어난다고 생각한다.

명칭과 달리 이런 위기를 촉발하는 사건들은 일반적으로 직장에서 생기는 위기와 완전히 상반된다. 직장에서 우리는 일이 잘못될 때 커리어를 걱정한다. 하지만 직업 환자인 사람은 일이 잘될 때 커리어를 걱정한다. 새로운 직업을 얻고 수업에서 좋은 성적을 받고 치료에서 좋은 결과를 나타낼 때 이런 성공은 직업 환자를 위협한다. 그들은 상태가 좋아지면 잃을 수 있는 모든 것을 걱정하고 결국 극단적인 준자살 행위로 제한적이지만 편안한 환자 커리어로 후퇴한다.

직업 환자의 이야기는 극단적인 불안과 혼자라는 실존적 불안을 완화하려는 극단적인 행동 중 하나다. 하지만 자립성이 높아지면서 관계를 잃는 역설은 비정상적인 현상이 아니다. 이는 부모-자식 관계 및 우리가 인생을 살며 형성하는 여러 관계들의 기본적인 특성이다.

'혼자'는 관계의 단절이 아니다

당신이 부모라면 아마 다음과 같은 현상을 알고 있을 것이다. 아이가 다른 방에서 혼자 놀고 있다. 당신은 아이가 그곳에서 혼자 이야기하고 노래하고 소리 내는 것을 들을 수 있다. 아이는 놀이에 매우 집중하고 있어서 다른 방에 있는 당신과 분리된 것처럼 보인다.

그때 전화가 울리고 당신은 전화를 받는다. 갑자기 아이가 당신 옆으로 온다. 당신은 통화를 계속하며 상대방이 하는 말에 집중하려 하지만 "아빠, 아빠, 아빠, 아빠, 아빠, 아빠…." 하고 아이가 부르는 소리밖에 들리지 않는다. 이 순간 당신은 '아이가 혼자 놀고 있다'는 자신의 생각이 틀렸음을 깨닫는다. 사실 아이는 당신이 문 하나만 넘으면 되는 곳에서 자신의 소리를 듣고 자신을 생각한다는 걸 알고 있었기 때문에 혼자 놀 수 있었던 것이다.

정신분석학자이자 소아정신과 의사인 도널드 위니컷이 말했듯이 아이는 '다른 사람이 있는 가운데 혼자'[30] 있었다. 아이가 혼자 있을 수 있는 능력, 놀이하고 상상할 수 있는 능력은 자신이 어떤 식으로든 당신의 마음속에 자리하고 있다는 감각에 의존한다. 전화는 당신이 존재한다는 마법을 깨뜨렸고 그 결과 아이의 '혼자' 있을 수 있는 능력은 손상되었다.

어른도 마찬가지다. 안전하게 삶에 접근하기 위해서는 누군가가 자신을 생각한다는 이런 감각이 필요하다. 자신이 다른 누군가의 의식 안에 존재하며 혼자 있는 동안에도 자신이 사람들에게 중요한 존재임을 느낄 수 있어야 한다. 우리가 다른 사람의 의식 안에 있음을 알고 있을 때 우리는 혼자 놀이를 할 수도, 일을 할 수도 있으며 홀로 있음과 그에 따른 책임을 받아들일 수 있다. 하지만 홀로 있음은 그렇게 가혹하지 않다. 또 그렇게 외롭지도 않다.[31, 32]

우리는 뭔가에 성공을 거둠으로써 다른 사람의 생각 속에 자리할 수 있다. 하지만 성공은 그들의 관심을 오래 붙잡아두지 않을 것이다. 나쁜 일이 좋은 일보다 큰 영향을 미치고 성공은 잠깐의 관심을 받는 것으로 끝날 것이기 때문이다. 반면 다른 사람이 우리를 걱정하게 한다면, 예를 들어 뭔가로 고통받거나 실패하거나 상처 입거나 위험에 처하는 등 안 좋은 모습을 보인다면 관심의 강도와 지속 기간은 더 강하고 오래 이어질 것이다.

부모와 아이의 이야기로 돌아가서, 당신이 "아빠, 아빠, 아빠." 하고 아이가 부르는 소리를 무시했다고 생각해보자. 어떤 일이 일어날까? 아이는 소리를 지르고 울고 위험을 나타내는 몸짓을 보일 것이다. 당신의 관심을 얻지 못하고 자신의 안전에 중요한 당신의 생각에서 제외되어 홀로 있다는 위협을 느끼면 아이는 좋은 일을 알리는 세레나데보다 나쁜 일을 알리는 사이렌을 선택하는 경향이 있다. 그렇게 함으로써 부모-자식 관계에서 원초적인 프로그램(위험과 보호에 대한 부름-응답)을 작동시킨다.

어린아이들은 부모에게 전적으로 의존한다. 그런 의존은 양육과 보호 두 가지 측면에서 부모-자식 관계를 규정한다. 부모가 최선을 다해 아이를 돌보게 하고 아이가 안전하게 자라기 위해 부모와 유대 관계를 맺게 해주는 그 감정은 바로 사랑이다. 하지만 여기서 헷갈리기 쉬운 점이 있다. 바로 아이가 부모의 사랑을 더 이상 필요로 하지 않고 부모에게서 독립할 수 있도록 돕는 것 또한 부모의 역할이라는 점이다.

부모-자식 관계에서 주고받는 사랑은 욕구와 충족, 위험과 보호, 성장과 지원에 대한 것이며 시간이 지나면 이런 관계를 끝내는 것이 목표다. 운이 좋은 몇몇 부모와 아이는 아이가 깨끗이 떠날 수 있도록, 한때 의존적이고 애정 어린 관계를 벗어나 성인으로서 부모와의 관계를 더 쉽게 경험할 수 있도록 이런 역학 관계의 균형을 쉽게 달성한다. 하지만 대부분 경우는 그렇지 않다. 많은 아이가 부모의 관심을 얻기 위해 욕구, 두려움, 취약함, 결점 같은 나쁜 힘에 의존한다. 이는 내가 처음으로 독립을 시도했을 때 경험했던 것이기도 하다.

나는 부모에게서 뭔가를 요구하지 않는 관계를 형성하기까지 오랜 시간이 걸렸다. 부모님(두 분 모두 대공황을 겪었고 한 분은 유대인으로 극심한 변화의 시대를 거치며 마음의 응어리와 트라우마를 갖고 있었다)도 내게 자원을 제공하거나 나를 보호할 방법을 찾지 않는 관계를 형성하기까지 오랜 시간이 걸렸다.

LA 도심에 살며 뭔가 이루지도 못한 채 예술가 행세를 하던 내 20대 초반 시절은 부분적으로 부모님에 대한 사랑과 요구에서 나온 것이었다. 그 시기에 내가 보인 발전 없는 문제적 모습은 부모님과의 연결을 유지하는 수단이었다. 나는 부모님과 새로운 관계를 형성할 수 있는지 몰랐고 부모님과의 믿을 만한 연결 고리를 잃는 것이 두려웠다.

내가 자동차 사고를 낸 날 밤, 부모님은 LA까지 한 시간 거리를 달려와 내게 저녁을 먹이고 나를 안심시켰다. 부모님의 도움과 보살핌을 받는 것은 매우 기분 좋은 일이었다. 내가 있어야 할 곳으로 돌아간 것 같았고 상황에 대한 판단력도 회복된 것 같았다. 그날 느낀 심리적 안정은 지난 몇 달 동안 느낀 것보다 훨씬 크고 강했다. 내가 스스로 앞가림을 할 수 있게 되고 더 나은 방향으로 변화한다면 부모님의 사랑과 배려가 담긴 위로의 포옹을 잃을지 몰랐다.

내가 현재 상태에 머무르며 부모님의 개입을 유지할 만한 실수를 계속 저지르고 싶어 했던 것은 당연히 그릇된 태도였다. 이런 역동성은 정도는 다르지만 우리 모두에게 있다. 뭔가 덜 넘어지는 것 같은(보살핌을 요구하며 발을 구르던 아기가 진정되는) 느낌은 위안을 주는 회복의 경험을 잃는 것을 의미한다. 이렇게 안정된 보호와 보살핌 속에서 편안함을 느끼고 싶은 바람은 성인기에 이르러 친구, 동료, 특히 친밀한 동반자에게 전이된다.

에리히 프롬은 이렇게 설명했다. "미숙한 사랑은 '나는 네가 필요하기 때문에 너를 사랑해'라고 말한다. 성숙한 사랑은 '나는 너를 사랑하기 때문에 네가 필요해'라고 말한다."[33] 성숙한 사랑에 가까워질수록 우리는 자체적으로 만들어낸 뭔가로서 사랑을 경험한다. 프롬은 "역설적으로, 혼자일 수 있는 능력은 사랑할 수 있는 능력의 필요조건이다."라고 말했다. 하지만 혼자 있을 수 있는 능력은 쉽지 않으며 홀로 있으면서 온전히 편안함을 유지하는 사람은 거의 없다. 우리는 종종 실존적 불안의 해결책으로 미성숙한 사랑을 열망한다.

혼자라는 사실과 책임에 대한 불안은 모든 변화에서 가장 핵심적인 억제력이다. 변화가 더 큰 외로움을 불러올 뿐만 아니라 실제로 다른 사람의 마음에서 우리의 존재감을 떨어뜨릴 것이라고 느낀다면 그런 불안은 강해진다. 그러면 친구와 가족이 함께한다고 느끼고 싶은 욕구와 외로움에 대한 불안을 어떻게 조화시킬 수 있을까? 한 가지 방법은 변화하지 않음으로써 사람들에게 계속 관심을 얻는 것이다.

받는 것이 익숙한 미성숙한 사랑과 아낌없이 주는 성숙한 사랑 사이에서 어려움을 겪는 우리 내면에는 애정이 필요한 20대 풋내기와 직업 환자가 있다. 우리는 모두 혼자라는 사실을 마주하고 고군분투하기 때문이다. 따라서 따뜻하고 편안하게 감싸주는 느낌을 받고 "당신은 혼자가 아니야."라는 친절한 속삭임을 듣기 위해 주변 사람들에게 기능장애와 문제가 있다는 신호를 보내는 것은 매우 솔깃한 방법이다. 문제와 실패는 성공보다 사람들의 관심을 더 사로잡으며 우리의 행위성이 필요없는 사랑을 요구한다.

쓰러진 다음 위로를 받으면 우리는 사람들의 지혜와 보살핌에 의존하는 어린아이의 순진한 편안함으로 돌아갈 수 있다. 우리가 더없이 행복하게 잠드는 동안 사랑스러운 눈길이 우리를 내려다보고, 우리는 원하던 보살핌 속에서 부드럽게 흔들리며 따스함을 느끼고 만족을 얻는다. 누가 이런 안락함을 원하지 않을까?

'출발에 실패하는 것', 심리치료 분야에 종사하는 많은 사람이 이 용어로 모욕의 기술을 구사한다. 이것은 모욕적일 뿐만 아니라 잘못된 표현이다. 집을 떠나는 데 어려움을 겪는 사람들은 결함이 있는 로켓처럼 출발 그 자체에 문제가 있는 게 아니다. 그들의 진짜 문제는 인생에서 가장 가깝게 지냈던 사람과 분리되는 두려움이며 불안한 사랑이다. 고등학교 졸업 이후 집을 떠나지 못하거나 대학 졸업 이후 집으로 돌아오는 사람들은 대체로 사랑을 지속시키는 방법을 단단히 붙들고 있다. 그들은 자신이 변화하면 사랑을 잃을 것이라고 두려워한다. 이는 아주 좋은 상황은 아니지만 이해할 만한 상황이며 결코 실패가 아니다.

심리치료 분야에서 사용하는 놀라운 표현이 또 하나 있다. 바로 '인에이블링'enabling(허용, 조장으로 해석되며 정신건강 분야에서 긍정적인 의미와 부정적인 의미로 모두 사용된다. ─옮긴이)이다. 부모들은 약물 남용을 치료하는 전문가로부터 아이가 중독 물질을 끊지 못하는 이유가 부모들이 아이를 기꺼이 도우려 하기 때문이라는 말을 종종 듣는다. 또 부모가 아이에게 '얽매여' 있어서 아이가 약물을 사용할 수 있게 해준다는 이야기도 듣는다. 이는 부모들에게 한 번 더 상처를 주는 말이다. 전문가들은 인에이블링(인지된 과잉보호)이 중독성 질환의 일부이며 부모들이 연루된 '병적인 가족 체계'를 나타내는 패턴이라고 말한다(부모들을 비난하는 말은 계속된다!).

이렇게 부모들을 조장자enabler로 진단하는 전문가들은 아이를 키워보지 않은 젊은 사람들인 경우가 많다. 그들은 양육에서 비롯되는 사라지지 않는 걱정과 특히 아이가 위험하게 행동할 때 부모를 미치게 만드는 불안을 결코 알지 못한다. 인에이블링이라는 진단을 받은 부모들을 만나보면 대개 상당한 불안을 갖고 있으며 스스로 조장자라고 말한다. 하지만 나는 그들의 행동에 대해 더 정확한 기술적 용어가 나왔다고 말한다. 바로 '사랑'이다.

부모, 인생 코치, 테니스 코치, 치료사, 익명의 알코올중독자들 후원자, 술친구 등 누가 되었든 우리와 가까운 사람들과의 연결이 끊어지는 것은 힘들고 가슴 아픈 일이다. 하지만 앞으로 나아가고 자신을 변화시키기 위해서는 그런 관계를 바꿔야 할 때도 있다. 또 아이가 부모와 경험하는 것처럼 카텍시스를 잃을 가능성이 매우 클 때도 있다. 누군가가 자신을 걱정하는 힘을 잃는 것은 관심과 보살핌의 강도가 약해지고 독점성을 잃는 것을 의미하기 때문이다. 이는 모든 관계에서 가볍고 좋은 일보다 무겁고 나쁜 일을 끌어당기는 힘이 항상 존재한다는 사실로 우리를 다시 안내한다.

자신의 부정적 측면을 그대로 유지하려는 힘은 변치 않는 방식으로 사람들과 연결되고 싶은 욕구뿐만 아니라 자신과 연결을 유지하고 싶은 바람과도 관계가 있다.

이유 10. 나 자신과의 관계가 유지된다

개인적인 변화, 다시 말해서 자신을 변화시키는 건 자신과의 관계를 변화시키는 것이다.

이는 변화하지 않는 마지막 이유로 적합한 항목이다. 앞서 살펴본 아홉 가지 이유는 자신과의 관계를 변화시키는 것과 관련된다. 앞으로 나아가는 것은 우리가 만드는 변화의 바람에 따라 새로운 자세를 취하며 희망이 데려가는 미지의 세계로 향하는 것을 의미한다.

변화는 홀로 책임을 지고 유희성의 정신을 유지하며 다음에 할 일을 생각하는 새로운 자신과 관계를 맺는 일이다. 변화는 겸손 지대에서 사람들의 기대에 대한 사심 없는 두려움, 고통의 기념물을 파괴하려는 의지, 타인 및 자신과의 새로운 관계 형성을 요구한다. 또한 변화는 자신에 대해 스스로 숙고하는 대화를 나눔으로써 촉진된다. 바로 이 점이 변화를 어렵게 만든다.

이제 내가 이 책에서 여러 차례 이야기했던 작은 거짓말에 대해 고백할 때가 된 것 같다. 진실은 이렇다. 내 사무실은 앞서 설명한 것처럼 실제로 아주 엉망진창은 아니다.

이 책을 쓰기 시작했을 때 나는 정리된 사무실이 집필 과정에 훨씬 더 도움이 되리라고 생각했다. 그래서 불필요한 물건들을 넣어두고 사무실을 정리했다. 그리고 일과를 마칠 때는 항상 물건들을 치워놓음으로써 대체로 깨끗한 상태를 유지했다. 내 사무실은 스칸디나비아의 금욕주의 그림 같은 모습은 아니지만 책을 쓰며 1년 반을 보냈음에도 불구하고 여전히 잘 정리되어 있다.

하지만 정리된 사무실은 내가 나를 어떻게 생각하는지와 이어지지 않는다. 수년 동안 어지러운 사무실에서 지내다가 깨끗한 사무실에서 지낸 지 불과 9개월이 지났고, 나는 여전히 내가 엉망이라고 여긴다. 내 무질서에 대해 수년 동안 느낀 나쁜 감정들은 좌절하고 부끄러워하고 온갖 폐품으로 둘러싸인 내 이미지를 마음속에 각인시켰다.

나 자신에 관한 이런 이미지는 사무실에만 국한되는 게 아니다. 나는 학습장애와 그에 따른 증상으로 '무질서'라는 꼬리표를 달면서 수십 년 동안 내면에 뿌리내린 오명을 갖고 있다. 그뿐 아니라 나는 다른 측면에서도 더 깊은 다른 문제들이 있다. 하지만 이유야 어찌 되었든, 누군가가 내 사무실이 깔끔해서 인상적이라고 말한다면 나는 분명 그가 오해했다고 느낄 것이다. 마치 내가 거짓된 삶을 사는 것처럼, 완벽한 속임수를 준비한 사기꾼인 것처럼 느껴질 것이다.

이렇듯 상황은 뒤죽박죽이다. 하지만 내 사무실이 지저분하다는 것은 확실히 사기다. 나는 지저분한 사무실을 현재 시제로 설명하면서 여러 장에 걸쳐 거짓말을 해왔다. 왜 그랬을까? 어째서 청소에 성공한 것을 숨기고 실패했다고 했을까? 그 이유는 당신이 나를 바라보는 시각과 나의 자기 인식이 비슷하기를 바랐기 때문이다.

앞서 설명했듯이 우리는 모두 자신이 누구인지 확인하기 위해 다른 사람이 인식하기 바라는 '거울 자아'를 갖고 있다. 당신은 내 모습을 비추는 관객이며 나는 그 거울 속에서 내가 나라고 믿는 사람을 보고 싶어한다. 연속성(내가 누구인지에 대한 게슈탈트와 온전함)에 대한 그런 바람은 매우 강력하다. 실제로 너무나 강력해서 사무실에 대해 내가 해왔던 거짓말이 내게는 사실보다 더 정확하다.

사회심리학자 윌리엄 스완William Swann은 자기검증 이론self-verification theory[34]에서 이를 명확히 설명했다. 그에 따르면 사람들은 자신을 보는 시각과 다른 사람들의 시각이 일관되기를 바란다. 이런 일관성에 대한 욕구는 매우 강해서 우리는 절충된 자아관과 자신을 강화하는 자아관 중 후자가 더 타당함에도 익숙한 전자를 선택한다. 우리는 부정적인 자아관을 갖고 있을 때도(한때 지저분한 사무실을 유지했던 나처럼) 자기검증 (또는 자기일관성)에 대한 욕구가 발생하며, 따라서 부정적이지만 친숙한 자아상을 사람들에게 보여주고자 시도한다.

여기서 우리가 배우이자 관객인 극장이 다시 등장한다. 우리는 옆에 있는 사람들과 같은 공연을 보고 싶어 한다. 따라서 우리의 어떤 부분이 나쁘다고 느낀다면 옆 사람들도 그렇게 보기를 원한다. 우리는 자신에 대해 느끼는 감정이 정확하다는 걸 옆 사람들이 알고 거울로 비춰 보여 주기를 원하기 때문이다.

한번은 파티에서 내 친구의 아들을 만난 적이 있다. 의과대학에서 돌아온 제임스는 훌륭한 아이였다. 나는 항상 그를 좋아했다. 그는 매우 겸손하고 사려 깊은 아이였다. 하지만 학업은 쉽지 않았고 그는 지금의 자리를 얻기 위해 정말로 열심히 공부해야 했다. 조용하고 남들의 이목을 끄는 데 흥미가 없었던 그는 고등학교 때 별로 눈에 띄지 않는 편이었으며 비슷한 몇몇 학생들과만 친하게 지냈다. 그런 제임스와 나는 언제나 따뜻한 대화를 나누곤 했다.

"의과대학은 어떠니?"

내가 묻자 제임스가 미소를 띠며 답했다.

"좋아요. 과에서 제법 잘하고 있어요. 하지만 너무 어려워요."

"정말 그렇겠구나. 나는 상상도 못 하겠어."

"하지만 상을 받았어요."

"정말? 무슨 상이니?"

"올해의 학생상이에요."

"대단하구나, 제임스! 기분이 어때?"

"꽤 좋아요. 그리고 낯설기도 하고요."

"낯설다고?"

"네, 모르겠어요. 그 상을 받은 게 제가 아닌 것 같아요. 다른 사람이 받은 것처럼 어색해요."

"하지만 대단한 일이지 않니?"

"분명 대단한 일이에요. 부모님도 그렇게 말씀하셨어요. 다른 학생들도 무척 축하해주었고요. 대단한 일인 건 맞아요. 그런데 모르겠어요. 제가 더 흥분해야 할 것 같은데 그렇지 않아요."

"뭔가 대단한 일을 이룰 때 간혹 그런 느낌이 들지. 실감하기가 어려울 거야."

"그리고 사실대로 말씀드리면 상을 받기 전이 친구들과 더 좋았어요. 오해하지는 마시고요. 상을 받은 건 정말 대단한 일이고 앞으로 레지던트 생활에도 도움이 될 게 분명해요. 하지만 여전히⋯."

제임스는 상을 원하거나 기대하는 학생이 아니었다. 그는 외재적 목표를 중요하게 생각하지 않았다. 그보다는 더 나은 레지던트 근무 기회를 얻는 내적 보상을 좋아했다. 그는 공식적이고 외부적인 올해의 학생상과 자신이 보는 자기 모습을 일치시키지 못했다.

예상치 못한 변화를 마주할 때 생기는 혼돈

자아 게슈탈트에 대한 욕구는 강력하다. 이것은 어떤 감정은 차단하고 어떤 감정은 강화하며 우리를 가장 중요한 관계로 안내한다.

몇 달 전 나는 리베카와 함께 네덜란드에서 한 학기를 보내고 있는 맥스를 방문하게 되었다. 나는 기차역에 도착하기 전, 아들이 집을 떠날 때 매우 겁을 냈다는 사실을 떠올렸다.

리베카와 함께 기차역에 내리자 맥스는 더치 바이크를 탄 채 당당한 모습으로 나와 있었다. 공항에서 "저는 준비되지 않았어요."라며 겁내던 아이는 사라지고 없었다. 맥스와 하루를 보내면서 그가 얼마나 변했는지, 얼마나 성숙해졌는지, 얼마나 독립적인지 알 수 있었다. 이것이 부모로서의 우리가 꿈꿨던 아들의 모습이었다. 나는 맥스의 변화를 믿을 수 없었다. 그는 자립을 향해 꾸준히 나아가고 있었다.

나는 매우 자랑스러웠고 안도감이 들었다. 하지만 더 무거운 다른 감정들도 차올랐다. 그리고 그 감정들은 결국 아버지로서의 자부심을 압도했다. 나는 방향감각을 잃고 역할이 사라진 느낌이었다. 이제 나는 누구일까? 나는 아들에게 누구였을까? 앞으로 맥스와 나는 어떻게 연결될까? 격렬한 비탄과 상실감 그리고 마지막으로 손을 뻗었으나 놓쳐버린 듯한 무력감이 들었다.

네덜란드에서는 매주 도시 전체가 맥주에 흠뻑 빠지는 거대한 파티가 열렸다. 우리가 방문했던 주도 예외는 아니었다. 맥스는 기숙사에서 아이들과 금세 가까운 관계를 형성했고 떠들썩한 파티를 절대 놓치지 않았다. 그래서 우리는 도착한 첫날 저녁, 맥스가 자기 친구들과 함께 나가

자고 했을 때 기꺼이 따르기로 했다. 이처럼 가까운 친구들 또한 부모의 꿈이기 때문이다. 하지만 고통과 상실이 없는 것은 아니었다. 이전에는 여행과 방학은 가족만의 시간이었고 나는 수많은 계획을 세우고 실행했다. 하지만 이제 맥스는 자기만의 계획을 만들고 있었고 그 계획에 리베카와 나는 없었다.

맥스를 방문해 함께 시간을 보내면서 나는 그동안 동경하던 부모-자식 관계를 실현하지 못했다. 오히려 나는 아들과의 관계에서 처음으로 어색함을 느꼈다. 우리 사이에는 텅 빈 침묵이 흐를 때가 많았고 도움 요청과 보호 반응이라는 우리의 전통적인 관계를 지속할 문제 같은 것도 없었다. 맥스는 나를 부모 역할에 묶어놓고 나의 막대한 책임감을 상기시킬 어떤 매력적인 고통이나 문제도 없어 보였다.

며칠 후 집에 돌아왔지만 맥스를 방문했을 때 느꼈던 감정들은 아직 남아 있다. 나는 이 글을 쓰면서 꺼림칙하고 다소 부끄럽다. 맥스가 떠나기 전 나는 공항 벤치에서 맥스가 나를 여전히 필요로 하는 순간을 열망했다. 그 자리에서 어떻게 맥스를 사랑해야 할지 알고 있었고, 맥스 곁에서 그를 위로하는 것이 나 자신에 관한 생각과 맥스가 나를 대하는 방식 사이에 게슈탈트를 형성했기 때문이다.

지금까지 맥스와 나는 암묵적인, 어쩌면 무의식적인 거래를 해왔다. 나는 역할과 목적에 대한 의식, 그를 사랑하는 방법에 대한 체계를 얻기 위해 맥스에게 의존했다. 맥스는 보호, 따뜻함, 생계유지, 나를 사랑하는 방법에 대한 체계를 얻기 위해 내게 의존했다.

맥스가 끝까지 그 거래를 어기지 않았다면 좋았을 것이다. 그러나 어른이 되면서 그는 나를 불편하고 어색하고 아무 지도도 없는 곳에 놔둔 채 떠나버렸다. 나는 이제 그에게 내가 누구인지 모르고 따라서 나에게 내가 누구인지도 모른다. 모든 것이 확실하지 않다. 나는 다음 단계로 안전하게 나아가는 방법도, 내가 안전하게 취할 수 있는 조치가 있는지도 잘 모르겠다.

나는 준비가 되지 않았다.

CHANGE

제11장

다른 사람과
함께 나아갈 용기

보이지 않는 실은 가장 강력한 관계다.
_프리드리히 니체

지금까지 변화하지 않는 열 가지 이유를 모두 살펴봤다. 열 가지 모두, 아니면 그중 일부라도 당신이 변화와 현상 유지의 싸움을 숙고하는 데 도움이 되기를 바란다.

　각각의 이유는 개인적 변화의 한 부분을 차지하는 두 가지 힘, 즉 변화를 향해 나아가게 하는 힘과 현상 유지로 물러나게 하는 힘 사이의 긴장이라는 공통 주제를 조금 특별하게 표현한 것이다. 희망, 희망의 동인, 믿음은 상승하는 힘을 이루며 실존적 불안과 희망의 두려움은 하강하는 힘을 이룬다. 이런 상반된 힘 사이의 긴장을 헤쳐나가는 것은 지금 있는 곳에서 도달하고 싶은 곳으로 가기 위해 꼭 필요한 일이다. 이 두 가지 상반된 힘과 그 사이에 존재하는 긴장은 변화하지 않는 열 가지 이유에 포함된 기본 요소들이다.

뭔가의 체계를 만드는 노력이 모두 그렇듯이, 이 책에서 나는 이해할 수 있는 전체와 유사한 일부를 만들기 위해 특정 요소들을 배제해야 했다. 이는 프레임워크를 만드는 기술이다. 작가의 일은 그림이 어디에서 시작되고 끝나는지, 어떤 요소들이 액자 안에 포함되고 제외되는지 결정하는 화가의 일과 비슷하다. 그리고 이는 아이디어에 관한 것일 때 특히 다루기 어렵다. 제외한 요소가 적절하고 중요한 의미를 가질 수도 있기 때문이다.

나는 당신이 이 책을 읽는 것이 걱정된다. 내 걱정은 우리가 지금 있는 곳에서 앞으로 도달하고 싶은 곳으로 가고자 할 때 모든 장 안에 존재하는, 앞으로 밀고 뒤로 잡아당기는 모든 화살표에 대한 것이다. 내가 작업 과정에서 그 화살표들을 모두 제외한 것은 아니다(제8장에서 곧 해양생물학자가 될 피터를 이야기하면서 다른 화살표들에 대해 어느 정도 다루었다). 하지만 그건 실존적 긴장을 두껍게 칠한 것과 비교하면 가볍고 건조한 붓질이었다.

인생을 바꾸는 관계의 중요성

희망의 추진력과 실존적 불안이 만드는 억제력은 개인적 변화를 위한 모든 시도에 반영된다. 그 힘들은 당신이 변화를 시도할 때, 내가 변화를 시도할 때 드러난다. 하지만 우리 각자의 장에는 당신의 시도와 내 시도를 다르게 만드는(각각의 장을 고유하게 만드는) 여러 화살표가 있다.

그중 일부는 개인의 소질, 재능, 강점 등이다. 하지만 대부분이 우리가 겪는 다양하고 독특한 사회적 경험과 관련된다. 예를 들면 우리가 다른 사람들과 어떻게 연결되는지, 그들이 우리를 얼마나 중요하게 여기는지, 우리가 세상에 대해 어떤 목적의식을 갖고 있으며 사회가 우리를 얼마나 존중하는지, 우리의 사회적, 경제적 지위가 얼마나 높은지, 정치적 영향력이 얼마나 강한지 등이다. 사람들과 함께 살아가는 세상에서 당신과 나의 사회적 상태와 관련된 이런 화살표들을 의식하는 것은 매우 중요하다.

따라서 나는 당신이 변화의 여정을 떠나기 전에 진지하게 숙고해볼 열한 번째 그림을 그려야겠다고 생각했다. 이 그림은 열 가지 이유를 전시한 미술관 출구 근처에 걸어놓을 것이다. 그렇게 하지 않으면 내가 원하지 않는 틀 안에 아이디어가 놓일 위험이 있기 때문이다.

• 지나친 긍정주의가 위험한 이유

유명한 자기계발 전문가인 토니 로빈스[1]는 이렇게 썼다. "무엇이든 일관되게 마음에 품고 있는 걸 삶에서 경험할 것이다." 또 다른 자기계발 리더이자 《영혼을 위한 닭고기 수프》의 저자인 잭 캔필드[2]는 이렇게 썼다. "상상할 수 있다면 실현할 수도 있다."

로빈스와 캔필드는 수많은 자기계발 이론의 기본서인 노먼 빈센트 필 Norman Vincent Peale의 《긍정적 사고방식》[3]에 큰 영향을 받았다. 그들은 우리가 우리 운명의 주인이며 우리의 감정, 태도, 생각을 바꿀 수 있다고 주장한다. 그저 다른 뭔가를 상상하는 것만으로도 어떤 장벽도 극복하고 운명을 통제할 수 있다고 말이다.

표면적으로 볼 때 변화하지 않는 열 가지 이유는 로빈스, 캔필드, 필의 아이디어와 같은 틀 안에 있다. 그들 역시 우리의 삶은 우리가 책임지는 것이며 이런 사실에서 도망치려는 경향이 우리를 억제하는 요인이라고 말한다. 더불어 우리가 운명의 고삐를 쥐고 우리 자신의 주인임을 인식할 때 더 나은 삶을 얻는다고 말한다.

이처럼 일반적인 원칙과 관련해서는 약간 유사하지만 긍정적 사고를 주장하는 사상가들이 그린 그림은 내가 이 책에 쓴 것과 상반된다. 이는 그들이 실존적 외로움이라는 아이디어를 급진적으로 해석해 극단적이고('당신은 자신의 인생을 책임지고 있으므로 생각을 통해 무엇이든 바꿀 수 있다!') 구미에 맞는('당신은 행복해지는 것을 선택할 수 있다. 지금 평온함을 찾아라!') 방식으로 포장하기 때문이다.

우리는 혼자이며 자신의 삶을 책임지고 무엇을 경험할지 선택권을 갖는다. 이는 심오한 진리다. 너무나 심오해서 우리의 마음을 숟가락을 구부리는 일종의 염력으로 보는 극단적인 주장과 결합하면 완전히 잘못된 생각으로 변질되기도 한다.

실존적 외로움에 중요한 두 가지가 양립하는 것은 이 때문이다. 중요한 두 가지는 우리가 혼자인 동시에 완전히 연결되어 있다는 점이다.

불안을 일으키는 죽음이라는 심오한 진실은 매우 중요한 '양' 안의 '음'이다. 살아 있는 모든 것은 성장하고 변화하며, 성장하고 변화하는 모든 것은 성장과 변화를 위한 환경이 필요하다(고등학교 때 배웠던 생명과학 교과서를 꺼내서 보라. 거기에 모두 나오는 내용이다). 인간으로서 우리가 의존하는 환경 대부분을 차지하는 것은 바로 다른 인간이다.

여행에는 좋은 메이트가 필요하다

인간의 모든 노력과 마찬가지로 변화를 위한 여정에서 우리는 혼자 여행하고 있으며 목적지에 도착하기 위해 다른 사람들을 필요로 한다. 나는 당신이 이 사실을 잊지 않기를 진심으로 바란다.

당신이 DNA에 있는 '용기' 유전자의 힘에만 의존하는 당신의 외로움과 책임에 대해 완벽하게 정리된 열 가지 그림을 봤다고 믿으며, 아니면 앞으로 나아가기 위한 전문가의 처방을 받았다고 믿으며 이 책을 덮는다면 나는 매우 실망할 것이다. 나는 당신이 변화의 긴장을 잭슨 폴록의 그림 같은 인간관계의 거미줄로 언제나 둘러싸여 있는 것으로 생각하기를 바란다.

이 책을 편집할 수 있는 파일이 컴퓨터에 있다고 생각해보자. 당신은 내가 말한 모든 이야기에 '복사하기'를 누른 뒤 이를 인간관계를 다룬 다른 책(다른 사람과 가까워지려는 필사적인 노력, 그런 친밀감을 상실하는 강력한 실망, 고립의 고통, 활기를 북돋는 그룹 경험의 효과 등을 다룬 책)에 붙여 넣는다. 그러면 당신은 관계에 대해 당신이 쓴 좋은 책을 갖게 될 것이다(더불어 내 변호사에게 편지를 받을 것이다).

희망에서 비롯된 자연스러운 춤을 추다가 아버지에 의해 짓밟힌 고통을 겪은 마크, 팀 활동을 사랑하는 메리와 그녀가 겪은 상실, 사고로 가족을 잃고 자신이 세상에서 할 수 있는 일이 없다고 느낀 짐, 홀로 낯선 곳으로 떠나며 '준비되지 않았다'고 느낀 맥스, 현지인과 친구들에게 유창한 스페인어를 보여주고 싶었던 앤, '바지 화가'와 진짜인 척하는 가짜 그리고 너무 이른 자기완성, 세상에서 자기 위치에 대한 감각을 잃고 친구들과의 비교로 수치심을 경험한 피터, 사람들에게 날씬해 보이고 싶은 절실한 욕구를 가진 존, 중독에 대해 잭과 수전이 설명한 극단적 고립, 고통을 기억하려는 앨리슨의 기념물, 부당함에 대한 데이브의 분노, 에밀리의 고립, 겸손과 보상을 조화시키려는 제임스의 노력, 오명과 배척에 대한 나의 어릴 적 경험.

이 이야기들에서 각각의 주인공들은 부정적인 사회적 경험의 화살표를 밀어 올리기 위해 애쓰고 있거나 그들의 삶에서 긍정적인 인간관계의 화살표가 결핍되어 있었다. 그리고 그들이 변화를 달성했을 때 화살표의 강약이 바뀌었다. 그들을 누르는 부정적인 사회적 화살표가 작아지거나 앞으로 미는 긍정적인 사회적 화살표가 생겼던 것이다.

브리짓과 부모의 믿음이 가져온 동기부여의 힘, 독서 모임에서 새로운 인간관계를 형성하고 홀리를 통해 팀워크를 되찾은 메리, 짐의 새로운 사회생활과 회복 그리고 목적의식, 예스 앤드의 맹세를 통해 다른 사람에게 헌신하게 된 샘, 앤의 건방짐에 대한 친구들의 사랑, 네덜란드에서 친구들과 빠르게 관계를 맺은 맥스, 에릭과 바보 카드, 술집에서 만난 인연을 통해 자기완성감을 얻은 피터, LARP로 돌아간 에밀리, 잭과 수전이 익명의 알코올중독자들에서 얻은 유대감, 어린 시절 부정적이지만 나를 보호해줄 정체성을 찾으려 했던 나의 평탄하지 않은 여정.

현상 유지와 변화 중 어떤 결과로 끝났든 이 이야기들은 모두 실존에 대한 개인의 문제와 우리를 억제하거나 힘을 실어주는 사회적 힘에 대해 다루고 있다.

나는 이 이야기들 속에 인간관계라는 주제를 의도적으로 숨겨놓은 게 아니었다. 그럴 필요는 전혀 없었다. 이 이야기들은 유기적으로 그렇게 전개되었을 뿐이다. 다른 사람들에 대한 애착을 다루지 않고 변화를 이야기하는 것은 불가능하기 때문이다.

해럴드가 가지고 있었던, 창의적이고 자발적이며 즉흥적인 삶을 창조하는 보라색 크레용은 그저 놀라울 뿐이다. 하지만 위로 향하는 사회적 화살표가 충분히 강하지 않거나 아래로 향하는 사회적 화살표에 억눌린다면 보라색 크레용이 있어도 아무것도 할 수 없다.

외로움을 감당하는 힘

당신의 평범한 하루를 생각해보자. 개인적 목표와 관련해 좋은 선택을 했는지 판단하는 요인은 무엇인가? 내 경우를 이야기하면 사회적으로 불안해질 때 나는 치즈 스테이크 샌드위치나 스카치(혹은 둘 다)를 먹는다. 나를 불안하게 만드는 요인은 직장에서 겪는 소통의 어려움 같은 것일 수도, 아니면 전반적인 목적의식 감소 같은 것일 수도 있다. 어떤 경우든 나는 사회적 단절을 느낄 때마다 샌드위치를 먹거나 스카치를 마실 것이다.

지금 있는 곳에서 앞으로 도달하고 싶은 곳으로 가는 능력이 부분적으로 외부의 영향을 받는다는 이야기는 절망적일 수도 있다. 이는 실망에도 불구하고 앞으로 나아가려면 우리의 내적 특성에 전적으로 의존해야 한다는 믿음을 저해한다. 하지만 오로지 개인에게만 기반을 둔 관점은 절반밖에 옳지 않다. 내면의 용기는 언제나 친구, 가족, 이웃, 동료 그리고 더 큰 커뮤니티의 지원이라는 외부의 연결을 통해 강화된다.

이런 아이디어를 이 책의 주제로 가져오면 우리는 서로에 대한 의존을 다음과 같이 바라보게 된다. 외로움과 책임을 감당하는 능력(변화를 위해 반드시 거쳐야 하는 경험)은 우리가 얼마나 '혼자가 아니라고' 느끼는지에 달려 있다. 역설적이게도 사람들과 주변 환경으로부터 실존적으로 떨어져 자유를 직시하기 위해서는 주변의 '일부'가 됨으로써만 얻을 수 있는 안도감이 필요하다.

• 성공적인 독립을 위한 조건

앞서 언급한 애착 박탈에 대한 연구는 이 역설을 잘 보여준다. 안정애착secure attachment, 즉 부모와 안정적으로 애착을 형성한 아이들은 부모에게 매달리지 않는다. 그들은 안정적인 애착을 느끼기 때문에 그렇지 않은 아이들보다 혼자 주변을 탐색할 가능성이 더 크다. 이런 안전한 연결과 애착을 형성하면 자율적이고 자립성을 갖춘 성인으로 성장한다.

역설적으로, 성장을 위해 사람들과 가장 원활하게 관계를 형성할 수 있는 사람은 바로 그런 성인들이다. 그들은 여전히 다른 사람들을 필요로 한다. 단지 애정에 굶주리지 않을 뿐이다. 에리히 프롬의 "혼자일 수 있는 능력은 사랑할 수 있는 능력의 필요조건이다."[4]라는 말을 다시 떠올려보자. 우리가 홀로 있는 냉혹한 현실을 아무리 감당할 수 있다 해도 우리는 다른 사람들과의 연결을 그만둘 수 없다. 우리의 성장과 탐험은 여전히 이런 애착의 깊이에 좌우되기 때문이다. 우리는 자유의 현기증을 견디기 위해 인간관계의 안정이 필요하다.

변화 앞에서 우리의 끈기는 사회적 연결에 어느 정도 의존한다. 그 증거는 가까운 요가원에서도 찾을 수 있다. 대부분 요가원은 미리 정해진 일반적인 자세들을 크게 변형하지 않고 가르친다. 이는 요가원에서 강사들이 알려주는 동작들을 집에서 쉽게 따라 할 수 있음을 의미한다. 그런데 왜 사람들은 힘들게 번 돈을 지불하며 요가원에 가는 걸까?

단체 운동도 마찬가지다. 몇 가지 동영상을 보고 코어를 강화하는 데 가장 적합한 것을 골라 따라 하면 된다. 소울사이클SoulCycle, 크로스핏, 줌바는 어떤가? 아니면 정기적으로 모임을 갖는 웨이트와처스Weight-Watchers(다이어트 제품과 프로그램을 제공하는 회사-옮긴이)는? 40억 달러 규모의 펠로톤Peloton은 실시간 실내 사이클링 수업을 보여주는 모니터 달린 실내자전거를 판매한다. 당신의 공간에서 편안하게 자전거를 타면서 사람들과 함께 있는 것과 다름없는 경험을 제공하는 것이다.

가상 세계에서 낯선 사람들과 땀을 흘리기 위해 돈을 내놓는 이유는 무엇일까? 사람들과 함께하면서 그들의 지원을 받는 것이 우리의 동기를 지속시키기 때문이다. 이런 클럽이나 단체에 갈 때 우리는 스트레칭을 더 잘하거나 운동을 더 잘하는 방법 혹은 살을 더 빨리 빼는 방법을 배우려는 것이 아니다. 그런 내용은 책이나 온라인에서도 얻을 수 있다. 우리는 그룹 활동만이 줄 수 있는 걸 구매한 것이다. 바로 힘들고 괴로운 뭔가를 할 때 계속해서 앞으로 나아가게 만드는, 사회적 원동력을 바탕으로 한 끈기다.[5]

개인적 변화를 이루는 능력은 우리가 변화의 장에 개인적으로 가져올 수 있는 요소들과 우리가 가진 위쪽 화살표들이 변화의 장에서 접근하는 요소들의 조합이다. 불굴의 용기를 주며 외부의 악조건에 흔들리지 않는 내면의 핵심에 관해 많이 들어봤을 것이다. 심리적 끈기와 회복력에 대한 초기 단계의 연구들이 부상하고 있다.[6, 7, 8] 하지만 여전히 앞으로 나아가는 능력이 사회적 상황에 크게 의존한다는 생각은 개인주의적이고 병리학적이며 간단한 해결책을 중시하는 지금의 문화에서 무시되는 경우가 많다. 이는 잘못된 관점이다.

앞으로 나아가는 능력은 부분적으로 특정한 사회심리학적 자원에 의존한다. 이는 스테반 홉폴Stevan Hobfoll이 자원 보존에 관한 연구에서 제시한 주장이다.[9, 10]

• 나를 지켜보고 도와줄 사람을 찾아라

홉폴에 따르면 전반적인 자기효능감이나 자부심 같은 몇몇 사회적 자원들은 심리적 특성으로서 내면에 존재하는 자질이며 우리의 행동과 상황에 따라 커지기도 하고 작아지기도 한다. 사회적 지원의 양이나 소속감에 대한 경험 같은 다른 자원들은 전적으로 외부에 존재한다.

사람들이 도전을 어떻게 인지하는지 연구하기 위해 언덕의 경사를 인지하는 방식을 살펴본 사회심리학자들의 연구 결과를 살펴보자. 결과에 따르면 목적의식,[11] 사회적 지원,[12] 자존감에 대한 경험[13] 등이 언덕을 오르는 노력을 평가하는 방식(심지어 언덕의 경사도를 인지하는 방식)에 영향을 미치는 것으로 나타났다. 즉 목적의식이 있거나 어떤 집단의 지원을 받거나 자존감이 높은 사람들은 언덕을 올라가는 길이 덜 힘들다고 여기며 언덕의 경사 또한 덜 가파르다고 생각했다.

우리가 도전을 인식하는 방식은 변화를 향해 나아갈 때 문제의 절반에 불과하다. 앞에 놓인 변화를 바라보며 우리가 가장 먼저 하는 일은 경사도와 필요한 노력을 측정하는 것이다(지금 있는 곳에서 목표까지 도달하려면 얼마나 노력을 기울여야 할까?). 나머지 절반은 지금 있는 곳에서 목표까지 가는 동안 일어날 수 있는 위험은 무엇인지 평가하는 것이다.

회망의 두려움 연구를 함께했던 켄트 히버는 '자원과 인식'에 관한 연구에서 자원에 대한 접근성이 우리가 위협을 인지하는 방식에도 영향을 미친다는 사실을 알아냈다. 이와 관련된 한 연구[14]에서 하버는 살아 있는 타란툴라(독거미의 일종)를 투명한 유리 상자에 넣고 낚시 릴에 연결해서 참가자들을 향해 독거미가 내려오는 것처럼 보이게 했다. 그 결과 자존감이 위축된 사람들은 독거미가 실제보다 자신에게 가까이 있다고 보았다.

여기서 중요한 점은 실험에 들어가기 전 하버가 참가자들에게 개인적인 성공 또는 실패의 순간을 떠올리도록 요청했다는 것이다. 참가자들 가운데 자존감이 높은 그룹은 누군가가 의미 있는 방식으로 그들을 도왔을 때를 떠올림으로써 자존감을 높였고, 자존감이 낮은 그룹은 그들이 외부의 지원을 받지 못했을 때를 떠올렸다.

이처럼 사회적 상태와 동기 그리고 위협과 도전을 평가하는 능력의 관계에 대한 하버의 연구와 여러 사회심리학 연구들은 자신을 믿을 만한 존재로 바라볼 수 있는 능력 뒤에 숨겨진 여러 힘을 보여준다. 희망의 두려움에 관한 우리의 연구 역시 이 점을 뒷받침한다. 연구 결과 삶에서 다음과 같은 자원들이 적을수록 희망의 두려움이 더 크게 나타났다. 자존감, 자신이 넘어져도 다른 사람들이 자신을 지지해줄 거라는 믿음, 삶에 대한 목적의식, 자기효능감과 자부심 그리고 무엇보다도 자신이 운전하는 '자신'이라는 거대한 트럭이 실존적 책임이라는 무거운 짐을 실을 만큼, 자신을 원하는 곳으로 데려갈 만큼 강하다는 믿음 등이다.

사회심리학 연구와 일반적인 상식에 비춰 보면 사회적 경험이 우리의 인내력을 강화할 수도, 약화할 수도 있다는 사실은 명확하다. 인생에서 사회적 자원이 풍부할 경우 결승선은 가까운 것으로 보인다. 반면 부족할 경우 결승선은 수평선 멀리 흐릿한 그림자처럼 보인다.

하지만 왜 자원이 중요할까? 이에 대해 한 가지 명백한 답이 있다. 우리는 사회적 동물이며 아마 모든 동물 중에서도 가장 사회적 성향이 강할 것이다. 존경받는 생물학자 에드워드 오즈번 윌슨Edward Osborne Wilson의 연구에서 설명한 바와 같이 우리의 뇌는 특히 사회적 상호작용에 맞게 연결되어 있으며 생존 본능보다 협력과 협동에 더 의존한다.[15]

사람들과 연결되지 않을 때 우리는 물 밖에 나온 물고기나 다름없다. 따라서 우리는 자신을 발전시키기 위해 위험을 감수하는 것보다 기본적인 욕구를 충족하고 안전을 확보하는 것에 더욱 집중한다. 나는 이 답이 전적으로 옳다고 생각한다. 하지만 이 답은 '왜' 우리가 계속 나아가기 위해 사회적 상호작용과 지원이 필요한지만 말해줄 뿐, 그런 상호작용과 지원이 '어떻게' 우리를 돕는지는 설명하지 않는다.

내 생각에 다른 사람에게 가치 있게 여겨지고 사람들과 연결되었다고 느낄수록 우리는 기꺼이 혼자라는 사실을 직면한다. 혹여 우리가 떨어지더라도 우리를 지원하는 그물망이 안전하게 받아주리라고 생각하기 때문이다(이보다 더 안전한 보호 장치가 어디 있을까?). 좋은 사회적 경험은 우리를 성장시키며 혼자임에도 불구하고 고립되지 않았다는 느낌, 즉 상황이 잘못될 때 안전하게 일어나 회복되도록 도와줄 누군가가 있다는 느낌을 준다(이는 안정적으로 애착이 형성된 유아와 다르지 않다).

보라색 크레용을 가지고 있는 해럴드[16]도 혼자는 아니다. 책의 첫 페이지에서 해럴드는 어지럽게 휘갈겨 쓴 자주색 선 앞에 당혹스럽게 서 있다.

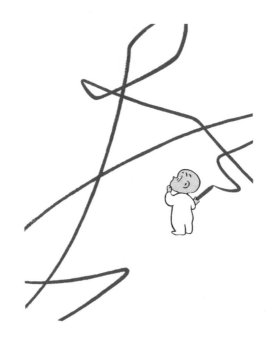

하지만 이어서 달을 그린다. 달은 해럴드의 여정에 빛을 제공한다. 달빛 아래서 볼 수 있게 되자 해럴드는 앞을 안내하는 길고 곧은 길을 그려 길을 잃지 않을 수 있었다. 하늘에 달이 떠 있는 가운데 해럴드는 앞으로 과감히 나아간다. 이야기가 시작되고 달은 페이지가 넘어갈 때마다 해

달빛 한 줄기 없이 어두운 밤이었다. 해럴드는 달빛 아래에서 걷기 위해 달이 필요했다.

럴드를 따라가며 변함없이 하늘에 떠 있다. 해럴드가 집에 돌아가 침대와 이불을 그리고 그 안에 들어가 크레용을 떨어뜨리고 잠이 든 뒤에도 달은 여전히 그 자리에 있다.

나는 달이 해럴드의 부모 혹은 전반적인 관계를 나타낸다고 생각한다 (성인들은 앞으로 나아가기 위해 이런 관계를 떠올려야 할 때가 많다). 해럴드는 항상 혼자 여행하고 있었지만 위니컷의 표현대로 '다른 존재들'이 함께했다.[17] 해럴드는 누군가가 자신을 위해 있음을 항상 느꼈던 것이다.

'만일 내가 떨어진다면 누가 나를 잡아줄까?' 이는 가장 불안한 질문이다. '나는 무슨 일이 있어도 거기 있을 것이다.' 이는 믿음이 담긴 최고의 표현이다. 사회적 연결의 보살핌이 없으면 앞으로 나아가기 어렵다. 부모가 당신을 강인한 핏불테리어처럼 키웠든, 낑낑대는 햄스터처럼 키웠든 이는 사실이다.

개인적 변화가 종종 예상치 못하게 일어나는 것은(메리가 홀리와 암벽 등반을 한 것처럼, 피터가 우연히 사만다를 만난 것처럼) 바로 이 때문이다. 우리는 변화를 계획하고 만반의 준비를 하지만 좀처럼 앞으로 나아갈 수 없다. 그때 운이 좋다면 우리를 둘러싼 세상에서 예상치 않은 일(많은 경우 우리가 감지할 수도, 통제할 수도 없는 어떤 일)이 일어나 갑자기 전속력으로 '출발'하게 된다. 이와 관련해 내 이야기를 하나만 더 살펴보자.

'연결되어 있다'는 생각이 만드는 기적

나는 직원들과 경영진에게 비판적인 피드백을 제시하는 것을 매우 싫어한다. 대체로 부정적인 피드백은 줄이고 긍정적인 피드백을 강조하는 경향이 있기 때문이다. 이런 성향 때문에 우리의 경영 회의는 매우 정중하며 이것이 장기적으로는 상당한 문제들을 야기한다. 가장 심각하고 두드러지는 문제는 사람들이 나를 믿지 않는 것이다. 사람들은 자신의 결점을 잘 알고 있고 내가 그 결점들을 보고도 언급하지 않는다는 것을 알고 있기 때문이다.

사람들을 이끌고 관리한 지 거의 30년이 지나서야 나는 명확한 피드백 제시라는 목표를 세웠다. 마침내 관리자 한 사람에게 건설적인 비판을 제시해야 할 때가 되자 나는 불안해졌다. 과연 그에게 비판적인 이야기를 할 수 있을지 자신이 없었고 '다음에 할 거야'라는 잘못된 믿음이 반영된 진부한 다짐만이 머릿속을 맴돌았다. 나는 심지어 강력한 방어막을 치기도 했다. '나는 어제 잠을 설쳤어. 날씨는 너무 후덥지근하고 지하철을 타고 오면서 짜증이 났지. 이렇게 끔찍한 기분으로 피드백을 하는 건 온당치 않아.' 나는 문제를 뒤로 미룰 모든 준비가 되어 있었다. 그런데 낯선 사람들과 붐비는 엘리베이터를 타면서 예상치 못한 일이 일어났다.

엘리베이터가 로비에서 출발하며 약간 흔들렸고 이 때문에 한 여성이 바닥에 커피를 쏟았다. 모두 뒤로 물러섰을 때 한 사람이 제안했다.

"설탕 스틱을 뜯어 여기에 뿌리세요. 그럼 누군가가 이걸 닦을 때까지 설탕이 커피를 흡수할 거예요."

우리는 모두 좋은 생각이라고 고개를 끄덕였다. 그때 모두가 흥미롭게 지켜보는 가운데 한 사람이 조용히 종이 냅킨을 꺼내 쏟아진 커피 위에 올려놓았고 문제는 해결되었다. 뒤쪽에서 누군가가 이렇게 말했다.

"제가 탔던 엘리베이터 중 최고입니다!"

그러자 모두 웃기 시작했다. 이어 다음 층에서 문이 열리자 정장 차림의 매우 심각해 보이는 남성이 내리며 말했다.

"내년 같은 날, 같은 시간에 모두 여기서 만납시다!"

우리는 모두 웃음을 터뜨렸다. 각 층마다 우리는 내리는 이들에게 다정한 작별 인사를 건넸다. 그것이 전부였다. 1층부터 11층까지 올라가는 동안 사람들에 대한 내 믿음도 따라 올라갔고, 심지어 인류에 대한 약간의 희망도 생겨났다. 그뿐 아니라 믿음과 희망에 대한 긍정적인 느낌이 나 자신에 대한 확신을 높여주었다.

복도를 지나 사무실로 가면서 나는 비판적 피드백을 미루는 것이 어떤 의미일지 더 냉정하게 생각할 수 있었다. 한쪽에는 내 책임을 피할 수 있다는, 유효성이 증명된 생각이 떠올랐다. '다음 주는 언제? 나는 피곤하고 오늘은 긴 하루가 될 거야. 지금 당장 이걸 할 필요는 없어.' 하지만 뭔가가 바뀌었다. 나는 이 일을 완료할 책임 있는 존재로서 나 자신을 명확히 볼 수 있었다. 만일 그렇게 하지 않는다면 나와 직원들을 실망시킬 것이었다.

내 생각은 한쪽에 떠오른 잘못된 믿음을 지나 반대쪽에 있는 유희성의 정신에 더 가까워졌다. '한번 해봐! 정확한 피드백을 제시하는, 스스로 세운 목표를 달성할 기회야. 죽을 때까지 미루는 옛날 패턴으로 돌아가고 싶지 않잖아.'

엘리베이터에서 낯선 사람들과 짧은 순간 연대감을 형성한 유쾌한 경험이 내 앞의 책임을 견디고 직시하는 능력을 높여주었다. 엘리베이터 탑승자들과의 연대감 그리고 그것이 인류애로 확장되는 느낌은 내 앞에 놓인 문제를 내가 숙고할 수 있는 선택의 문제로 바라볼 용기를 주었다.

문제는 내가 피곤한 것도, 기분이 언짢은 것도 아니었다. 그건 변화를 피하기 위한 잘못된 믿음이 내놓은 핑계였다. 발걸음이 약간 가벼워지자 나는 이 이슈와 관련된 문제가 내 인생의 여러 문제와 마찬가지로 변화의 의미를 찾는 일임을 알 수 있었다.

나는 정확하고 때로는 비판적인 피드백을 제시하는 일이 어떤 미지의 세계를 열어줄지 줄곧 걱정했다. 그 관리자와의 멀어진 관계, 이제 그가 더 명확하고 믿을 만한 피드백을 기대할 것이라는 변화, 이번에 내가 그에게 피드백을 줄 수 있다면 다른 사람들에게도 '못 할 이유가 없다'는 생각을 갖는 것, 그렇게 하지 않으면 나 자신에게 실망할 위험, 그 밖에도 변화하지 않는 수많은 이유를 생각했다. 그런데 갑자기 이 모든 단점을 정말 중요한 장점과 비교해 어느 정도 냉정하게 숙고할 수 있었다. 그 장점은 내가 늘 바꾸고 싶었던 나의 어떤 점을 바꾸는 것이었다.

그날 나는 그 관리자에게 비판적인 피드백을 제시했고 회의는 매우 잘 끝났다. 변화에 대한 저항을 넘어 내게 필요하다고 생각했던 일을 하는 것은 매우 만족스러웠다.

정말 그 엘리베이터에 탔던 것이 이 모든 일을 가능하게 했을까? 어쩌면 당신은 다소 회의적으로 생각할지도 모른다. 변화와 관련해 나는 일종의 티핑 포인트에 있었고 그 엘리베이터에 탔던 것이 내가 움직이는 데 필요한 추진력이었을 수도 있다. 하지만 기억해보자. 하버의 연구에서 타란툴라와의 거리를 인지하는 능력은 좋은 시력 같은 지속적인 '특성'에 영향을 받는 게 아니었다. 실험 참가자가 다른 사람들의 지원을 받았거나 받지 못했던 경험을 떠올림으로써('내가 떨어진다면 누가 잡아줄 것인가?'라는 불안을 자극하는 질문을 통해) 형성된 일시적인 자존감 '상태'

에 영향을 받았다. 그들이 인생에서 받고 있던 지원과 관계없이 그저 과거에 대해 떠올린 생각이 그들의 인식을 바꿨던 것이다.

이것이 바로 사회적 연결의 강력한 힘이다. 우리는 사회적 연결을 기억해낼 수 있으며 이로써 우리가 세상을 보는 방식을 바꿀 수 있다. 따라서 엘리베이터에 탔던 것도 내게 그런 영향을 미쳤던 것이다.

우리가 함께인 것과 마찬가지로, 혼자라는 사실과 관련해 무너지기 쉽고 우연하지만 매우 중요한 포인트가 있다. 우리가 서로 연결되어 있다는 메시지는 우리가 살아 있다는 것과 동일한 메시지라는 점이다. 서로 연결되어 있고 살아 있다는 것을 이해할 수 있다면, 마치 고립된 물건처럼 자신을 고치려는 시도는 효과적이지 않으며 해로울 수 있다는 점도 이해할 수 있을 것이다.

우리의 장 안에서 펼쳐지는 상황을 숙고하려면 사회적으로 우리에게 일어나는 일을 알아차리는 것이 중요하다. 하지만 그러려면 손쉬운 해결책이라는 매력적인 제안을 포기해야 한다. 사회적 존재로서 살아 있는 것과 연결해 변화를 이해하면 모든 노력이 매우 혼란스러워진다.

사람은 협력을 통해 살아남는다

진화를 통해 우리는 인간의 두 가지 중요한 특성, 즉 개인의 선택과 다른 사람에게 의지하려는 욕구를 갖게 되었다. 이런 특성은 좋은 결혼 생활만큼이나 상호의존적이지만 충돌을 빚기도 한다.

우선 개인의 선택은 인간을 다른 동물들과 가장 뚜렷이 구분 짓는 특성이다. 이는 매우 인간적인 활동인 혁신의 원천이기도 하다(까마귀는 철사를 고리 모양으로 구부릴 수 있고 원숭이는 풀을 도구로 사용할 수 있다. 하지만 어떤 동물도 문명 건설 같은 방식으로 혁신을 이루지는 못한다). 자유롭게 의사결정을 하고(혹은 이를 선택으로 생각하고) 혁신할 수 있는 능력은 인간의 고유한 특성인 개인적 변화를 만드는 능력의 근간이기도 하다. 그리고 협력하는 능력은 인간을 개미부터 유인원까지 여러 사회적 종들과 비슷하게 만드는 특성이다. 다른 사회적 종들과 마찬가지로 인류는 힘을 합침으로써 생존했고 생존하고 있다.

이런 두 가지 특성을 종합하면 인간은 삶을 가능한 한 의미 있고 깊이 있게 만들 책임이 있는 동시에 자신이 속한 집단의 성장을 필요로 하지만 거기에 속할 것을 '선택'한 자율적인 동물이라는 결론이 나온다. 우리는 거위가 아니다. 우리는 대형을 갖춰 날아가는 본능이 아닌 선택과 결정을 통해 우리에게 필요한 집단(학교, 친구, 인터넷 채팅 그룹)에 합류한다. 이는 머리 아픈 일이다! 이처럼 복잡한 상황 때문에 인간의 경험은 엉망인 내 사무실만큼 혼란스러워진다.

만일 이 같은 혼란만 있다면 상황은 더 악화될 것이다. 우리가 합류하기로 선택한 그 집단? 그 집단은 마찬가지로 각자의 운명을 책임지는 다른 자율적인 개인들로 구성된다. 이는 혼란스러운 인간의 경험을 무질서한 기숙사 방으로 만든다. 우리는 혼자 있으며, 외로움을 최대한 활용하기 위해 다른 사람들이 필요하다. 우리가 의존하는 그 사람들은 각자 해결해야 할 복잡한 문제들이 있고 그들 중 일부는 그런 문제들을 깔끔하게 정리하기 위해 우리에게 의존한다.

개인적 변화는 산을 오르는 것, 즉 반대편의 그늘진 계곡으로 내려가기 전에 정상에 도달하는 것이다. 그 길에는 여러 장애물이 있다. 따라서 짧은 인생 중에 정상에 도달할 수 있다는 보장은 없다. 하지만 산에 오르는 과정에서 기꺼이 의사결정을 내리는 한 우리는 최대한 높이 오를 수 있다.

한 걸음 한 걸음 올라가면서 우리는 두 방향으로 끌어당기는 힘을 느낀다. 완전함을 추구하는 인간의 고유한 특성이 위쪽으로 끌어당기는 힘과, 높이 올라가는 것이 더 위험한 추락을 의미한다고 여기는 두려움이 아래쪽으로 끌어당기는 힘이다. 그리고 누군가 지나간 흔적도 없는 험한 산길에는 양옆으로 무력한 실망이라는 깊은 틈이 갈라져 있다. 게다가 길을 잃거나 넘을 수 없는 장애물, 미지의 세계에 부딪힐 위험이 항상 도사리고 있다. 하지만 이는 혼자 걸어 올라가는 길이 아니다. 우리는 각 단계에서 우리를 지원하는 일행과 함께 그 길을 오를 수 있다.

그들과 밧줄로 묶여 있으면 혹여 떨어지더라도 그들이 잡아줄 것이라는 안도감을 느낄 수 있다. 하지만 이 등반대에는 리더가 없으며 구성원들은 각자의 특정한 정상을 목표로 삼고 있다. 자일을 매기 위해 도와달라는 사람도 있고, 깊은 틈이나 협곡으로 곤두박질칠 때 잡아달라고 소리치는 사람도 있다. 우리는 뒤에서, 앞에서, 양옆에서 외치는 소리를 듣는다. 떨어진다! … 떨어진다! … 떨어진다! 그리고 그때 당신도 외친다. 떨어진다! 이 등반대의 모든 사람은 각자의 정상에 도달할 책임이 있다. 하지만 다른 사람들이 각자의 정상에 도달하도록 도울 책임 또한 있다. 우리가 할 수 있는 최선은 이 혼란을 통제하는 것이다.

인간의 뇌는 주로 이런 혼란에서 비롯된 문제들을 처리하기 위해 만들어졌다(문제를 '처리'하는 것이지, 항상 '해결'하는 것은 아니다). 우리를 가장 인간적으로 만드는 부분인 신피질은 다른 자율적인 인간과의 창의적인 협력을 통해 새로운 것을 만들어내기 위해 존재한다. 우리의 뇌는 성장을 위해 연결을 만들어내고 우리와 다른 사람들 그리고 우리 주변의 사회에서 변화를 일으키는 것을 목적으로 하는 즉흥 연주자이자 '예스 앤드' 장기다. 우리는 다른 사람들과 협력하거나 혼자 떠나는 여정에서 정서적으로 지원을 받을 때 가장 효율적으로 앞으로 나아간다. 그 반대 또한 마찬가지다.

자원에 관한 연구에서 나타나듯 소속감을 느끼지 못할 때,[18] 목적의식이 없을 때, 인류의 프로젝트에 기여하지 못한다고 느낄 때, 자신이 타인에게 가치 있는 존재임을 확신하지 못할 때[19] 우리의 사회적 기관은 시들고 오작동하기 시작하며 동기와 불굴의 정신이 사라진다.

우리의 마음이 연결의 부재로 시들고 있을 때가 언제인지 어떻게 알까? 동기가 약해지거나 사라질 때다. 우리의 마음에 연료가 필요하다는 신호는 무엇일까? 개인적 변화의 목표를 세웠으나 도달할 수 없을 것 같고 머릿속에서 '현재 상태에 머무르자'라고 속삭일 때다.

성장을 위해 결정이라는 선물 같은 저주를 받았다는 사실 그리고 이 선물 같은 저주가 일으키는 불안에도 불구하고 계속 나아가기 위해서는 사람들(결코 완전히 신뢰할 수는 없으며 각자의 여정을 가고 있는)이 필요하다는 사실, 이 두 가지 사실은 손쉬운 해결책을 추구하는 완벽주의 문화에서 매우 중요하고 이해하기 어려운 의미를 담고 있다. 바로 항상 변화할 수 있는 것은 아니라는 점이다.

이는 이 책의 아이디어를 낙관적인 사람들이 제시하는 햇빛 가득한 철학과 매우 다르게 만드는, 변화에 대한 또 다른 진실이다. 나는 당신이 이 책을 다 읽었을 때 이 사실을 꼭 기억하길 바란다.

엘리베이터를 타기 전에 나는 변화하고 싶었지만 할 수 없었다. 하지만 엘리베이터에서 내리고 난 뒤에는 피드백을 줄 수 있었다. 내 통제 밖에서 어떤 일이 일어났기 때문이다. 이 이야기에서 '할 수 없었던' 절반은 '할 수 있었던' 나머지 절반만큼 현실적이다. 나는 내 주변 세상에서 뭔가가 바뀌고 내게 변화의 힘을 주는 사회적 영양분을 얻을 수 있을 때까지 변화하지 않았을지도 모른다. 그런 영양분이 없었을 때는 변화를 방해하는 억제력이 추진력보다 강했다.

이것은 우리 모두에게 적용되는 원리다. 이 말이 비관적으로 들릴 수도 있음을 알고 있다. 그리고 그런 생각이 오늘날 '그냥 해봐!'go for it 문화, 즉 '예스'는 우리 안의 천사들이 부르는 노래이고 '노'는 패배주의자의 말인 것처럼 여기는 문화에서 거의 신성모독과 다름없다는 것도 알고 있다. 하지만 변화는 일어날 수 없을 때도 있다.

때때로 변화가 일어날 수 없는 이유가 하나 더 있다. 변화는 세부적인 어려움이나 연결의 부재에만 영향을 받는 것이 아니라 더 큰 정치적 힘에 영향을 받을 때도 있다. 때로는 우리를 둘러싼 세상이 변화를 허용하지 않는다. 정치적, 사회적 힘의 아래쪽 화살표가 가장 희망적인 사람에게조차 너무 강력하게 작용하는 것이다. 혼란 속의 그 혼란은 훨씬 더 큰 혼란을 만든다.

선택의 자유 이면에 숨은 것

극단주의는 언제나 잔인함을 향해 구부러지는 경향이 있다. '어떻게'how-to와 '긍정적 사고'는 극단적으로 받아들여지면 잔인한 결론에 도달한다. 우리의 경험이 전적으로 머리에 의존하며 삶에서 어떤 일을 일으키는 능력이 전부 우리에게 있다는 관점은 행복하지 않거나 성공하지 못하면 우리의 뭔가가 잘못되었다는 결론으로 끝난다. 우리의 뇌가 모든 경험을 극복할 전능한 힘을 갖고 있다는 발상은 기본적인 자원이 부족하고 생존을 위해 애쓰고 있거나 정치적 힘에 억눌린 사람들에겐 너무나 잔인한 생각이다. 다시 말해 우리는 변화할 수 없을 때도 있다. 다른 사람들이 제한된 자원을 탐욕스럽게 빨아들여 우리는 접근조차 못하도록 막았기 때문이다.

이런 상황에서 긍정적으로 생각하거나 더 나은 미래를 상상함으로써 상황을 바꿀 수 있다는 아이디어는 가해자는 논외로 두고 피해자를 탓하는 것이나 마찬가지다. 우리에게 일어나는 일이 우리의 게으름이나 부정적인 태도 때문이라고 여기는 이런 시각은 우리가 이루지 못한 것에 답을 제시하지 못한다. 그저 고통을 일으키는 원천을 뒷받침하고 강화할 뿐이다. 이는 위대한 사회학자 찰스 라이트 밀스Charles Wright Mills[20]의 표현대로 사람들을 계속 개인의 문제에만 몰두하게 하고 공적인 문제에서 멀어지게 만든다.

오해하지 않길 바란다. 실존적 우려는 우리의 특정 장에서 언제나 억제력에 반영된다. 짧은 인생과 의사결정의 무거운 짐에 영향을 받지 않는 사람은 없다. 하지만 이런 우려가 우리를 억제하는 유일한 요인은 아닐 것이며 많은 사람에게는 가장 덜 중요한 억제 요인일 것이다.

석사 학위 취득이라는 오랜 꿈을 이루기 위해 학교로 돌아간 CEO에게 학교로 돌아가는 노력의 경사도는 버크셔에 있는 완만한 언덕 정도다. 비서가 그를 위해 수업에 등록하고 책을 구매하고 차량 서비스를 준비할 것이기 때문이다. 하지만 그 CEO가 운영하는 회사의 구내식당 요리사(경제적 신분 상승을 위해 학위 취득을 원하는 이민자)에게는 그 경사도가 K2와 같다. 그녀는 책을 사기 위해 사촌에게 돈을 빌리고 학자금 대출을 받아야 할지 모른다. 또 등록금을 내기 위해 직장에서 근무 시간을 늘리고 버스로 두 시간씩 걸려 학교에 갈 수도 있다.

물론 그녀는 CEO보다 더 긍정적인 성향이며 어떤 상황에도 두려워하지 않고 희망을 품는 위대한 능력을 갖고 있을 것이다. 도전 앞에서 자신의 외로움에 직면하는 능력도 더 뛰어나며 사회적 지원도 더 풍부할 것이다. 하지만 그녀가 학위를 취득할 가능성은 여전히 낮다. 이는 각자의 장에서 두 사람을 억제하고 밀어 올리는 힘이 실존적 요소에만 머물지 않기 때문이다. 거기에는 개인의 지적 능력 외에 물질적 요인이나 투지, 적극성 또한 포함된다. 이런 힘은 어떻게 일부 사람들이 더 많은 부와 자산, 사회적 지위, 신분 상승 기회를 얻는지를 말해준다.

당신이 누구인지에 따라 사회로부터 받는 대우는 달라질 수 있다. 당신은 심지어 혐오와 폭력의 대상이 될 수도 있다(인종, 문화, 성별, 신체적 능력, 정신적 능력, 계층, 정체성 등에 따라). 그런 상황에서도 당신은 세상의 모든 희망을 가질 수 있지만 성장은 여전히 멀리 있다. 당신은 슈퍼 해럴드가 될 수 있지만 당신의 잠재력을 발휘할 빼앗을 수 없는 권리를 그리는 것은 불가능하다. 당신은 이룰 수 있는 모든 것을 향해 산을 오르고 있지만 운명이라는 우연 때문에 실제 경사도(당신이 인식하는 경사도가 아닌)는 미리 정해져 있다.

레빈[21]은 우리의 생활공간이 지닌 이런 특성을 이해했다. 그는 우리의 특별한 장을 더 큰 힘으로부터 자유롭게 활동하도록 돕는 강화된 껍질로 보지 않았다. 오히려 그 반대였다. 그에 따르면 우리가 특정 목표를 추구할 때 이런 힘들은 추진 요인과 억제 요인으로 늘 존재한다.

그런 억제 요인들은 내가 말한 이야기들에도 담겨 있다. 가정 폭력이 낯선 사람들의 폭력보다 덜 심각한 것으로 인식되는 나라에서 태어난 마크는 그의 가정에서 일어난 폭력과 학대에 대해 도움을 요청할 곳이 없었다. 짐은 노동조합이 없는 계약직으로 일했다. 이는 직원들을 해고하고 고용하기가 쉽기 때문에 현재 기업들이 선호하는 일자리 형태다. 데이브 역시 직원의 권리 침해를 고려할 때 자신의 일자리에 대해 의견을 주장할 여지가 거의 없었다.

메리는 피해자인 여성에게 책임을 돌리는 풍조 속에서 교수와의 일을 밝히기 어려웠다. 앨리슨은 기능장애를 나타내는 기념물을 세움으로써 우리 사회의 성적 학대와 가정 폭력에 대한 침묵에 대응했다. 에밀리가 고립을 택한 이유는 일부 동성애 혐오 때문이었다. 존의 다이어트 노력과 스스로에 대한 수치심은 끊임없이 마른 것에 집착하는 오늘날 문화에서 비롯되었다. 그리고 어릴 적 내가 겪은 문제는 모든 아이가 조립라인에서 생산된 동일한 제품처럼 같은 방식으로 배워야 하며 잘못된 모양이나 크기로 판단되면 불량품 통으로 던져지는 공장 같은 학교의 교육 방향과 관련이 있었다.

이렇게 주변 상황 때문에 변화하지 못할 수도 있다. 변화를 가로막는 그 상황은 때때로 구조적 문제로 인해 일어난다. 이 점을 분명히 밝히지 않는다면 나는 볕이 잘 드는 곳에서 태평스럽게 약을 파는, 숟가락 구부리는 사람들과 다를 바 없다. 현재 상태를 긍정하는 것이 괜찮다는 생각, 당신이 숙고하는 변화가 모퉁이 뒤에 있을 것이라는 생각, 이런 내 생각들은 당신이 긍정적인 측면을 강조하고 부정적인 측면을 없앤다면 모든 것이 잘된다고 말하는 것과 거의 같다. 하지만 많은 사람이 모퉁이 주변에서 아무것도 얻지 못한다. 다음에 무엇을 하고 싶은지 잠시 앉아 생각할 작은 공간이 있을 뿐이다.

내가 쓰고 싶은 마지막 내용은 괴로운 주제다. 우리를 억제하는 일부혹은 많은 힘이 사실 정치적, 경제적인 요인에서 비롯되며 이런 힘들이희망, 실존적 불안, 개인적 특성, 사회적 연결 같은 화살표들과 비슷하거나 더 강력하다는 점을 반드시 고려하기 바란다(그림 7 참고).

당신이 있는 곳과 도달하고 싶은 곳 사이의 공간은 당신을 나아가게하는 요인들과 억제하는 요인들이 혼란스럽게 뒤섞인 부엌의 싱크대다.우리는 그 혼란의 특정 부분이 의심스럽게 감춰진 세상에 살고 있다. 인간의 모든 행동을 설명 가능하고 병리적으로 다룰 수 있게 만드는 정신의학에서부터 손쉬운 해결책을 내놓는 쓰레기 같은 자기계발 방법들,전문가들이 출연해 요리법인 양 조언을 제시하는 낮 시간대 토크쇼들,치료를 내세워 출연자들의 고통을 볼거리로 전락시키는 리얼리티 쇼(다음 주에는 누가 재활 센터에서 쫓겨날까?)까지, 고립된 개체로서의 인간을지향하는 경향이 우리를 압도하고 있다. 이런 경향은 공적인 문제를 개인의 문제로 왜곡하면서 위험할 정도로 우리의 영향력을 빼앗는다.

이 책은 정치가 아니라 개인적 변화에 관한 책이다. 하지만 당신이 변화를 원할 때마다 당신의 장에서 뭔가가 일어나고 있다는 것을 인식하지않은 채 변화를 이야기할 수는 없다. 목표를 향해 당신을 밀어 올리는 추진력이 있고, 목표에 도달하는 것을 방해하는 억제력이 있다. 그리고 이두 힘의 긴장 속에 당신이 있다(플라스틱 파이프 위에 떠 있는 작은 공처럼).

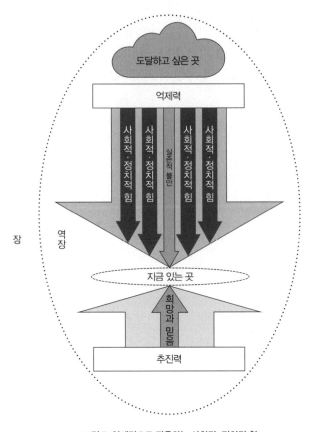

그림 7. 억제력으로 작용하는 사회적·정치적 힘

정치적, 경제적 힘이 종종 당신을 누르는 중력의 일부로 작용한다는 사실을 지적하지 않으면 이는 당신을 억제하는 큰 힘을 제외하는 것이다.

당신이 통제할 수 없는 정치적 힘이 작용하는 곳에서 당신을 억제하는 화살표가 성장을 억누를 때 이를 나타내는 완벽한 단어가 있다. 바로 '억압'이다. 이것은 긍정적으로 생각할 수 있는 억제가 아니다.

현상 유지에는 그만한 이유가 있으며 억제에는 존중할 부분이 있다. 이것이 이 책에서 배울 만한 큰 교훈이다. 하지만 당신의 장에서 억압이라는 화살표는 그렇지 않다. 현상 유지는 어느 정도까지만 합리적이며 억제는 항상 존중해야 하는 것이 아니다. 불평등과 노골적인 편견으로 우리의 성장이 제한될 때 분노, 고통, 깊은 좌절, 불안은 우리를 앞으로 나아가게 하는 필요한 감정이다. 그런 감정이 없으면 수치심을 약화시킬 위험, 즉 공적인 문제를 개인의 문제로 왜곡할 위험이 매우 크다. 자신의 인생에서 잘못되고 있는 것을 볼 뿐 그것이 '부당한 대우'의 결과일 수도 있다고 생각하지 않는 것이다. 즉 우리가 보는 것은 우리의 망가진 모습뿐일 수 있다.

사르트르는 이렇게 썼다. "삶에 의미를 부여하는 것은 당신에게 달려 있다."[22] 여기에는 실존적 자유의 의미가 담겨 있다. 어떤 면에서 볼 때 사르트르는 그런 자유가 모든 상황에서 표현될 수 있다고 생각했다. "자유란 우리에게 행해진 것으로 우리가 뭔가를 하는 것이다."

의미를 만드는 능력이 억압적인 상황에서 우리에게 어느 정도 자유를 준다는 사르트르의 의견에 동의하든, 동의하지 않든(독방에 장기간 감금되었던 죄수들의 이야기를 읽으며 나는 의문이 들었다) 사르트르가 자유라고 설명하지 않은 부분을 여기서 명확히 짚고 넘어가자. 바로 긍정적 사고라는 마법의 모자에서 나온 행복, 열심히 노력하는 한 모두가 성공할 수 있는 아메리칸드림, 개인적 변화의 전문가가 제시하는 '모든 것을 다 가질 수 있다'는 약속, 종합적인 행복과 건강, 깨어 있는 정신, 완전한 존재, 자기 운명에 대한 완벽한 통제다.

의미를 만드는 것은 행복한 결말과 전혀 관계가 없다. 그것은 말하자면 의미에 대한 것이다. 그리고 희망은 절망보다 더 많은 의미 점수를 얻지 않는다.

개인이 전체와 연결될 때 변화는 완성된다

20여 년 전 브랜다이스대학교에서 박사과정을 밟고 있을 때 나는 에이즈 추모 퀼트AIDS Memorial Quilt(에이즈로 사망한 사람들을 추도하는 행사로, 가족이나 친구를 잃은 사람들이 손바느질로 만든 퀼트를 모아 대형 퀼트로 만들어 전시한다.-옮긴이)에 대한 논문을 썼다.[23] 당시 전시된 퀼트는 5만 장 이상의 표준 사이즈 패널(대략 가로 90센티미터, 세로 180센티미터 크기-옮긴이)로 만들어졌다.

가장 유명한 전시는 워싱턴DC의 내셔널 몰에 워싱턴 기념탑에서부터 국회의사당까지 모두 덮은 초대형 퀼트가 펼쳐진 것이었다. 각각의 패널은 에이즈 사망자를 추모하는 기념물로서 가족과 친구들이 만든 퀼트 작품이었다. 이는 묘지이자 미술관이자 예배당이자 저항의 깃발이었고 내가 세상을 바라보는 방식을 완전히 바꿔놓았다. 이때부터 나는 특정 사안들을 보편적인 문제들과 분리해서 보지 못하게 되었다. 나는 보편적인 생각들이 구체적인 노력을 이해할 수 있게 만들며 현미경으로 보는 것이 전체적인 의미를 이해하는 데 도움이 된다고 확신한다.

수많은 퀼트 패널들은 테디베어, 열쇠, 안경, 가장 좋아하던 유리잔, 영화표, 사진 등 사망자들의 작은 유품들로 구성된다. 이는 진정한 의미의 기념물이다. 한때 고인의 손에 있었던 그 유품들은 그 사람만의 고유한 기억들을 떠올리게 한다. 고인이 입었던 옷으로 만들어진 패널도 있고, 글이나 시가 적힌 패널도 있다. 모든 패널은 마틴 루터 킹 목사가 '인간성의 신성함'[24]이라고 불렀던 것을 보여준다. 사적인 영역에서 찾아낸 신성함이자 비인간화를 해결하는 해독제.

이 패널들은 어떤 묘비보다도 구체적이다. 또한 개별 작품들로서도 귀중한 가치가 있다. 하지만 뒤로 약간 물러나 관람객의 일부가 되어 바라보면 거기에 담긴 다른 가치, 즉 공동의 경험을 보고 느낄 수 있다. 그리고 이제 이 퀼트 작품은 에이즈 사망자들에게 숭고함을 부여하는 하나의 방법으로 인식된다. 더 이상 한 사람에 대한 하나의 기념물이 아닌 전체 집단에 보내는 추모의 과정이 되고, 함께 애도하는 장소이자 사후 세계로 가는 신성한 통과의식을 거부당한 이들에게 보내는 경의의 표시로 인식되는 것이다(에이즈가 처음 등장한 1981년 '게이의 암'이라고 불리며 에이즈 감염자에 대한 노골적인 차별이 펼쳐졌다. 에이즈에 감염된 동성애자들은 사회의 핍박과 냉대 속에 쓸쓸히 죽어갔고 장례식도 없이 화장되는 경우가 대부분이었다.-옮긴이).

뒤로 더 물러나 링컨 기념관 계단에서 광활하게 펼쳐진 전체 퀼트 작품을 보면 뭔가 다른 것, 바로 정치적 메시지를 보게 된다. 전체 퀼트는 복잡하고 고유하게, 신성하게 만들어졌으나 그 안에는 대규모로 스러진 생명들이 담겨 있다. 이는 내셔널 몰에 새겨놓은 게티즈버그 연설('국민의, 국민을 위한, 국민에 의한 정치'를 언급한 링컨의 유명한 연설-옮긴이)과도 비슷하다. 편견, 무시, 혐오가 없었다면 애초에 추모 퀼트가 생기지 않았을 것이다.

이 거대한 정치적 표현은 각 패널에 한 땀 한 땀 바느질했던 작은 순간들이 없었다면 만들어질 수 없었을 것이다. 그와 동시에 우리가 제16대 대통령의 발밑에 서서 거대한 패널을 바라보며 고인을 추모하고 감사를 표하는 동안 잃은 것은 아무것도 없다. 하지만 우리는 많은 것을 얻는다. 바로 고인에게 주어진 목소리다. 퀼트는 그들에게 말하라고 한다. 퀼트에 기념된 개개인의 고유함은 더 큰 전체와의 연결을 통해 더욱 신랄하고 뚜렷해진다.

내 바람은 당신이 사회적 본성과 정치적 억제력의 문제를 모두 포함시켜 당신의 변화를 이런 퀼트처럼 바라보는 것이다. 당신이 가까이에서 보는 것은 변화를 원한다면 각자의 실존적 외로움과 책임의 짐을 져야 한다는 사실이다. 그리고 한 걸음 물러나면 각자가 이 짐을 지기 위해 서로 연결되어야 한다는 것을 알게 된다. 몇 걸음 더 물러나면 앞으로 나아가려는 노력이 정치적 변화로만 개선될 수 있는 더 큰 구조적 문제 때문에 종종 방해받는다는 사실과 마주한다.

서로 다른 거리에서 일어나는 이 모든 요소가 우리의 장에서 작용한다. 그중 무엇도 다른 것을 무효로 만들지 못한다. 실제로 두 가지가 양립하는 변화의 세상에서 각 요소는 다른 요소에 생명을 불어넣는다.

결론

당신 안에 잠든 건
거인이 아니라 '용기'다

> 어떤 사람이 항상 웃는다면 그는 아마 작동하지 않는 뭔가를 팔고 있을
> 것이다.
>
> _조지 칼린

"네 안에 잠든 거인을 깨워라." 이는 토니 로빈스[1]의 가장 유명한 말
로, 사람들이 자신의 무엇이든 변화시킬 수 있는 전능한 힘을 내면에 감
추고 있다는 관점을 전형적으로 보여준다.

당신 안에 있는 그런 슈퍼 파워는 당신이 변화하기 위해 다른 사람의
도움이 필요 없다는 걸 의미한다. 즉 당신은 혼자 힘으로 어떤 경험이든
바꿀 수 있기에(적절한 용기와 진취성이 있다면) 다른 사람들을 전혀 필요
로 하지 않는다는 것이다. 그리고 당신이 사랑이나 연결(우리를 가장 인
간답게 만들어주는 핵심에 자리한 진화적 선물)을 원할 수도 있지만 그것이

필수적이지는 않다는 것을 뜻한다.

거인들에게 연결은 홀로 떠나는 여정에서 자신에게 만족을 주기 때문에 얻어야 할 무언가일 뿐 그들의 인간성을 일깨우는 것은 아니다. 논리적 결론에 따르면 거대함은 단순히 생각을 통해, 즉 내 안의 그 거인을 깨닫고 사랑을 느낌으로써 만들어낼 수 있다(사실 그 사랑은 성가시고 결정권을 지닌 자율적인 개인들의 욕구가 만들어낸, 복잡하지 않고 더없이 행복한 사랑이다).

원하는 무엇이든 가질 수 있는 능력 그리고 저절로 만들어진 복잡하지 않은 사랑의 경험. 이는 중독의 충동에 대해 최근 우리가 배우고 있는 것과 거의 다를 바 없으며 자기애적 방어와 구분되지 않는다. 이는 개인의 완벽함을 추구하는 잘못된 욕구에서 비롯된다. 자기계발 전문가, 성형수술 전문의, 피트니스 전문가, 광고 담당자들이 매우 설득력 있게 쓴 동화 같은 결말. 라이프 해킹life hacking(생활 속의 불편한 점을 개선해 더 쉽고 효율적인 생활을 할 수 있도록 도와주는 아이디어, 도구, 기술 등을 말한다.—옮긴이), 간헐적 단식, 방탄 커피, 소금 주스, DNA 조합으로 억만장자가 된 실리콘밸리의 갑부들. 여기에는 단 한 가지 문제밖에 없다. 바로 이런 상태가 존재하지 않는다는 것이다. 이는 결코 존재하지 않았고 앞으로도 존재하지 않을 것이다.

내 안에 잠든 거인을 깨운다? 개인적으로 나는 내 사이즈에 만족한다(사실 몇 킬로그램 빼면 좋을 것 같다). 나는 많은 공간을 차지하고 싶지 않으며 그런 사람들을 정말 좋아하지 않는다. 나는 새롭게 출시된 수많은 거대한 것들보다 커피를 쏟는 사람들이 타는 좁은 엘리베이터에서 더욱 편안함을 느낀다. 거창한 뭔가가 되고 싶어 하는 거창한 욕구를 포기할 때 좋은 일들이 많이 일어나기 때문이다.

당신과 나, 우리는 인간이다. 우리는 '초'인간이 아니다. 주어진 순간에 당신이 할 수 있는 것만큼만 해도 정말 괜찮을 때가 매우 많다. 겸손 지대에 머무르는 것은 실제로 좋은 일이다. 당신이 다른 사람들과 연결되어 그들로부터 힘을 얻고 당신의 힘을 빌려주는 것 또한 놀랍고 멋지다. 당신이 볼트 몇 개만 조이면 고칠 수 있는 기계가 아니라는 것은 대단하다. 그리고 당신이 결코 고정된 존재가 아니라는 것은 세상 무엇보다 훌륭하다. 당신의 자기애가 변화와 성장이라는 타고난 행위를 피하도록 당신을 설득한다는 것은 만족스럽기까지 하다.

변화를 개인의 인내와 용기가 필요한 아틀라스 같은 행동으로 여긴다면, 또 홀로 더 많은 노력을 기울일 때 보장되는 결과로 여긴다면 개인적 변화를 이루기는 매우 어려워진다. 다른 사람들과 관련해 당신의 상황을 살펴보지 않으면 변화에 필요한 현상 유지를 즐기고 존중하는 태도를 가질 수 없기 때문이다.

당신에게 무슨 일이 일어나고 있는지 타인과 당신의 상황을 통해 밖에서 살펴보지 않고 수리가 필요한 특성이라는 관점에서 내면만을 바라본다면, 현재 상태에 머무르고 싶어 하는 당신의 마음을 이해할 수 없을 것이다. 당신은 현재 상태에 머무른 당신을 보고 있지만 현재 상태를 유지하느라 무슨 일이 일어날지는 알지 못한다. 무엇이 당신을 억제하는지 이해하지 못한다면 어떻게 이 억제력에 대항해 영웅답게 돌진하는지도 알지 못할 것이다. 당신은 결국 당신이 갖고 있다고 여겨지는 결함들밖에 볼 수 없을 것이다. 변화하지 못하는 무능함을 미처 깨우지 못하고 있는 잠든 거인의 문제로만 해석하는 것은 자기애의 여지를 남기지 않는다. 수치심만 남을 뿐이다.

당신이 언젠가 죽을 수밖에 없는 한낱 인간이라는 사실이 더할 나위 없이 좋은 것임을 꼭 기억하라. 할 수 없는 일들이 있음을 받아들이는 겸손한 능력을 바탕으로 인생에서 할 수 있는 놀라운 일들이 매우 많다. 그리고 자만심으로 높이 날기만 한다면 인생에서 놓치는 것이 너무나도 많다.

내가 어떤 식으로든 당신에게 도움이 되었다면 성장에 대해 겸손한 자세를 갖는 데 도움이 되었기를 바란다. 또 현재 상태에 머무르는 것에 대해 자신을 비판하지 않고 지금의 상황을 숙고하는 위대한 능력을 갖추는 데 도움이 되기를 바란다.

내 임무를 제대로 마쳤다면 현상 유지에 대한 그림들이 걸린 내 미술관은 변화에 꼭 필요한 숙고의 자세로 나아가는 데 도움이 될 것이다. 나는 이 미술관의 벽이 잠재적 실망과 희망의 두려움, 개인주의적이고 이분법적이며 승패를 나누고 개인의 문제에만 집중하는 우리 문화가 일으키는 불협화음을 덮을 만큼 두껍기를 바란다. 이런 소음들은 우리가 변화를 고려할 때마다 우리의 안전을 위한 바리케이드를 강타하며 변화에 대한 숙고를 심각하게 파괴한다. 이런 소음이 커지면 더 이상 자기 자신에 대해 생각하는 소리를 듣지 못하게 된다.

이런 소음을 막기 위해 우리는 거래를 해야 한다(희망의 두려움을 속이기 위한 윙크와 끄덕임, 약간의 속임수). 그 거래는 현재 상태에 머무르는 것을 타당하고(대부분이 그렇다) 그만한 가치가 있으며(예외적인 경우도 있다) 애정을 받을 만한(마땅히 그래야 한다) 것으로 여기고 접근하는 것이다. 이는 현상 유지를 우리가 얻고자 노력해야 하는 높은 지위로 격상시키기 위해서가 아닌 단 한 가지 목적을 위해, 바로 변화를 더 쉽게 만들기 위해서다.

모든 변화에는 용기가 필요하다

이제 이야기가 마무리되었다. 하지만 나는 편집자에게 이 책을 반드시 보낼 필요가 없다(나는 어떤 것도 '할 필요가 없기' 때문이다). 그리고 내가 책을 보내지 못하도록 방해하는 많은 장애물이 있다. 나는 이 책이 나뿐만 아니라 당신까지 실망시키는 건 아닌지 걱정스럽다. 이 책이 좋은 반응을 얻어 나의 기대와 친구 및 동료들의 기대를 높이는 것도 걱정된다. 나는 이 책을 끝낸 뒤 구글 캘린더가 텅 비어 매일 해야 할 프로젝트가 없는, 예측 불가능한 삶이 불안하다. 곧이어 다음에 할 일을 생각해야 한다는 게 걱정스럽고, 이 책을 쓸 수 있다면 다른 것도 '못 할 이유가 없다'는 사실이 부담스럽다. 그리고 그 모든 것을 나는 알고 있다.

하지만 내 손가락은 꼼짝없이 얼어붙어 '전송' 버튼을 누르지 못한다. 마지막은 당신과의 대화가 끝나는 것을 의미하기 때문이다. 나와 더불어 너그러운 독자인 당신, 한 장 한 장 책을 넘기며 내가 전하는 이야기를 계속 읽기로 선택한 당신. 당신과 나의 관계가 변화하는 건 내게 매우 큰 상실을 의미한다.

물론 당신이 이 글을 읽고 있다면 나는 전송 버튼을 눌렀을 것이다. 그리고 당신에게 작별 인사를 할 수 있을 만큼 일이 잘 진행되었을 것이다. 마지막 큰 실망으로부터 충분히 거리를 두는 것, 충분한 희망과 믿음을 갖는 것, 이런 감정들에 대해 두려움을 버리는 것, 내 삶을 충분히 사랑하는 것, 충분한 목적의식을 갖는 것, 내가 가치 있다는 충분한 신념을 갖는 것, 내게 항상 충분하지 못한 이런 것들이 잘 어우러졌을 것이다. 이 모든 것은 내가 혼자임을 직시하고, 내 책임을 받아들이고, 다음 단계로 나아가는 힘을 주었다. 이로써 나는 나를 이 자리에 있게 해준 풍부한 자원에 감사하며 동시에 내가 그 자원을 필요로 한다는 사실이 적잖이 걱정된다.

변화는 언제나 양립적이다. 나와 마찬가지로 당신이 양립적인 존재이기 때문이다. 당신은 당신의 선택에 책임이 있는 동시에 상황에 제한을 받는다. 당신은 자유롭게 자기 자신이 될 수 있는 동시에 도덕과 이타심, 사랑의 요구에 제한받는다. 당신은 당신에게 일어나는 일을 어떻게 경험하고 싶은지 결정하는 동시에 당신이 통제할 수 없는 알 수 없는 미래에 큰 제약을 받는다. 당신은 '당신에게 행해진 것으로 뭔가를 자유롭게 하는' 동시에 트라우마의 영향에서는 절대로 자유롭지 않다. 당신은 말로 표현할 수 없는 고난 앞에서도 절대로 항복하지 않는 놀라운 회복력을 지닌 동시에 실망이 조금만 건드려도 희망과 믿음이 먼지로 사라질 만큼 취약하다.

이 모든 양립성은 인간의 본질을 규정할 때 가장 두드러지게 나타나는 한 가지 특성에서 비롯된다. 바로 당신이 어떻게 성장하고 변화하는지는 당신이 결정한다는 것이다. 당신은 인생이 촉발한, 불안을 일으키는 의사결정에 직면해 앞으로 나아가기 위해 적절한 사회적 자원을 필요로 하는 동시에 언제나 자기 자신의 모세가 되어 짧은 기간 동안 삶을 의미 있고 훌륭하게 만들고자 길을 열어간다. 당신은 '손쉬운 10단계'와 '상상하라, 그러면 이뤄질 것이다!' 같은 금송아지를 포기하고 스스로 선택하도록 만들어졌다.

롤로 메이는 이렇게 썼다. "도토리는 저절로 성장해 참나무가 된다. 어떤 헌신도 필요하지 않다. 하지만 우리는 선택과 그 선택에 대한 헌신을 통해서만 완전한 인간이 된다. 사람들은 날마다 내리는 수많은 결정으로 가치와 존엄을 얻는다. 이런 결정에는 용기가 필요하다."[2]

더할 나위 없이 완벽한 통찰이다. 당신이 한 인간으로 성장하는 것은 언제나 당신이 내린 결정과 그 결정에 전념하고 끝까지 실행한 용기의 결과물이다.

첫 단어를 말하는 것은 용기가 필요하다. 첫걸음을 내딛는 것은 용기가 필요하다. 학교에 입학하는 것은 용기가 필요하다. 친구를 사귀는 것 역시 용기가 필요하다. 집을 떠나는 것은 용기가 필요하다. 직장을 얻는 것은 용기가 필요하다. 배우자를 찾는 것은 용기가 필요하다. 사랑하는 동반자 관계를 맺는 것은 용기가 필요하다. 승진을 위해 노력하는 것은 용기가 필요하다. 아이를 갖는 것은 용기가 필요하다. 수년 동안 해온 일에서 은퇴하는 것, 나이가 들면서 더 많은 도움을 받아들이는 것, 존엄하게 죽는 방법을 계획하는 것은 용기가 필요하다. 이 모든 일은 용기가 필요하다(적은 용기가 필요한 것도 있지만 많은 경우 큰 용기가 필요하다). 당신은 저절로 성장하지 않기 때문이다. 당신은 결정과 선택으로 성장한다. 그리고 결정과 선택은 어지럽고 두려운 일이다.

개인적 변화 목표를 수립할 때보다 의도적이고 있는 그대로 우리의 운명을 결정하고 선택하는 순간은 없다. 개인적 변화가 용기 있는 움직임인 것은 바로 이 때문이다. 경력을 바꾸는 것, 결혼 생활의 문제를 해결하는 것, 술을 끊는 것, 체계를 갖추는 것, 새로운 것을 배우는 것, 운동을 하는 것, 자기 생각을 표현하는 것, 자신의 입장을 밝히는 것, 치료를 시작하는 것, 안 좋은 습관을 그만두는 것, 더욱 사려 깊은 사람이 되는 것, 다른 사람에게 더 귀를 기울이는 것, 더 멀리 손을 뻗는 것, 아이와 더 많이 놀아주는 것, '나만의 시간'을 더 많이 갖는 것, 인생에서 다른 사람을 돕는 여유를 갖는 것에 전념할 때 우리는 목표를 달성하지 못하고 무력함과 절망(가벼울 때도 있지만 극심할 때도 많다) 속에 남겨질 위험을 감수한다. 그럼에도 불구하고 우리는 변화를 추구한다. 변화를 향해 나아가면서 필요하면 언제나 현상 유지라는 쉬운 피난처를 이용할 수 있음을 이해하고 외로움과 책임에서 비롯된 불안을 견디기로 한다.

지금 있는 곳과 앞으로 도달하고 싶은 곳 사이의 견딜 수 없는 긴장을 견딜 때 매우 아름답고 인간적인 욕구와 감정에 몰두할 수 있다. 존재라는 축복받은 찰흙을 조형하려는 선천적이고 신성한 열망을 실현시키는 동안 우리는 인간의 모든 혁신을 일으키는 동일한 시냅스에 따라 행동하며 모든 욕망과 갈망, 사랑을 연결하는 힘줄을 늘리고 긴장시킨다.

이런 긴장에 기꺼이 몰두할 때 완성되지 않은 모든 것을 완성하려는 진화적 충동에 이끌려 나아갈 것이다. 그리고 완전히 완성된 것은 아무것도 없음에도 불구하고 용감하게 그 충동을 따를 것이다.

당신의 변화에 행운이 있기를.

나의 변화에 행운이 있기를.

우리는 모두 행운이 필요할 것이다.

감사의 글

켄트 하버와 콘스턴스 스키드걸의 지원과 안내가 없었다면 나는 이 책을 쓸 수 없었을 것이다. 켄트와 수십 년의 대화를 나눈 뒤에도 이 책의 여러 아이디어에 담긴 정확한 유전자를 해독하는 것은 어려운 일이었다. 켄트는 책을 쓰는 데 상당한 도움을 주었으며 지금까지도 나를 깜짝 놀라게 하는 그의 뛰어난 언어 능력이 많은 도움이 되었다.

여러 아이디어에 대한 우리의 끝없는 대화는 최근 희망의 두려움에 대한 공동 연구로 이어졌다. 나는 이 지적인 길을 계속 이어가기를 고대한다. 하지만 더 중요한 것은 이 연구가 우리의 지속적인 우정을 구축하는 길이었다는 점이다. 나는 이 길이 우리를 어디로 데려갈지 매우 기대된다.

내가 작가 비슷한 뭔가가 된다면 이는 모두 코니 덕분이다. 이 책을 쓰기 한참 전부터 그녀는 내 일일 교사이자 편집자이자 글쓰기 선생님이었다. 코니는 이 책을 쓰도록 권유했고 내가 망설일 때 나와 논쟁을 벌이기도 했다. 그리고 책을 쓰는 과정에서 단계마다 도움을 주었다.

이렇게 책을 쓰고 출간했다는 사실은 내게는 특히 중요한 성취다. 내가 어렸을 때 누구도 가능하다고(혹은 권할 만하다고) 여기지 않았던 일이기 때문이다. 코니는 나를 이곳으로 데려왔고 나는 절대로 잊지 못할 것이다. 그녀는 내게 정말 필요했던 글쓰기 강사다. 코니가 용기를 북돋워주고 실수를 지적해주며 옆에서 지켜보는 동안 오명으로 얼룩진 내 고통스러운 시간도 함께 지워지는 것 같았다.

그리고 〈사이콜로지 투데이〉의 편집장 하라 마라노에게 감사한다. 이 책을 구상하기 시작했을 때 그가 보여준 흥분과 기대는 내가 할 수 있다는 믿음을 주었다.

친구 애비 엘린은 정말 재능 있는 작가다. 그녀는 내가 보낸 초안보다 이 책을 더 이해하기 쉽게, 더 재미있게 만들었다.

내 에이전트 댄 그린버그는 모든 일을 성사시켰다. 이 책이 나오기까지 너그럽고 친절하고 솔직한 그가 나와 함께해주어 너무나 기쁘다.

하퍼웨이브 출판사의 캐런 리날디는 나와 이 책에 지원을 아끼지 않은 열렬한 후원자였다. 나는 그녀와 이 책에 관해 이야기하는 것을 좋아했지만 다른 주제로 토론하는 것도 매우 좋아했다. 인간의 변화와 정신을 비롯한 많은 주제에 대해 그녀의 아이디어와 통찰을 들을 기회였기 때문이다. 그녀는 매우 훌륭하고 뛰어나다. 캐런의 비서 리베카 래스킨 역시 매우 훌륭한 직원이었다. 그녀는 언제나 누군가를 도와줄 준비가 되어 있으며 편하게 연락할 수 있고 친절하고 똑똑하고 정확했다.

친구 수지와 스티브에게도 커다란 감사를 전한다. 나는 인간관계에서 좀처럼 편해지지 못하지만 그들과는 편안하다. 깊고 성취감을 주는 많은 시간을 함께해주어 고맙다. 창의적이고 즉흥적이며 호기심 가득한 연극의 기회, 웃음이 터지는 기분, 이것은 우리가 가장 친한 친구들에게 원하는 것이다. 너희들을 사랑한다.

수년 동안 우리에게 도움을 청했던 기적 같은 사람들에게 감사하고 존경한다는 말을 전한다. 타인에게 자신의 보살핌을 맡기는 것은 믿음에서 비롯된 극도로 위험한 행동이다. 그들과 그들의 가족이 우리를 믿어준 것은 내 인생에서 최고의 영예였다. 깊은 실망과 차이를 환영하지 않는 세상에도 불구하고 변화하려는 그들의 용기가 이 책을 쓰는 데 영감을 주었다. 이는 내 개인적인 영감의 원천이기도 하다. 내 삶을 이끌어 가는 능력에 대한 믿음은 대체로 그들에게 배운 교훈에서 비롯되었다. 그들은 내 마음을 수없이 아프게 했고 동시에 놀라움과 존경으로 수없이 부풀게도 했다.

놀라운 기적 같은 직원들에게 말하지 못한 비밀이 있다. 내가 이 일을 하는 것은 그들이 하는 일을 할 수 없기 때문이다. 그들은 겸손, 호기심, 인내를 갖고 일터에 온다. 그들에게 너무나 감사하다. 에리카, 조이, 맷, 폴, 크리스티나, 힐러리, 노러나, 리사, 이언, 다이애나, 미셸, 로리, 아이샤, 팀, 퀸튼, 마야, 안나리사, 라이언, 레지나, 마리, 린다, 채드, 리암, 대런, 알렉사, 잭, 카민, 데어드리, 캐럴라인, 엘리자베스, 히말, 케리, 크리스, 애덤, 수전, 리, 재키, 제시카, 닉, 안토니아, 셸리, 모건, 에이미, 카트리나, 멜리사, 팸, 저스틴, 세레나, 하이디, 바젤, 케이티, 오델리아, 일다, 트레버, 레나, 앤드루, 베스, 알리비아, 크리스토퍼, 미란다, 케냐, 마르니, 셰바, 앤드린스, 클라우디아, 조이스, 제프, 레이디, 오래전 떠난 로렌과 지금 있는 로렌, 두 명의 새러, 세 명의 어맨다, 두 명의 메건, 프란체스카 1과 2, 브라이언 셋, 마이클과 마이클, 테레사와 테레사, 테리와 테리, 재크 셋, 간호사 데이브, 첫째 데이브, 동료 데이브, 애런과 에린, 보스턴 제시와 뉴욕 제시, 마드하비.

에드 레빈의 막대한 인맥이 없었다면 내 사업은 지금에 이르지 못했을 것이다. 그의 인맥은 내가 상상조차 할 수 없었던 많은 기회를 가져다주었다. 그리고 이 책에도 마찬가지로 큰 도움을 주었다. 그의 놀라운 사회적 네트워크가 없었다면 이 책은 나올 수 없었을 것이다.

지금의 회사를 함께 세운 리더십 파트너 디클라 서셀리. 그녀는 나와 가장 오랫동안 일한 사람이며 앞으로도 그럴 것이다. 그녀는 이 책의 원고를 모두 읽었고 내가 예상한 대로 사려 깊고 통찰력 있으며 매우 도움이 되는 조언을 주었다. 내 비서 리 코건은 나와 내 일을 최상의 상태로 유지해주는 매우 중요한 사람이다. 내가 하고 싶지 않은 일들을 도맡아(주석과 도표를 비롯해) 모든 면에서 나를 도와주었다.

내가 개인적으로 알고 지내는 젊은 청년들에게도 감사의 말을 전한다. 그들은 강력한 억제력을 발휘하는 사건들이 그들에게 입힌 피해를 초월하는 능력으로 나를 고무했다. 젊은 해럴드인 이들은 만날 때마다 내게 활기를 불어넣고 내 존재를 일깨우며 희망을 향해 눈을 크게 뜨도록 해주었다. 그들은 이 책을 쓰는 동안 희망의 합창단이었다.

물론 누구보다도 중요한, '화물 열차' 같은 아들 맥스가 있다. 맥스 덕분에 염소 농장, 시금치 음료, 축구 경기, 바다 소리 듣기, 역도, 유럽 여행, 도서관에서 공부하기, 부모의 즐거움, 강아지 훈련 등 수많은 경험을 했다. 맥스는 상처 앞에서도 불굴의 용기를 발휘한 기적 같은 아이이며 '인간성의 신성함'을 보여주는 훌륭한 본보기다. 그의 이야기를 이 책에 쓰도록 해주어 매우 고맙다(읽어보라는 내 권유는 무시했지만). 책을 쓰는 동안 나는 맥스의 이야기가 자연스럽게 떠올랐다. 그의 기관차 같은 용감함이 항상 내 머릿속에, 내 마음속에 있기 때문이다. 열정만이 가득한 인생의 고속도로를 출발한 맥스가 부디 안전벨트를 매고 항상 앞을 주시하기를 바란다.

'도박꾼' 댄과 '닌자' 켈시, 이 둘은 흥미진진하고 창조적인 삶을 향해 대담한 모험을 떠남으로써 내게 용기를 불어넣었다. 그리고 어린 시절 부서지고 해체된 가정을 경험했음에도 불구하고 혁신적인 가정을 만들려는 노력은 내게 큰 감명을 주었다. 스완의 아이들 앤디, 다나, 에릭은 모든 아이가 두려워하는 비극에도 불구하고 훌륭하게 자라 놀라운 모습을 보여주었다. 이들이 가족과 함께 언제든 우리를 방문해주길 바란다. 그리고 프란시는 두려움을 가질 수밖에 없는 상황에도 불구하고 희망을 품는 능력으로 나를 놀라게 했다. 가장 억압적인 족쇄 아래에서도 그는 아이스크림을 먹으며 빛나는 미소를 보여주었다. 솔직하게 말해 나는 그가 어떻게 그렇게 할 수 있는지 모른다. 그를 알게 되어 매우 감사하다.

고마운 또 한 명의 젊은이 발레리아 빌라는 희망의 두려움 연구를 함께한 연구 조교다. 매우 침착하고, 켄트와 나를 겁내지 않는 듯한 그녀의 아이디어는 우리의 연구에 없어서는 안 될 중요한 길잡이였다.

나의 어머니에게도 고마움의 말을 전한다. 어머니는 호기심의 마법을 잘 보여주는 본보기다. 어떻게 그런 호기심이 나이에 구애받지 않고 감각이 실망을 안길 때도 지속되는지, 어떻게 매일 일어나는 상황에서 흥분과 즐거움의 문을 열어주는지 그저 놀라울 뿐이다. 그런 모습은 내향적인 사람의 삶을 확장시킨다. 내게 이런 선물을 준 어머니에게 감사드린다.

그리고 아버지. 보드카를 마시다가 아버지가 즐기던 진 마티니로 바꾼 것처럼, 나는 아버지가 돌아가시고 난 뒤 마침내 레빈을 읽기 시작했다. 이 책 전반에는 아버지에게 물려받은 세속적인 유대교 인본주의의 특정 DNA가 담겨 있다. 그것이 조금이라도 드러난다면 그 역시 아버지 때문이다.

내 사랑 리베카에게도 한마디 하지 않을 수 없다. "그 책은 저절로 써지지 않을 거예요."라며 나를 놀렸던 그녀의 말은 늘 옳았다. 이 책은 저절로 써지지 않았다. 이 책은 그녀의 남편인 내가 써야 했고 이제 나의 가장 자랑스러운 노력 중 하나가 되었다. 그녀의 믿음이 없었다면 모두 불가능했을 것이며 우리의 결혼 생활에서 내 자부심 또한 이렇게 커지지 않았을 것이다. 스스로에 대한 깊은 의심, 엉망인 내 자리에 대한 왜곡된 인식, 실제로 부러지고 고칠 수 없는 나의 일부가 나를 무너뜨릴 때 그녀는 언제나 내 곁을 지켰다. 그녀 없이 나는 무엇을 해야 할지 모른다. 솔직하게 모른다. 그녀는 나의 안식처이자 받침목이며 내 삶의 거친 파도를 가로지르는 다리다.

서론 · 우리는 왜 어제와 똑같은 오늘을 사는가

1   D. Munro, "Inside the $35 Billion Addiction Treatment Industry," *Forbes*, April 27, 2015, www.forbes.com/sites/danmunro/2015/04/27/inside-the-35-billion-addiction-treatment-industry/#d1b635117dc9.

2   "Our Twelve Traditions: A.A.'s Future in the Modern World," 25th World Service Meeting, Alcoholics Anonymous World Services, Inc., Durban, South Africa, October 2018.

3   Lance M. Dodes, *The Sober Truth: Debunking the Bad Science Behind 12-Step Programs and the Rehab Industry*, Boston: Beacon Press, 2014.

4   B. Midgley, "The Six Reasons the Fitness Industry Is Booming," *Forbes*, September 26, 2015, www.forbes.com/sites/benmidgley/2018/09/26/the-six-reasons-the-fitness-industry-is-booming/#7c24d1fe506d.

5   "New Study Finds 73% of People Who Set Fitness Goals as New Year's Resolutions Give Them Up," Bodybuilding.com press release, January 9, 2019, www.bodybuilding.com/fun/2013-100k-transformation-contest-press-release.html.

6   "The U.S. Weight Loss & Diet Control Market—arket Valued at $66 Billion in 2017—ResearchAndMarkets.com," BusinessWire, March 1, 2018, www.businesswire.com/

news/home/20180301006252/en/U.S.-Weight-Loss-Diet-Control-Market.

7   "23 Exceptional Fad Diet Statistics," HRF.com, n.d., healthresearchfunding.
    org/23-exceptional-fad-diet-statistics/.

8   B. Goodman, "How Your Appetite Can Sabotage Weight Loss," WebMD, October 14,
    2016, www.webmd.com/diet/news/20161014/how-your-appetite-can-sabotage-
    weight-loss#1.

9   D. Dowling, "New Year's Resolutions Are BS. Here's What You Should Do if You
    Actually Want to Change in 2018," Thrive Global, December 20, 2107, thriveglobal.
    com/stories/new-year-s-resolutions-are-bs-here-s-what-you-should-do-if-
    you-actually-want-to-change-in-2018/.

10 "Climate Change: How Do We Know," NASA, Global Climate Change, climate.nasa.
    gov/evidence/.

11 James O Prochaska, and Carlo C. DiClemente, "The Transtheoretical Approach," in
    Handbook of Psychotherapy Integration, eds. John C. Norcross and Marvin R. Goldfried,
    Oxford Series in Clinical Psychology, 2nd ed. (New York: Oxford University Press,
    2005), 147-71.

12 M. J. Lambert, *Psychotherapy Outcome Research: Implications for Integrative and Eclectical
    Therapists* (New York: Basic Books, 1992), 94-129.

13 W. R. Miller and S. Rollnick, S., *Motivational Interviewing: Helping People Change* (New
    York: Guilford Press, 2013).

14 E. Cohen, R. Feinn, A. Arias, and H. R. Kranzler, "Alcohol Treatment Utilization: Find-
    ings from the National Epidemiologic Survey on Alcohol and Related Conditions,"
    Drug and Alcohol Dependence 86 no. 2-3 (2007), 214-21.

15 손무, 《손자병법》.

16 N. Pagh, *Write Moves: A Creative Writing Guide and Anthology* (Peterborough, ON: Broad-
    view Press, 2016).

17 칼 로저스, 《진정한 사람되기》, 주은선 역, 학지사, 2009.

18 L. Jacobs, "Self-Realization as a Religious Value," in J. Clayton (Ed.), *Religion and the
    Individual*, ed. J. Clayton (New York: Cambridge University Press, 1992), 10.

19 손무, 《손자병법》.

20 에리히 프롬, 《소유냐 존재냐》.

21 E. Fromm, *The Sane Society* (New York: Holt Paperbacks, 1990).

22 롤로 메이, 《창조를 위한 용기》, 신장근 역, 문예출판사, 2017.

23 M. Buber, *I and Thou* (New York: Touchstone, 1971).

24 폴 틸리히, 《존재의 용기》, 차성구 역, 예영커뮤니케이션, 2006.

25 이반 일리치, 《성장을 멈춰라》, 이한 역, 미토, 2004.

26 R. May, *The Meaning of Anxiety*, rev. ed. (New York: W. W. Norton, 1977).

제1장 · 당신이 '작심삼일' 하는 이유

1 D. M. Foreman, "The Ethical Use of Paradoxical Interventions in Psychotherapy," *Journal of Medical Ethics* 16, no. 4 (1990): 200 – 205, doi:10.1136/jme.16.4.200. 역설적 개입은 제이 헤일리Jay Haley의 전략적 구조주의 모델에서 사용하는 방법으로, 내담자에게 문제 행동이나 역기능적인 상호작용을 오히려 더 많이 하도록 지시함으로써 역설적으로 문제 증상이 감소하는 효과가 나타나는 기법이다.

2 W. R. Miller and S. Rollnick, *Motivational Interviewing: Helping People Change* (New York: Guilford Press, 2013).

3 C. R. Rogers, "The Necessary and Sufficient Conditions of Therapeutic Personality Change, *Journal of Consulting Psychology* 21, no. 2 (1957), 95 – 103, doi: 10.1037/h0045357.

4 J. Gleser and P. Brown, "Judo Principles and Practices: Applications to Conflict-Solving Strategies in Psychotherapy, American Journal of Psychotherapy 42, no.3 (1988), 437 – 47.

5 발레리아 빌라Valeria Vila와 크리스틴 나제르Christine Nazaire는 대학원에 재학 중인 우수한 학생들로, 로드 아일랜드 대학의 사회심리학자 켄트 하버, 토마스 말로이와 함께 연구에 참여했다. 이들의 연구 결과를 담은 〈희망의 두려움: 측정과 결과〉(K. D. Harber, V. Vila, T. Malloy, C. Nazaire, and R. Ellenhorn, *Fear of Hope: Measurement and Consequences*)가 곧 발표된다. 희망의

두려움 연구는 일련의 일곱 가지 연구를 포함했다. 처음 네 가지는 희망의 두려움 측정치가 믿을 수 있다는 것을 확인하기 위한 연구였다. 나머지 세 가지는 이 책에서 설명한 결과들을 다양하게 보여주었고, 타당성 또한 신뢰할 만하다. 현재 이 논문은 중요한 검증 관문인 과학 저널의 동료 검토를 받고 있다.

제2장 · 더 나아가지 못하게 가로막는 힘

1   A. Hartman, "You Can Sharpen Your Memory with the Zeigarnik Effect," Curiosity. com, July 24, 2018, curiosity.com/topics/you-can-sharpen-your-memory-with-the-zeigarnik-effect-curiosity/.

2   레빈의 학생 중 한 명인 블루마 자이가르닉Bluma Zeigarnik은 이 가설을 검증하기 위해 연구를 계속했다. 사람들이 완료된 과업보다 완료되지 않은 과업을 더 잘 기억하는 현상을 자이가르닉 효과라고 한다. 약 90년이 지난 뒤 자이가르닉 효과는 NBA에서 강제 파울에 대한 새로운 규칙을 세우는 데 사용되었다.

3   K. Koffka, "Perception: An Introduction to the Gestalt-Theorie," *Psychological Bulletin* 19, no. 10 (1922), 531. 게슈탈트 심리학은 전체는 부분의 합 이상이며 인간은 어떤 대상을 개별적 부분의 조합이 아닌 전체로 인식하는 존재라고 주장하는 심리학 유파다. 1900년대 초 독일에서 발전한 심리학 사조로서 마음을 구성 요소로 분석하려는 구성주의 심리학자들과 인간을 환경적 반응에 대한 수동적인 반응자로 봤던 행동주의 심리학자들에게 반박했다. 게슈탈트 심리학은 인간이 어떻게 지각된 내용을 하나로 통합하고 분리된 자극들을 의미 있는 유형으로 통합하는지 연구하고 학습, 기억, 문제해결 등의 지적 활동에서 지각 중심적 해석을 강조했으며 인지심리학 발달에 많은 영향을 주었다.

4   G. Mandler, *The Language of Psychology* (Huntington, NY: R. E. Krieger, 1975).

5   K. Lewin, *A Dynamic Theory of Personality-Selected Papers* (UK: Read Books, 2013).

6   S. Holzner, "What Is a Vector?," Dummies.com, www.dummies.com/education/science/physics/what-is-a-vector/.

7   K. Lewin, *Field Theory in Social Science: Selected Theoretical Papers*, ed. D. Cartwright (New York: Harper & Brothers, 1951).

8   J. Kunst, "What Is Psychoanalysis?," *Psychology Today* online, January 15, 2014, www.

psychologytoday.com/us/blog/headshrinkers-guide-the-galaxy/201401/
what-is-psychoanalysis.

9   C. Hodanbosi and J. G. Fairman, "The First and Second Laws of Motion," NASA.gov,
    August 1966, www.grc.nasa.gov/WWW/K-12/WindTunnel/Activities/first2nd_
    lawsf_motion.html.

10 어니스트 베커Ernest Becker의 퓰리처상 수상작인《죽음의 부정》은 요점을 잘 보여준다. 실제
    로 죽음을 이해하고 숙고하는 우리의 능력은 그것을 부정하는 경향을 야기한다. 때때로 그러
    한 경향이 매우 강해지면 우리는 죽음을 인생의 중요한 관심사로 여기지 않게 된다. 죽음을
    부정하는 싸움은 예술, 음악, 연극 같은 문화 산업에서 이루어지는 많은 활동과 종교 및 사후
    세계 개념의 개발을 비롯한 인간의 모든 행동으로 이어진다. 베커의 작품은 사회심리학과 진
    화론에서 공포관리 이론을 주장하는 매우 중요한 학파에 영향을 미쳤고,《슬픈 불멸주의자》
    의 본보기가 되었다. 공포관리 이론은 우리가 문화적 믿음, 내러티브, 시스템, 상징을 붙잡음
    으로써 죽음의 공포를 관리하며, 죽음의 공포를 더 크게 느낄수록 그러한 것들에 더 강하게
    매달린다고 주장한다. 조지 부시 대통령의 2004년 선거 운동 홍보영상 중 '늑대들'Wolves이
    라는 제목의 영상에서 그의 선거팀은 우리를 사냥하는 늑대와 함께 시청자들의 눈을 지면 높
    이에 배치함으로써 공포관리 경향을 재치 있게 이용했다. 부시의 선거팀은 사람들이 자신의
    죽음을 두려워할수록 변화보다 현상 유지를 택할 것이며 보수적인 믿음을 고수할 것이라는
    점을 알고 있었다.

11 어니스트 베커,《죽음의 부정》, 노승영 역, 한빛비즈, 2019.

12 셸던 솔로몬, 제프 그린버그, 톰 피진스키,《슬픈 불멸주의자》, 이은경 역, 흐름출판, 2016.

13 Wolves advertisement, 2004 presidential campaign for George W. Bush, December 9,
    2004, www.c-span.org/video/?c4496105/wolves-advertisement.

제3장 · 인생 변화의 세 가지 원칙

1   K. Lewin, *Field Theory in Social Science: Selected Theoretical Papers*, ed. D. Cartwright(New
    York: Harper & Brothers, 1951).

2   크로켓 존슨,《해럴드와 보라색 크레용》, 홍연미 역, 시공주니어, 2021.

3   S. Kierkegaard, *The Concept of Dread [Begrebet Angest]*, trans. W. Lowrie (Princeton, NJ: Princeton University Press, 1957).

4   실존주의자들은 불안을 기쁨이나 슬픔과 같은 하나의 감정이 아닌 인간의 존재론적 특질로 봤고 불안을 유발하는 네 가지 요인으로 죽음, 자유, 소외, 무의미를 제시했다. 그중 인생의 가장 근본적인 문제인 죽음의 불가피성을 자각하는 것에서 실존적 불안이 비롯된다.

5   I. R. Owen, "Introducing an Existential-Phenomenological Approach: Basic Phenomenological Theory and Research – Part I," *Counselling Psychology Quarterly* 7, no. 3 (1994), 261 –73, doi:10.1080/09515079408254151.

6   장 폴 사르트르, 《존재와 무》, 정소성 역, 동서문화사, 2009.

7   K. Lewin, *Time Perspective and Morale* (Oxford, England: Houghton Mifflin, 1942) 48 –70.

8   W. Churchill, "Dunkirk" in *The World's Great Speeches*, eds. L. Copeland, L. W. Lamm, and S. J. McKenna (Mineola, NY: Dover Publications, 1999), 433 –39.

9   C. R. Snyder, "Hope Theory: Rainbows in the Mind," *Psychological Inquiry* 13, no. 4 (2002), 249 –75.

10 나는 이 책의 모든 상담 사례에서 내담자의 이름과 기본적인 신상 정보를 변경했다. 사례 중 많은 부분은 여러 고객의 사례를 종합한 이야기다.

11 Snyder, "Hope Theory."

12 A. Bandura, "Perceived Self-Efficacy in Cognitive Development and Functioning," *Educational Psychologist* 28, no. 2 (1993), 117 –48.

13 M. L. King Jr., "I Have a Dream," in *The World's Great Speeches* (Mineola, NY: Dover Publications, 1999), 751f.

14 Bandura, "Perceived Self-Efficacy."

15 G. L. Clore, K. Gasper, and E. Garvin, "Affect as Information," in K. D. Harber, "Self-Esteem and Affect as Information," *Personality and Social Psychology Bulletin* 31, no. 2 (2001), 276 –88, doi:10.1177/0146167204271323.

16 N. Schwarz and G. L. Clore, "Feelings and Phenomenal Experiences," in Harber, "Self-Esteem and Affect as Information."

17 G. L. Clore and S. Colcombe, "The Parallel Worlds of Affective Concepts and Feelings," quoted in Harber, "Self-Esteem and Affect as Information."

18 A. Bechara, and A.R. Damasio, "The Somatic Marker Hypothesis: A Neural Theo-
ry of Economic Decision," *Games and Economic Behavior* 52, no. 2 (2005), 336 – 72,
doi:10.1016/j.geb.2004.06.010.

19 Clore and Colcombe, "The Parallel Worlds."

20 Harber, "Self-Esteem and Affect as Information."

21 하버는 이 점에 대해 개인적으로 내게 동의하며, 그의 연구가 이 가설을 뒷받침한다고 생각
한다.

22 로널드 랭, 《분열된 자기》, 신장근 역, 문예출판사, 2018.

23 R. A. Spitz and K. M. Wolf, "Anaclitic Depression: An Inquiry into the Genesis of
Psychiatric Conditions in Early Childhood, II, *Psychoanalytic Study of the Child* 2, no. 1
(1946), 313 – 42.

24 R. A. Spitz, "Hospitalism: An Inquiry into the Genesis of Psychiatric Conditions in
Early Childhood," *Psychoanalytic Study of the Child* 1, no. 1 (1945), 53 – 74.

25 M. D. S. Ainsworth, "The Bowlby-Ainsworth Attachment Theory," *Behavioral and
Brain Sciences* 1, no. 3 (1978), 436 – 38, doi:10.1017/S0140525X00075828.

26 J. Bowlby, "The Bowlby-Ainsworth Attachment Theory," *Behavioral and Brain Sciences*
2, no. 4 (1979), 637 – 38, doi:10.1017/S0140525X00064955.

27 P. Waller-Bridge, H. Williams, J. Williams, H. Bradbeer, L. Hampson, J. Lewis, and
S. Hammond, producers, *Fleabag*, TV series, directed by H. Bradbeer and T. Kirkby
(2016, UK: BBC).

제4장 · 완벽하게 안전한 삶은 없다

1 N. J. Roese, "Counterfactual Thinking," *Psychological Bulletin* 12, no. 1 (1997), 133.

2 희망의 두려움과 관련된 미래에 대한 생각과 시간조망에 대해 얻은 결과들은 크리스틴 나제
르의 럿거스 대학 졸업논문의 일부였다.

3 K. Lewin, *Time Perspective and Morale* (Oxford, England: Houghton Mifflin, 1942) 48 – 70.

4 로널드 랭, 《분열된 자기》, 신장근 역, 문예출판사, 2018.

5   Thomas Jefferson, letter to Maria Cosway, October 12, 1786, Jefferson Papers, found-ers.archives.gov/documents/Jefferson/01-10-02-0309.

6   Peter Salovey, Laura R. Stroud, Alison Woolery, and Elissa S. Epel, "Perceived Emotional Intelligence, Stress Reactivity, and Symptom Reports: Further Explorations Using the Trait Meta-Mood Scale," *Psychology & Health* 17:5 (2002), 611-27.

제5장 · 잠시 멈추는 건 포기가 아니다

1   Dmitri Shostakovich, "Quotable Quote," Goodreads, www.goodreads.com/quotes/15049-when-a-man-is-in-despair-it-means-that-he.

2   그런데 이것은 이야기 치료의 가장 중요한 목적으로, 내가 메리에게 경험에 이름을 붙이도록 요청했을 때 의존했던 방법이다. 이야기 치료는 개인들이 고통 받는 이유 중 하나가 의료 모델의 영향력으로 생긴, 스스로를 망가지고 회복할 수 없는 사람으로 보는 '문제 포화'라고 여긴다.

3   Michael White, *Maps of Narrative Practice* (New York: W.W. Norton, 1990).

4   Bill Wilson, *The Big Book of Alcoholics Anonymous*, 4th ed. (New York: Alcoholics Anonymous Worldwide, 2001).

제6장 · 미지의 세계로 혼자 뛰어들 용기

1   장 폴 사르트르, 《존재와 무》, 정소성 역, 동서문화사, 2009.

2   R. D. Ellenhorn, *Parasuicidality and Paradox: Breaking Through the Medical Model* (New York: Springer Publishing, 2007).

3   A. Tversky and D. Kahneman, "Loss Aversion in Riskless Choice: A Reference-Dependent Model," *Quarterly Journal of Economics* 106, no. 4 (1991), 1039 – 61.

4   배리 슈워츠, 《선택의 심리학》, 형선호 역, 웅진지식하우스, 2005.

5   H. R. Arkes and C. Blumer, "The Psychology of Sunk Cost," *Organizational Behavior and*

Human Decision Processes 35, no. 1 (1985), 124 – 40.

6   B. M. Staw, "Knee-Deep in the Big Muddy: A Study of Escalating Commitment to a
    Chosen Course of Action," *Organizational Behavior and Human Performance* 16, no. 1
    (1976), 27 – 44.

7   상동.

8   J. Maslin, "On the Sax, Freedom Isn't Found in Freedom," film review, *New York Times*,
    June 26, 1992, C12.

9   도날드 위니컷,《놀이와 현실》, 이재훈 역, 한국심리치료연구소, 1997.

10 R. May, "Methods of Dealing with Anxiety, in *The Meaning of Anxiety*, 2nd ed. (New
    York: W. W. Norton, 1996), 363.

11 군의관인 헨리 비처Henry Beecher는 제2차 세계대전에서 부상당한 군인들이 그들이 입은 상처
    에 비해 훨씬 덜 고통스러워한다는 것을 발견했다. 비처는 고통의 의미가 고통의 정도에 영향
    을 미친다고 추론했다. 이 군인들에게 부상은 전쟁터를 떠나 고향으로 돌아가는 것을 의미했
    다. 그것은 사실상 좋은 소식이었다.

12 H. Beecher, "Pain in Men Wounded in Battle," *Annals of Surgery* 123, no. 1 (1946), 96-105.

제7장 · 기대하고 실망해도 나아갈 용기

1   Bandura, "Perceived Self-Efficacy," 117 – 8.

2   Lewin, *Time Perspective and Morale*, 48 – 70.

3   어빙 고프먼,《자아연출의 사회학》, 진수미 역, 현암사, 2016.

4   C. H. Cooley, "Looking–Glass Self," in Jodi O'Brien, *The Production of Reality: Essays and
    Readings on Social Interaction* (Thousand Oaks, CA: Sage, 2017), 261.

5   Ellenhorn, *Parasuicidality and Paradox*.

6   어빙 고프먼,《스티그마》, 윤선길, 정기현 공역, 한신대학교출판부, 2009.

7   에릭 에릭슨, 칼 구스타프 융,《현대의 신화/아이덴티티》, 이부영, 조대경 공역, 삼성출판사,
    1997.

8   John Kennedy, "Do. Don't Think, Don't Hope. Do...Do. Act. Don't Think, Act. Eye on

the Ball," Victorian Football League Grand Final, 1975, speakola.com/sports/john-kennedy-dont-think-do-1975.

9   R. E Watts, "Reflecting 'As If,'" Counseling Today, April 1, 2013, ct.counsel ing. org/2013/04/reflecting-as-if/.

제8장 · 거울 속 나의 모습을 마주할 용기

1   칼 로저스, 《진정한 사람되기》, 주은선 역, 학지사, 2009.

2   경계선 성격장애를 치료하기 위해 1994년 리네한이 개발한 다면적 치료 프로그램이다. 대립되는 사상들의 균형과 통합을 강조하는 변증법적 세계관을 바탕으로 사고, 정서, 행동의 변화를 촉진하는 여러 가지 인지행동 전략과 마음챙김 명상을 절충해 구성되었다.

3   M. M. Linehan, "Dialectical Behavioral Therapy: A Cognitive Behavioral Approach to Parasuicide," *Journal of Personality Disorders* 1(4), 328 - 33.

4   불안정한 대인관계, 반복적인 자기파괴 행동, 극단적인 정서 변화와 충동성을 나타내는 성격장애의 한 유형을 말한다.

5   Lewin, *Time Perspective and Morale*, 48 - 70.

6   Bandura, "Perceived Self-Efficacy, 117 - 8.

7   자신의 행동을 스스로 결정하려는 욕구에 의해 동기가 부여된다는 이론으로, 인간의 세 가지 보편적 욕구인 자율성, 관계성, 유능감이 충족될 때 내재적 동기가 증진되어 자기결정성이 높아진다.

8   P. Schmuck, T. Kasser, and R.M. Ryan, "Intrinsic and Extrinsic Goals: Their Structure and Relationship to Well-Being in German and US College Students," *Social Indicators Research* 50, no. 2 (2000), 225 - 41.

9   P. M. Gollwitzer, "Striving for Specific Identities: The Social Reality of Self-Symbolizing," in *Public Self and Private Self* (New York: Springer, 1986), 143 - 59.

10 James O. Prochaska and Carlo C. DiClemente, "Transtheoretical Therapy: Toward a More Integrative Model of Change," *Psychotherapy: Theory, Research & Practice* 19, no. 3 (1982), 276.

제9장 · 서투른 시기를 견뎌낼 용기

1   "Should You Weigh Yourself Every Day?," Harvard Health, Harvard Medical School, July 2015, www.health.harvard.edu/should-you-weigh-yourself-every-day.

2   C. R. Pacanowski and D. A. Levitsky, "Frequent Self-Weighing and Visual Feedback for Weight Loss in Overweight Adults," *Journal of Obesity* (2015), doi:10.1155/2015/763680.

3   S. Albers, *Eating Mindfully: How to End Mindless Eating and Enjoy a Balanced Relationship with Food*, 2nd ed. (Oakland, CA: New Harbinger Publications, 2012).

4   L. Marvin, *Baby Steps: A Guide to Living Life One Step at a Time* (Berkeley CA: Ross Books, 1991).

5   〈밥에게 무슨 일이 생겼나〉, 프랭크 오즈 감독, 모션 픽처스, 1991.

6   http://arbanmethod.com/wyntons-twelve-ways-to-practice.

7   K. Lewin, *Time Perspective and Morale* (Oxford, England: Houghton Mifflin, 1942) 48–70.

8   A. Bandura, "Perceived Self-Efficacy in Cognitive Development and Functioning," *Educational Psychologist* 28, no. 2 (1993), 117–48.

9   Dodes, *The Sober Truth*.

제10장 · 나쁜 기억에서 빠져나올 용기

1   R. F. Baumeister, E. Bratslavsky, C. Finkenauer, and K. D. Vohs, "Bad Is Stronger Than Good," *Review of General Psychology* 5, no. 4 (2001), 323–70.

2   P. Brickman, D. Coates, and R. Janoff-Bulman, "Lottery Winners and Accident Victims: Is Happiness Relative?," *Journal of Personality and Social Psychology* 36 (1978), 917–27.

3   J. D. Wells, S. E. Hobfoll, and J. Lavin, "When It Rains, It Pours: The Greater Impact of Resource Loss Compared to Gain on Psychological Distress," *Personality and Social Psychology Bulletin* 25 (1999), 1172–82.

4   K. M. Sheldon, R. Ryan, and H. T. Reis, "What Makes for a Good Day? Competence and Autonomy in the Day and in the Person," *Personality and Social Psychology Bulletin* 22 (1996), 1270 – 79.

5   J. F. Pittman and S. A. Lloyd, "Quality of Family Life, Social Support, and Stress," *Journal of Marriage and the Family* 50 (1988), 53 – 67.

6   T. A. Wills, R. L. Weiss, and G. R. Patterson, "A Behavioral Analysis of the Determinants of Marital Satisfaction," *Journal of Consulting and Clinical Psychology* 6 (1974), 802 – 11.

7   E. O. Laumann, J. H. Gagnon, R. T. Michael, and S. Michaels, *The Social Organization of Sexuality: Sexual Practices in the United States* (Chicago: University of Chicago Press, 1994).

8   E. O. Laumann, A. Paik, and R. C. Rosen, "Sexual Dysfunction in the United States: Prevalence and Predictors," *Journal of the American Medical Association* 281 (1999), 537 – 44.

9   N. Rynd, "Incidence of Psychometric Symptoms in Rape Victims," *Journal of Sex Research* 24 (1988), 155 – 61.

10 D. C. French, G. A. Waas, S. A. Tarver-Behring, "Nomination and Rating Scale Sociometrics: Convergent Validity and Clinical Utility," *Behavioral Assessment* 8 (1986), 331 – 40.

11 E. L. Worthington Jr., "The New Science of Forgiveness," Greater Good, University of California-Berkeley, September 1, 2004, greatergood.berkeley.edu/article/item/the_new_science_of_forgiveness.

12 소냐 류보머스키, 《How to be happy 하우 투 비 해피》, 오혜경 역, 지식노마드, 2007.

13 J. Czapinski, Negativity Bias in Psychology: An Analysis of Polish Publications," *Polish Psychological Bulletin* 16 (1985): 27 – 44.

14 P. H. Diamandis, "Why We Love Bad News: Understanding Negativity Bias," BigThink.com, July 19, 2013, bigthink.com/in-their-own-words/why-we-love-bad-news-understanding-negativity-bias.

15 S. P. Wood, "Bad News: Negative Headlines Get Much More Attention," Adweek, February 21, 2014, www.adweek.com/digital/bad-news-negative-headlines-get-much-more-attention/.

16 A. Epstein, "Here's What Happened When a News Site Only Reported Good News for a Day," Quartz, December 5, 2014, qz.com/307214/heres-what-happened-when-a-news-site-only-reported-good-news-for-a-day/.

17 G. Mate, *In the Realm of the Hungry Ghost: Close Encounters with Addiction* (Toronto: Knopf Canada, 2008).

18 J. Chaitin, "I Need You to Listen to What Happened to Me," Personal Narratives of Social Trauma in Research and Peace-Building," *American Journal of Orthopsychiatry* 84, no. 5, 475 –86, doi:10.1037/ort0000023.

19 T. Frankish and J. Bradbury, "Telling Stories for the Next Generation: Trauma and Nostalgia," *Peace and Conflict: Journal of Peace Psychology* 18, no. 3 (2012), 294 –306, doi:10.1037/a0029070.

20 K. C. McLean and M. Pasupathi, "Old, New, Borrowed, Blue? The Emergence and Retention of Personal Meaning in Autobiographical Storytelling," *Journal of Personality* 79, no. 1 (2011), 135 –64, doi:10.1111/j.1467-6494.2010.00676.x.

21 C. Miller and J. Boe, "Tears into Diamonds: Transformation of Child Psychic Trauma Through Sandplay and Storytelling," *The Arts in Psychotherapy* 17, no. 3 (1990), 247 –57, doi.org/10.1016/0197-4556(90)90008-E.

22 G. Rosenthal, "The Healing Effects of Storytelling: On the Conditions of Curative Storytelling in the Context of Research and Counseling," *Qualitative Inquiry* 9, no. 6 (2003), 915 –33, doi:10.1177/1077800403254888.

23 너새니얼 호손Nathaniel Hawthorne은 《주홍 글씨》에 정의를 찾는 이러한 행동을 표현했다. 주인공 헤스터 프린은 간통죄 판결을 받고 오랫동안 붉은색 A를 가슴에 달고 지낸다. 그녀는 주홍 글씨를 달도록 그녀에게 선고했던 마을의 폐단으로 인해 실제로 A를 한순간도 떼지 않는다. 그녀는 스스로 증거가 된다.

24 너새니얼 호손, 《주홍 글씨》

25 J. P. Burkett and L. J. Young, "The Behavioral, Anatomical and Pharmacological Parallels Between Social Attachment, Love and Addiction," *Psychopharmacology* 224, no. 1 (2012), 1 –26.

26 에밀리는 가까운 곳에 LARP 동호회가 있어서 운이 좋았다. 대부분의 사람은 우리의 관심사

와 일치하면서 다른 사람들과 연결된 느낌과 자신이 가치 있으며 목적의식이 있다는 느낌을 주는 활동에 쉽게 접근하지 못한다. 중독에 대한 많은 이론에 따르면 중독은 우리를 연결하는 다른 활동 기회의 부족과 밀접한 관련이 있다. 이 분야의 가장 유명한 사상가이자 신경심리학자인 칼 하트Carl Hart는 빈곤과 인종차별로 인해 아프리카계 미국인 커뮤니티에서 분열이 발생한다고 주장한다. 또 이들 커뮤니티의 문제가 약물에 의해 일어난다는 일반적인 정치적 주장은 그 자체로 인종차별이며 유대감을 느낄 다른 수단이 없는 개인들의 불가피한 범죄 행동과 불평등을 무시한 것이라고 주장한다.

27 C. Hart, *High Price: A Neuroscientist's Journey of Self-Discovery That Challenges Everything You Know About Drugs and Society* (New York: HarperCollins, 2013).

28 상동.

29 Ellenhorn, *Parasuicidality and Paradox*.

30 D. W. Winnicott, "The Capacity to Be Alone," *International Journal of Psycho-Analysis* 39 (1958) 416 – 20.

31 아르헨티나의 유태계 언론인인 야코보 팀머만Jacobo Timerman은 저서 《이름 없는 죄수, 번호 없는 감방》Prisoner Without a Name, Cell Without a Number에서 수천 명이 실종된 더러운 전쟁Dirty War 동안 아르헨티나에서 수감되었던 경험을 서술한다. 독방에 갇힌 채 누구와도 대화할 수 없었던 그는 두려웠다. 그의 독방 철문에는 작은 틈이 있었는데, 그는 그 틈으로 반대편 철문 밖에 볼 수 없었다. 언젠가 밖을 보던 그는 자신을 보고 있는 다른 죄수의 눈을 보았다. 그 눈은 보였다가 사라지고 다시 보였다가 사라졌다. 그 동료 죄수는 말하자면 '까꿍'을 하고 있었다. 하지만 팀머만은 그가 보내는 메시지를 이해했다. 바로 당신은 혼자가 아니라는 메시지였다. 그리고 그 메시지는 감옥에서 지낸 두려운 날들 동안 그에게 심오한 가치를 주었다.

32 J. Timerman, *Prisoner Without a Name, Cell Without a Number [Preso sin nombre, celda sin numero]*, trans. T. Talbot (Madison, WI: University of Wisconsin Press, 2002).

33 에리히 프롬, 《사랑의 기술》.

34 W. B. Swann Jr., "Self-Verification Theory," in *Handbook of Theories of Social Psychology* (Thousand Oaks, CA: Sage, 2011), 23 – 42.

1   T. Robbins, tweet, August 28, 2015.

2   J. Canfield, "If you can imagine it, you can make it happen," Facebook status update, July 9, 2016, m.facebook.com/JackCanfieldFan/photos/a.10154836256590669.10737 41840.36454130668/10153802125135669/?type=3&__tn__=C-R.

3   노먼 빈센트 필, 《긍정적 사고방식》.

4   에리히 프롬, 《사랑의 기술》.

5   다른 사람의 존재가 우리의 인내심을 향상시키는 것을 사회심리학 용어로 '사회적 촉진'Social Facilitation이라고 한다. 이는 자전거 타기 등 단순한 과업에 가장 잘 적용된다. 다른 사람들의 존재는 실제로 복잡한 과업을 방해할 수 있다. 로버트 자욘스Robert Zajonc의 연구 결과에 따르면 심지어 바퀴벌레도 사회적 촉진에서 이득을 얻는 것으로 나타났다. '주자'인 바퀴벌레는 주로를 내려다보는 황제 같은 자리에 '관찰자'인 바퀴벌레가 있을 때 더 빨리 달렸다.

6   앤절라 더크워스, 《그릿 Grit》, 김미정 역, 비즈니스북스, 2019.

7   브렌 브라운, 《리더의 용기》, 강주헌 역, 갤리온, 2019.

8   캐롤 드웩, 《마인드셋》, 김준수 역, 스몰빅라이프, 2017.

9   S. E. Hobfoll, "Conservation of Resources: A New Attempt at Conceptualizing Stress," *American Psychologist* 44, no. 3 (1989), 513.

10 S. E. Hobfoll, *The Ecology of Stress* (Washington, DC: Hemisphere Publishing Corp., 1988).

11 A. Burrow, P. Hill, and R. Summer, "Leveling Mountains: Purpose Attenuates Links Between Perceptions of Effort and Steepness," *Personality and Social Psychology Bulletin* 42, no. 1 (2016), 94-103.

12 S. Schnall, K. D. Harber, J. K. Stefanucci, and D. R. Proffitt, "Social Support and the Perception of Geographical Slant," *Journal of Experimental Social Psychology*, 44 (2011), 1246-55.

13 Schnall et al., "Social Support."

14 K. D. Harber, D. Yeung, and A. Iacovell, "Psychosocial Resources, Threat, and the Perception of Distance and Height: Support for the Resources and Perception Model,"

Emotion 11, no. 5, (2011).

15   에드워드 윌슨,《지구의 정복자》, 이한음 역, 사이언스북스, 2013.

16   크로켓 존슨,《해럴드와 보라색 크레용》, 홍연미 역, 시공주니어, 2021.

17   Winnicott, "The Capacity to Be Alone," 416–0.

18   N. I. Eisenberger, M. D. Lieberman, and K. D Williams, "Does Rejection Hurt?:
      An FMRI Study of Social Exclusion," *Science* 302, no. 5643 (October 2003), 290–92.
      doi:10.1126/science.1089134.

19   P. E. McKnight and T. B. Kashdan, "Purpose in Life as a System That Creates and
      Sustains Health and Well-Being: An Integrative, Testable Theory," *Review of General
      Psychology* 13, no. 3 (2009), 242–51.

20   찰스 라이트 밀즈,《사회학적 상상력》, 강희경, 이해찬 공역, 돌베개, 2004.

21   Lewin, *Time Perspective and Morale*, 48–70.

22   Jean-Paul Sartre, Existentialism Is a Humanism, *[L'existentialisme est un humanisme]*,
      trans. P. Mairet (New Haven, CT: Yale University Press, 1948), 58.

23   Ross Ellenhorn, The AIDS Memorial Quilt and the Modernist Sacred: Resurrection in
      a Secular World, PhD diss., Department of Sociology, Brandeis University, 1997.

24   M. L. King Jr., *A Testament of Hope: The Essential Writings of Martin Luther King, Jr.* (San
      Francisco: HarperSanFrancisco, 1991).

결론 · 당신 안에 잠든 건 거인이 아니라 '용기'다

1   앤서니 라빈스,《네 안에 잠든 거인을 깨워라》, 조진형 역, 씨앗을뿌리는사람, 2008.

2   롤로 메이,《창조를 위한 용기》, 신장근 역, 문예출판사, 2017.